D1739589

Dirk-Martin Grube
Offenbarung, absolute Wahrheit und interreligiöser Dialog

Tillich Research

Tillich-Forschungen
Recherches sur Tillich

Edited by
Christian Danz, Marc Dumas, Werner Schüßler,
Mary Ann Stenger and Erdmann Sturm

Volume 14

Dirk-Martin Grube

Offenbarung, absolute Wahrheit und interreligiöser Dialog

Studien zur Theologie Paul Tillichs

DE GRUYTER

ISBN 978-3-11-054672-9
e-ISBN (PDF) 978-3-11-054733-7
e-ISBN (EPUB) 978-3-11-054676-7
ISSN 2192-1938

Library of Congress Control Number: 2019931237

Bibliografische Information der Deutschen Nationalbibliothek
Die Deutsche Nationalbibliothek verzeichnet diese Publikation in der Deutschen
Nationalbibliografie; detaillierte bibliografische Daten sind im Internet über
http://dnb.dnb.de abrufbar.

© 2019 Walter de Gruyter GmbH, Berlin/Boston
Druck und Bindung: CPI books GmbH, Leck

www.degruyter.com

Für Jonathan Felix Pascal Grube

Vorwort

In diesem Sammelband ist der Ertrag meiner langjährigen Beschäftigung mit Paul Tillich zusammengefasst. Dieser Band drückt meine Sympathie für diesen außerordentlich kreativen Denker aus, der als Theologe immer zugleich Philosoph und als Philosoph immer zugleich Theologe ist. Die Ernsthaftigkeit, mit der er in der Weise Schleiermachers um eine aufrichtige Synthese zwischen Theologie und Philosophie ringt, hat mich seit dem Anfang meiner Beschäftigung mit Tillich fasziniert. Auch in werkbiographischer Hinsicht fühle ich mich mit ihm verbunden, da auch ich die „Entfremdung" vom deutschen Denkkontext mitgemacht habe. Allerdings bin ich sehr viel früher in meiner Karriere in die USA gegangen als der fast 50jährige Exilant Tillich und habe mir deshalb viel intensiver das englischsprachige Denken zu eigen gemacht als Tillich.

Unter anderem deshalb hat Tillich bei aller gefühlten Nähe und Verwandtschaft doch bisweilen auch etwas schwer Zugängliches für mich. Das gilt vor allem für die frühen Schriften aus seiner deutschen Schaffenszeit, insofern diese von subjektphilosophischen Voraussetzungen geprägt und sehr abstrakt sind.[1] Auch Tillichs Argumentationsweisen sind dem analytisch geschulten Auge bisweilen suspekt.

Dieser Band gibt das Ringen mit beidem wieder, der Bewunderung für diesen großen Geist des 20. Jahrhunderts wie auch der Skepsis gegenüber manchen seiner Argumentationen. Ich hoffe, dass dieses Ringen zur Nachahmung anregt und dieser Band auch andere Kolleginnen und Kollegen und Studierende inspiriert, sich mit Tillich auseinanderzusetzen. Ich wünsche mir dabei, dass sie Tillich nicht lediglich als theologischen Klassiker – was er sicherlich auch ist -, sondern zugleich als Ausgangspunkt für die eigene theologische und philosophische Theoriebildung rezipieren.

---

[1] Mit dieser Kritik befinde ich mich allerdings in guter Gesellschaft: Auch Tillich selbst sind seine Schriften aus der deutschen Zeit später suspekt gewesen und im Nachhinein beurteilt er diese folgendermaßen: „Die Schriften, besonders die, die ich gegen Ende der zwanziger Jahre geschrieben habe, waren nach meiner heutigen Beurteilung der deutschen Sprache kein Deutsch, sie waren Philosophendeutsch, und von da aus gemessen waren sie sehr deutsch" (mündliche Mitteilung von Renate Albrecht, zitiert aus Werner Schüßler, „I am an American". Paul Tillich und die amerikanische Theologie und Philosophie, in: M. Enders & H. Zaborowski (Hgg.), Jahrbuch für Religionsphilosophie/Philosophy of Religion Annual, Bd. 16 (2017), Freiburg/München 2018, 248–283, 282). Vgl. dazu auch Tillichs spätere Bemerkung, dass ihn die Wechselbeziehungen zwischen Theorie und Praxis, die in der angelsächsischen Kultur üblich sind, von der Faszination über die Art des Idealismus befreit haben, der sich am System um des Systems willen erfreut (vgl. dazu Paul Tillich, The Protestant Era. Author's Introduction, in: MW 6, 285–304, 287).

https://doi.org/10.1515/9783110547337-001

Bedingt durch die verschiedenen Forschungskontexte, in denen ich tätig gewesen bin, habe ich mich nicht immer mit derselben Intensität mit Tillich auseinandersetzen können. So wird Tillich zum Beispiel in den Niederlanden auf wissenschaftlichem Niveau kaum rezipiert. Doch eine Konstante in meiner Beschäftigung mit Tillich ist die Teilnahme an den Konferenzen der Tillich-Gesellschaften. In den 90er Jahren des vergangenen Jahrhunderts war ich vor allem bei der North American Paul Tillich Society aktiv. Später habe ich vor allem an den Konferenzen der deutschen Paul-Tillich-Gesellschaft teilgenommen, wodurch ich vielerlei Inspirationen und wertvolle Kritik erhalten habe.

Ohne das Feedback von Kolleginnen und Kollegen sowie anderen Tillich-Interessierten wären diese Beiträge nicht zustande gekommen. Insbesondere dem Kollegen Werner Schüßler möchte ich für seine allzeit konstruktive Kritik und vielfältige Hilfe, auch über die Tillich-Forschung hinaus, danken. Auch den Herausgebern Christian Danz, Marc Dumas, Werner Schüßler, Mary Ann Stenger und Erdmann Sturm danke ich für die Aufnahme in die Reihe Tillich Research/ Tillich-Forschungen/Recherches sur Tillich. Schließlich schulde ich auch dem Verlag de Gruyter, insbesondere Frau Katrin Mittmann und Herrn Stefan Selbmann, Dank für die kompetente und hilfsbereite Betreuung des Manuskripts.

Die Aufsätze sind weitgehend unverändert übernommen. Nur offensichtliche Rechtschreibfehler sind korrigiert und die Zitationsnachweise ist vereinheitlicht. Die früheren Aufsätze folgen deshalb noch der alten Rechtschreibung, während die neueren Aufsätze, sowie die Einführung und die thematische Hinführung die neue Rechtschreibung verwenden. Wenn im Text auf andere Abschnitte verwiesen wird, beziehen diese Verweise sich auf denselben Aufsatz, beziehungsweise die thematische Hinführung, „s. unten", beziehungsweise „s. oben" ohne weiteren Verweis beziehen sich auf denselben Abschnitt.

Inhaltsübersicht

Teil 4: Offenbarung und der interreligiöse Dialog

Hinweis zur Zitation

MW   Main Works/Hauptwerke, C. H. Ratschow (Hrsg.), 6 Bde., Berlin 1987 ff.

GW   Paul Tillich. Gesammelte Werke, R. Albrecht (Hrsg.), 14 Bde., Stuttgart 1959 ff.

EW   Ergänzungs- und Nachlassbände zu den Gesammelten Werken, I. Henel u. a. (Hrsg.), Bisher 14 Bde., Stuttgart, dann Berlin 1971 ff.

ST   Paul Tillich. Systematische Theologie, 3 Bde., Stuttgart 1955 ff.

Einführung

Paul Tillichs Denken hat mich seit Beginn meines Studiums der evangelischen Theologie in den 1980er Jahren fasziniert.[1] Die Habilitation in der systematischen Theologie in der Mitte der 1990er Jahre gab mir die Gelegenheit, mich explizit und direkt mit Tillich auseinander setzen zu können, indem ich sein Denken mit dem Denken Karl Barths verglich.[2] Dabei beschäftigte ich mich unter anderem intensiv mit der Entstehungsgeschichte von bestimmten Aspekten des Tillich'schen Denkens aus seiner US-amerikanischen Zeit und verfolgte diese in seine deutsche Schaffenszeit[3] zurück.

Die Unterscheidung zwischen Tillichs deutscher und US-amerikanischer Schaffensphase ist denn auch ein wichtiges Interpretationskriterium für mich geworden, wie unten deutlich werden wird. Durch meine eigene wissenschaftliche Biographie für die Unterschiede zwischen anglo-amerikanischem und deutschem Denken sensibilisiert, verwende ich diese Unterscheidung als wichtige Interpretationshilfe, um bestimmte Entwicklungen und Charakteristika von Tillichs Ansatz zu erklären.[4]

Seit dem Ende der 1990er Jahre bin ich in den Niederlanden tätig, in denen Tillich weder in der anglo-amerikanisch noch der kontinental ausgerichteten Religionsphilosophie eine wirkliche Rolle spielt und auch in der Theologie wenig rezipiert wird.[5] Das ist bedauerlich, weil nicht nur die Religionsphilosophie und

---

1 Vor allem meinem damaligen Lehrer Hermann Fischer (†) danke ich dafür, dass er mich als Student an der Universität Hamburg mit Tillichs Denken vertraut gemacht und mich überdies gelehrt hat, dieses wert zu schätzen.

2 Vgl. dazu die aus der Habilitation entstandene Monographie Unbegründbarkeit Gottes? Paul Tillichs und Karl Barths Erkenntnistheorien im Horizont der gegenwärtigen Philosophie, Marburger Theologische Studien 51, (W. Härle/D. Lührmann, Hrsg.), Marburg 1998. Als wissenschaftlicher Assistent am Lehrstuhl systematische Theologie der Christan-Albrechts-Universität zu Kiel schulde ich dem Lehrstuhlinhaber Christoph Schwöbel herzlichen Dank für seine vielfältigen Anregungen zur Interpretation Tillichs.

3 Mit „deutscher Schaffenszeit" sind hier immer die 1920er und 1930er Jahre gemeint, also nicht Tillichs Schriften aus dem 1. Weltkrieg oder davor.

4 Diese Unterscheidung spielt auch für Tillich selbst eine wichtige Rolle. So betont er in verschiedenen Zusammenhängen, dass die US-amerikanische intellektuelle Kultur sein Denken und seine Art, sich auszudrücken, verändert hat. Nicht nur hat diese Kultur eine Klärung mancher Zweideutigkeiten bewirkt (vgl. Paul Tillich, The Protestant Era, a.a.O., 287), sondern ihm auch seinen Provinzialismus deutlich gemacht (vgl. dazu Paul Tillich, GW VIII, 13–27, 13).

5 Einer der wenigen Niederländer, die sich mit Tillich auf wissenschaftlichem Niveau auseinandersetzen, ist Wessel Stoker (s. zum Beispiel ders., De kunst-theologie van Gerardus van der

https://doi.org/10.1515/9783110547337-002

die Theologie, sondern auch die intellektuelle Kultur von einer stärkeren Tillich-Rezeption profitieren können. Tillichs Versuch, Religion und Kultur in ein konstruktives Gespräch miteinander zu bringen überwindet unproduktive Frontstellungen. In den extrem säkularisierten Niederlanden wird Kultur oftmals im Gegensatz zu Religion, jedenfalls im Gegensatz zu etablierter (christlicher) Religion definiert. Dadurch wird letztere in den Privatbereich abgedrängt und die Kultur steht in der Gefahr, die religiöse Dimension menschlichen Daseins nicht mehr adäquat thematisieren zu können. In dieser Situation sind Tillichs Versuche hilfreich, die Kultur auf ihre religiöse Dimension hin durchsichtig zu machen. Mit diesem Band möchte ich auch zu einer stärkeren Tillich-Rezeption in den Niederlanden anregen.

Vor allem aber hoffe ich, Tillichs Theologie gewinnbringend in die Diskussion um religiöse Diversität beziehungsweise den interreligiösen Dialog einbringen zu können. Dieses Diskussionsfeld ist meines Erachtens eines der wichtigsten Themen im Diskurs um Religion und wird in Zukunft immer wichtiger werden. Die politische Lage in Europa und anderen Teilen der Welt, gekennzeichnet unter anderem durch Flüchtlingsströme und Migrationsbewegungen, machen eine Auseinandersetzung mit kulturell-religiöser Andersheit unabdingbar. Selbst in säkularisierten Kulturen, die bisher davon ausgegangen sind, dass sich das Problem religiöser Diversität „von selbst erledigen wird", weil Religion im Zuge der Modernisierung an Bedeutung verlieren wird, findet ein Umdenken statt. So ist in den Niederlanden in den letzten Jahren das Bewusstsein dafür gewachsen, dass Religion ein wesentlicher Bestandteil menschlicher Identität ist, der nicht mehr wie bisher negiert werden kann. Es findet ein Umdenken statt, wodurch die Religion wieder mehr in ihrer zentralen Funktion für das menschliche Leben wahrgenommen wird. Damit rückt aber das Thema religiöser Diversität unweigerlich in den Fokus. In all denjenigen Ländern, in denen Vertreter(innen) verschiedener Religionen denselben öffentlichen Raum beanspruchen, ist eine Reflexion über dieses Thema von zentraler Bedeutung, nicht zuletzt in politischer Hinsicht.

Der Diskurs über religiöse Diversität wird aber oftmals von einem unfruchtbaren „Entweder/Oder" von exklusivistischen Heils- beziehungsweise Wahrheitsansprüchen oder deren kompletter Aufgabe beherrscht: Entweder wird auf dem ausschließenden Charakter der eigenen religiösen Ansprüche beharrt oder diese werden bedenkenlos aufgegeben. Beide Extreme sind aber aus theologischen wie auch philosophischen Gründen problematisch. Tillich zeigt nun einen

---

Leeuw en van Paul Tillich, Roger Henderson et al. (Hrsg.): Kunst, de werkelijkheid ein wij. Kunst in christelijk perspectief, Amsterdam, 2018).

Mittelweg zwischen diesen Extremen auf, indem er die berechtigten Absolutheitsansprüche der eigenen Religion festhält, diese aber mit den berechtigten Ansprüchen anderer Religionen synthetisiert. Wie sich zeigen wird, vertritt er eine religiös motivierte *„epistemische Bescheidenheit in Religionsfragen"*, die einen konstruktiven Umgang mit religiöser Diversität möglich macht. Eine derartige Bescheidenheit stellt einen vielversprechenden Ansatz bei der Reflexion über die theoretischen Grundlagen dar, auf denen ein robuster interreligiöser Dialog stattfinden kann. Ich möchte mit diesem Band neben Tillich-Experten auch diejenigen ansprechen, die sich mit religiöser Diversität beschäftigen und hoffe, auch ihnen den Nutzen einer Beschäftigung mit diesem Denker aufzeigen zu können.

Thematische Hinführung

Tillich, der Versöhner: „Auf der Grenze" zwischen Theologie und Philosophie

Tillichs Theologie versöhnt. Sie baut Brücken. Tillich gelingt es, Gegensätze zu entschärfen, indem er eine übergreifende Ebene schafft, die Positionen, die auf den ersten Blick zu differieren scheinen, übersteigt. Das macht sein Denken bisweilen etwas abstrakt, aber auch zutiefst sympathisch.

Zu den Gegensätzen, die in diesem Band relevant sind, gehören der Gegensatz von Religion und (säkularer) Kultur wie auch der Gegensatz von christlichen Absolutheitsansprüche und den Ansprüchen anderer Religionen. Diese Gegensätze werden bei Tillich in einem einzigen System vereint.

Vor allem überbrückt Tillich auch den, wenn man so will, „Gegensatz" zwischen Theologie und Philosophie. Dabei bemüht er sich immer darum, beiden gerecht zu werden. Weder will er die Philosophie zur Hilfswissenschaft für die Theologie degradieren, noch der Theologie die Zwangsjacke bestimmter philosophischer Denksysteme überstülpen. Er beschreibt sich selbst als „auf der Grenze"[1] zwischen beiden stehend. Doch obwohl sich der Begriff der Grenze eingebürgert hat zur Beschreibung von Tillichs Bestimmung des Verhältnisses zwischen Theologie und Philosophie ist er missverständlich, da er die Assoziation eines Zwischenraums nahelegt, der weder der einen noch der anderen Seite ganz verbunden ist. Das ist insofern unzutreffend, als Tillich beides ganz und ungeteilt ist, *wahrer Theologe und wahrer Philosoph*.

Doch nicht nur die Ergebnisse von Tillichs Bemühungen um eine Synthese zwischen den Gegensätzen sind relevant, sondern auch die Art und Weise, wie er diese erreicht. Tillichs *Denkweg*, um die jeweilige Synthese auszuarbeiten, liefert Anstöße, die wegweisend sind. Seine Problemlösungen sind außerordentlich kreativ, neu, zum Teil auch überraschend und sorgen dafür, dass Tillichs Ansatz von bleibender Bedeutung ist. Selbst diejenigen, die philosophisch zum Teil andere Wege gehen als Tillich – zu denen auch ich gehöre – können von der Weise, *wie* er jeweils die Synthese zwischen Philosophie und Theologie ausarbeitet, lernen.

---

[1] Tillich sieht den Begriff „auf der Grenze" als Signatur seines persönlichen Lebens und seiner geistigen Entwicklung an (vgl. Paul Tillich, Auf der Grenze, in: Renate Albrecht (Hrsg.), Paul Tillich, Gesammelte Werke, Bd. 12: Begegnungen. Paul Tillich über sich selbst und andere, Stuttgart/Frankfurt, ²1980, 13 – 80).

https://doi.org/10.1515/9783110547337-003

Mich beeindrucken dabei vor allem zwei Dinge. Zum einen das oben genannte Versöhnungsdenken: Tillich relativiert scheinbare Gegensätze oder vereinigt sie gar miteinander in einem übergeordneten Standpunkt. Statt seinen eigenen Standpunkt gegen andere Standpunkte abzugrenzen, versucht er, andere Standpunkte in seine eigene Theoriebildung konstruktiv einzubeziehen.

Dieses Versöhnungsdenken ist nicht nur wegen seiner Ergebnisse interessant. Es stellt darüber hinaus auch ein wertvolles Gegengewicht gegen eine problematische Tendenz in Teilen der heutigen (Wissenschafts)kultur dar: Durch den Zwang zur (publizistischen) Vermarktung wissenschaftlicher Ergebnisse wird die Tendenz verstärkt, die eigene Position scharf (und bisweilen auch öffentlichkeitswirksam polemisch) gegen andere Positionen abzugrenzen. Dadurch verlieren wünschenswerte Eigenschaften wie etwa die Fähigkeit zur Entpolarisierung festgefahrener Diskurse an Bedeutung. Ein Versöhnungsdenken á la Tillich stellt ein wirksames Gegenmittel gegen diese Tendenz dar, da es zur Entpolarisierung einlädt. Deshalb ist dieses Denken nicht nur in wissenschaftlicher und wissenschaftspolitscher Hinsicht relevant, sondern auch in sozialpolitischer Hinsicht – jedenfalls insofern manche unserer gegenwärtigen sozialpolitischen Diskurse unter Polarisierungstendenzen leiden.

Zum zweiten fasziniert mich wie sehr Tillich auf *Grundlagenprobleme* eingeht. Bei seinen systematisch theologischen Überlegungen reflektiert Tillich stets die Frage mit, auf welchen theoretischen Grundlagen diese beruhen. Auch in seiner späteren, US-amerikanischen Zeit, in der er sehr viel mehr auf konkrete theologische Problem eingeht, bezieht er die Frage nach den erkenntnis- und wissenschaftstheoretischen Grundlagen in seine Überlegungen ein. Insbesondere beeindruckt mich, wie er diese „typisch deutsche" Eigenschaft auch in dem anderen US-amerikanischen Denkkontext festgehalten hat und deren Wert dort auch vermitteln konnte.

Mit diesen Beiträgen möchte ich implizit auch an den Wert von Grundlagenreflexionen und von Versöhnungsdenken erinnern. Beides ist in unserer ergebnisorientierten Wissenschaftskultur bedroht. Doch denke ich, dass beides zur Vertiefung unserer Wirklichkeitswahrnehmung und damit auch zu verantwortungsbewusster Wissenschaftsausübung unerlässlich ist.

Tillichs Synthesen sind nicht nur für die systematische Theologie und Philosophie, sondern auch für andere Bereiche relevant. Sie haben Konsequenzen für unter anderem die Kulturtheorie, den interreligiösen Dialog, die Wissenschaftstheorie, die Hermeneutik, die ethische und die politische Theoriebildung (man denke dabei etwa an das Säkularismusproblem). Ich hoffe, auch in diesen Bereichen Neugier auf Tillich wecken zu können.

1 Erkenntnistheorie und Offenbarung bei Tillich

Im Folgenden wird Tillichs Synthese von Theologie und Philosophie vor allem an Hand seiner *Erkenntnistheorie* nachgezeichnet. Die gesammelten Aufsätze machen dabei nicht nur deutlich, was für eine zentrale Rolle diese Theorie in Tillichs Denken spielt, sondern auch, inwiefern sie mit theologischen Inhalten verbunden wird. Die Verbindung philosophisch-formaler, in diesem Fall erkenntnistheoretischer Gesichtspunkte mit theologisch-inhaltlichen, vor allem systematisch theologischen, ist ein Spezifikum des Tillich'schen Denkens. Dieses Urteil gilt vor allem für seine spätere, US-amerikanische Schaffensphase.

Der theologische Inhalt, der in den folgenden Aufsätzen zentrale Bedeutung hat, ist der Begriff der *Offenbarung*. Dieser Begriff erfüllt bei Tillich fundamentale Funktionen, wie schon ein Blick in den ersten Band seiner ST I verrät: Ungefähr ein Drittel des Umfangs der ST I ist der Diskussion dieses Begriffs unter der Überschrift „Vernunft und Offenbarung" (ST I, 87 – 189) gewidmet. Davon ist mehr als die Hälfte der expliziten Diskussion des Offenbarungsbegriffs gewidmet („Die Wirklichkeit der Offenbarung", 129 – 189), die knappe Hälfte dessen impliziter Diskussion – im Zusammenhang mit dem Begriff der Vernunft („Die Vernunft und die Frage nach der Offenbarung", 87 – 127; vgl. dazu ausführlicher Aufsatz Nr. II).

Für Tillichs Denken ist charakteristisch, wie er mit dem Begriff der Offenbarung umgeht. Dieser wird nicht in defensiver Weise verwendet und dient nicht allein der Sicherung der Möglichkeit von Gotteserkenntnis. Noch wird er wegen seiner supranaturalistischen Implikationen mit entschuldigendem Gestus eingeführt. Stattdessen geht Tillich *offensiv* mit diesem Begriff um und verwendet ihn als Möglichkeit, um zu einer Reihe wichtiger theologischer und philosophischer Themenfelder einen sinnvollen Zugang zu erschließen. Wie die Aufsätze unten deutlich machen werden, zählen zu diesen Themenfeldern das Problem des interreligiösen Dialogs (das über die Christologie und das Problem absoluter Geltungsansprüche thematisiert wird, vgl. dazu ST I, 158 – 164 und unten, Aufsätze VIII und IX), das Problem der Bestimmung des Verhältnisses von Offenbarungs- und profaner Erkenntnis (vgl. ST I, 154 ff und unten, Aufsatz Nr. V) und das Problem der Bestimmung des Verhältnisses theologischer Antworten zu philosophischen Fragen (vgl. ST I, 73 ff und unten, Aufsatz Nr. VI). Kurzum, der Offenbarungsbegriff erfüllt bei Tillich zentrale Funktionen nicht nur deshalb, weil er als solcher in fundamentaltheologischer Hinsicht relevant ist, sondern auch, weil er als Verbindungsglied zu anderen wichtigen systematisch theologischen und philosophischen Themenfeldern fungiert.

Die Behandlung der verschiedenen, mit dem Offenbarungsbegriff verbundenen Themenfelder in den gesammelten Aufsätzen ergibt in der Zusammenschau eine Art *Theorie der Offenbarung bei Tillich*. Dabei ist der Begriff der Offenbarung nicht in jedem Fall direkt und explizit Gegenstand der Erörterung. Doch ist er stets implizit mitgedacht, so dass er unter einer Reihe sich ergänzender Perspektiven thematisiert wird. In einer Art umkreisender Bewegung wird er auf diese Weise genauer charakterisiert, das heißt ins Verhältnis gesetzt zu anderen Begriffen wie dem der Erfahrung und dem der (wissenschaftlichen) Erkenntnis. Dadurch werden seine Funktion und sein Verhältnis zu anderen dogmatischen Themen, vor allem zur Christologie, näher bestimmt. Daraus ergibt sich eine Theorie, die die Frage nach den Funktionen des Offenbarungsbegriffs und dessen Verhältnis zu anderen systematisch theologischen und philosophischen Themen beantwortet.

Ich erhebe dabei keineswegs den Anspruch, den Offenbarungsbegriff bei Tillich erschöpfend behandelt zu haben, auch nicht in funktionaler Hinsicht. Noch ist damit gezeigt, dass es sich in allen Fällen genau um ein und denselben Begriff handelt. Es ist denkbar, dass „Offenbarung" bei Tillich weniger ein feststehender Begriff ist, als dass er eine Reihe von durch Wittgensteinsche Familienähnlichkeiten miteinander verbundene Konzepte meint.[2]

Die in diesem Band gesammelten Aufsätze thematisieren jedoch wichtige Aspekte an Tillichs Verwendung des Offenbarungsbegriffs, die dessen zentrale Funktion in Tillichs Gesamtsystem und seine Verbindung zu anderen Themen deutlich machen. Zugleich hoffe ich, mit diesen Aufsätzen nicht nur die Tillich-Rezeption, sondern auch die konstruktive Weiterarbeit am Offenbarungsbegriff überhaupt anregen zu können. Insbesondere denke ich dabei an dessen Verbindung zu erkenntnis- und kulturtheoretischen Themen. Ein Beispiel dafür ist die These, dass Offenbarungserkenntnis nicht mit profaner Erkenntnis in Konkurrenz steht (s. dazu unten, Aufsatz Nr. V). Diese These kann wichtige Einsichten zur Diskussion um das Verhältnis der Evolutionstheorie zum Glauben, aber auch breiter zum Verhältnis zwischen Religion und Kultur liefern.

2 Der philosophische Hintergrund der hier vertretenen Tillich-Rezeption

Interpretationen werden nicht nur lebendiger, sondern auch verständlicher, wenn die Perspektive, aus der sie erfolgen, verdeutlicht wird. Darum mache ich einige

---

2 Damit ist eben so wenig eine Abwertung von Tillichs Verwendung des Offenbarungsbegriffs gemeint wie es bei Wittgenstein nicht abwertend gemeint ist, wenn er feststellt, dass der Begriff „Spiel" keine feststehende Essenz hat, sondern die verschiedenen Dinge, die wir als „Spiel" bezeichnen, lediglich durch Familienähnlichkeiten miteinander verbunden sind.

Bemerkungen zur Perspektive – beziehungsweise dem Bündel miteinander verwandter Perspektiven –, das ich bei meiner Tillich-Interpretation voraussetze.

Philosophisch fühle ich mich der anglo-amerikanischen Philosophie verpflichtet. Die gesammelten Aufsätze stellen also eine Interpretation eines dem deutschen Kontext entstammenden Theologen/Philosophen (Tillich) aus einer anglo-amerikanischen philosophischen Perspektive dar.

Doch ist diese Beschreibung nur zum Teil zutreffend. Genauer gesagt geht es um einen Theologen/Philosophen, der zwar im deutschen Kontext ausgebildet worden ist und diesen auch in der Zeit vor seiner Emigration weitgehend verinnerlicht hat, sich danach aber für andere Kontexte und Denkweisen geöffnet hat. Auch wenn Tillich sich nicht wirklich den für anglo-amerikanisches Denken charakteristischen philosophischen Ansätze geöffnet hat (s. dazu Aufsatz Nr. VII), so steht doch außer Frage, dass sich sein Denkhorizont nach seiner Emigration in die USA signifikant erweitert hat.

Umgekehrt bin ich kein rein anglo-amerikanischer Philosoph, sondern jedenfalls zum Teil noch im deutschen Denkkontext ausgebildet worden. Auch wenn mir die deutsche Philosophie in manchen Teilen fremd ist, teile ich doch die (sehr) negativen Werturteile vieler anglo-amerikanischer Kollegen über diese Philosophie nicht. Wenn mir eine spezifische Denkweise suspekt ist, frage ich mich zuallererst selbst, ob ich „anglo-amerikanischen Vorurteilen" aufsitze. Auf diese Weise versuche ich, jedenfalls offen zu sein für die deutschsprachige Philosophie in ihrer Andersheit zur englischsprachigen Philosophie. Die folgenden Aufsätze beinhalten also Interpretationen eines deutschen Denkers, der sich für andere Denkweisen geöffnet hat, wobei diese Interpretationen aus einer anglo-amerikanischen Perspektive erfolgen, die für „deutsches Denken" offen ist.

Innerhalb der englischsprachigen Philosophie stehe ich inzwischen dem Pragmatismus nahe. Doch bin ich ursprünglich in der klassischen analytischen Tradition mit ihrem Fokus auf der Analyse von Argumentationen ausgebildet worden. Zwar stellt die genaue Analyse von Argumentationen ein wichtiges philosophisches Instrument dar, da sie der Tendenz entgegenwirkt, Argumentationen zu pauschal zur Kenntnis zu nehmen. Doch ist es andererseits auch sehr einschränkend, wenn die philosophische Analyse auf argumentationstheoretisch-formale Gesichtspunkte begrenzt bleibt. Diese Analyse wird dann zu einem „parasitären" Unternehmen, das davon lebt, dass Andere konstruktive Problemlösungsvorschläge machen, die der Argumentationstheoretiker dann in Hinsicht auf ihre Konsistenz „sezieren" kann. Doch eigene konstruktive Vorschläge kann er nicht unterbreiten. Zumeist macht er nicht einmal Vorschläge zu einer konsistenten Rekonstruktion defizitärer Argumentationen, sondern belässt es bei deren Kritik.

Diese Einschränkung wird an einigen Stellen meiner früheren Aufsätze zu Tillich noch sichtbar: Diese begrenzen sich auf die Konstatierung argumentativer Defizite. Sie unterbreiten aber keine Vorschläge zu einer Rekonstruktion defizitärer Argumentationen und haben bisweilen dadurch einen sehr kritischen Unterton.

Bekanntermaßen weisen Tillichs Thesen bisweilen Defizite in Hinsicht auf ihre Stringenz auf. So ist seine Begriffsverwendung im Rahmen eines Argumentationsganges nicht immer konsistent.[3] Er ist sich auch nicht jederzeit der vollen Tragweite der Begriffs- oder konzeptionellen Verschiebungen bewusst, die er vornimmt.[4] Doch belässt man es bei dieser negativen Feststellung, dann verbaut man sich den Zugang zu einem der kreativsten Denker der Theologiegeschichte und beraubt sich so wertvoller Denkanstöße. Der Wert von Tillichs Problemlösungen besteht nicht in ihrer stringenten Argumentation, sondern in ihrem immer konstruktiven und zum Teil sehr innovativen Charakter.

Darum gilt es, Tillichs Argumentationen nicht allein zu kritisieren, sondern diese gegebenenfalls konsistent zu rekonstruieren. Das ist allerdings eine Lektion, die mir erst im Laufe meiner langjährigen Auseinandersetzung mit Tillich deutlich geworden ist. Wenn ich manche meiner früheren Aufsätze aus heutiger Perspektive lese, finde ich die Kritik an einigen Problemlösungen Tillichs zwar immer noch zutreffend, denke aber, dass ein konstruktiver Folgeschritt fehlt. Dabei denke ich an die Frage, was nun aus dieser Kritik genau folgt, ob Tillichs jeweilige Problemlösung gänzlich abzulehnen ist oder ob sie in seinem Geist konsistent rekonstruiert werden kann. Zu Möglichkeiten einer solchen Rekonstruktion gebe ich im weiteren Verlauf dieser Hinführung einige Hinweise.

3 Die Subjektphilosophie

Bei den unten, im Abschnitt 5, besprochenen Aufsätzen spielt der Begriff der Subjektphilosophie eine zentrale Rolle. Zudem wird er gemeinsam mit den verwandten Begriffen Bewusstseins- und Transzendentalphilosophie in der

---

3 Vgl. dazu die Kritik von John P. Clayton (The Concept of Correlation. Paul Tillich and the Possibility of a Mediating Theology, Berlin/New York 1980, S. 109 ff), dass Tillich im Rahmen seiner Atheismuskritik Begriffe verschiebt und so Scheinplausibilitäten herstellt, sowie die vielerlei Kritiken von philosophischer Seite, unter anderem von George Edward Moore, Charles Hartshorne, Hermann Randall (vgl. dazu Schüßler, I am an American, a.a.O., 268 ff).
4 Vgl. dazu unten (Aufsatz Nr. III), die Kritik an Tillichs Rezeption von Husserls Phänomenologie.

deutschsprachigen Tillich-Rezeption momentan intensiv diskutiert.[5] Deshalb erläutere ich diesen Begriff hier zunächst bevor ich auf die Frage eingehe, inwieweit Tillich von subjektphilosophischem Denken beeinflusst ist.

In der Literatur zum Thema wird zwischen „Subjektivität" als Lebensform und philosophischer Denkform unterschieden.[6] Allein letztere ist hier relevant. Diese zeichnet sich dadurch aus, dass das Subjekt der Erkenntnis „der einheitliche Bezugspunkt all seines Erfahrens, Wissens, Wollens und Handelns in all seinen Umwelten ist."[7] Die philosophische Subjektivitätstheorie „sucht nicht nur das Recht eines bestimmten Erfahrens, Wissens, Wollens oder Handelns eines Subjekts nachzuweisen, sondern die *Bedingungen der Möglichkeit* alles möglichen berechtigten Erfahrens, Wissens, Wollens oder Handelns von Subjekten aufzuweisen."[8] Mit diesem Aufweis ist der Anspruch auf Vernünftigkeit verbunden.

Für die Zwecke der Rekonstruktion des Tillich'schen Denkens ist der erkenntnistheoretische Aspekt an der Subjektphilosophie zentral. Diese Form der Philosophie versucht, epistemische Ansprüche über das Subjekt der Erkenntnis zu sichern. Dabei geht es um normative Ansprüche, genauer um Plausibilitätsbeziehungsweise Begründungsansprüche. Im Unterschied zu anderen philosophischen Ansätzen, wie auch den heutigen westlichen Alltagsbegründungen werden Erkenntnisansprüche nicht an Hand der Erkenntnisgegenstände, sondern an Hand bestimmter Vermögen oder Leistungen des erkennenden Subjekts legitimiert. Die Grundlage dafür liefert Kants „Kopernikanische Wende"[9], die sowohl

---

5 Vgl. dazu exemplarisch Christian Danz, Religion als Freiheitsbewußtsein. Eine Studie zur Theologie als Theorie der Konstitutionsbedingungen individueller Subjektivität bei Paul Tillich, Berlin/New York, 2000 sowie Werner Schüßler, Abkehr von der Bewußtseinsphilosophie. Zur Kulturtheologie des späten Tillich, in: C. Danz/W. Schüßler (Hrsg.), Paul Tillichs Theologie der Kultur. Aspekte – Probleme – Perspektiven, in: C. Danz/M. Dumas/W. Schüßler/M. A. Stenger/E. Sturm (Hrsg.), International Yearbook for Tillich Research/Internationales Jahrbuch für die Tillich-Forschung/Annales internationales de recherches sur Tillich, Vol.1, Berlin/Boston, 2011, 152 – 168, ders., Der Mensch und die Philosophie. Zur existenzphilosophischen und anthropologischen Wende Paul Tillichs in seiner Frankfurter Zeit, in: Gerhard Schreiber/Heiko Schulz (Hrsg.), Kritische Theologie. Paul Tillich in Frankfurt, Berlin/New York 2015, 215 – 249 und ders., Tillichs existentialistic turn. Seine Wende von der Transzendentalphilosophie zur Existenzphilosophie in der Zeit des Übergangs von Deutschland in die USA, in: C. Danz/W. Schüßler (Hrsg.), Paul Tillich im Exil, Berlin/New York, 2017, 323 – 345.
6 Vgl. Ingolf U. Dalferth, Die Wirklichkeit des Möglichen. Hermeneutische Religionsphilosophie, Tübingen 2003, 355.
7 Dalferth, Die Wirklichkeit des Möglichen, a.a.O., 340.
8 Ebd. (meine Betonung).
9 „Bisher nahm man an, alle unsere Erkenntnis müsse sich nach den Gegenständen richten; aber alle Versuche über sie a priori etwas durch Begriffe auszumachen, wodurch unsere Erkenntnis erweitert würde, gingen unter dieser Voraussetzung zunichte. Man versuche es daher einmal, ob

durch ihn selbst wie auch in der darauffolgenden Philosophie des deutschen Idealismus weiter ausgearbeitet wurde.[10]

In dieser philosophischen Tradition spielt der Begriff des (Selbst)bewusstseins eine zentrale Rolle. Dabei wird er allein in epistemischer Hinsicht thematisiert. Es geht nicht um eine psychologische oder anderweitig empirische Analyse des Funktionierens des Bewusstseins, sondern um dessen Begründungspotential.[11] Dieses soll als *Letztbegründungsinstanz* ausgewiesen werden. In dieser philosophischen Tradition wird also versucht, das Selbstbewusstsein als unhintergehbare Grundlage aller Erkenntnis auszuzeichnen, da es bei allen Erkenntnisvorgängen vorauszusetzen ist. Es soll das „nicht mehr hinterfragbare Fundament epistemischer Gewissheit"[12] liefern.

Als Gegenbegriff zu „Subjektphilosophie" ist „Ontologie"[13] vorgeschlagen worden. Damit ist eine erkenntnistheoretische Fokussierung auf die Objekte der Erkenntnis gemeint. Doch ist bei derartigen Entgegensetzungen sehr genau darauf zu achten, dass sie nicht immer schon die Vorurteile der eigenen, in diesem Fall subjektphilosophischen Perspektive, implizieren.[14] Wenn der Begriff der Ontologie als Gegenbegriff zu dem der Subjektphilosophie vorgeschlagen wird, ist „Ontologie" jedenfalls genau zu präzisieren. Der Begriff darf nicht so verstanden werden, dass auf vorkantianische Weise Metaphysik betrieben würde. Das würde eine Verzerrung darstellen, weil die Alternativen zur Subjektphilosophie, etwa in Gestalt der anglo-amerikanischen Philosophie, keineswegs in vorkantianischer Weise „subjektvergessen" sind. Im Gegenteil berücksichtigen sie die de facto vorhandenen subjektiven Präformierungen aller Erkenntnisleistungen oftmals stärker als das in der deutschsprachigen Philosophie mit ihrer Tendenz zum a priorischen der Fall ist. So können in der englischsprachigen Philosophie er-

---

wir nicht in den Aufgaben der Metaphysik damit besser fortkommen, daß wir annehmen, die Gegenstände müssen sich nach unserem (sic!) Erkenntnis richten..." (Immanuel Kant, Vorrede zur zweiten Ausgabe in Hinsicht auf die „Metaphysik in ihrem ersten Teile" (Kritik der reinen Vernunft, Leipzig 1979 (unveränderter Nachdruck der von Raymund Schmidt 1924 überarbeiteten „ehemaligen Kehrbachschen Ausgabe"), 22.

10 Vgl. dazu Dalferths (Die Wirklichkeit des Möglichen, a.a.O., 350ff) Rekonstruktion der Genese der Subjektphilosophie und seine Kritik, dass nach Kant „Subjektivität in Subjektivismus" abgleitet (a.a.O., 354).

11 Vgl. dazu Dalferth, Die Wirklichkeit des Möglichen, a.a.O., 359ff.

12 Dalferth, Die Wirklichkeit des Möglichen, a.a.O., 361.

13 Vgl. dazu Christian Danz, Religion als Freiheitsbewußtsein, 4 u. ö.

14 Aus der Perspektive der englischsprachigen Alternative zur deutschsprachigen Subjektphilosophie würde sich statt des Gegensatzes von Subjektphilosophie und Ontologie der Gegensatz von, einerseits, „erfahrungsbezogen" beziehungsweise a posterioi und, andererseits, a priori als Abgrenzungskriterium anbieten (s. dazu unten).

kenntnispsychologische und -soziologische Einsichten wie auch die Einsicht in die Paradigmaabhängigkeit subjektiver Deutungsleistungen[15] in die epistemische Theoriebildung einbezogen werden.

In der deutschsprachigen Subjektphilosophie geht es dagegen nicht um die Frage, inwieweit die Wahrnehmung oder Einordnung von Erkenntnis de facto durch subjektive Faktoren präformiert ist. Stattdessen steht gerade der Versuch im Vordergrund, Subjektivität zu überwinden. Dass Subjektphilosophen versuchen, Subjektivität zu überbieten mag zunächst wie eine contradictio in adjectum erscheinen, wird aber deutlich, wenn man sich vor Augen hält, was mit Subjektivität gemeint ist: Hier ist damit die Kontingenz und historische Relativität der Erkenntnis gemeint. Diese Art der Subjektivität soll überboten werden, die subjektphilosophische Suche nach epistemischer Gewissheit[16] steht im Zeichen der Vermeidung von Kontingenz. Es soll ein unhintergehbares Fundament gefunden werden, das unabhängig ist von der Relativität aller Erkenntnis.

Diese Suche nach epistemischer Gewissheit impliziert, dass *Wahrheit* zu einer *a priorischen Kategorie* wird. Unter subjektphilosophischen Bedingungen *ist* die Wahrheitsfrage immer schon beantwortet. Insofern ein Phänomen
- als bewusstseinsrelevant aufgewiesen wird (etwa als Implikat bewusstseinstheoretischer Reflexionen)
- und das Bewusstsein unhintergehbar ist

erhält dieses Phänomen dadurch automatisch einen positiven epistemischen Status. Es kann gar nicht falsch, ungültig, nicht-existent oder ähnliches sein. Die Wahrheitsfrage ernsthaft zu stellen heißt unter subjektphilosophischen Bedingungen, die a priorischen Implikationen dieser Philosophie nicht verstanden zu haben. Diese Implikationen sind wichtig zur Interpretation der Schriften aus

---

15 Dabei denke ich vor allem an Thomas Kuhns Beiträge, deren Ertrag nicht so sehr in erkenntnispsychologischen Einsichten oder ähnlichem besteht, sondern darin, deutlich zu machen, dass die *Konzeption* von Erkenntnis paradigmaabhängig ist. Kuhn geht es nicht um mögliche Präformierungen der Wahrnehmung, sondern um den Aufweis, dass die „Rohwahrnehmung" abhängig vom jeweiligen Paradigma ganz verschieden interpretiert, eingeordnet und bewertet werden kann (vgl. dazu etwa seine Versuche, den Sinn der These der Inkommensurabilität von Paradigmen als „Unübersetzbarkeit" oder „taxonomische Inkommensurabilität" zu spezifizieren. Vgl. dazu Dirk-Martin Grube, Interpreting Kuhn's Incommensurability-Thesis: Its Different Meanings and Epistemological Consequences, Philosophy Study 2013/3, Nr. 5, 377–397, 383 ff).

16 Vgl. dazu Dalferth, 361 ff.

Tillichs deutscher Zeit (s. dazu unten, Abschnitt 4) wie auch zum Verständnis der Veränderung seines Denkens im Rahmen seiner Emigration.[17]

Dabei sei noch angefügt, dass die Suche nach Letztbegründungen und a priorischer Wahrheit allein die hier relevante, *deutschsprachige* Subjektphilosophie kennzeichnet. Diese ist von englischsprachigen Ansätzen in der Epistemologie zu unterscheiden, die auch ihren Ausgangspunkt beim Subjekt nehmen. Konkret denke ich an die „virtue epistemology", die Tugendepistemologie, die in den letzten Jahrzehnten im englischsprachigen Bereich intensiv diskutiert wird.[18] Auch diese versucht, normative epistemische Ansprüche über das Subjekt statt über die Erkenntnisgegenstände zu sichern. Ausgehend von Einsichten der Tugendethik („virtue ethics") versucht diese Epistemologie, normative Ansprüche durch einen Rekurs auf (epistemische) Tugendhaftigkeit zu sichern.

Doch sucht die Tugendepistemologie nicht nach epistemischer Gewissheit im Sinn von Unhintergehbarkeit und a priorischer Wahrheit. Sie hat keinerlei Interesse an Letztbegründungen und der Überbietung historischer Kontingenz. Sie versucht stattdessen, Maßstäbe zu generieren, mit deren Hilfe der epistemische Wert konkreter Erkenntnisakte, eben deren Tugendhaftigkeit, gemessen werden kann. Kurzum, die Tugendepistemologie nimmt ihren Ausgangpunkt, ebenso wie die deutschsprachige Subjektphilosophie, beim Erkenntnissubjekt, geht dann aber andere Wege. Für die Zwecke der Tillich Interpretation ist allein die Subjektphilosophie relevant.

Angesichts meiner Orientierung am englischsprachigen Denken wird es nicht überraschen, dass ich Versuchen, historische Relativität durch a priorische Wahrheitsansprüche zu überbieten, skeptisch gegenüberstehe. Zumeist sind sie entweder erfolglos oder führen zu Ergebnissen, die derart abstrakt sind, dass sie auswechselbar werden. Auch bemängele ich, dass diese Versuche die Philosophie von anderen Disziplinen isolieren. Die Diskussion um a priorische Erkenntnisansprüche ist eine rein binnenphilosophische, wodurch die Verbindung zu an-

---

17 Vgl. dazu genauer Grube, Wahlheimat USA. Paul Tillichs Abschied vom Letztbegründungsdenken und a priorischen Wahrheitsansprüchen, (Nicholas Coomann und Max Beck (Hrsg.), Deutschsprachige Philosophie im amerikanischen Exil 1933–1945. Historische Erfahrung und begriffliche Transformation, in: Emigration – Exil – Kontinuität. Schriften zur zeitgeschichtlichen Kultur- und Wissenschaftsforschung, Bd. 16, Berlin/Münster et al., 2018, 291–316, 311–316.
18 Vgl. zu dieser etwa A. Fairweather/L. T. Zagzebski (Hrsg.), Virtue Epistemology: Essays on Epistemic Virtue and Responsibility, Oxford, 2001. Zur religionsphilosophischen Anwendung dieser subjektphilosophischen Einsichten, vgl. vor allem Wolterstorffs Überlegungen zum Begriff „entitlement" (s. dazu Nicholas Wolterstorff, Practices of Belief. Selected Essays, vol. II, T. Cuneo (Hrsg.), Cambridge, 2010 und dazu unten, Aufsatz Nr. I).

deren Teilgebieten unseres Wissens wie etwa zur (Erkenntnis)psychologie verloren zu gehen droht.[19]

Auch der Kritik an bestimmten Arten subjektphilosophischen Denkens stimme ich zu. So halte ich Dalferths Kritik, dass Manfred Franks Betonung von Subjektivität das Ergebnis des „falsch gestellten Problem[s] theoretischer Letztbegründung"[20] ist, für überzeugend. Dalferth weist nach, dass Franks Postulat eines nichtgegenständlichen Selbstbewusstseins lediglich eine „Folge der erklärungsorientierten Suche nach letzten Gründen epistemischer Gewissheit ist".[21] Nur dann, wenn Letztbegründungen als notwendig erachtet werden, entsteht die unerwünschte Situation eines Begründungszirkels oder -regresses, die dieses Postulat erst erforderlich macht. Wenn dagegen Letztbegründungsversuche aufgegeben werden, wie es der anti-foundationalism fordert (s. dazu unten, Abschnitt 5), entsteht diese Situation gar nicht erst und ergibt sich keine Notwendigkeit, ein derartiges Selbstbewusstsein zu postulieren.

Abschließend ist jedoch noch darauf hinzuweisen, dass die Suche nach epistemischer Gewissheit und a priorischen Wahrheitsansprüchen nicht allein ein philosophisches Problem ist, sondern auch kulturelle Konsequenzen hat. Genauer gesagt geht es Hand in Hand mit einem bestimmten Lebensgefühl, einer Weise, in-der-Welt-zu-sein. Die Suche nach epistemischer Gewissheit ist verbunden mit der Suche nach einer letzten Gewissheit oder Sicherheit im Leben. Die Frage, ob man Kontingenz unter allen Umständen vermeiden will oder jedenfalls ein gewisses Maß derselben akzeptiert beinhaltet eine umfassende Weise, sich zur Welt ins Verhältnis zu setzen,[22] die kulturelle und nicht zuletzt auch politische Konsequenzen beinhaltet. Wir Kritiker der epistemischen Suche nach Gewissheit müssen uns davon bewusst sein, dass wir nur einen Teil des Problems erfassen, während die anderen, „lebensweltlichen" Problemaspekte davon unberührt bleiben.

---

19 A priorische Ansprüche und Letztbegründungsversuche sind zum Beispiel kaum anschlussfähig an existential anthropologische Einsichten. Tillich kann diese Einsichten mit der Theologie ab den 1950er Jahren auch nur darum ins Gespräch bringen, weil er a priorische Ansprüche und Letztbegründungsversuche nach seiner Emigration weitgehend aufgibt (vgl. dazu Dirk-Martin Grube, Wahlheimat USA. Paul Tillichs Abschied vom Letztbegründungsdenken und a priorischen Wahrheitsansprüchen, a.a.O., 309 – 311.

20 Dalferth, a.a.O., 360.

21 Dalferth, a.a.O., 361.

22 Vgl. dazu meine Bemerkungen, dass Kontingenzvermeidung eher charakteristisch ist für „deutschsprachiges" Denken, während das „englischsprachige" Denken eher daran gewöhnt ist, Kontingenz zu akzptieren (in Dirk-Martin Grube, Introduction: Contingency and Religion – a Philosophical Tour d'Horizon, in: Ders./Peter Jonkers (Hrsg.), Religions Challenged by Contingency. Theological and Philosophical Approaches to the Problem of Contingency, 1– 43, 8 ff.).

4 Tillichs Abschied von der Subjektphilosophie

Wie deutlich werden wird, setzt Tillich vor seiner Emigration 1933 die Gültigkeit der Subjektphilosophie weitgehend voraus.[23] So schreibt er in den Beiträgen aus seiner deutschen Schaffensphase Religion eine konstitutive Bedeutung für das Bewusstsein zu (s. dazu unten, Abschnitt 5).

Doch inwieweit hält er nach seiner Emigration noch an subjektphilosophischen Voraussetzungen fest? Diese Frage wird in der deutschsprachigen Tillich-Forschung unterschiedlich beantwortet. So betont Christian Danz, dass Tillich mit seiner Emigration die Subjektphilosophie nicht aufgibt. Zwar treten später unzweifelhaft ontologische Fragen verstärkt in den Mittelpunkt seines Denkens. Doch wendet sich Danz dagegen, die „späte Ontologie gegen die...transzendentalphilosophisch orientierte frühe Theologie" bei Tillich auszuspielen.[24] In ähnlicher Weise betont Ulrich Barth die Kontinuität des Tillich'schen Denkens. Zwar erkennt er einerseits an, dass „Tillich die späte Dogmatik auf ein ontologisches Fundament gestellt und die Sinntheorie, die in den 20er Jahren die Basis bildete, in die zweite Reihe verwiesen [hat]." Doch behauptet er andererseits, dass das neue Fundament dergestalt exponiert wird, dass es „die Geist- und Erkenntnistheorie, die einst das Sprungbrett für die Sinntheorie abgaben, keineswegs verdrängt."[25]

---

23 Vgl. dazu Christian Danz (Theologie der Religionen als Differenzhermeneutik. Ihre religionstheoretischen und systematischen Voraussetzungen, C. Danz/U.H.J. Körtner (Hrsg.), Theologie der Religionen. Positionen und Perspektiven evangelischer Theologie, Neukirchen 2005, 77–103, 86 ff). Werner Schüßler (Der Mensch und die Philosophie. Zur existenzphilosophischen und anthropologischen Wende Paul Tillichs in seiner Frankfurter Zeit, a.a.O., S. 218 ff und ders., Tillichs existentialistic turn. Seine Wende von der Transzendentalphilosophie zur Existenzphilosophie in der Zeit des Übergangs von Deutschland in die USA, a.a.O., S. 324 ff) zeigt allerdings, dass Tillich schon einige Zeit vor seiner Emigration gewisse Zweifel an der Subjektphilosophie hatte.

24 Christian Danz, Religion als Freiheitsbewußtsein. Eine Studie zur Theologie als Theorie der Konstitutionsbedingungen individueller Subjektivität bei Paul Tillich, a.a.O., 4. In Werner Schüßler, Tillichs existentialistic turn. Seine Wende von der Transzendentalphilosophie zur Existenzphilosophie in der Zeit des Übergangs von Deutschland in die USA, S. 337, F. 76 werden weitere Vertreter des subjektphilosophischen Ansatzes genannt.

25 Ulrich Barth, Protestantismus und Kultur. Systematische und werkbiographische Erwägungen zum Denken Paul Tillichs, C. Danz/W. Schüßler (Hrsg.), Paul Tillichs Theologie der Kultur. Aspekte – Probleme – Perspektiven, in: C. Danz/M. Dumas/W. Schüßler/M. A. Stenger/E. Sturm (Hrsg.), International Yearbook for Tillich Research/Internationales Jahrbuch für die Tillich-Forschung/Annales internationales de recherches sur Tillich, Vol.1, Berlin/Boston, 2011, 13–37, beide Zitate Seite 37. Vgl. auch ders., Religion und Sinn, C. Danz/W. Schüßler (Hrsg.), Religion – Kultur – Gesellschaft. Der frühe Tillich im Spiegel neuer Texte (1919–1920), in W. Schüßler/Erdmann Sturm (Hrsg.), Tillich-Studien, Bd. 20, Wien/Berlin, 2008, 197–213 sowie schon ders.,

Dagegen wendet sich Werner Schüßler entschieden: „...[M]it seiner Emigration in die USA...konnte Tillich den Akzent nicht so sehr auf den transzendentalphilosophischen Ansatz legen...Religion als ,Selbstverhältnis des Geistes' zu begreifen, das war jetzt keine befriedigende Antwort mehr auf die ,Zeichen der Zeit'. Transzendentalphilosophische bzw. subjekttheoretische Deutungen Tillichs mögen ihren Ort haben in einer frühen Werkperiode seines Denkens, sie werden aber fraglich, wenn man sie dem späten Tillich überzustülpen versucht."[26]

Neuerdings hat Schüßler die Wende, die Tillichs Denken im Rahmen seiner Emigration durchmacht, unter dem Stichwort eines *„existentialistic turn"* zusammengefasst. Dabei hält er als Fazit fest, dass Tillichs transzendentalphilosophischer beziehungsweise sinntheoretischer Ansatz in den 1930er Jahren „durch einen existenzphilosophischen und anthropologischen Ansatz überlagert [wird], der in eine recht eigenständige ,Ontologie' einmündet und schließlich durch einen lebensphilosophischen Aspekt ergänzt wird".[27]

Ich stimme Schüßlers These zu, dass Tillich einen „existentialistic turn" unter Einbeziehung der philosophischen Anthropologie vollzogen hat. Schon in „Unbegründbarkeit Gottes?" hatte ich auf eine Verschiebung der Tillich'schen Argumentationsweisen aufmerksam gemacht: Transzendentalphilosophische Argumentationsfiguren treten nach seiner Emigration deutlich zurück bei Tillich.[28]

Neuerdings habe ich den Begriff der Transzendentalphilosophie in diesem Zusammenhang noch einmal präzisiert: Er beinhaltet vor allem *Letztbegründungsansprüche* im oben spezifizierten Sinn des Wortes, also Unhintergehbarkeits- und a priorische Wahrheits- beziehungsweise Gültigkeitsansprüche. Vor seiner Emigration macht Tillich sich diesen Zusammenhang von Unhintergehbarkeits- und a priorischen Wahrheitsansprüchen zunutze. Das ist der erkenntnistheoretische Hintergrund, vor dem etwa sein Versuch, das Absolute als im einschlägigen Sinn bewusstseinsrelevant auszuweisen, zu verstehen ist. Insofern das Bewusstsein unhintergehbar ist und das Absolute für das Bewusstsein konstitutiv ist, ist auch das Absolute wahr beziehungsweise gültig.

Diese Art der Argumentation tritt bei Tillich nach seiner Emigration deutlich zurück. Genauer gesagt verlieren Versuche, religiöse Theoriebildung mit einer

---

Die sinntheoretischen Grundlagen des Religionsbegriffs. Problemgeschichtliche Hintergründe zum frühen Tillich, in ders., Religion in der Moderne, Tübingen 2003, 89 – 123.

26 Schüßler, Abkehr von der Bewußtseinsphilosophie. Zur Kulturtheologie des späten Tillich, a.a.O., 164.

27 Schüßler, Der Mensch und die Philosophie. Zur existenzphilosophischen und anthropologischen Wende Paul Tillichs in seiner Frankfurter Zeit, a.a.O., S. 249.

28 Vgl. Grube, Unbegründbarkeit Gottes? Paul Tillichs und Karl Barths Erkenntnistheorien im Horizont der gegenwärtigen Philosophie, 27 ff.

*Letzt*begründung zu versehen, an Relevanz. Das bedeutet nicht, dass Tillich aufhören würde, philosophisch zu begründen. Er bleibt ein Theologe, der – anders als etwa Karl Barth –, seine Theoriebildung mit philosophischen Mitteln verantwortet. Doch implizieren diese existenzialphilosophisch anthropologischen Begründungen andere Geltungsansprüche als die subjektphilosophischen Begründungen der deutschen Zeit. Sie implizieren keine Unhintergehbarkeitsansprüche mehr. Zwar implizieren sie selbstverständlich immer noch Wahrheitsansprüche. Doch sind diese kontingenter Natur. Mit der existenzialphilosophischen Anthropologie werden a posteriorische Geltungsansprüche gemacht. Diese Anthropologie ist wahr, weil die Welt ist, wie sie ist und nicht, weil sie prinzipiell unhintergehbar wäre. Sie ist nicht a priori wahr in dem Sinn, in dem bewusstseinstheoretische Postulate im Rahmen subjektphilosophischer Voraussetzungen a priori wahr sind. Der Aufweis, dass die religiöse Theoriebildung existenzialphilosophisch anthropologisch fundiert ist hat also einen anderen epistemischen Status als der Aufweis, dass die religiöse Theoriebildung im einschlägigen Sinn bewusstseinsrelevant ist. Er zeigt die Plausibilität dieser Theoriebildung, aber nicht deren prinzipielle Unhintergehbarkeit.

Für das Zurücktreten der Letztbegründungsansprüche nach Tillichs Emigration sind verschiedene Gründe geltend zu machen. Hier seien nur zwei dieser Gründe genannt (ein weiterer wird unten, in Abschnitt 5, deutlich werden):

Zum ersten geht Tillich in seiner US-amerikanischen Schaffensphase sehr viel „praxisrelevanter" vor als noch vor seiner Emigration. Damit ist gemeint, dass er wesentlich stärker auf eigentlich systematisch theologische Themen eingeht als es noch in seiner deutschen Zeit mit ihrer Fokussierung auf die Apologie der Fall war. Dadurch verlieren Letztbegründungsansprüche später an Relevanz. Es geht nicht mehr so sehr darum, ein Fundament in Gestalt des Unbedingten aufzuweisen, das als argumentativ unhintergehbar oder bewusstseinsrelevant die gesamte religiöse Theoriebildung tragen muss. Stattdessen steht in seiner US-amerikanischen Schaffensphase die Frage nach der konkreten Gestalt der systematisch theologischen Theoriebildung im Vordergrund. Nunmehr werden Fragen relevant wie zum Beispiel die, wie der Offenbarungsbegriff gewonnen wird, wie sich die durch die Offenbarung erlangte Erkenntnis zu profaner Erkenntnis verhält oder wie sich theologische Antworten zu philosophischen Fragen verhalten.

Wie gezeigt gibt Tillich die Aktivität des (philosophischen) Begründens nicht auf. Doch erfüllen diese Begründungen jetzt eine andere Funktion: Sie sichern nicht mehr die grundsätzliche Möglichkeit religiöser Theoriebildung, sondern spezifizieren deren konkrete Gestalt. Es geht nicht mehr darum, deren „dass" abzusichern, sondern darum, das konkrete „was und wie" dieser Theoriebildung auf verantwortungsbewusste Weise auszuarbeiten.

Zum anderen muten subjektphilosophische Voraussetzungen im englisch-sprachigen Bereich auch weitgehend fremd an. In letzterem werden normative epistemische Ansprüche klassischerweise durch die Erkenntnisobjekte, bezie-hungsweise genauer, durch die Relation zwischen diesen und der Sprache, fest-gelegt. Die Frage ist hier, ob Aussagesätze die Wirklichkeit adäquat wiedergeben. Wenn das der Fall ist, werden sie mit positiven epistemischen Wertungen verse-hen, wie etwa „wahr", „wahrscheinlich", „plausibel" oder „(denk)möglich".

Oder die positiven epistemischen Wertungen beziehen sich nicht auf die Relation zwischen der Sprache und der Welt, sondern auf die intrinsischen Qualitäten von Aussagen. Dabei denke ich an die Frage, ob Aussagen „verifi-zierbar" oder „falsifizierbar" sind. Wenn das der Fall ist, werden sie in epistemi-scher Hinsicht positiv ausgezeichnet. Sie gelten dann zwar nicht als „wahr" oder ähnlich, aber als „sinnvoll" (im logischen Positivismus mit seiner Verifikations-forderung) oder als „wissenschaftlich" (im kritischen Rationalismus mit seiner Falsifikationsforderung).

Alle diese epistemischen Auszeichnungen werden im englischsprachigen Kontext aber auf a posteriorischer Basis festgelegt. Sie beziehen sich auf die kontingente Wirklichkeit. Subjektphilosophische Reflexionen mit ihren a priori-schen Wahrheits- oder Gültigkeitansprüchen stoßen in diesem Kontext auf weit-gehendes Unverständnis. Epistemische Legitimität wird in erfahrungszentrierten Kontexten eben nicht an Hand a priorischer Reflexionen entschieden, sondern hängt davon, ab, wie die Welt ist.

Unter den in den USA vorherrschenden „Zeichen der Zeit" in der zweiten Hälfte des 20. Jahrhunderts hätten Letztbegründungsversuche und a priorische Wahrheitsansprüche zu weitgehendem Unverständnis geführt. Tillich wusste nicht nur sehr wohl um den Unterschied zwischen einer am Subjekt- und einer am Objekt orientierten Philosophie,[29] sondern war sich als kontextsensibler Denker auch der Differenz zwischen dem US-amerikanischen intellektuellen Kontext und dem deutschen bewusst (vgl. dazu auch unten, Aufsatz Nr. VII). Deshalb ist es verständlich, dass er sich nach seiner Emigration in die USA kaum noch deutscher subjektphilosophischer Voraussetzungen bedient.

---

29 Vgl. dazu die Diskussion in Schüßler, Abkehr von der Bewusstseinsphilosophie (a.a.O., 157 f und 166 f): Tillich war sowohl skeptisch gegenüber einem Ansatz beim Objekt, da dieser das Subjekt konzeptionell nicht mehr einholen kann, aber auch gegenüber einem Ansatz beim Subjekt, weil dieser nicht mehr den Weg zurück zu den Objekten findet.

5 Offenbarung und die Subjektphilosophie (Teil 1: Aufsätze I–III)

In diesem Abschnitt fasse ich die abgedruckten Aufsätze I-III zusammen. Diese Beiträge beschäftigen sich mit der Frage, inwieweit Tillichs Ansatz von der Subjektphilosophie im oben ausgeführten Sinn des Wortes beeinflusst ist. Des genaueren werden die Fragen behandelt, inwieweit diese bei den religionsphilosophischen Schriften aus seiner deutschen Schaffensphase eine Rolle spielt (s. Aufsatz Nr. I), seine Konzeption des Offenbarungsbegriffs von subjektphilosophischen Voraussetzungen geprägt ist (s. Aufsatz Nr. II) und wie Tillich mit der Subjektphilosophie nach seiner Emigration in die USA umgeht (s. Aufsatz Nr. III).

Aufsatz Nr. I: Bemerkungen zu Tillichs apologetischen Bemühungen in der Religionsphilosophie von 1920. Subjektzentrierte versus objektzentrierte Ansätze in der Apologie.

Dieser Aufsatz zeigt exemplarisch die Rolle, die subjektphilosophische Voraussetzungen in Tillichs deutscher Schaffensphase spielen. In den untersuchten Schriften haben sie entscheidende Funktionen inne.

In der Religionsphilosophie von 1920 werden drei Methoden zur Gewinnung des Religionsbegriffs erörtert, die supranaturalistische, die empiristische und die kritische Methode. Tillich selbst verwendet in der fraglichen Zeit letztere. Mit ihrer Hilfe versucht er, das Absolute als notwendiges Postulat aufzuweisen. Er argumentiert, dass das Absolute für das Bewusstsein die Form von Religion annehmen kann, die dann mit dem Gottesbegriff identifiziert wird. Das Absolute wird hier also in einer für subjektphilosophische Ansätze typischen Weise über das Bewusstsein legitimiert.

Im 2. Abschnitt wird die Entwicklung der drei von Tillich genannten Methoden über das „System der Wissenschaften nach Gegenständen und Methoden" von 1923 bis hin zur ST I weiterverfolgt. Dabei stellt sich heraus, dass diese Methoden andere Funktionen erhalten und andere Methoden hinzutreten. Unter diesen ist vor allem die phänomenologische Methode zu nennen, mit deren Hilfe später der Begriff der Offenbarung gewonnen wird (s. zu deren Diskussion unten, Aufsatz Nr. III).

Signifikant ist der enge Zusammenhang, den Tillich zwischen Beschreibung und Rechtfertigung herstellt: In der „Religionsphilosophie" und auch in Tillichs späteren Schriften aus seiner deutschen Zeit steht die Beschreibung dessen, was Religion ist, beziehungsweise welche Funktionen sie erfüllt, gleichzeitig im Zeichen von deren Rechtfertigung. In der Religionsphilosophie von 1920 wird Religion über ihre Verbindung mit dem Bewusstsein legitimiert, in den späteren Schriften aus den 1920er Jahren wird das Unbedingte als fundierende Gewissheit angewiesen, etwa als Bedingung der Möglichkeit des Zweifels, die als solche nicht wiederum bezweifelbar ist.

Aufsatz Nr. II: Offenbarung und Subjektivität. Bemerkungen zu Tillichs Offenbarungsbegriff.

In diesem Aufsatz wird gezeigt, inwieweit subjektphilosophische Voraussetzungen eine Rolle spielen bei Tillichs Konzeption des Offenbarungskonzepts.

Zunächst wird herausgearbeitet, inwiefern Tillich den existentiellen Charakter der Offenbarung betont. Eine derartige Betonung findet sich schon in der Marburger Dogmatik von 1925 und wird dann in der ST I als „Situation unbedingten Betroffenseins" expliziert. Im Zusammenhang der Betonung von dessen existentiellem Charakter insistiert Tillich auch auf dem subjektiven Charakter des Offenbarungsgeschehens. Dieser wird in der ST I mit „Ekstase" identifiziert, die einen Vernunftzustand jenseits – aber nicht außerhalb – ihrer selbst meint: In der Ekstase wird die „Erfahrung des Abgrundes" überwunden.

Gleichzeitig betont Tillich im Gegenüber zum subjektiven Charakter des Offenbarungsgeschehens auch dessen objektive Seite. Das Erkenntnissubjekt sagt sich nicht selbst die Offenbarung zu, sondern diese wird ihm von außen vorgegeben. Um deutlich zu machen, dass das Subjekt Offenbarung empfängt, verwendet Tillich den Begriff des Wunders, der aber gegenüber seiner traditionellen Auffassung als übernatürliche Durchbrechung der Naturprozesse abgegrenzt wird.

Obwohl Tillich die subjektive *und* die objektive Seite im Offenbarungsgeschehen festhalten will gewinnt bei der Weise, auf die er den Offenbarungsbegriff de facto konzeptioniert, die subjektive Seite die Oberhand. Dafür gibt es zwei Gründe: Zum einen lehnt er Barths Supranaturalismus ab, also die Auffassung, dass Offenbarung „senkrecht von oben" herunterfällt. Gegenüber der Gefahr, dass das Erkenntnissubjekt dadurch „erschlagen" wird, betont Tillich die subjektive Seite im Offenbarungsgeschehen. Offenbarung muss angeeignet werden um erfolgreich zu sein. Zum anderen spielt dabei die oben schon herausgearbeitete Fokussierung auf das Subjekt bei Tillich eine Rolle. Dadurch erhält das Offenbarungskonzept im Zuge seiner Ausarbeitung eine stark subjektivistische Note.[30]

---

30 Allerdings ist zu beachten, dass die Verwendung des Begriffs der Subjektphilosophie in diesem Aufsatz etwas andere Konnotationen hat als der oben (s. Abschnitt 3) explizierte Begriff. Der oben explizierte Begriff bezieht sich auf das Problem, ob Erkenntnisansprüche am Subjekt oder am Objekt gerechtfertigt werden. Dieses Problem hat zwar Beziehungen zur Frage, ob ein Offenbarungsbegriff zu subjektivistisch ausgearbeitet wird oder nicht, wie sie im Aufsatz vor allem diskutiert wird. Doch ist das Problem nicht deckungsgleich mit dieser Frage, da bei ihr nicht

Die subjektphilosophischen Voraussetzungen unterscheiden Tillichs Ansatz von dem Barths in grundlegender Weise. Für Barth ist der Ansatz beim Erkenntnissubjekt genau der Punkt, an dem die Theologie ihre Sache seit Schleiermacher verraten hat.[31] Der Gegensatz zwischen Barth und Tillich ist also nicht nur theologisch, etwa durch ein anderes Offenbarungs- und Gottesverständnis, sondern auch durch unterschiedliche philosophische Ausgangspunkte bedingt.

Diese Einsicht leitet dazu an, die in der Theologiegeschichte gängigen Entgegensetzungen von Barth und Tillich als die zwischen Offenbarung und Religion oder als die von Glaube und Kultur zu hinterfragen.[32] Es ist nicht so sehr die Betonung der Offenbarung als solcher, die Barth von Tillich unterscheidet. Stattdessen besteht der Unterschied darin, dass Barth das Offenbarungsgeschehen in einem anderen weltanschaulichen, philosophischen und theologischen Rahmen konzeptioniert als Tillich.[33] Es ist (unter anderem) dieser andere Rahmen, der seinen Ansatz von dem Tillichs unterscheidet. Dieses ist zu beachten, um allzu schematische (und simplifizierende) Entgegensetzungen zwischen Tillich und Barth zu vermeiden.

---

so sehr das Thema der Rechtfertigung von Erkenntnisansprüchen, sondern die Beziehung zwischen dem Offenbarer und dem Offenbarungsempfänger im Fokus steht.

31 Vgl. zu Barths Kritik an der Subjektphilosophie als Leitfaden zur Interpretation seines „Durchbruchs", also des Übergangs von der dialektischen Theologie des Römerbriefkommentars zur Kirchlichen Dogmatik, Dirk-Martin Grube, God or the Subject? Karl Barth's Critique of the 'Turn to the Subject', in: NZST 50 (2007), 308–324.

32 Vgl. zu diesen Entgegensetzungen Christian Danz, Die Religion in der Kultur. Karl Barth und Paul Tillich über die Grundlagen einer Theologie der Kultur, Paul Tillichs Theologie der Kultur Aspekte – Probleme – Perspektiven, C. Danz/W. Schüßler (Hrsg.), in C. Danz/M. Dumas/W. Schüßler/M. A. Stenger/E. Sturm (Hrsg.), Tillich Research, Tillich-Forschungen, Recherches sur Tillich, vol. 1, 211–227, 225). Danz relativiert in ähnlicher Weise diese traditionellen Entgegensetzungen, wenn er betont, dass „in den Theologien Tillichs und Barths auch Gemeinsamkeiten" (a.a.O., 213) zu finden sind, vor allem am Anfang ihrer jeweiligen Karriere. Diese bestehen in einer „vollzugsgebundenen Fassung des Religions- bzw. Glaubensbegriffs" (ebd.), gemäß der Religion als ein „unableitbares Geschehen" (ebd.) verstanden wird. Sowohl Barth wie auch Tillich lösen „die Religion als eine besondere Kultursphäre neben anderen auf. Die wahre Religion ist keine besondere kulturelle Form, sondern das unableitbare Geschehen von Reflexivität an den vom Kulturbewusstsein gesetzten konkreten Formen" (ebd.).

33 Für die kritische Weiterarbeit an beiden Theologen ist im Übrigen auch darauf zu verweisen, dass zum einen Tillichs Umgang mit der Subjektphilosophie nach seiner Emigration eine andere geworden ist (s. dazu oben, Abschnitt 4). Zum anderen ist auch nachzufragen, ob Barths spätere Selbstkritik, dass er die Konsequenzen der natürlichen Theologie beziehungsweise der analogia entis überzogen hat, auch als Selbstkritik an seinem früheren Umgang mit der Subjektphilosophie verstanden werden kann.

Aufsatz Nr. III: A Critical Reconstruction of Paul Tillich's Epistemology

In diesem Aufsatz wird die Entwicklung von Tillichs erkenntnistheoretischem Ansatz nach seiner Emigration in die USA skizziert. Konkret wird gezeigt, dass transzendentalphilosophische Argumentationen zurücktreten und andere Methoden wie die „kritische Phänomenologie" deren Funktionen übernehmen.[34] „kritische Phänomenologie" deren Funktionen übernehmen.

Zunächst wird gezeigt, dass Tillich in seiner deutschen Schaffensphase *Transzendenz aus Transzendentalität* gewinnt. Er bemüht sich, das Unbedingte als transzendentales Postulat aufzuweisen. Damit ist gemeint, dass er versucht, das Unbedingte als Bedingung der Möglichkeit zentraler epistemologischer Aktivitäten nachzuweisen, wie etwa des sinnvollen Zweifelns. Darum stellt sich die Frage nach der Wahrheit des Unbedingten gar nicht erst. Sie *ist* immer schon beantwortet. Kritiken wie die von Falk Wagner, der Tillich vorwirft, die Wahrheitsfrage zu übergehen, übersehen den transzendentalen Charakter von dessen Argumentationen (s. dazu auch oben, Abschnitt 3, zum Zusammenhang zwischen Letztbegründungsansprüchen und einem a priorischem Umgang mit der Wahrheitsfrage).

Transzendentale Argumentationen treten nach Tillichs Emigration in die USA zurück. Ein Grund dafür ist (zu anderen Gründen, s. oben, Abschnitt 4), dass er in dieser Zeit „praxisrelevanter" tätig ist, stärker auf inhaltlich dogmatische Fragen eingeht. Transzendentale Argumentationen *unterdeterminieren* derartige Fragen aber hoffnungslos. So beantwortet etwa der Aufweis, dass das Unbedingte die Bedingung der Möglichkeit des Zweifelns darstellt, die Frage nach dem Gottesbegriff nur in sehr unzureichender Weise.

Die Leerstelle, die durch den Wegfall transzendentaler Argumentationen entsteht, füllt Tillich unter anderem durch die kritische Phänomenologie auf. Diese von Husserls Phänomenologie abgeleitete Methode hat die Aufgabe, auf quasi-induktive Weise aus bestimmten Offenbarungserfahrungen den Normbegriff der Offenbarung abzuleiten. Dabei führt Tillich ein existentiell-kritisches Element in die Phänomenologie ein. Dieses dient in Tillichs nunmehr *kritische* Phänomenologie genannter Methode dazu, um aus den verschiedenen Offenbarungserfahrungen den Normbegriff von Offenbarung ableiten zu können: Diejenige Erfahrung ist normgebend, die als letztgültige Offenbarung angeeignet wird.

Dagegen wird in diesem Aufsatz geltend gemacht, dass die Einführung eines existentiell-kritischen Elements die normativen Ansprüche von Husserls Phänomenologie verwässert: Bei Husserls „eidetischer Variation" geht es um das, was

---

34 Dieser Aufsatz ist für englischsprechende Rezipienten geschrieben, die zwar mit der Religionsphilosophie aber nicht notwendigerweise mit Tillichs Ansatz vertraut sind. Deshalb fasst er zunächst grundlegende Aspekte von dessen Erkenntnistheorie zusammen.

einem Phänomen wesentlich ist und in all seinen Variationen gleichbleibt. Deshalb sind die Ansprüche, den Normbegriff dieses Phänomens erfasst zu haben, konzeptionell abgedeckt. Doch wenn die Suche nach dem, was einem Phänomen wesentlich ist, aufgegeben wird zugunsten der Suche nach dem, was als existentiell relevant erfahren wird, müssen die normativen Ansprüche der Husserlschen Philosophie aufgegeben werden. Dann kann nicht mehr behauptet werden, *den* Normbegriff dieses Phänomens gefunden zu haben. Kurzum, wenn Tillich in die Phänomenologie ein existentiell-kritisches und damit subjektives Element einführt, kann er nicht mehr behaupten, den Normbegriff von Offenbarung zu suchen.

Für die Zwecke einer kritischen Weiterarbeit an diesem Punkt wird vorgeschlagen, nicht Tillichs kritische Phänomenologie, sondern die foundationalist[35] Ansprüche, die mit dieser impliziert sind, fallen zu lassen. Als Fundament zur Generierung eines normativen Offenbarungsbegriffs dienen nicht spezifische Offenbarungserfahrungen, sondern nur Erfahrungen, die innerhalb eines bestimmten theoretischen Horizonts angeeignet werden. Nur im Rahmen eines derartigen Horizonts rekonstruiert können spezifische Offenbarungserfahrungen zur Gewinnung eines legitimen Offenbarungsbegriffs beitragen.

Über den Aufsatz hinaus ist zu überlegen, ob der auf kritisch phänomenologische Weise generierte Offenbarungsbegriff nicht so sehr als Allgemeinbegriff von Offenbarung verstanden werden sollte, sondern als „Allgemeinbegriff von Offenbarung aus einer bestimmten religiösen Perspektive heraus". So mögen die Offenbarungsbegriffe zwischen verschiedenen Religionen oder gar Denominationen differieren. Der aus einer bestimmten religiösen Perspektive heraus vorgeschlagene „Allgemeinbegriff" von Offenbarung stellt dann nicht sozusagen den End- sondern den Anfangspunkt einer interreligiösen Diskussion dar. Er stellt nicht *den* Normbegriff dar, den alle religiösen Perspektiven zu akzeptieren hätten, sondern einen aus einer bestimmten Perspektive heraus formulierten Vorschlag, dessen perspektivenübergreifende Gültigkeit im interreligiösen Dialog weiter zu untersuchen ist.

Ein Beispiel dessen, was ich meine, ist der unten (s. Aufsatz Nr. V) ausgearbeitete Vorschlag, Offenbarung als Wechsel der Leitperspektiven zur Wirklichkeitswahrnehmung zu verstehen. Ein derartiger Offenbarungsbegriff hat offensichtlich christliche Wurzeln und kann deshalb nicht ohne Weiteres als Normbegriff von Offenbarung ausgegeben werden. Doch ist die Frage sinnvoll, ob

---

35 Mit „foundationalism" ist hier gemeint, dass ein Theoriesystem ein einziges Fundament hat, das das gesamte Gewicht des zu begründenden Theoriesystems zu tragen hat (vgl. dazu Dirk-Martin Grube, Religious Experience after the Demise of Foundationalism (Religious Studies 31 (1995), 37–52, 37–42).

dieser Begriff nicht auch wichtige Aspekte an Offenbarungsvorgängen in anderen Religionen aufzeigen kann. Insofern dient dieser spezifische Offenbarungsbegriff als Vorschlag zur weiteren Diskussion im interreligiösen Dialog. Zu fragen ist also, ob die Funktion der kritischen Phänomenologie auch in derselben Weise, also als Diskussionsvorschlag für den interreligiösen Diskurs, zu rekonstruieren ist.

6 Offenbarungs- und mystische Erkenntnis (Teil 2: Aufsätze IV–V)

Aufsatz Nr. IV schließt an die vorhergehenden Aufsätze zur Subjektphilosophie an. Auch bei ihm wird das Thema des Erkenntnissubjekts thematisiert. Allerdings steht dabei nicht so sehr die Frage nach epistemischer Legitimität im Vordergrund, sondern die nach der Beziehung zwischen Subjekt und Objekt. Wie sich zeigen wird, verbindet Tillich mit dieser Beziehung eine Theorie der Unmittelbarkeit, die die Grundlage der Möglichkeit mystischen Erkennens ist.

Das Thema der religiösen Erkenntnis wird dann direkt im Aufsatz Nr. V aufgenommen, in dem die Frage beantwortet wird, was für eine Art der Erkenntnis die Offenbarungserkenntnis ist. Hier wird Tillichs Bestimmung des Verhältnisses der Offenbarungserkenntnis zu anderen, säkularen Formen der Erkenntnis analysiert und weiterentwickelt.

Aufsatz Nr. IV: Überwindung der Subjekt/Objekt-Spaltung? Zur Funktion der Mystik bei Paul Tillich

Bei Tillich dient das Thema der Überwindung der Subjekt/Objekt-Spaltung zur Grundlegung einer Theorie unmittelbarer Erkenntnis. Letztere beinhaltet, dass die Spaltung zwischen Erkenntnissubjekt und –objekt, die Erkenntnisvorgänge normalerweise kennzeichnet, aufgehoben wird: Das Erkenntnisobjekt teilt sich dem Subjekt nicht mittelbar sondern *unmittelbar* mit. Objekt und Subjekt sind nicht mehr voneinander getrennt, sondern (in einem quasi-erotischen Sinn) geeint (s. Abschnitt II dieses Aufsatzes). Tillich vergleicht diese Eins-Werdung wiederholt mit der unio mystica.[36]

Im englischsprachigen Bereich ist die Möglichkeit unmittelbarer Erkenntnis als Voraussetzung der Mystik intensiv diskutiert worden. In dem Vortrag „Tillich's

---

36 Vgl. dazu etwa Werner Schüßler, „Meine katholischen Freunde verstehen mich besser als meine protestantischen." Wie katholisch ist Paul Tillich?, in Aufgeklärte Religion und ihre Probleme. Schleiermacher – Troeltsch – Tillich, U. Barth/C. Danz/W. Gräb/F.W. Graf (Hrsg.), TBT 165, Berlin/New York, 2013, 311–327, 326 f.

Epistemology as Key to His System"[37] analysiere ich zentrale Aspekte dieser Diskussion: Die Möglichkeit unmittelbarer Erkenntnis wird oftmals mit dem Argument abgelehnt, dass alle Erkenntnis mittelbar ist. Dabei wird vorausgesetzt, dass das Erkenntnissubjekt das Objekt nicht unmittelbar wahrnimmt, sondern nur „gefiltert", durch Sprache, Denk- oder ähnliche Konzeptionsschemata vermittelt. Zwischen Erkenntnissubjekt und –objekt schiebt sich also ein Drittes, ein „tertium".

Doch insbesondere *Donald Davidson* hat die Annahme von „tertia" zwischen Erkenntnis und Wirklichkeit und damit zwischen Subjekt und Objekt kritisiert. Dabei ist vor allem seine Kritik an der Annahme der Existenz von (radikal) inkommensurablen Konzeptionsschemata, die angeblich das Objekt (den unkonzeptionalisierten Rohgehalt der Erkenntnis) auf verschiedene Weise konzeptionieren können sollen, berühmt geworden. Davidson argumentiert, dass die Annahme der Existenz inkompatibler Konzeptionsschemata nicht konsistent expliziert werden kann, weil sie an der Übersetzbarkeitsforderung scheitert. Denn entweder sind verschiedene Schemata ineinander übersetzbar – dann sind sie aber nicht mehr (radikal) inkommensurabel. Oder sie sind nicht ineinander übersetzbar – dann kann aber auch nicht mehr sinnvoll ausgesagt werden, dass sie (radikal) inkommensurabel sind. Deshalb schlägt Davidson vor, die Annahme der Existenz inkompatibler Konzeptionsschemata aufzugeben zugunsten der einer direkten Beziehung zwischen Erkenntnis und Wirklichkeit und damit auch zwischen Subjekt und Objekt.

Wenn Davidsons Argument stichhaltig ist, wird die Möglichkeit unmittelbarer Erkenntnis rehabilitiert, insofern das Standardargument gegen diese relativiert wird. Es ist nicht mehr unumgänglich, Erkenntnis und Wirklichkeit als durch ein „tertium" vermittelt zu konzipieren. Wirklichkeitswahrnehmung kann unmittelbar gedacht, die Spaltung zwischen erkennendem Subjekt und Objekt der Erkenntnis aufgehoben werden. Insofern die Möglichkeit unmittelbarer Erkenntnis die Voraussetzung jeder Mystik ist, wird auch diese wieder möglich.

Doch obwohl damit die Mystik wieder zu einer Denkmöglichkeit wird, bleibe ich im genannten Vortrag skeptisch gegenüber ihrer Explikation bei Tillich. Ich werfe ihm vor, dass seine Annahme einer unmittelbaren, vor-konzeptionellen mystischen Erkenntnis, die erst im Kognitionsakt vermittelt wird, leer ist: Um

---

37 Abgedruckt in Papers from the Annual Meeting of the North American Paul Tillich Society (November 1995), Robert F. Scharlemann (Hg.), 15–26. Dieser Vortrag war für ein ganz bestimmtes, englischsprachiges Publikum konzipiert und läuft an einigen Stellen parallel zu anderen Aufsätzen. Darum ist er hier nicht abgedruckt. Doch die Diskussion des Zusammenhangs zwischen einer an Davidsons Überlegungen anschließende Theorie der Unmittelbarkeit und der Mystik geht neue Wege, die im Folgenden zusammengefasst werden.

sinnvoll aussagen zu können, dass „hinter" einer bestimmten sprachlich vermittelten Erkenntnis eine unmittelbare mystische Erfahrung steht, bedarf es eines
irgendwie gearteten kognitiven Zugangs zu letzterer. Doch das ist eine contradictio
in adjectum: Gäbe es einen kognitiven Zugang, wäre das Unmittelbare nicht mehr
unmittelbar, sondern vermittelt.

Soweit die Argumentation im genannten Vortrag, die – in typisch analytischer
Weise –, mit einer negativen Konklusion endet. In dieser Hinsicht geht der oben
schon angesprochene *Aufsatz Nr. II* weiter: Er unterbreitet einen positiven oder
konstruktiven Vorschlag, wie Tillichs Postulat unmittelbarer Erkenntnis sinnvoll
zu interpretieren ist. In diesem Aufsatz schlage ich vor, dieses Postulat und damit
Tillichs Auffassung der Mystik als primär *erkenntnistranszendierend* aufzufassen.
Diese bezieht sich nicht auf die Erkenntnis als solche, sondern auf deren
Grundlegung: Mystische Erkenntnis ist keine Erkenntnis neben anderer Erkenntnis, sondern Grundlage der Möglichkeit von Erkennen überhaupt (s. Absatz
III dieses Aufsatzes).

Dadurch wird das obige Gegenargument gegen Tillichs Anwendung der
Mystik entkräftet: Es geht nicht um ein Postulat mystisch unmittelbarer Erkenntnis „hinter" einer bestimmten sprachlich vermittelten Erkenntnis, sondern
um die Grundlage der Erkenntnis überhaupt. Es geht nicht darum, aufzuzeigen,
dass ein bestimmter Erkenntnisakt seine Wurzeln in mystischer Unmittelbarkeit
hat, sondern darum, dass eine Theorie der Unmittelbarkeit notwendig ist, um die
Möglichkeit adäquater Erkenntnis als solcher erklären zu können. Kurzum, die
Mystik sichert die Bedingung der Möglichkeit von Erkenntnis in dieser Interpretation.

Damit verliert das mystikkritische Argument einer contradictio in adjectum
an Wirkung: Es bedarf gar nicht des selbstwidersprüchlichen Postulats eines
kognitiven Zugangs zum Unmittelbaren (wodurch es eben mittelbar würde).
Stattdessen hat das Unmittelbare eine Art *transzendentalen* Charakter. Unabhängig von der Frage, ob es erkennbar ist, ist seine Postulierung notwendig, um
die Möglichkeit von Erkenntnis abzusichern.[38]

---

38 Dass bei transzendentalen Argumentationen etwas sinnvollerweise postuliert werden kann,
obwohl es nicht erkennbar ist, habe ich in Dirk-Martin Grube, Reconstructing the Dialectics in
Karl Barth's 'Epistle to the Romans': The role of Transcendental Arguments in Theological
Theorizing (in: Bijdragen. International Journal in Philosophy and Theology 69/2, 2008, 127–146,
140 ff) gezeigt. In diesem Aufsatz werden die Möglichkeiten transzendentalen Denkens für die
theologische Theoriebildung erörtert. Der dabei vorausgesetzte Begriff von Transzendentalität
unterscheidet sich von dem oben (s. Abschnitt 3) kritisierten Begriff, insofern er nicht prinzipielle
Unhintergehbarkeits- und a priorische Wahrheitsansprüche impliziert, sondern diese sozusagen

Aufsatz Nr. V: Glaube und Wissen bei Tillich. Die Offenbarungserkenntnis als Erkenntnis über die Erkenntnis statt Erkenntnis über die Welt.

In diesem bisher noch nicht veröffentlichten Aufsatz wird das Problem untersucht, wie Tillich Offenbarungserkenntnis konzeptioniert. Die Leitfrage ist also, um was für eine Art der Erkenntnis es sich bei der Erkenntnis handelt, die durch die Offenbarung gewonnen wird, und wie sich diese zu anderen Arten der Erkenntnis verhält.

Zur Beantwortung dieser Frage diskutiert Tillich das Verhältnis zwischen Glaube und Wissen(schaft). Dabei betont er die Unabhängigkeit beider voneinander:[39] Die Erkenntnis, die durch die Offenbarung gewonnen wird, vermehrt nicht unsere Erkenntnis über die Natur oder die Geschichte, sondern ist auf einer anderen epistemischen Ebene anzusiedeln. Versuche, beide in ein Konfliktverhältnis zu bringen, missverstehen das Wesen der Offenbarung oder das der Wissenschaft.

Diesen Gedanken Tillichs weiterführend bestimmt der Aufsatz die Art der Erkenntnis, die durch die Offenbarung gewonnen wird, als *Erkenntnis über die Erkenntnis* und nicht als Erkenntnis über die Welt. Damit ist gemeint, dass kein Faktenwissen offenbart wird, sondern eine bestimmte Perspektive, unter der die Wirklichkeit wahrgenommen wird. Das Charakteristikum der Offenbarung von Jesus als dem Christus besteht in einem *Wechsel der Leitperspektiven*. Die ersten christlichen Gemeinden lernen, Jesus von Nazareth aus der neuen Leitperspektive wahrzunehmen, dass er der Christus ist. Bei diesem Perspektivenwechsel handelt es sich um einen Unteraspekt des *Paradigmenwechsels*, durch den das Christentum aus dem Judentum entstanden ist, wie mit Hilfe der Emmausgeschichte (Lk

---

„historisiert": Es geht um das, was unter bestimmten „Zeichen der Zeit" nicht mehr sinnvollerweise bezweifelt werden kann.

39 Ian Barbours bekannter Systematisierung des Verhältnisses zwischen Religion und Wissenschaft an Hand von vier Modellen folgend kann Tillich als Vertreter des Unabhängigkeitsmodells gelten, da er die Unabhängigkeit der Offenbarungs- von der wissenschaftlichen Erkenntnis betont (vgl. dazu Werner Schüßler, Naturwissenschaft-Philosophie-Theologie. Paul Tillich zum Problem der sog. „Galilei Konflikte", in: Theology and Natural Science, C. Danz/M. Dumas/W. Schüßler, M. A. Stenger/E. Sturm (Hrsg.; = International Yearbook for Tillich Research/Internationales Jahrbuch für die Tillich-Forschung/Annales internationales de recherches sur Tillich, Vol. 7/2012), Berlin/Boston, 2012, 45 – 78, 75) sowie ders., Philosophischer und religiöser Glauben. Karl Jaspers im Gespräch mit Paul Tillich, ThZ 1.2/69 (2013), 24 – 52, 33. Zur historischen Rekonstruktion der Verhältnisbestimmung von Religion und Naturwissenschaft bei Tillich vgl. auch Thorsten Moos, Paul Tillichs Interpretation der Naturwissenschaften im „System der Wissenschaften" von 1923, in: Theology and Natural Science, C. Danz/M. Dumas/W. Schüßler/M. A. Stenger/E. Sturm (Hrsg.; = International Yearbook for Tillich Research/Internationales Jahrbuch für die Tillich-Forschung/Annales internationales de recherches sur Tillich, vol. 7/2012), Berlin/Boston, 1– 31).

24, 13 – 49) verdeutlicht wird (s. Abschnitt 6). Ein entscheidender Punkt an diesem Wechsel ist, dass die Zeit als eschatologische wahrgenommen wird (s. Abschnitt 8).

Insofern durch diese Rekonstruktion die Bedeutung von Fakten im Rahmen des Offenbarungsgeschehens relativiert wird, wird auch die Bedeutung der *Frage nach der Faktizität der Auferstehung* relativiert. Letztere ist nicht primär als Faktum relevant, sondern als Anomalie in Thomas Kuhns Sinn des Wortes, also als Initialzündung für einen Paradigmenwechsel (s. Abschnitt 7).

Von der Einsicht her, dass die Offenbarungserkenntnis Erkenntnis über die Erkenntnis ist, wird Tillichs Betonung, dass die Offenbarung nicht mit der Evolutionstheorie in einen Konflikt geraten kann, expliziert. Da letztere Erkenntnisansprüche über die Welt enthält, ist sie auf einer anderen Erkenntnisebene zu lokalisieren als erstere. Konflikte entstehen nur dann, wenn die Evolutionstheorie als Erkenntnis über die Erkenntnis, als die Wahrnehmung der Gesamtwirklichkeit steuernde Perspektive, verstanden wird. Doch ein derartiges Verständnis setzt ein szientistisches Weltbild – das im Übrigen außerordentlichen Begründungsschwierigkeiten ausgesetzt ist – voraus. Die Offenbarungserkenntnis kann also nur mit Weltbildern wie einem Szientismus in Konflikt geraten, aber nicht mit der Evolutionstheorie (s. Abschnitt 9).

7 Offenbarung und die existentialistische und anglo-amerikanische Philosophie (Teil 3: Aufsätze VI und VII)

In diesen Aufsätzen wird rekonstruiert, wie Tillich das Verhältnis der Offenbarung zur Philosophie bestimmt. Beim ersten Aufsatz über die Korrelationsmethode wird gezeigt, dass Tillich mit „Philosophie" eine spezifische Form existentialistischen Philosophierens meint, beim zweiten steht die anglo-amerikanische Philosophie im Mittelpunkt. Hier geht es also um andere Formen der Philosophie als in den vorhergehenden Aufsätzen, die sich hauptsächlich mit Tillichs Stellung zur Subjektphilosophie befasst haben.

Aufsatz Nr. VI: Kontextinvariante Wahrheit in geschichtlicher Vermittlung? Eine Analyse von Tillichs Methode der Korrelation

Tillichs Korrelationsmethode gehört zu den am meisten diskutierten Aspekten seines Systems. Warum hat aber die relativ simple Feststellung, dass Antworten auf Fragen bezogen werden sollen, so viele Reaktionen hervorgerufen? Der Grund dafür ist, dass das, wofür Frage und Antwort stehen, mit verschiedenen Größen identifiziert worden ist. So ist die Frageseite unter anderem mit der Philosophie oder der menschlichen Grundsituation, die Antwortseite mit der Theologie oder der Offenbarung identifiziert worden. Der Aufsatz versucht nun nicht, die Vielzahl der verschiedenen Interpretationen in ein geordnetes Verhältnis zueinander zu bringen, sondern schlägt unter Rückgriff auf die Entstehungsgeschichte der Korrelationsmethode eine konsistente (Re-)Interpretation dieser Methode vor.

Im kurz vor der ST I publizierten Aufsatz „The Problem of Theological Method" charakterisiert Tillich die Methode der Korrelation dahingehend, dass existentielle Fragen und theologische Antworten aufeinander bezogen werden sollen. In der späteren ST I wird dann in dieses Frage/Antwort-Schema die Philosophie/Theologie-Korrelation eingetragen: Theologische Antworten sollen auf philosophische Fragen bezogen werden, mit ihnen korrelieren.

An der Korrelationsmethode entzündet sich die Kritik: Theologen befürchten, dass bei dieser die theologische Substanz philosophisch überlagert wird, Philosophen, dass die Philosophie unter die Botmäßigkeit der Theologie gebracht wird. In Antizipation derartiger Kritiken betont Tillich, dass beide substantiell unabhängig voneinander sind, ihre Form aber voneinander abhängig ist.

Doch wenn beide substantiell unabhängig voneinander sind, ergibt sich das Problem, inwiefern garantiert werden kann, dass die theologische Antwort tatsächlich auf die philosophische Frage bezogen ist. Die Lösung besteht darin, dass Tillich eine spezifische Form der Philosophie im Auge hat: Einen *Existentialismus*. Die philosophischen Fragen sind diejenigen Fragen, die mit der menschlichen Existenz gegeben sind. *Diese* Art der Fragen sind mit den theologischen Antworten in eine Korrelation zu bringen. Der Aufsatz schlägt darum vor, die Identifikation der Frageseite mit *der* Philosophie aufzugeben. Die Korrelationsmethode beantwortet also nicht primär die Frage nach dem Verhältnis von Philosophie und Theologie, sondern fordert, die offenbarten theologischen Antworten in ein sinnvolles Verhältnis zu den Grundfragen menschlichen Daseins zu setzen.

Über den Aufsatz hinaus ist festzuhalten, dass Tillichs Unterscheidung zwischen substantieller Unabhängigkeit und Abhängigkeit hinsichtlich der Form einem wichtigen Problem nachspürt. Denn die theologische Theoriebildung ist von dem kulturellen und intellektuellen Kontext, in dem sie betrieben wird, nicht nur in ihrer Präsentation, sondern auch in ihrer inhaltlichen Konzeption beeinflusst. Es wäre also ein Missverständnis, anzunehmen, dass ein einmal feststehender theologischer Inhalt je nach Kontext lediglich verschieden präsentiert wird. Stattdessen verändert sich jedenfalls in gewissem Sinn auch seine Konzeption. Er wird ein anderer.

Doch kann der theologische Inhalt nicht vollkommen durch den Kontext bestimmt werden, weil die Theologie anderenfalls sich selbst aufgeben würde. Deshalb ist es wichtig, zu determinieren, inwieweit eine Beeinflussung der theologischen Theoriebildung durch den Kontext noch legitim ist und ab wann sie illegitim wird, ab wann die Theologie also ihre Sache aufgibt. Tillichs Unterscheidung zwischen substantieller Unabhängigkeit und Abhängigkeit hinsichtlich der Form ist hilfreich zur Thematisierung dieses Problems. Bei ihrer weiteren Diskussion sollte insbesondere die gegenwärtige Kritik am Essentialismus, also an der Vorstellung, eine Sache hätte ein feststehendes Wesen, einbezogen werden.

Aufsatz Nr. VII: Tillich und die anglo-amerikanische Religionsphilosophie. Seine Auseinandersetzung mit dem Erfahrungsbegriff.

In diesem Aufsatz argumentiere ich, dass Tillichs wichtigster Beitrag zur anglo-amerikanischen Philosophie in einem bestimmten Umgang mit dem Empirismus besteht: Nicht seine Bemerkungen zum Positivismus,[40] noch die zum Pragmatismus[41] stellen bleibende Errungenschaften dar, sondern die Weise, in der er mit dem empiristischen Erfahrungsbegriff umgeht: Er relativiert bestimmte Einseitigkeiten des Empirismus – beziehungsweise stellt die Ressourcen bereit, um diese im Anschluss an seine Überlegungen relativieren zu können –, hält dabei aber am Wert des Erfahrungsbezugs der Theoriebildung fest.

Die Analyse seiner Schriften zeigt, dass Tillich den Erfahrungsbegriff in zweifacher Weise verwendet, einmal unspektakulär positiv und zum zweiten in kritischer Weise. Die erste Verwendungsweise ist überall dort zu finden, wo Tillich die Bedeutung der *Erfahrung als Vermittlungsinstanz bei der subjektiven Aneignung theologischer Gehalte* betont, etwa im *Offenbarungsgeschehen*. Dies erklärt sich aus seiner Kritik an Barths Supranaturalismus, bei dem Offenbarung an keinerlei menschliche Erfahrung anknüpft (s. dazu oben, Aufsatz Nr. II).

---

40 Vgl. dazu Tillichs kurz vor seinem Tod gemachte selbstkritische Bemerkung, dass er es bereut, kein einziges Werk über den Logischen Positivismus gelesen zu haben, der zu seiner Zeit die verbreitetste Form der Philosophie in den USA war (vgl. dazu Friedrich Wilhelm Graf: Paul Tillich im Exil, in: Christian Danz/Werner Schüßler (Hrsg.): Paul Tillich im Exil, Berlin/Boston 2017, 11–77, 73).

41 Der US-amerikanische Pragmatismus ist erst in den letzten Jahrzehnten (wieder)entdeckt worden und hat zu Tillichs Zeit in den USA wenig Ausstrahlungskraft besessen. Wer Sympathien sowohl für den Pragmatismus wie auch Tillich hegt, wird bedauern, dass Tillich sich nicht wirklich auf diesen eingelassen hat. Vor allem die Denkweise der Pragmatisten ist mit derjenigen Tillichs eng verwandt: Auch die Pragmatisten versuchen, scheinbare Gegensätze zu dekonstruieren und nach einer umfassenderen Einheit zu suchen. Auch in inhaltlicher Hinsicht hätten sich neue Aspekte ergeben können, wenn Tillich die existentialistische Anthropologie mit dem Pragmatismus verbunden und *diese* Verbindung in einen konstruktiven Dialog mit der Theologie gebracht hätte.

Im hier interessierenden Zusammenhang ist aber vor allem die zweite, kritische Verwendung relevant: Tillich spricht sich dann gegen die Betonung von Erfahrung aus, wenn dieser konstitutive Funktionen im Erkenntnisprozess zugeschrieben werden. Ein Beispiel dafür ist seine Kritik an Versuchen, die theologische Theoriebildung aus der Erfahrung abzuleiten. Er betont dagegen, dass dabei heimlich immer ein „mystisches Apriori" vorausgesetzt ist. Es ist also unzutreffend, die Erfahrung als einzig legitimes Fundament der theologischen Theoriebildung anzusehen.

In diesem Aufsatz wird Tillichs zweite, skeptische Haltung gegenüber Erfahrung als (implizite) Kritik am Empirismus gedeutet. Er kritisiert das, was als *empiristischer „Zwang zur Erfahrung"* bezeichnet wird. Damit ist die im empiristischen Denken (zumeist unhinterfragt) angenommene Voraussetzung gemeint, dass Theoriebildung nur dann legitim ist, wenn sie auf sinnlicher Erfahrung aufgebaut ist. Konkret beinhaltet dieser Zwang, dass Erfahrung als Fundament in einem foundationalist Sinn angesehen wird, also als entscheidende oder gar einzig legitime Grundlage der Theoriebildung. Eine derartige Verwendung des Erfahrungsbegriffs kennzeichnet den Empirismus und insofern Tillich ersteren ablehnt, lehnt er auch den Empirismus ab.

Im 3. Abschnitt des Aufsatzes werden schließlich die Möglichkeiten abgewogen, die sich ergeben, wenn der empiristische „Zwang zur Erfahrung" relativiert wird. So wird darauf verwiesen, dass sich damit neue Möglichkeiten zur Konzeptionierung des Verhältnisses von Erfahrung und Offenbarung ergeben: Unter den Bedingungen dieses Zwangs ist erstere immer vorgeordnet, während die Offenbarung nur als nachgeordnete, als auf Erfahrung aufgebaute in den Blick kommen kann. Wird dieser Zwang jedoch durchbrochen, kann dieses Vorordnungsverhältnis relativiert, möglicherweise sogar umgekehrt werden. Dann wird es sinnvoll, zu erwägen, ob die Offenbarung als Grundlage der Erfahrung angesehen werden kann.[42]

Der empiristische Rekurs auf Erfahrung wird in diesem Aufsatz nicht so sehr als spezifische philosophische Strömung innerhalb der anglo-amerikanischen Philosophie verstanden, sondern als „undercurrent", als „Unterströmung". Der Rekurs auf Erfahrung durchzieht große Teile dieser Philosophie und des englischsprachigen Denkens überhaupt. Tillichs Kritik am empiristischen Erfahrungsgebrauch impliziert also auch eine Kritik an großen Teilen der englisch-

---

[42] Hier ergeben sich Überschneidungen zu Aufsatz Nr. IV, (vgl. Abschnitt 5). Dabei sei noch einmal darauf hingewiesen, dass es bei diesen Überlegungen um das *epistemische* Vorordnungsverhältnis von Erfahrung und Offenbarung geht. Dieses soll von seinen empiristischen Vorurteilen befreit werden. Damit ist aber über das Anknüpfungsproblem, also die Frage, inwieweit die Offenbarung an menschliche Erfahrung anzuknüpfen hat, noch nichts ausgesagt.

sprachigen Philosophie. Nach seiner Emigration in die USA hat er sich also keineswegs der anglo-amerikanischen Philosophie verschrieben (vgl. dazu auch oben, Abschnitt 4).

8 Offenbarung und der interreligiöse Dialog (Teil 4: Aufsätze VIII–IX)

In diesem Abschnitt werden die Aufsätze VIII und IX zusammengefasst, in denen Tillichs Stellung zum interreligiösen Dialog diskutiert wird. Dabei ist sogleich festzuhalten, dass der Begriff des interreligiösen Dialogs hier in umfassendem Sinn gemeint ist. Es geht nicht nur um die Frage, wie der *Dialog* zwischen verschiedenen Religionen auszusehen hat, sondern auch um grundsätzliche Überlegungen zum Verhältnis der Religionen zueinander.

Derartige Überlegungen können aus verschiedenen Leitperspektiven vorgenommen werden. Dazu gehören zum Beispiel philosophische, etwa diskurs- oder erkenntnistheoretische, ethisch-(ordnungs)politische und nicht zuletzt religionstheologische Perspektiven. Unter letzteren verstehe ich hier eine Rekonstruktion des Verhältnisses der Religionen zueinander aus der Perspektive einer bestimmten Religion.

Tillichs Überlegungen zur Sache nehmen ihren Ausgangspunkt in einer derartigen religionstheologischen Perspektive. Seine Frage ist zunächst, wie aus der christlichen Binnenperspektive das Verhältnis des Christentums zu anderen Religionen zu beschreiben ist. Bei der Analyse seines Vorgehens wird sich aber herausstellen, dass seine Thesen über den Bereich der Religionstheologie hinausgehen. Sie erstrecken sich in den philosophisch-erkenntnistheoretischen Diskurs über religiöse Diversität. Insbesondere seine Thesen zur „Absolutheit des Absoluten", oder, wie es unten genannt werden wird, zur „epistemischen Bescheidenheit in Religionsfragen", tragen zur philosophischen Grundlagenreflexion über einen konstruktiven Umgang mit religiöser Diversität bei.

In quantitativer Hinsicht ist Tillichs Beitrag zum interreligiösen Dialog im Vergleich zu seinen Beiträgen zu anderen Themen eher bescheiden. Er hat sich erst in seinen letzten Lebensjahren mit dem Verhältnis des Christentums zu den nicht-christlichen Religionen intensiv beschäftigt, so dass nur noch relativ wenige Beiträge zum Thema veröffentlicht werden konnten. Doch sind seine Thesen vielfach aufgenommen worden. Würde die Anzahl der Seiten, die Tillich selbst zum Thema publiziert hat, mit der Anzahl verglichen, die in der Sekundärliteratur *über* Tillichs einschlägige Äußerungen publiziert sind,[43] würden letztere ein Vielfaches dessen ausmachen, was Tillich selbst zur Sache beigetragen hat.

Das ist nicht nur mit der gegenwärtigen Relevanz des Themas zu erklären, sondern auch damit, dass Tillich dieses Thema auf konstruktive Weise bearbeitet, die zum kritischen Weiterdenken unter heutigen Denkbedingungen geradezu einlädt. Tillichs zentrales Anliegen ist es, die Ansprüche der nicht-christlichen Religionen mit den legitimen Eigenansprüchen des Christentums zu versöhnen.[44] Dieses Anliegen ist insofern zeitgemäß, als es einerseits die nivellierenden Tendenzen vermeidet, die etwa in manchen Formen des religiösen Pluralismus

---

43 Vgl. dazu etwa Werner Schüßler, Das Kopernikanische Prinzip und die Theologie der Religionen. Zu Paul Tillichs religionsphilosophischem Beitrag zum interreligiösen Dialog, in ders. (Hrsg.), „Was uns unbedingt angeht". Studien zur Theologie und Philosophie Paul Tillichs, Münster, ²2004, 87–105 sowie ders./Erdmann Sturm (Hrsg.), Paul Tillich. Leben-Werk-Wirkung, Darmstadt 2007, 150–161 (§ 9: Religionstheologie und interreligiöser Dialog), Christian Danz, Theologie der Religionen als Differenzhermeneutik, a.a.O., 77–106, Jörg Eickhoff, Religiöse Identität im pluralistischen Religionsdiskurs der ‚Postmoderne'. Anmerkungen zur Religionstheologie Paul Tillichs, in C. Danz (Hrsg.), Theologie als Religionsphilosophie. Studien zu den problemgeschichtlichen und systematischen Voraussetzungen der Theologie Paul Tillichs (W. Schüßler/E. Sturm (Hrsg.), Tillich Studien 9, Wien 2004, 257–279).

Zur Diskussion von Tillichs Vergleichen zwischen dem Christentum und spezifischen nicht-christlichen Religionen, vgl. Pan-Chiu-Lai, Kingdom of God in Tillich and Pure Land in Mahayana Buddhism, in C. Danz/W. Schüßler/E. Sturm (Hrsg.), Religionstheologie und interreligiöser Dialog (C. Danz/M. Dumas/W. Schüßler/M. A. Stenger/E. Sturm (Hrsg.), International Yearbook for Tillich Research/Internationales Jahrbuch für die Tillich-Forschung/Annales internationales de recherches sur Tillich, vol. 5, Wien/Münster, 2010, 151–171 (auf die anderen Beiträge dieses Sammelbandes wird unten genauer eingegangen)), Marc Boss, Tillich in Dialogue with Japanese Buddhism: a Paradigmatic Illustration of his approach to inter-religious conversation, in Russel Re Manning (Hrsg.), The Cambridge Companion to Paul Tillich, New York/Cambridge 2009, 254–272, John Thatanamil, Tillich and the Postmodern, in Re Manning, Paul Tillich, a.a.O., 288–302, 300 f.

44 Vgl. dazu Robison B. James, Can we be Committed to One Faith, yet open to Others? Tillich's Solution to a Current Problem, in C. Danz/W. Schüßler/E. Sturm (Hrsg.), Religionstheologie und interreligiöser Dialog (C. Danz/M. Dumas/W. Schüßler/M. A. Stenger/E. Sturm (Hrsg.), International Yearbook for Tillich Research/Internationales Jahrbuch für die Tillich-Forschung/Annales internationales de recherches sur Tillich, Vol. 5), Wien/Münster, 2010, 93–107. James argumentiert, ein Inklusivismus sei die „normale Einstellung" (wobei der Inklusivismus allerdings reziprok ist, vgl. a.a.O., 104) und ein Pluralismus wie auch ein Exklusivismus können „situativ" gerechtfertigt sein (vgl. 106 f). Eine derartige Kontextualisierung der Unterscheidung zwischen Exlusivismus, Inklusivismus und Pluralismus ist interessant, weil hier eine Dynamik in diese ansonsten statische Unterscheidung eingetragen wird. Allerdings ist zurück zu fragen, wie Situationen ausgezeichnet werden können, die etwa einen Pluralismus rechtfertigen und vor allem, auf was für einer theoretischen Grundlage eine derartige „situative Rechtfertigung" legitimiert werden kann.

spürbar sind, ohne dabei andererseits in einen Exklusivismus mit seinen Superioritätsansprüchen für die je eigene Religion zu verfallen.

Besonders interessant für die heutige Diskussion zur Sache ist, dass Tillich sich intensiv mit der Frage religiöser Absolutheitsansprüche auseinandersetzt. Er vermeidet also die aus manchen interreligiösen Diskursen bekannte Strategie, diese Ansprüche auszuklammern oder von vornherein zu relativieren. Eine derartige Strategie verfehlt aber das Anliegen der meisten religiösen Perspektiven. Insofern Tillich diese Strategie meidet, wird sein Ansatz dem Anliegen dieser Religionen jedenfalls prima facie besser gerecht.

Bei Tillich dienen Absolutheitsansprüche geradezu als Eckpfeiler eines konstruktiven Umgangs mit religiöser Diversität, wie bei der Diskussion der in der Christologie implizierten Ansprüche unten deutlich werden wird. Das ist insofern für die Diskussion zur Sache relevant, als Absolutheitsansprüche zumeist mit einem Exklusivismus in Verbindung gebracht werden. An dieser Stelle geht Tillich andere und meines Erachtens vielversprechende Wege, die genauerer Analyse bedürfen. Diese wird unten (s. Abschnitt 10) vorgenommen werden.

Aufsatz Nr. VIII: Tillichs Beitrag zum interreligiösen Dialog.

In diesem Aufsatz wird Tillichs religionstheologischer Ansatz als Mittelweg verstanden zwischen einem Exklusivismus, der Wahrheit und/oder Heilsmächtigkeit nur der eigenen Religion zuerkennt, und einer Art des Pluralismus, der die Ansprüche der eigenen Religion aufgibt.[45] Dabei wird Tillichs religionskritische Argumentationsweise näher beleuchtet, mit deren Hilfe er diesen Mittelweg ausarbeitet. Er hält fest, dass Religion fundamental zweideutig ist. Zwar weist sie auf Transzendenz, doch wird sie „dämonisch", wenn sie als endliche Größe Absolutheit für ihre eigenen Ansprüche geltend macht. Sie steht immer in der Gefahr, endlich Bedingtes als Unbedingtes auszugeben. Unter diese Religionskritik fällt im Prinzip auch das Christentum insofern es Religion geworden ist.

---

[45] Wenn Tillichs Ansatz in diesem Aufsatz als Mittelweg zwischen Exlusivismus und Pluralismus bezeichnet wird, dann ist das *nicht* im Sinn des klassischen Dreierschemas von Exklusivismus, Inklusivismus und Pluralismus zu verstehen. In diesem Schema wird der Inklusivismus als Mittelweg zwischen den Extremen eines Exklusivismus und eines Pluralismus bezeichnet, da er zwar Wahrheit exklusiv für die eigene Religion reklamiert, aber bereit ist, anzuerkennen, dass diese zumindest implizit auch in anderen Religionen anwesend sein kann (s. dazu etwa Michael Peterson/William Hasker/Bruce Reichenbach/David Basinger, Reason and Religious Belief. An Introduction to the Philosophy of Religion, Oxford, ²1998, 260 – 273). Tillichs Ansatz ist jedoch nicht inklusivistisch und seine Bezeichnung als „Mittelweg" ist als Kritik an diesem Schema zu verstehen (s. dazu genauer unten).

Diese Religions- und Christentumskritik ist mit der von *Karl Barth* vergleichbar. Auch Barth kritisiert das Christentum, insofern es Religion ist. Bei näherer Betrachtung ergeben sich weitere Ähnlichkeiten, aber auch Differenzen zwischen Barth und Tillich: Barth stellt die Offenbarung in Jesus Christus der Religion gegenüber. Diese ist offensichtlich von der Religionskritik ausgenommen. Tillich beruft sich an dieser Stelle auch auf Jesus Christus, jedoch in ganz anderer Weise. Für ihn stellt das Symbol „Jesus der Christus" die geschichtliche Offenbarung des Seinsgrundes dar. Deshalb kann dieses Symbol das Kriterium darstellen, das alle Religionen, inklusive der christlichen, richtet (vgl. dazu genauer unten, Aufsatz Nr. IX).

In Abschnitt 3 dieses Aufsatzes wird Tillichs Beitrag zum interreligiösen Dialog mit *John Hicks* Pluralismus verglichen. Auch hier scheinen sich zunächst wieder Parallelen zu ergeben: Wie Tillich postuliert auch Hick ein über allen empirischen Religionen stehendes Kriterium, das „Real an sich" (das analog zu Kants „Ding an sich" formuliert ist). Dieses kann durch keine empirische Verwirklichungsform, mithin auch keine empirische Religion eingeholt worden. Die Differenz zwischen „Real an sich" und allen empirischen Religionen ist der Grund dafür, dass keine Religion Absolutheitsansprüche erheben kann.

Allerdings ist auch Hicks Pluralismus von Tillichs Beitrag zum interreligiösen Dialog zu unterscheiden: Zum einen stellt das „Real an sich" ein auf philosophischer Basis gewonnenes Postulat dar, während das Symbol von Jesus dem Christus bei Tillich zunächst dem Christentum entstammt und erst in einem zweiten Schritt philosophisch relevant gemacht wird.

Außerdem hat der Religionsbegriff bei beiden unterschiedliche Funktionen: Bei Hick enthalten die (meisten) empirischen Religionen durchaus Teilwahrheiten, die erst in dem Moment illegitim werden, wenn sie vorgeben, das Ganze, die transzendente Wirklichkeit, adäquat wiederzugeben. An sich aber sind sie nicht illegitim, sondern stellen verschiedene Wege zum Ziel dar. Bei Tillich werden sie dagegen schon in dem Moment illegitim, in dem sie „partikular", geschichtliche Wirklichkeit werden. Die „partikularen", also empirischen Religionen stellen nicht verschiedene Wege zum Ziel dar, sondern widersprechen dem in Jesus dem Christus symbolisierten Ideal.

Aufsatz Nr. IX: Die christologische Relativierung absoluter Geltungsansprüche. Zu Paul Tillichs Auseinandersetzung mit den nicht-christlichen Religionen und der Unterscheidung zwischen Exklusivismus, Inklusivismus und Pluralismus.
In diesem Aufsatz werden einige der wichtigsten Schriften analysiert, in denen Tillich sich zum Umgang mit religiöser Diversität äußert. Dabei wird zunächst die Bedeutung, die Tillich dem „Bild" von Jesus dem Christus zuschreibt, näher ausgearbeitet. Kennzeichnend für dieses „Bild" ist die bruchlose Beziehung

zwischen Jesus und Gott, die Verbindung mit dem Grund des Seins ohne Entfremdung, wie sie biblisch bezeugt ist.[46] Durch diese Beziehung werden alle Absolutheitsansprüche für die eigene Partikularität aufgehoben, inklusive der Bindung an eine partikulare Religion. Deshalb kann das „Bild" von Jesus dem Christus als kritische Instanz gegenüber allen partikularen Religionen fungieren. Es weist auf einen *alle empirischen Verwirklichungsformen von Religion übersteigenden „Kristallisationspunkt"* hin. Insofern das Christentum diesen verfehlt und partikulare Religion geworden ist, fällt auch dieses unter die Religionskritik.

Wie verhalten sich aber nun die Aussagen aus Tillichs systematisch theologischen Schriften zu seinem Beitrag zum interreligiösen Dialog? In der ST I weist Tillich darauf hin, dass vom Standpunkt des theologischen Zirkels, der nicht hintergangen werden kann, die Offenbarung in Jesus dem Christus notwendigerweise die letztgültige Offenbarung ist. Doch diese Letztgültigkeit impliziert keine klassischen Unbedingtheitsansprüche, sondern einen bestimmten Umgang mit diesen: Nur in demjenigen, der der Versuchung widerstanden hat, für sein endliches Sein Unbedingtheit zu beanspruchen, kann die letztgültige Offenbarung verwirklicht sein. Allein die Macht, sich selbst zu verneinen, ohne sich selbst zu verlieren, kann legitimerweise unüberbietbare Offenbarungsansprüche geltend machen.

Tillichs Argumentationsstruktur lässt sich also folgendermaßen wiedergeben: Sein Ausgangspunkt ist in einer bestimmten religiösen Binnenperspektive zu lokalisieren, der christlichen. Von diesem binnenperspektivischen Ausgangspunkt aus erarbeitet er einen Maßstab, der perspektivenübergreifende Geltung beanspruchen kann: Die Gültigkeit des Maßstabs *„Selbstverneinung ohne Selbstverlust"* ist nicht mehr an eine bestimmte Binnenperspektive gebunden, sondern kann Allgemeingültigkeit beanspruchen.

---

46 Reinhold Bernhardt (Der Geist und die Religionen. Tillichs Religionstheologie im Kontext seiner Pneumatologie, in C. Danz/W. Schüßler/E. Sturm (Hrsg.), Religionstheologie und interreligiöser Dialog (C. Danz/W. Schüßler/E. Sturm (Hrsg.), International Yearbook for Tillich Research/Internationales Jahrbuch für die Tillich-Forschung/Annales internationales de recherches sur Tillich 5), Wien, Berlin, 2010, 37–59, 43) betont, dass die Einzigartigkeit Jesu Christi nicht in seiner Geisterfülltheit als solcher zu suchen ist, sondern „in deren Qualität, in der ununterbrochenen Einheit, in der er in seinem Geist zu Gott stand" (vgl. dazu auch Folkart Wittekinds Bemerkungen zur Funktion des Kreuzes bei Tillich als „Negation der irdisch-geschichtlichen Besonderheit und Bestimmtheit des Offenbarungsträgers" (Wittekind, Grund- und Heilsoffenbarung. Zur Ausformung der Christologie Tillichs in der Auseinandersetzung mit Karl Barth, in C. Danz/M. Dumas/W. Schüßler/M. A. Stenger/E. Sturm, Jesus of Nazareth and the New Being in History (C. Danz/M. Dumas/W. Schüßler/M. A. Stenger/E. Sturm (Hrsg.), International Yearbook for Tillich Research/Internationales Jahrbuch für die Tillich-Forschung/Annales internationales de recherches sur Tillich, Vol. 6), Berlin/Boston, 2011, 89–119, 95).

In dem Aufsatz wird darauf hingewiesen, dass eine derartige Argumentationsstruktur mit heutigen Tendenzen in der Philosophie gut vereinbar ist. Dabei denke ich etwa an pragmatische Ansätze wie denjenigen Hilary Putnams. Diese beginnen auch zunächst binnenperspektivisch, da sie einen „Standpunkt über allen Standpunkten" („God's eye point of view") ablehnen. Doch machen sie in einem zweiten Schritt perspektivenübergreifende Geltungsansprüche für die zunächst binnenperspektivisch generierten Thesen geltend, um auf diese Weise einen Relativismus zu vermeiden.

Im 4. Abschnitt wird die Argumentationsstruktur von Tillichs Beitrag zum interreligiösen Dialog zum Klassifikationsschema Exklusivismus-Inklusivismus-Pluralismus ins Verhältnis gesetzt. Dieses Dreierschema wird kritisiert, weil es allein den Endpunkt einer Argumentation angibt, ohne dabei auf den Argumentationsweg zu achten. Es ist ergänzungsbedürftig[47] durch ein Schema, das der Struktur der Argumentation und damit dem Diskurskontext, innerhalb derer der Dialog zwischen den Religionen geführt wird, Rechnung trägt. Die obige Argumentationsstruktur Tillichs aufnehmend wird als ein solches Schema die Unterscheidung zwischen Binnen- und Außenperspektive auf Religion vorgeschlagen: Der Diskurs um religiöse Diversität unterscheidet sich, je nachdem, ob er auf der Binnen- oder Außenperspektive geführt wird. So sind andere Arten von Argumenten relevant, wenn zum Beispiel nicht-christliche Religionen aufgrund christlich-binnenperspektivischer Argumente respektiert werden, als wenn sie aufgrund außenperspektivischer Argumente respektiert werden. Im ersten Fall handelt es sich um einen systematisch theologischen Diskurs, im zweiten um einen anderen, etwa ordnungspolitischen Diskurs. So ist etwa die Argumentation, Respekt für andere Religionen sei biblisch bezeugt, allein in ersterem relevant, im zweiten dagegen nicht.

Dabei ist zwischen verschiedenen Arten von binnenperspektivischen Ansätzen zu unterscheiden: Zum einen diejenigen, die innerhalb der eigenen religiösen Perspektive verbleiben, zum anderen solche, die diese übersteigen. Zu ersteren gehören exklusivistische Ansätze, die Wahrheit exklusiv für die eigene Perspektive reklamieren, aber die darin implizierten Geltungsansprüche nicht über die eigene Perspektive hinaus vermitteln. Damit ist gemeint, dass die Begründungen

---

47 Aus verschiedenen, etwa postkolonialen, interkulturell-theologischen und anderen Perspektiven wird das Dreierschema grundsätzlich abgelehnt. Obwohl auch ich dieses Schema kritisiere, will ich es aber nicht abschaffen. So ist es zum Beispiel zur Erstorientierung, etwa für Unterrichtszwecke, sinnvoll. Selbstverständlich bleibt es außerdem wichtig zu wissen, ob nun nur eine oder mehrere Religionen als wahr oder heilsbringend angesehen werden. Meine Intention ist also lediglich, die Bedeutung dieses Schemas zu relativieren: Ob es sinnvoll eingesetzt werden kann, hängt vom jeweiligen Verwendungskontext ab.

für die umfassenden Geltungsansprüche nur binnenperspektivisch gerechtfertigt werden. Ein Beispiel dafür aus dem christlichen Bereich ist die Aussage, dass das Heil allein in Jesus Christus liegt, weil das biblisch bezeugt ist. Die biblische Begründung kann aber offensichtlich nur innerhalb der christlichen Binnenperspektive Geltung beanspruchen, aber nicht außerhalb derselben.

Davon zu unterscheiden sind Ansätze, die zwar auch ihren Ausgangspunkt in einer bestimmten religiösen Binnenperspektive nehmen, sich aber im Verlauf der Argumentation in philosophisch reflektierter Weise über die Begrenzungen dieser Perspektive hinaus arbeiten. Beispiele dafür sind Ansätze, die bestimmte moralische Maßstäbe aus einer religiösen Binnenperspektive ableiten, danach aber deren allgemeine Geltung aufweisen. So kann etwa dafür argumentiert werden, dass die „Goldene Regel" zunächst eine christliche Norm ist, darüber hinaus aber auch allgemeine Gültigkeit hat. Das Argument für letztere ist dann nicht ihre biblische Bezeugung, sondern etwa, dass sie in allen Religionen und Weltanschauungen vertreten ist, dass durch sie allgemein gültige ethische Normen zum Ausdruck kommen oder ähnliches.

Tillich gehört dieser zweiten Kategorie an. Er nimmt seinen Ausgangspunkt beim „Bild" von Jesus Christus, also in der christlichen Binnenperspektive, verallgemeinert dieses dann aber durch den allgemein gültigen Maßstab „Selbstverneinung ohne Selbstverlust". Mit „Selbstverneinung" ist dabei die Fähigkeit zur (selbst)kritischen Reflexion und zur Relativierung unreflektierter Absolutheitsansprüche gemeint (s. dazu genauer unten, Abschnitte 9 und 10).

9 Epistemische Bescheidenheit in Religionsfragen und ihre ontologische Begründung bei Tillich: Die Absolutheit des Absoluten

In der gegenwärtigen Erkenntnistheorie spielt der Begriff der *epistemischen Bescheidenheit* („*epistemic humility*"[48]) eine wichtige Rolle. Insbesondere wird er im Rahmen der Diskussion um die Tugendepistemologie („virtue epistemology"; s. dazu oben, Abschnitt 4) verwendet. In diesem Rahmen wird er gegenüber epis-

---

[48] Vgl. dazu etwa Ian James Kidd, Inevitability, contingency, and epistemic humility, in Studies in History and Philosophy of Science, Part A, Volume 55 (February 2016), 12–19 (https://www.sciencedirect.com/science/article/pii/S0039368115000990).

temischen „Lastern" wie Arroganz und Eitelkeit abgegrenzt.⁴⁹ Auch in die Theologie hat der Begriff Eingang gefunden. Catherine Cornille verwendet ihn im komparativ theologischen Rahmen.⁵⁰

Meines Erachtens birgt dieser Begriff in verschiedenen Hinsichten ein interessantes Potential für gegenwärtige Theoriebildung. Er ist nicht nur im eigentlich epistemologischen Diskurs relevant, sondern auch für die Diskussionen um Alterität. Bescheidenheit als epistemische Tugend impliziert die Fähigkeit zur Selbstreflexion und -kritik anstatt Wahrheit zu monopolisieren. Damit ist die Möglichkeit verbunden, die/den Andere(n) als genuin anders anzusehen statt sie/ihn abzuwerten. In diesem Sinn verstanden ist epistemische Bescheidenheit das Gegengift zu dem, was ich anderenorts als „*Dawkinsianismus*"⁵¹ bezeichnet habe. Damit meine ich eine Position, die bar jeder (selbst)kritischen Reflexion Wahrheit monopolisiert, dem eigenen Standpunkt unverdiente Privilegien zuschreibt und alternative Standpunkte als in epistemischen oder anderweitigen Hinsichten minderwertig abqualifiziert.⁵² Epistemische Bescheidenheit leitet dagegen zu einem respektvollen Umgang mit Alterität an und ist darum nicht nur in erkenntnistheoretischer, sondern auch in ethischer und gesellschaftspolitischer Hinsicht relevant. Auch leitet sie zu einem respektvollen, konstruktiven Umgang mit religiöser Andersheit an und kann deshalb auch einen wichtigen Beitrag zu einer sinnvollen Konzeption des interreligiösen Dialogs leisten.⁵³

---

49 Vgl. dazu etwa Robert C. Roberts/W. Jay Wood, Humility and Epistemic Goods, in Michael de Paul/Linda Zagzebski (Hrsg.), Intellectual Virtue – Perspectives from Ethics and Epistemology, Oxford, 2003, 257–280, 257 f.

50 Vgl. dazu Catherine Cornille, The im-possibility of Interreligious Dialogue, New York 2008, 44 ff.

51 Vgl. dazu Grube, Concluding Remarks – Reply to the respondents to „Justified Religious Difference. A constructive approach to religious diversity", in Philosophical Perspectives on Religious Diversity. Bivalent Truth, Tolerance and Personhood, ders./Walter van Herck (Hrsg.), London/New York, 2018, 86–114, 96 ff.

52 Die Mechanismen, mit deren Hilfe der eigenen Position unverdiente Privilegien zugeschrieben werden, wie es bei manchen Formen des Atheismus der Fall ist, werden in Grube, Unverdiente Privilegien? Zur Kritik atheistischer Überlegenheitsansprüche und deren Legitimierung durch den Evidentialismus (erscheint demnächst in Neue Zeitschrift für Systematische Theologie und Religionsphilosophie) genauer analysiert.

53 In ihrem Vortrag In Pursuit of Humility. The Possibility and Promise of Interreligious Dialogue hat Cornille diesen Begriff auch schon auf den interreligiösen Dialog angewandt (der Vortrag wird demnächst in niederländischer Übersetzung in Tijdschrift voor Theologie erscheinen). Im Übrigen sei noch angefügt, dass der Begriff epistemischer Bescheidenheit eine sinnvolle Ergänzung zu meinem Vorschlag ist, dass wir bivalente Wahrheitskonzepte im interreligiösen Dialog aufgeben sollten (vgl. dazu, beziehungsweise zum Alternativvorschlag, statt von Wahrheit von (pluralisierbarer) Rechtfertigung auszugehen, Dirk-Martin Grube, „Justified Religious Difference". A

Im Folgenden verwende ich diesen Begriff als Interpretationskategorie, um zentrale Anliegen Tillichs zusammen zu fassen. Dieser Begriff fasst nicht nur Tillichs Anliegen in sinnvoller Weise zusammen, sondern macht diese auch anschlussfähig an die Gegenwartsdiskurse in der Epistemologie, der Ethik und Gesellschaftspolitik sowie nicht zuletzt an den Diskurs über religiöse Diversität.

Meine Leitthese ist, dass *Tillich eine epistemische Bescheidenheit in Religionsfragen* vertritt. Damit ist seine Forderung gemeint, dass wir in religiösen Fragen in erkenntnistheoretischer Hinsicht zurückhaltend aufzutreten haben. Tillich wendet sich gegen alle Ansprüche, das Unbedingte oder Absolute[54] in bedingten Kategorien „eingefangen" zu haben. Ansprüche, dieses in einem bestimmten Denk-, Konzeptions-, Sprach-, Religions- oder gar politischen System erfasst zu haben, verfehlen prinzipiell ihren Gegenstand. Behaupten sie dennoch, das Absolute adäquat wiedergeben zu können, werden sie „dämonisch"[55], wie Tillich etwa im Zusammenhang der Ausarbeitung seines „Protestantischen Prinzips"[56] betont. Kurzum, die These, dass Tillich eine epistemische Bescheidenheit in Religionsfragen vertritt, meint seine Zurückweisung aller Ansprüche, das Absolute in ein bestimmtes System pressen zu können.

Die Forderung nach dieser Art Bescheidenheit ist eine Leitintention Tillichs, die sich durch sein gesamtes Denken hindurch zieht. In den obigen Ausführungen ist sie etwa in seinen Anschauungen zur Mystik beziehungsweise zur Subjekt/Objekt-Spaltung zu Tage getreten. Dabei denke ich an seine Betonung, dass alle Versuche, den Punkt mystischer Unmittelbarkeit zu vermitteln, diesen prinzipiell verfehlen.

Constructive Approach to Religious Diversity, Philosophical Perspectives on Religious Diversity. Bivalent Truth, Tolerance and Personhood, a.a.O., 47–55, 49 ff).

54 Im Folgenden trenne ich nicht scharf zwischen „Absolutem" und „Unbedingtem". Auch wenn Tillich später von ersterem Begriff Abstand genommen hat bietet dieser sich dennoch an wegen seiner Anschlussfähigkeit an den gegenwärtigen Diskurs um den Begriff des „Absolutismus" (vgl. dazu unten).

55 Vgl. zum Dämonischen bei Tillich etwa Werner Schüßler, Der Begriff des Dämonischen. Anmerkungen zu einer zentralen Kategorie von Paul Tillichs religionsphilosophischem und theologischem Denken, in I. Nord/F.R. Volz (Hrsg.), An den Rändern, Theologische Lernprozesse mit Yorick Spiegel, FS zum 70. Geburtstag, Münster 2005, 179–191 sowie Christian Danz, Das Göttliche und das Dämonische, in C. Danz/M. Dumas/W. Schüßler/M. A. Stenger/E. Sturm (Hrsg.), International Yearbook for Tillich Research/Internationales Jahrbuch für die Tillich-Forschung/Annales internationales de recherches sur Tillich, Vol. 8, Berlin/Boston 2013, 1–14, 8.

56 Vgl. zu diesem Prinzip Werner Schüßler/Erdmann Sturm, Paul Tillich. Leben – Werk – Wirkung, 128–150, insbesondere 147–150 sowie Werner Schüßler, Protestantisches Prinzip versus natürliche Theologie. Zu Paul Tillichs Problemen mit einer natürlichen Theologie, in ders., „Was uns unbedingt angeht", a.a.O., S., 161–172.

Im gegenwärtigen Argumentationszusammenhang ist vor allem Tillichs Verständnis der Funktion des „Bildes" von Jesus dem Christus als alle empirischen Verwirklichungsformen von Religion übersteigender Kristallisationspunkt relevant. Wie oben (s. Abschnitt 9) gezeigt, ist die Differenz zwischen dem idealen Kristallisationspunkt und den empirischen Verwirklichungsformen von Religion der Grund, warum Tillich fordert, mit absoluten Geltungsansprüchen im religiösen Bereich zurückhaltend zu sein. Diese Forderung zeigt beispielhaft auf, was mit der These gemeint ist, dass Tillich eine epistemische Bescheidenheit in Religionsfragen vertritt.

Wie ist die Forderung nach epistemischer Bescheidenheit bei Tillich nun begründet? Eine unter westlich aufklärerischen Denkbedingungen nahe liegende Möglichkeit wäre, diese Bescheidenheit erkenntnistheoretisch zu motivieren. Dabei wird von der Begrenztheit unseres menschlichen Erkenntnisvermögens ausgegangen und argumentiert, dass wir wegen unserer kognitiven Beschränkungen transzendente Phänomene nicht erkennen können.[57]

Charakteristisch für Tillich ist aber, dass er eine andere Art der Begründung für unsere kognitiven Beschränkungen geltend macht. Für ihn ist *der eigentliche Grund für die Forderung nach Bescheidenheit nicht epistemologischer, sondern ontologischer Art.* Nicht weil das menschliche Erkenntnisvermögen begrenzt ist, sondern *weil das Absolute absolut ist* müssen wir in epistemischer Hinsicht zurückhaltend sein mit unseren Versuchen, es adäquat abzubilden. Weil das Unbedingte un-bedingt ist müssen wir unsere Ansprüche, es erkannt zu haben, relativieren. Deshalb greifen Versuche, es in bestimmten Denk-, Konzeptions-, Sprach-, Religions- oder gar politischen Systemen eingefangen zu haben prinzipiell zu kurz. Kurzum, Tillich weist *Absolutheitsansprüche im Namen des Absoluten* ab.

Strukturell ähnelt diese Argumentation derjenigen des frühen Barth.[58] Auch dieser legitimiert die Forderung nach Bescheidenheit nicht mit epistemologischen, sondern mit ontologisch-theologischen Argumenten. Die Begründung für unser epistemisches „nicht-Haben" liegt bei Barth nicht primär in den Begrenzungen des menschlichen Erkenntnisvermögens, sondern im Charakter des

---

57 Diese Beschränkung kann dann auf ganz verschiedene Weise interpretiert werden, etwa agnostisch, atheistisch, negativ-theologisch, oder ähnlich.

58 Mit „früher Barth" meine ich hier die Phase von der Zeit der Abfassung der 2. Auflage des Kommentars zum Römerbrief bis hin zum „Unterricht in der christlichen Religion". Zwar hat der spätere Barth *im Prinzip* seine Haltung des epistemischen „nicht-Habens" nicht verlassen. Doch verwendet er die Christologie später in einer Weise, dass das ursprüngliche „nicht-Haben" *de facto* in ein „Haben" verwandelt wird. Der 10.000 Seiten umfassenden Kirchlichen Dogmatik wird man jedenfalls kaum eine „epistemische Bescheidenheit in Religionsfragen" zubilligen können.

Transzendenten. Barth behauptet, dass wir (in Religionsfragen) nicht-Habende sind, weil Gott totaliter aliter ist.[59] In demselben Sinn argumentiert auch Tillich, dass wir (in Religionsfragen) nicht-Habende sind. Auch er begründet diese Position ontologisch-theologisch, nämlich damit, dass das Absolute absolut ist.

Bei einer derartigen ontologischen Begründung der Forderung nach epistemischer Bescheidenheit werden die Fragen nach der Begrenzung des menschlichen Erkenntnisvermögens zwar nicht vollkommen ausgeblendet, doch erhalten sie einen sekundären Charakter. Sie stellen lediglich eine Folgerung der ontologischen Einsichten dar. Das totaliter aliter beziehungsweise das Absolute bestimmen die menschlichen Erkenntnis(un)möglichkeiten.[60]

Schließlich sei noch eine Erklärung angefügt zur zunächst paradoxal anmutenden Formulierung, dass die epistemische Bescheidenheit bei Barth und Tillich ontologisch motiviert ist: Die *Art* der Bescheidenheit ist epistemisch, ihre *Begründung* ist dagegen ontologisch. „Epistemisch" qualifiziert also „Bescheidenheit", bezieht sich des Näheren auf die (Un-)Möglichkeit der Erkenntnis des Transzendenten und ist etwa zu unterscheiden von moralischer Bescheidenheit. Doch die Legitimation dieser Art der Bescheidenheit ist ontologisch, ist durch den Charakter der transzendenten Phänomene bedingt.

10 Epistemische Bescheidenheit: Ihre Begründung im Charakter des Absoluten als Grundlage des interreligiösen Dialogs

Recht verstandene epistemische Bescheidenheit bedeutet nun aber nicht, seine eigenen Ansprüche aufzugeben. In dieser Bescheidenheit ist eine spezifische

---

59 Die Rolle, die die von seinem Bruder Heinrich übernommene (neu-kantianische) Ursprungsphilosophie dabei spielt, habe ich in Unbegründbarkeit Gottes?, a.a.O., 98 ff genauer untersucht (dort findet sich auch weitere Literatur zum Thema).
60 Bei Barth ist dabei eine bewusste Umkehrung des aufklärerischen Vorordnungsverhältnisses von Epistemologie und Ontologie intendiert: Anders als seit der Aufklärung üblich determiniert nicht mehr die Erkenntnis(un)möglichkeit, was über die (theologische) Wirklichkeit ausgesagt werden kann, sondern die (theologische) Wirklichkeit bestimmt die Erkenntnis(un)möglichkeiten. Genauer gesagt wird die Unmöglichkeit der Erkenntnis Gottes durch Jesus Christus zur „ermöglichten Möglichkeit" transformiert, die dann die menschlichen Erkenntnismöglichkeiten determiniert (vgl. Grube, Unbegründbarkeit Gottes?, a.a.O., 123 ff; zu Tillichs in eine vergleichbare Richtung weisenden Überlegungen, vgl. Schüßler, Der Mensch und die Philosophie. Zur existenzphilosophischen und anthropologischen Wende Paul Tillichs in seiner Frankfurter Zeit (a.a.O., S. 226, F. 75).

Form der Relativierung eigener (Absolutheits)ansprüche impliziert. Doch eine derartige Relativierung ist von einem Relativismus zu unterscheiden.

Mit „Relativismus" ist für die Zwecke dieser Diskussion die Ansicht gemeint, dass bestimmte epistemische, ethische, religiöse oder ähnliche Ansprüche ebenso gut oder schlecht sind wie entsprechende alternative Ansprüche. Ein derartiger Relativismus ist aber aus verschiedenen Gründen problematisch. Hier seien nur einige dieser Gründe genannt: In philosophischer Hinsicht ist er fragwürdig, da er sich selbst relativiert[61] und auch dem Aussagecharakter menschlicher Kommunikation nicht gerecht wird. Das gilt insbesondere dann, wenn ontologische Ansprüche im Spiel sind. Denn wenn wir Aussagen über die Wirklichkeit machen, schließen wir andere, alternative Aussagen über diese automatisch aus. Auch aus ethischen und gesellschaftspolitischen Gründen ist ein derartiger Relativismus abzulehnen, da er keine robusten moralischen Maßstäbe mehr zulässt.

Schließlich ist er auch für den interreligiösen Dialog kontraproduktiv. Ein derartiger Dialog setzt voraus, dass die Gläubigen ihre jeweiligen religiösen Positionen wirklich vertreten und nicht davon ausgehen, dass diese ebenso gut oder schlecht sind wie alternative Positionen. Dass die Gläubigen eine bestimmte religiöse Position vertreten, ist geradezu die Voraussetzung, um in einen sinnvollen Dialog eintreten zu können. Zwar kann es unter Umständen sinnvoll sein, die jeweiligen (Absolutheits)ansprüche im Dialog zu relativieren, um über ein unproduktives Gegeneinander konfligierender (Absolutheits)ansprüche hinaus zu gelangen. Doch diese Relativierung impliziert keinen Relativismus, die Gläubige, die an Religion A glaubt, ist nicht der Meinung, dass sie ebenso gut an Religion B glauben könnte.

Tillichs Forderung nach epistemischer Bescheidenheit in Religionsfragen vermeidet relativistische Konsequenzen insofern sie mit dem Charakter des Absoluten begründet wird. Es ist also nicht so, dass wir in Religionsfragen bescheiden oder unbescheiden auftreten könnten. Letzteres, also die Anschauung, dass unsere Religion oder unser Weltbild das Absolute adäquat erfassen kann, würde der Absolutheit des Absoluten nicht gerecht werden. Nur die in der obigen

---

61 Gilt der Anspruch des Relativisten, seine eigenen Ansprüche seien ebenso gut oder schlecht wie alternative Ansprüche, gilt auch, dass sein Anspruch, die eigenen Ansprüche seien ebenso gut oder schlecht wie andere Ansprüche, ebenso gut oder schlecht ist wie andere Ansprüche. Dann muss der Relativist annehmen, dass der nicht-relativistische Anspruch, andere Ansprüche seien *nicht* so gut sind wie die eigenen Ansprüche, auch ebenso gut oder schlecht wie der eigene relativistische Anspruch ist. Die Geltung der relativistischen Aussage, dass die eigenen Ansprüche ebenso gut oder schlecht sind wie andere Ansprüche, relativiert sich auf diese Weise selbst.

Weise spezifizierte Bescheidenheit kann dieser Absolutheit auf adäquate Weise Rechnung tragen.

Interessant an dieser Argumentation Tillichs ist, dass er absolutistische Ansprüche zur Begründung der Forderung nach epistemischer Bescheidenheit in Religionsfragen einsetzt. Das widerspricht der gängigen Meinung, derartige Ansprüche müssten aufgegeben werden, da sie gerade zum Gegenteil einer derartigen Bescheidenheit anleiten, zum Exklusivismus, zu Intoleranz oder gar Extremismus.[62] Tillichs Argumentation ist also insofern innovativ, als er absolutistische Ansprüche gerade *nicht* im Namen derartiger Positionen verwendet. Stattdessen behauptet er, dass gerade *weil* das Absolute absolut ist, wir nicht meinen dürfen, es epistemisch oder anderweitig einfangen zu können.

Dieser Zusammenhang zwischen absoluten Geltungsansprüchen und epistemischer Bescheidenheit ist auch für den philosophischen und kulturtheoretischen Diskurs relevant. Er eröffnet neue Perspektiven für die Diskussion um den Absolutismus. So kann zum Beispiel kritisch nachgefragt werden, ob Eigenschaften, die üblicherweise allein mit absolutismuskritischen Positionen verbunden werden, nicht auch mit einer Konzeptionierung des Absoluten im Sinne Tillichs assoziiert werden können. Können wünschenswerte Eigenschaften wie (Selbst)kritik und -reflexivität nicht auch und gerade durch das Bewusstsein um die Differenz zwischen dem Absoluten und den prinzipiell zu kurz greifenden menschlichen Versuchen, es einzufangen, begründet werden?

Durch eine differenzierte Sicht auf den Absolutismus kann auch die unselige Alternative „entweder Absolutismus/oder Relativismus" vermieden werden. Vor allem Rorty hat sich diese immer wieder zunutze gemacht, um für seine relativismusnahen Positionen (auch wenn er diese anders bezeichnet, etwa als Solidarität[63]) zu werben. Sein Argument ist dabei, dass wichtige Werte oder wünschenswerte Eigenschaften wie eben (Selbst)reflexivität im Rahmen eines Absolutismus nicht verwirklicht werden können, so dass uns nichts anderes übrigbleibt, als diesen zugunsten eines Relativismus aufzugeben, wenn wir diese Eigenschaften realisieren wollen. Wenn dagegen aber gezeigt werden kann, dass ein Absolutismus nicht notwendigerweise diese Eigenschaften ausschließt, wird Rortys Argumentationsstrategie unterminiert und die Notwendigkeit, einen Relativismus zu vertreten, entfällt.

In unserem Zusammenhang ist vor allem relevant, dass die epistemische Bescheidenheit, die aus Tillichs Form des Absolutismus folgt, einen spezifischen

---

62 Vgl. zum Zusammenhang zwischen absoluten Geltungsansprüchen und Extremismus Douglas Pratt, Religion and Extremism. Rejecting Diversity, London/New Delhi et al., 2017.
63 Vgl. dazu Richard Rorty, Solidarität oder Objektivität?, in ders., Solidarität oder Objektivität? Drei philosophische Essays, Stuttgart 1988, 11–37.

Umgang mit religiöser Alterität ermöglicht. Das Bewusstsein, dass die eigenen Ansprüche das Absolute nicht ausschöpfen, schließt es aus, die eigene religiöse Position als prinzipiell privilegiert anzusehen. Insofern prinzipielle Privilegierungen der eigenen Position ausgeschlossen werden, können alternative religiöse Ansprüche als jedenfalls im Prinzip gleichwertig wahrgenommen werden. Anders als bei einem Dawkinsianismus (s. dazu oben, Abschnitt 9) müssen sie nicht sofort als (epistemisch oder anderweitig) defizient abgewertet werden, sondern können als prima facie auf derselben Stufe stehend angesehen werden. Auf diese Weise kann respektvoll mit religiöser Alterität umgegangen werden statt sie als falsch oder gar minderwertig abqualifizieren zu müssen. Vertreter anderer religiöser Positionen können so *als Andere* ernst genommen werden. Auf diese Weise wird auch ein wirklicher interreligiöser Dialog ermöglicht, bei dem Alterität als Grund angesehen wird, die eigene Religion im Horizont anderer Religionen zu spiegeln.[64]

Ein wichtiger argumentationstheoretischer Vorteil einer absolutistischen Begründung besagter epistemischer Bescheidenheit besteht in ihrer *Universalisierbarkeit*. Die Differenz zwischen dem Absoluten und seinen prinzipiell zu kurz greifenden Verwirklichungsversuchen gilt für alle Religionen (und a-Religionen). Keine (a-)Religion kann legitimerweise den Anspruch erheben, das Unbedingte (in epistemischer Hinsicht) ausgeschöpft zu haben. Das gilt unabhängig von der Frage, ob die Vertreter(innen) dieser (a-)Religion sich dessen bewusst sind oder nicht.

Eine in dieser Weise universalisierbare Begründung vermeidet die potentielle Schwäche anderer Begründungen einer epistemischen Bescheidenheit in Religionsfragen. Diese Schwäche besteht darin, dass die Selbstrelativierung nur für die eigenen Ansprüche gilt, andere Ansprüche aber davon unberührt bleiben. Damit meine ich Argumentationen, die die eigenen religiösen Ansprüche relativieren, in ihrer Relativierung aber so weit gehen, dass sie Ansprüchen anderer Religionen,

---

64 Die Notwendigkeit, die eigene Religion im Horizont anderer Religionen zu verstehen, betont Christian Danz in Erkundung des Eignen im Licht des Fremden. Paul Tillichs Beitrag zur religionstheologischen Debatte der Gegenwart, in Hrsg. für die Tillich-Forschung 5, Religionstheologie und interreligiöser Dialog, C. Danz/W. Schüßler/E. Sturm (Hrsg.), Wien, Berlin, 2010, 75–91, 88. Schon in Religion als Freiheitsbewußtsein hatte Danz darauf hingewiesen, dass „sich individuelle Subjektivität in der Anerkennung von differentem Anderen konstituiert" (415). Auch Jörg Lauster weist darauf hin, dass die interreligiöse Begegnung ein Modus ist, um „über religiöse Selbstkritik zu einem tieferen Verständnis seiner selbst und der Wirklichkeit" zu gelangen (Religion als Substanz der Kultur? Kulturtheologische Aspekte zu Tillichs Theologie der Religionen, in Hrsg. für die Tillich-Forschung 5, Religionstheologie und interreligiöser Dialog, C. Danz/W. Schüßler/E. Sturm (Hrsg.), Wien, Berlin, 2010, 61–73, 72).

die nicht bereit sind zur Selbstrelativierung, wehrlos gegenüberstehen. Auch manche kulturkritischen Ansätze teilen diese Schwäche.

Genauer gesagt beinhaltet diese potentielle Schwäche, dass die an sich wünschenswerte Selbstrelativierung blind ist gegenüber den sozialpolitischen und theologischen Gefahren, die dann drohen, wenn diese Relativierung nicht universal eingefordert wird. Dann kann sie leicht zu einem Freibrief für Formen eines Dawkinsianismus, also für epistemische Laster wie Rechthaberei und ähnliches, führen. Am bekannten Beispiel der Toleranz verdeutlicht: Toleranz kann nicht unbeschränkt tolerant sein gegenüber Intoleranz, wenn sie sich nicht selbst aufheben will. In demselben Sinn darf eine Relativierung religiöser und kultureller Absolutheitsansprüche auch nicht unbeschränkt tolerant sein gegenüber einer Verweigerung von Selbstrelativierung.[65]

Tillich vermeidet diese Gefahr, insofern seine absolutistische Begründung der Forderung nach epistemischer Bescheidenheit in Religionsfragen für alle Religionen, a-Religionen, Welt- oder Kulturanschauungen gilt: Keine Religion oder Anschauung kann legitimerweise den Anspruch erheben, das Absolute in bedingten Kategorien eingefangen zu haben. Der Grund für die Universalisierbarkeit dieser Forderung ist eben der absolutistische Charakter ihrer Begründung. Die Begründung für die Forderung nach epistemischer Bescheidenheit ist nicht kultur-, religions- und weltanschauungsabhängig, sondern im Charakter des Absoluten selbst verankert.

Selbstverständlich sind mit einer absolutistischen Begründung der Forderung nach Selbstrelativierung der religiösen Ansprüche nicht alle Probleme einfach gelöst. Die Frage bleibt, wie denn nun erkannt werden kann, dass das Absolute in dem Sinn absolut ist, dass es nicht in bestimmten Systemen eingefangen werden kann. Das ist das Problem, das gegenüber Hicks Postulat eines „Real an sich" immer wieder geltend gemacht worden ist (unter anderen auch von mir).

An dieser Stelle muss konstruktiv weitergedacht werden. Eine Möglichkeit dazu ist die Zuschreibung konditionaler Existenz zum Absoluten: „Wenn es ein Absolutes gäbe, dann kann es nicht in spezifischen kognitiven, Denk- oder Zeichensystemen eingefangen werden – anderenfalls wäre es eben nicht absolut". Dann ist weiter zu überlegen, was der konditionale Charakter der Argumentation

---

65 Bernhardt (Der Geist und die Religionen, a.a.O., vgl. 51 u. ö.) stellt verschiedentlich die kritische Nachfrage, ob nicht gerade die Relativierung von Superioritätsansprüchen selbst wiederum einen solchen Superioritätsanspruch darstellt. Das ist in der Tat eine wichtige Frage. Bei ihrer Beantwortung sollte allerdings unterschieden werden zwischen einer Relativierung von Superioritätsansprüchen im Namen von Superiorität und einer derartigen Relativierung im Namen genannter epistemischer Bescheidenheit. Anderenfalls droht der oben genannte Relativismus, der zu religionsphilosophisch und –politisch sehr bedenklichen Konsequenzen führt.

für Konsequenzen zeitigt. Es darf dann selbstverständlich nicht im Lauf der Argumentation heimlich dazu übergegangen werden, die Existenz des Absoluten als bewiesen anzunehmen. So ist darüber nachzudenken, was für Konsequenzen der konditionale Charakter der Argumentation zum Beispiel für die Gewissheit hat, mit der religiöse Überzeugungen vertreten werden.

Doch wie die Argumentationen im Einzelnen auch immer aussehen mögen ist doch jedenfalls deutlich, dass Ansätze wie derjenige Tillichs unbedingt weiter zu denken sind. Eine universalisierbare oder jedenfalls perspektivenübergreifende Begründung der Selbstrelativierung religiöser Absolutheitsansprüche beinhaltet entscheidende argumentationstheoretische Vorteile. Idealiter kann die darin implizierte epistemische Bescheidenheit zu einem universalen Bewertungsmaßstab von Religion ausgebaut werden: Diejenigen Religionen – oder Denominationen innerhalb von Religionen – die im genannten Sinn bescheiden sind, sind denjenigen Religionen oder Denominationen vorzuziehen, die es nicht sind. Auf dieselbe Weise mag dann auch ein perspektivenübergreifender Bewertungsmaßstab für philosophische und kulturelle Ansprüche entstehen: Auch hier sind Denk- oder Kultursysteme, die im genannten Sinn bescheiden sind, allen Formen eines Dawkinsianismus überlegen.

Teil 1: **Offenbarung und die Subjektphilosophie**

I Bemerkungen zu Tillichs apologetischen Bemühungen in der *Religionsphilosophie* von 1920. Subjektzentrierte versus objektzentrierte Ansätze in der Apologie

Im Folgenden konzentriere ich mich auf die Frage der Gewinnung des Religionsbegriffs in Paul Tillichs *Religionsphilosophie* von 1920.[1] Dabei wird sich zeigen, dass bei Tillich die Frage der Gewinnung des Religionsbegriffs eng mit der Frage der Begründung von Religion zusammenhängt.

Im ersten Abschnitt werde ich mich auf die Darstellung der drei Hauptmethoden zur Gewinnung des Religionsbegriffs konzentrieren und die Diskussion an bestimmten Einzelpunkten an die heutige religionsphilosophische Diskussion anschließen. Im zweiten Abschnitt werde ich die weitere Entwicklung dieser drei Hauptmethoden skizzieren. Im dritten Abschnitt werde ich kurz darstellen, wie der grundlegende Ansatz Tillichs von 1920 mit der religionsphilosophischen Diskussion, wie sie heutzutage im anglo-amerikanischen Bereich geführt wird, ins Gespräch gebracht werden kann.

1 Die drei Hauptmethoden zur Gewinnung des Religionsbegriffs in der Religionsphilosophie von 1920

Der erste Teil der Religionsphilosophie vom Sommersemester 1920 ist überschrieben „Das Wesen der Religion (die Religion als Princip.) Erstens: Die Religion als Funktion".[2] Unter Punkt a.) verhandelt Tillich die Frage, welche Methode adäquat ist zur Bestimmung des Gegenstandes ‚Religion'. Es sei hier schon darauf hingewiesen, dass es Tillich dabei nicht bloß um eine Definition oder zumindest Charakterisierung des Begriffes der Religion geht, wie die Überschrift nahelegt. Sondern seine ganz spezifischen Ausgangsprämissen führen dazu, dass die Frage der Gewinnung des Phänomenbestands von Religion zugleich deren Rechtfertigung impliziert. Das ist auch der Grund, warum diese Frage als Ausgangspunkt der systematischen Diskussion im dritten Abschnitt dient: Ein Ansatz, bei dem die Bestimmung des Wesens von Religion zugleich deren Legitimation beinhaltet, wirkt im anglo-amerikanischen Bereich so fremdartig, dass er der Diskussion

---

1 Paul Tillich. Berliner Vorlesungen I (1919–1920), EW XII, 333–575.
2 Tillich, EW XII, 367.

https://doi.org/10.1515/9783110547337-004

bedarf. Doch zunächst zu den drei Hauptmethoden Tillichs. Zum Zweck der Gewinnung des Begriffs der Religion kommen grundsätzlich drei Methoden in Frage. Das sind a. die supranaturalistische, b. die empiristische und c. die kritische Methode.[3]

a) Die supranaturalistische Methode

Diese ist dadurch gekennzeichnet, dass eine Religion gegenüber anderen als die wahre, weil geoffenbarte, ausgezeichnet wird – wobei das Offenbarungsgeschehen zugleich als „übernatürliche[r] Eingriff Gottes in die Geschichte"[4] charakterisiert wird. Insofern sich der Religionsbegriff an der wahren statt der falschen Religion orientieren muss, gibt die wahre Religion den Maßstab für diesen Begriff ab.

Doch hier stellt sich die Komplikation ein, dass der Allgemeinbegriff von Religion, um als solcher überhaupt in Frage zu kommen, ja von vielen Konkreta der geoffenbarten Religion abstrahieren muss. Dabei ist aber unklar, welche Kriterien diesen Abstraktionsprozess leiten. Tillich sieht die supranaturalistische Methode hier vor einem Dilemma stehen: Als solche, also konsequent supranaturalistische, kann sie keinen allgemeinen Begriff von Religion aufstellen. Wenn sie aber doch einen Allgemeinbegriff aufstellt, verwendet sie Kriterien, die nicht mehr auf supranaturalistischem Boden legitimiert werden können. Dann ergibt sich eine Problematik, „die mit eiserner Konsequenz über die supranaturalistische Unterscheidung von wahrer und falscher Religion hinaustreibt."[5]

---

3 Daneben werden noch andere Methoden genannt, etwa die rationalistische und die spekulative (Tillich, EW XII, 371 ff.). Doch da diese im Zusammenhang der supranaturalistischen Methode auftauchen, können wir hier auf eine gesonderte Behandlung dieser Methoden verzichten.
4 EW XII, 368. Es sei darauf hingewiesen, dass Tillichs Offenbarungsbegriff hier im Vergleich zu seinen späteren Erörterungen zur Sache noch relativ unausgearbeitet ist. Später weist er Offenbarungsbegriffe, die auf einer Durchbrechung der empirischen Wirklichkeit und ihrer Gesetze beruhen, ausdrücklich zurück. So kann er im Rahmen seiner Diskussion des Verhältnisses von Offenbarung und Wunder in der ST I, 139 ff „supranaturalistische Wundertheorien" kritisieren, bei denen der „Grad der Absurdität in einer Wundererzählung zum Maßstab ihres religiösen Wertes gemacht wird" (ST I, 139).
5 Tillich, EW XII, 369.

b) Die empiristische Methode

Diese unterteilt sich in drei Unterarten, die naturalistisch-abstrahierende, die genetische und die phänomenologische. Zunächst zur naturalistisch-abstrahierenden Methode:

Diese ist durch den Versuch gekennzeichnet, das bei allen Religionen Gemeinsame zusammenzufassen und das Unterscheidende auszuschließen. Dagegen macht Tillich zu Recht geltend, dass es zunächst normativer Prinzipien bedarf, um bestimmte Phänomene überhaupt als Religionen zu identifizieren, bevor man zu deren Vergleich übergehen kann. Es setzt also schon einen Maßstab des Religiösen voraus, der aus anderen Quellen als der empiristischen Methode kommen muss.[6]

Dieser Punkt ist auch für die heutige Diskussion um die Frage der Definition des Religionsbegriffs relevant. Zwar scheint sich der Versuch, den Begriff der Religion so zu definieren, dass nach dem gemeinsamen Nenner aller Religionen gesucht und dieser dann als Definition von Religion verwendet wird,[7] auch heutzutage zunächst einmal nahezulegen. Derartige, um es in Tillichs Nomenklatur zu sagen, naturalistisch-abstrahierende Verfahren scheinen weniger problematische Voraussetzungen zu machen, als ,stipulative' Verfahren, die den Begriff der Religion durch bestimmte, zuvor definierte inhaltliche Charakterisierungen des Religiösen gewinnen wollen. Sie kommen mit weniger problematischen Voraussetzungen aus als stipulative Verfahren, da sie deskriptiv vorzugehen und keine bestimmten normativen Vorgaben zu machen scheinen. Sie scheinen also weitgehend wertfrei zu sein.

Doch abgesehen davon, dass derartige Verfahren zumeist an der Vielfalt der religiösen Phänomene scheitern,[8] ergibt sich dabei auch ein prinzipielles Problem. Denn so wertfrei, wie es den Anschein haben mag, sind auch derartige Verfahren nicht. Tillich weist mit Recht darauf hin, dass auch derartige Verfahren ein bestimmtes Vorverständnis von Religion voraussetzen, das dann normative Funktionen bei der Definition des Religionsbegriffs ausübt. Man muss zunächst

---

6 Tillich spricht hier von einer petitio principii (vgl. EW XII, 375).

7 Siehe dazu etwa John Hick, Philosophy of Religion, Englewood Cliffs/New Jersey ⁴1990, 2, sowie seine kritischen Bemerkungen dazu (ebd.).

8 Klassische Versuche, Religion mit Hilfe eines theistischen Vorstellungsgehalts definieren zu wollen, etwa als „human recognition of a superhuman controlling power and especially of a personal God or gods entitled to obedience and worship" (in: J. Hick, Philosophy of Religion, 2; siehe dazu auch die strukturell vergleichbaren Versuche in Peter B. Clark/Peter Byrne, Religion. Defined and Explained, New York, 1993, 5 ff.), lassen Religionen außer Acht, die (weitgehend) ohne einen Gottesbegriff auskommen, wie etwa der Taoismus.

einmal einen Bestand an Phänomenen als religiös klassifiziert haben, um danach deren gemeinsamen Nenner suchen zu können. Dabei stellen sich natürlich Wertprobleme ein wie etwa das, ob man Phänomene, die (weitgehend) ohne einen Gottesbegriff auskommen, etwa den Theravada Buddhismus oder den Taoismus, auch zum Kreis der Religionen rechnen will oder nicht. Die dabei implizierten Bewertungen bedürfen der Begründung und diese Begründungslast übersteigt die Ressourcen, die ein naturalistisch-abstrahierendes Verfahren bieten kann.

Dasselbe lässt sich auch gegenüber dem, wenn man es so nennen will, ,Nachfolgemodell' naturalistisch-abstrahierender Verfahren anführen, dem vor allem im anglo-amerikanischen Bereich heutzutage verbreiteten Versuch, den Religionsbegriff mit Hilfe Wittgensteinscher Familienähnlichkeiten definieren zu wollen:[9] Zwar kann dieser Versuch dem Problem entgehen, dass das Phänomen der Religion so vielfältig ist, dass es sich dem Versuch entzieht, es mit Hilfe eines einzigen Kriteriums (oder einer Klasse zusammenhängender Kriterien) zu definieren. Doch bleibt dabei das Begründungsproblem bestehen: Es bedarf nach wie vor eines normativ wirksamen Vorverständnisses von Religion, mit dessen Hilfe bestimmte Phänomene als Religionen ausgemacht werden können, um anschließend Familienähnlichkeiten zwischen ihnen feststellen zu können. Das Problem der Begründung der dabei implizierten Werturteile wird auch durch den Ansatz bei Wittgenstein nicht gelöst.

Dass dieses an sich auf der Hand liegende Problem im anglo-amerikanischen Bereich oftmals unterschätzt wird, hat damit zu tun, dass philosophische Ansätze im Gefolge des späten Wittgenstein bisweilen zu unkritisch auf die Umgangssprache rekurrieren. Es wird nicht genügend reflektiert, dass die Wertungen, die in der Umgangssprache impliziert sind, ja nicht selbstverständlich sind, sondern auch wiederum der Begründung bedürfen. In Anlehnung an G.E. Moores berühmtes ,open question'-Argument formuliert: Die Frage nach der Begründung bestimmter, in der Umgangssprache implizierter Wertungen, ist prinzipiell ,offen'. Es ist also immer legitim, zurück zu fragen, ob etwa das, was in der Umgangssprache als ,gut' bezeichnet wird, auch wirklich gut ist. Ebenso ist es legitim, zurück zu fragen, ob das, was in der Umgangssprache als ,Religion' bezeichnet wird, auch wirklich religiös ist. Wenn etwa die Umgangssprache Phänomene wie den Taoismus als ,Religion' bezeichnet, so kann legitimerweise zurückgefragt werden, ob der Taoismus auch wirklich eine Religion ist. Zur Beantwortung dieser Frage genügt der Verweis auf die Umgangssprache nicht, sondern dazu bedarf es anderer, weiter reichender Ressourcen.

---

9 So etwa Clark/Byrne, Religion, 11 ff., und Hick, Philosophy of Religion, 2 ff.

Gegenüber allen derartigen Ansätzen, klassisch naturalistisch-abstrahieren-den oder modern Wittgensteinschen, ist Tillichs Hinweis nützlich, dass dabei immer schon auf die eine oder andere Weise ein normatives Vorverständnis wirksam ist. Er kann zur Explikation der bisweilen verschwiegenen normativen Vorgaben beitragen.[10]

Doch zurück zu Tillichs Diskussion der empiristischen Methode: Deren zweite Erscheinungsform ist die genetische. Sie ist durch den Versuch charakterisiert, das Wesen des Religionsbegriffs aus seinen Ursprüngen festzustellen. Die gene-tische Methode kann auch als psychologische auftreten. Dann wird aus der Ent-stehung von Religion deren Definition abgeleitet.[11]

Gegenüber der genetischen Methode macht Tillich allgemein geltend, dass nicht einzusehen ist, warum einer Erscheinung in ihren Anfängen eine höhere Dignität zukommen soll als in ihren entwickelteren Formen.[12] Und gegen die psychologische Variante macht er vor allem geltend, dass sie auf einer Ver-wechslung von Wesen und Entstehungsursache beruht. Wenn, wie zumeist der Fall, diese psychologische Variante im Dienst religions*kritischer* Annahmen steht, dann ist immer schon aus anderen Gründen vorausgesetzt, dass Religion unwahr oder illegitim ist.[13]

Auch dieser Punkt, dass Resultate kausaler Erklärungen des Entstehens von Religion nicht so einfach auf die Geltungsebene übertragen werden können, ist meines Erachtens für die heutige Diskussion relevant. Man muss sich bewusst sein, dass der Transfer kausaler Erklärungen auf die Geltungsebene immer einen besonderen Schritt erfordert, der eine eigene Begründung verlangt. Wenn, wie zumeist auch heute noch der Fall, kausale Erklärungen religionskritisch einge-setzt werden, dann wird zumeist die Illegitimität von Religion heimlich schon vorausgesetzt, statt erst durch die Kausalerklärung legitimiert. Die Kausalerklä-rung liefert sozusagen die nachträgliche Begründung dessen, was man immer schon gewusst hat. Aus heutiger Perspektive sind als Vertreter eines unreflek-

---

10 Es sei hier der Vollständigkeit halber noch erwähnt, dass Tillich gegenüber der naturalistisch-abstrahierenden Methode auch noch den folgenden Einwand geltend macht: Im geschichtlichen Leben lässt die Abstraktion gerade das Wesentliche unbeachtet. „Ein Religionsbegriff, der weder christlich noch buddhistisch [...] ist, enthält im Grunde überhaupt nichts mehr, was von Bedeu-tung wäre" (EW XII, 375). Faktisch ist es denn auch zumeist so, dass der Religionsbegriff nicht auf diese Weise gewonnen wird, sondern dass explizit oder implizit die eigene Religion als Aus-gangspunkt dient, von dem aus dann versucht wird, möglichst viel Material der anderen Reli-gionen zu integrieren.
11 Vgl. Tillich, EW XII, 376 ff.
12 Vgl. Tillich, EW XII, 376.
13 Vgl. Tillich, EW XII, 377 f

tierten Übergangs von kausalen Erklärungen zu Geltungsfragen neben der Psychologie auch noch die Soziologie zu nennen.[14]

Zur dritten Unterart der empiristischen Methode, der phänomenologischen:[15] Tillich macht ihr gegenüber geltend, dass der Versuch, durch ein exemplarisches Vorbild den Sinn eines Begriffs zu erfassen, an der Gegenfrage scheitert, welches Vorbild denn nun exemplarisch ist. Unten (Abschnitt 2) wird gezeigt, dass diese Frage auch für Tillichs weiteres Nachdenken an dieser Stelle maßgeblich geblieben ist.

Nun zur dritten Hauptmethode zur Gewinnung des Religionsbegriffs, die Tillich selbst vertritt.

c) Die kritische Methode

Schon in der Einleitung zur Religionsphilosophie hatte Tillich bei seiner Besprechung des Gegensatzes zwischen Empirismus und Rationalismus gegenüber ersterem geltend gemacht, dass es Vernunftwahrheiten gebe, „die vor aller Erfahrung Gültigkeit haben, weil jede Erfahrung sie schon voraussetzt, weil ohne sie überhaupt nichts erfahren werden kann."[16] Diese dürfen allerdings nicht abgelöst werden von der Erfahrung, sondern müssen rekonstruiert werden als „Einheitsformen des Bewußtseins, unter denen das Bewußtsein die Mannichfaltigkeit erfaßt, [als] seine Funktionsgesetze, die es konstituieren".[17] Das „Grundgesetz des Bewußtseins aber ist die Einheit in der Mannichfaltigkeit",[18] der auch die Kategorien und Raum und Zeit untergeordnet sind.

Damit ist auch die Aufgabe der Religionsphilosophie beschrieben: Sie hat aufzuweisen, dass Religion eine notwendige Funktion des Geistes ist und soll ihre „konstitutive Bedeutung für das Bewußtsein zeigen."[19]

Hier zeigt sich Tillichs grundsätzliche Strategie zur Beantwortung von Geltungsfragen im religiösen Bereich: *Die Legitimation von Religion erfolgt nicht über*

---

14 Vgl. dazu etwa Clarks und Byrnes Diskussion soziologischer (dies., Religion, 122 ff) und psychologischer (a.a.O., 173 ff.) Erklärungen des Entstehens von Religion und ihren Beobachtungen zum oftmals unreflektierten oder gar bewusst verschleierten Übersprung von kausaler Erklärung zur Geltung.

15 Die phänomenologische Methode ist jetzt noch eine Unterart der empiristischen Methode, also noch keine eigenständige Methode!

16 Tillich, EW XII, 344.

17 Ebd.

18 Ebd.

19 Tillich, EW XII, 345.

die dabei implizierten Erkenntnisgegenstände,[20] *sondern über das erkennende Subjekt.* Er argumentiert, dass es nicht angehe, die Legitimität von Religion etwa über den Gottesbegriff und dessen Plausibilitätsnachweis sichern zu wollen. Abgesehen von den Schwierigkeiten eines derartigen Nachweises kann nicht gezeigt werden, dass derartige Begriffe „identisch sind mit dem, was die Religion in ihren Vorstellungen meint."[21] Vorher hatte Tillich derartige Versuche sogar als „im tiefsten Grund unfrommer Gedanke" bezeichnet, da dabei „dem Zufall intellektueller Fähigkeiten die Entscheidung über das schlechthin Entscheidende im menschlichen Leben"[22] anheimgestellt wird.

Tillichs kritische Methode[23] macht in der Religionsphilosophie von 1920 das Proprium seiner apologetischen Bemühungen aus. Ich zitiere darum die einschlägige Passage im Folgenden wortwörtlich: „Die erkenntnistheoretische Entwicklung führt zu dem Absoluten in irgendeiner Fassung. Das Absolute aber nimmt für das Bewußtsein eine Reihe von Formen an, unter denen auch die Religion vorkommt. Für die Religion wird dann das Absolute zum Gott."[24] Dieses Absolute ist dabei kein metaphysischer Gegenstand, sondern eine Funktion, genauer, „das absolute Bewußtsein, von dem die Welt getragen ist."[25]

Die Struktur der Argumentation ist also folgende: Das Absolute wird vermittels einer transzendentalen Argumentation als Funktional-Notwendiges erwiesen; von dort führt der Weg zur Religion, als möglicher Bewusstseinsform; von dort her, also unter Voraussetzung der grundsätzlichen Legitimität von Religion, wird Gott erfasst.[26] Oder, wie Tillich es etwas zweideutig formulieren kann: „[E]s ist das Bewußtsein, das gewissermaßen Gott als Gott schafft."[27]

Tillich kommt über eine kritische Analyse des Begriffs ‚Ding an sich' zum gesuchten Absoluten, oder, wie er es hier nennt, zum Unbedingtheitserlebnis. Dieses besteht im Seins-Erlebnis, das, in Unterscheidung zu allem Seienden, dem Denken quasi autonom gegenübertritt und als solches „Erlebnis der unbedingten Realität, die nicht mehr gesetzt ist von Denkbestimmungen"[28] bedeutet. Dieses Unbedingtheitserlebnis impliziert die Doppelheit von Erschütterung und Beseli-

---

20 Vgl. Tillich, EW XII, 346.
21 Ebd.
22 Tillich, EW XII, 339.
23 Vgl. Tillich, EW XII, 381 ff.
24 Tillich, EW XII, 385.
25 Ebd.
26 Vgl. ebd.
27 Ebd.
28 Tillich, EW XII, 402.

gung[29], die Tillich als „emotionale[n] Ausdruck für das dialektische Verhältnis von Denken und Sein"[30] bezeichnet. Dieses ist zur „Synthesis des Bewußtseins"[31] unumgänglich, wie es umgekehrt auch der Fall ist, dass „ohne diese Bewußtseinsfunktion ein Bewußtsein und eine Erscheinungswelt synthetisch nicht möglich sind".[32] Denn „[o]hne eine unbedingte Realitätsbeziehung würde das Denken sinnlos sein,"[33] wie auch die religionsfeindlichen Gestaltungen des Bewusstseins in ihrer Bestreitung fortwährend Zeugnis für die Notwendigkeit der Religion als Bewusstseinsfunktion ablegen.

Ich werde unten, im dritten Abschnitt, zu dieser Argumentation Tillichs Stellung nehmen und begnüge mich hier mit einem kurzen Hinweis zu Tillichs Argument, dass auch die religionsfeindlichen Gestaltungen des Bewusstseins in ihrer Bestreitung fortwährend Zeugnis für die Notwendigkeit der Religion als Bewusstseinsfunktion ablegen. Hier zeigen sich schon die Anfänge von Tillichs späterer, grundsätzlicher Bestreitung der Möglichkeit des Atheismus.[34] Dabei sind zwei Punkte an dieser grundsätzlichen Bestreitung festzuhalten: Zum einen geht es hier um eine *funktionale* Rechtfertigung von Religion beziehungsweise um deren Unabdingbarkeit. Zum anderen hat die Argumentation transzendentalen Charakter.

Interpretiert man die einschlägigen Aussagen Tillichs aus den zwanziger Jahren des 20. Jahrhunderts als in Kontinuität zu seiner späteren Bestreitung der Möglichkeit des Atheismus stehend, sind diese zwei Punkte bei der Interpretation von Tillichs späteren Aussagen mit zu bedenken. Damit könnten sich Möglichkeiten ergeben, der vor allem im englischsprachigen Bereich verbreiteten Kritik an Tillichs grundsätzlicher Bestreitung der Möglichkeit des Atheismus zu begegnen. Zwar ist schwerlich abzustreiten, dass Tillich im Lauf der Argumentation, die zur Bestreitung der Möglichkeit des Atheismus führt, Begriffe wie „ultimate concern" und „religion" konfundiert und so Scheinplausibilitäten herstellt.[35] Doch wenn Tillich feststellt, „if anyone rejects religion in the name of the cognitive function of the human spirit, he rejects religion in the name of religion",[36] dann sind die beiden oben genannten Punkte mit zu beachten: Dabei spielen transzendentale

---

29 Vgl. ebd.
30 Ebd.
31 Ebd.
32 Ebd.
33 Ebd.
34 Vgl. etwa ST I, 275.
35 So zu Recht J.P. Clayton, The Concept of Correlation. Paul Tillich and the Possibility of a Mediating Theology, a.a.O., 109 ff.
36 P. Tillich, Theology of Culture, Oxford 1964, 7 f.

Voraussetzungen eine Rolle, die einen funktionalen ‚Notwendigkeitserweis' von Religion liefern sollen. Mit dem Hinweis auf den transzendental-funktionalen Hintergrund von Tillichs Bestreitung der Möglichkeit des Atheismus ist diese zwar noch nicht rehabilitiert. Aber er relativiert die einschlägige Kritik daran und eröffnet Möglichkeiten, Tillichs Kritik am Atheismus in einem neuen Licht interpretieren zu können.

2 Zur weiteren Entwicklung von Tillichs Begrifflichkeiten und Problemstellungen

Die obige Argumentation Tillichs in der Religionsphilosophie von 1920 stellt einen Übergang dar. Seine Gedanken und vor allem Begrifflichkeiten sind an dieser Stelle noch nicht fest geformt, sondern noch im Fluss. Dabei ist allerdings charakteristisch für Tillichs Vorgehensweise überhaupt, dass er die einmal verwendeten Elemente an anderer Stelle wieder in sein System einbaut: Die verwendeten Begriffe gehen zumeist nicht verloren, sondern tauchen in anderen Funktionszusammenhängen wieder auf. Bei der Analyse ist dann allerdings jeweils darauf zu achten, auf welches Problem genau der jeweilige Begriff eine Antwort gibt.

Das lässt sich an den Begriffen beobachten, die oben im Zusammenhang der Analyse der drei Hauptmethoden zur Gewinnung des Allgemeinbegriffs von Religion diskutiert wurden. Auch diese tauchen in anderen Problemzusammenhängen wieder auf. Deren Entwicklung soll im Folgenden kurz skizziert werden, wobei besonders auf ihren jeweiligen Funktionszusammenhang geachtet werden soll.

Schon kurz nach der Berliner Vorlesung von 1920 haben sich Tillichs Begrifflichkeiten verändert: In seinem *System der Wissenschaften nach Gegenständen und Methoden*[37] von 1923 spricht Tillich über die Philosophie als Sinnprinzipienlehre. Zwar kehrt auch hier ein methodischer Dreischritt zurück. Doch trägt dieser jetzt andere Züge. Tillich unterscheidet jetzt drei methodische Hauptrichtungen, die kritische, die phänomenologische und die metalogische Methode. Kritische und phänomenologische Methode kehren also wieder, wobei aber die Phänomenologie jetzt nicht mehr als Unterpunkt der empiristischen Methode erscheint, sondern als eigene methodische Hauptrichtung.[38] Die empiristische und die supranaturalistische Methode fallen als methodische Hauptrichtungen also weg.

---

37 Vgl. Tillich, Das System der Wissenschaften, MW I, 113–263.
38 Vgl. Tillich, MW I, 215 ff.

Mit dieser Veränderung sind auch andere Wertungen verbunden: Die kritische Methode ist jetzt nicht mehr diejenige, für die Tillich sich entscheidet. Er kritisiert in diesem Zusammenhang an ihr, dass sie nicht imstande ist, geisteswissenschaftlich zu verstehen, also das Hauptziel der Philosophie verfehlt.[39] „[S]ie übersieht die Intention des Wirklichen zum geistigen Sinn".[40]

Zwar gelingt dieses der Phänomenologie, da sie in exemplarischer Wesensschau das Wesen erfasst. Doch da diese die „Normenlehre in heteronome Abhängigkeit von individuellen Schöpfungen der Geistesgeschichte"[41] bringt, ist auch sie abzulehnen.

Stattdessen ist die *metalogische* Methode in diesem Zusammenhang die einzig gangbare. Sie vereinigt die Vorzüge beider, da „sie in die Kritik das Verstehen aufnimmt."[42] Tillich hält hier explizit fest, dass er faktisch diese Methode schon längst vor der Namengebung, die sich an Troeltsch anlehnt, in seinen Vorlesungen über Religionsphilosophie angewandt hat.[43]

Die phänomenologische Methode taucht dann auch wieder in der ST I auf. Der Problemzusammenhang ist jetzt strukturell vergleichbar mit dem aus der Religionsphilosophie von 1920. Zwar geht es in der ST I nicht darum, einen Allgemeinbegriff von Religion zu generieren. Doch es geht darum, einen Allgemeinbegriff von *Offenbarung* zu gewinnen. Hier nimmt Tillich seine frühere Kritik auf und kritisiert, dass die Phänomenologie entweder geschichtlich-individuelle Existenz trivialisiert, da sie nur eine an sich bedeutungslose Manifestation des Wesens darstellt. Oder sie nimmt diese Existenz als solche Ernst, also als individuelle, steht dann aber vor dem Problem, nicht mehr begründen zu können, warum nun gerade dieser spezifische Einzelfall zum Ausgangspunkt der Wesensschau verwendet wird.

Jetzt wird aus diesem Problem aber nicht mehr die Konsequenz gezogen, dass die Phänomenologie fallen gelassen werden müsste. Sondern jetzt wird die Phänomenologie beibehalten und *ergänzt*. Das Problem der Begründung der Beispielauswahl soll dadurch gelöst werden, dass in die Phänomenologie ein

---

39 Der Zusammenhang ist hier also ein anderer als in der Religionsphilosophie von 1920: Hier geht es nicht um die Gewinnung eines Allgemeinbegriffs von Religion, sondern um eine Einteilung der Wissenschaften. Konkret geht es in diesem Zusammenhang um die Möglichkeit des Verstehens im geisteswissenschaftlichen Sinn.

40 MW I, 216; siehe dazu auch G. Wenz, Subjekt und Sein. Die Entwicklung der Theologie Paul Tillichs, München 1979 (MMHST 3), 113, sowie W. Schüßler, Die Berliner Jahre (1919–1924), in: R. Albrecht/ders. (Hrsg.), Paul Tillich. Sein Werk, Düsseldorf 1986, 38–54, 44.

41 Tillich, MW I, 217.

42 Ebd.

43 Vgl. Tillich, MW I, 215, Anm. 10.

‚existentiell-kritisches Element' eingebaut wird. Die Entscheidung für ein bestimmtes Ausgangsbeispiel, an dem der Allgemeinbegriff von Offenbarung generiert werden soll, ist abhängig „von einer Offenbarung, die man empfangen hat
und die man für die vollkommene Offenbarung hält".[44]

Interessant ist in unserem Zusammenhang die Beobachtung, dass die Ein-
fügung dieses existentiell-kritischen Elements in der ST I die Phänomenologie
strukturell dicht an die supranaturalistische Methode in ihrer Fassung von 1920
bringt. Bei dieser sollte der Allgemeinbegriff von Religion durch einen bestimmten Religionsbegriff gewonnen werden, der ausgezeichnet war als offen-
barter und darum wahrer. Ähnlich die Gewinnung des Offenbarungsbegriffs in
der ST I: Auch dieser soll gewonnen werden aus einem bestimmten Offenbarungsbegriff, den man für den vollkommenen hält – ein Verfahren, das durch die
um ein existentiell-kritisches Element ergänzte Phänomenologie legitimiert werden soll. In beiden Fällen dient also ein exemplarisches Offenbarungsereignis als
Ausgangspunkt der Argumentation, insofern es die Beurteilungsmaßstäbe an die
Hand gibt. Nur wird das supranaturalistische Verfahren 1920 abgelehnt – wenn
auch aus anderen Gründen –, während das phänomenologische Verfahren in der
ST I im Prinzip – wenn auch mit Ergänzungen – akzeptiert wird.

Bei der Bewertung dieses Befunds ist aber wiederum eine Veränderung von
Situation und Funktion in Rechnung zu stellen: Wenn Tillich in der ST I die
Phänomenologie positiv rezipiert, dürfte damit eine Verschiebung in diesem Begriff gegenüber seinen früheren Verwendungsweisen impliziert sein. Zum anderen ist zu beachten, dass es in der ST I zwar um einen strukturell vergleichbaren
Problemzusammenhang geht, nämlich die Generierung eines Allgemeinbegriffs.
Doch geht es hier, wie oben angedeutet, um die Generierung des Allgemeinbegriffs von Offenbarung statt von Religion. Bei diesem dürfte von vornherein
deutlich sein, dass er zumindest potentiell weniger umfassende Implikationen
beinhaltet als der Religionsbegriff – zumindest prima facie nur für bestimmte

---

44 Tillich, ST I, 130. Es sei allerdings angemerkt, dass mit der Ergänzung eines existentiell-kritischen Elements entweder eine gravierende Funktionsverschiebung gegenüber der klassischen
Husserlschen Phänomenologie gegeben ist oder aber diese Ergänzung das gegebene Problem
nicht wirklich lösen kann: Entweder erfüllt das existentiell kritische Element keinerlei Legitimationsfunktionen. Dann aber geht der normative Gehalt der Phänomenologie durch die Ergänzung dieses Elements verloren. Oder aber dieses Element soll Legitimationsfunktionen erfüllen. Dann aber ist nicht ersichtlich, wie es die Wahl eines bestimmten Offenbarungsbegriffs,
der zur Grundlage der Wesensschau dient, rechtfertigen können soll. Dann dient es eher zur
Anzeige eines Problems statt zu dessen Lösung (siehe dazu genauer Aufsatz Nr. III in diesem
Band, S. 99 ff).

Gruppen relevant ist –, so dass die damit verbundenen Legitimationsprobleme anders, d. h. weniger universalistisch sind.

Schließlich sind bei der Bewertung des Befunds, dass Tillich in der ST I die Phänomenologie positiv rezipiert, auch noch strategische Überlegungen zu berücksichtigen: Er schreibt jetzt primär für ein U.S.-amerikanisches Publikum, dem viele Begriffe aus dem deutschen Theorie- und Denksystem fremd sind, so dass sich die Anzahl der in diesem Zusammenhang verwendbaren Begriffe reduziert. ‚Phänomenologie‘ dürfte dabei ein Begriff sein, der zwar dem U.S.-amerikanischen Leser auch nicht gerade geläufig ist, der aber, wenn auch mit entsprechenden Erklärungen versehen, doch an ein Vorverständnis (etwa umgangssprachlicher Art) anknüpfen kann und insofern brauchbarer ist als andere Begriffe.

Schließlich noch zur Frage der weiteren Entwicklung der beiden anderen methodischen Hauptrichtungen aus der Religionsphilosophie von 1920, der empiristischen und der supranaturalistischen. Auch diese tauchen in der ST I wieder auf.

Der Empirismusbegriff wird dabei in verschiedenen Zusammenhängen verwendet, etwa im Kontext der ‚empirischen Theologie‘. Hauptsächlich dient er aber zur Kennzeichnung einer der Hauptströmungen anglo-amerikanischen Denkens, eben des Empirismus.[45] Im anglo-amerikanischen Kontext liegt eine derartige Verwendungsweise natürlich auch nahe. Gegenüber der oben genannten Verwendungsweise in der Religionsphilosophie erfährt der Empirismusbegriff jetzt eine Zuspitzung: Dort diente er als Sammelbezeichnung für so verschiedene Methoden wie die naturalistisch abstrahierende, die genetische, inklusive der psychologischen, und der phänomenologischen. Wahrscheinlich sollte mit diesem Begriff jeglicher Ansatz beim Gegebenen im allgemeinsten Sinn des Wortes bezeichnet werden.

Insofern er in der ST I zur Bezeichnung einer bestimmten Strömung der anglo-amerikanischen Philosophie verwendet wird, wird er viel spezifischer: Wie im englischsprachigen Bereich üblich, bezeichnet er jetzt den Ansatz beim *sinnlich* Gegebenen, verbindet dieses mit bestimmten Wertungen und einer bestimmten, ausgezeichneten Rolle, die das sinnlich Gegebene in der Theoriebildung erhält. Tillich selbst setzt sich natürlich von dem so definierten Empirismusbegriff in der ST I ab.

Die letzte der drei methodischen Hauptrichtungen der Religionsphilosophie von 1920, die supranaturalistische, taucht in der ST I auch in verschiedenen Zu-

---

45 Siehe dazu auch schon die Gegenüberstellung von Rationalismus und Empirismus in der Religionsphilosophie von 1920 (vgl. Tillich, EW XII, 341).

sammenhängen auf. So kann Tillich etwa bei der Besprechung des Verhältnisses von Offenbarung und Wunder ,supranaturalistisch' als abwertendes Adjektiv verwenden, wenn er eine ,supranaturalistische Wundertheorie' kritisiert, bei der die Verneinung der Naturgesetze im Mittelpunkt steht. Die Betonung des Durchbrechens der Naturgesetze wird bei dieser Theorie mit einem „irrationalen Rationalismus"[46] in Verbindung gebracht, bei der der Grad der erreichten Absurdität zum Maßstab religiösen Wertes gemacht wird.

Vor allem aber taucht der Supranaturalismusbegriff bei der Behandlung der Korrelationsmethode in der ST I auf. Dort bezeichnet er eine inadäquate Methode, „die christlichen Glaubensinhalte auf die geistige Existenz des Menschen zu beziehen."[47] Hier wird er zusammen mit noch zwei anderen Methoden zugunsten der Korrelationsmethode abgewiesen. In der ST I wird die supranaturalistische Methode dadurch charakterisiert, dass sie die christliche Botschaft versteht als „eine Summe geoffenbarter Wahrheiten, die wie Fremdkörper aus einer fremden Welt in die menschliche Situation hineingefallen sind."[48] Der Kritikpunkt am Supranaturalismus ist hier also, dass die Vermittlung zwischen göttlicher Offenbarung der Wahrheit und deren menschlicher Aufnahme ausgeblendet wird – was dann, wie vielfach bemerkt worden ist, mit Barths Theologie in Verbindung gebracht wird.[49]

Der Begriff des Supranaturalismus taucht bei Tillich also später vielfach im Zusammenhang der Besprechung des Offenbarungsbegriffs auf. Jetzt besitzt er deutlich negative Assoziationen. Auch dieser Begriff macht also eine Entwicklung durch: Zunächst bezeichnet er einfach eine Methode, die ihren Ansatz bei der Unterscheidung zwischen wahrer und falscher Religion nimmt. Obwohl die supranaturalistische Methode letztendlich abgelehnt wird, wird dieser Ansatz nicht prinzipiell verworfen. Wie oben gezeigt, kommen Phänomenologie plus existentiell-kritisches Element in der ST I diesem Ansatz nahe. Später dient der Begriff des Supranaturalismus dann zur Kennzeichnung derjenigen Einstellungen, die Tillich insbesondere bei seiner Besprechung des Offenbarungsbegriffs verwirft, nämlich eines offenbarungstheoretischen Ansatzes ,von oben'. Dass der Supranaturalismusbegriff diese Wendung genommen hat, dürfte mit dem Aufkommen des Barthianismus und dessen Okkupation des Offenbarungsbegriffs zusam-

---

46 Tillich, ST I, 139.
47 Tillich, ST I, 79.
48 Ebd.
49 Siehe dazu etwa Gunther Wenz, Tillichs Kritik des Supranaturalismus, in: G. Hummel (Hrsg.), God and Being, The Problem of Ontology in the Philosophical Theology of Paul Tillich, Berlin/ New York, 1989, 3–29, 23, und Oswald Bayer, Paul Tillich, in: ders., Theologie (C.H. Ratschow (Hrsg.), Handbuch Systematischer Theologie, Bd. I), 185–280, 224.

menhängen. Dagegen will Tillich deutlich machen, dass die Vermittlung der Offenbarungswahrheit integraler Bestandteil des Offenbarungsbegriffs selbst ist und keineswegs untergeordnete Bedeutung hat.

Dass der Supranaturalismusbegriff später so leicht zur Kennzeichnung eines offenbarungstheoretischen Ansatzes ‚von oben‘ verwendet werden kann sowie zur Kennzeichnung eines Offenbarungsverständnisses, bei dem das irrationale Element betont wird, hat damit zu tun, dass der Offenbarungsbegriff schon 1920 mit einem ‚übernatürlichen Eingriff Gottes‘ verbunden werden konnte (siehe oben, Abschnitt 1). Damit ist ein Anknüpfungspunkt gegeben, der dazu dienen konnte, diesen Begriff mit der Barthschen Theologie in Verbindung zu bringen. Allerdings ist festzuhalten, dass der Supranaturalismusbegriff angesichts seines Inhalts und auch des Erscheinungsdatums der Religionsphilosophie[50] nicht von Anfang an auf den Barthianismus gemünzt gewesen sein kann. Er ist erst im Lauf der Zeit darauf bezogen worden.

Last but not least noch zur Entwicklung eines anderen Elements des Tillich'schen Systems, das keinen Begriff darstellt, sondern eine Denkweise. Ich meine den transzendentalen Argumentationsduktus, der in der Religionsphilosophie von 1920 entscheidende Funktionen hat, insofern mit seiner Hilfe Religion als notwendige Funktion des Bewusstseins aufgewiesen werden soll. Dieser kehrt in leicht abgewandelter Form vor allem in den apologetisch orientierten Schriften aus den zwanziger Jahren wieder. Ich habe mich andernorts ausführlich dazu geäußert[51] und fasse darum hier nur kurz die Ergebnisse zusammen: In der Religionsphilosophie von 1925 wird die Frage nach der Wahrheit von Religion abgewiesen, da diese immer schon durch die metalogische Erfassung des Wesens von Religion als Richtung auf den unbedingten Sinn beantwortet ist. Der Aufweis des Unbedingten als fundierende Gewissheit, also als Bedingung der Möglichkeit des Zweifels, die als solche nicht wiederum bezweifelbar ist, beantwortet alle Wahrheitsfragen.[52]

Die Argumentation ist hier zwar etwas anders konzipiert – statt des Aufweises von Religion als funktional notwendig für das Bewusstsein steht hier das Unbedingte als Bedingung der Möglichkeit des Zweifels im Mittelpunkt. Doch sind beide Argumentationsgänge strukturell vergleichbar: Bei beiden wird die Wahrheitsfrage durch die Einsicht in das Wesen von Religion beziehungsweise des Unbedingten beantwortet. Oder genauer: Die Wahrheitsfrage stellt sich erst gar

---

50 Tillichs Religionsphilosophie ist zwei Jahre vor der zweiten Auflage des Römerbriefkommentars erschienen.

51 Vgl. Grube, Unbegründbarkeit Gottes? Tillichs und Barths Erkenntnistheorien im Horizont der gegenwärtigen Philosophie, 26–36.

52 Vgl. Tillich, MW IV, 116–170, 140 ff.

nicht für denjenigen, der das Wesen der Religion erkannt hat. Wie beim ontologischen Gottesbeweis der Aufweis der Existenz Gottes im Begriff Gottes impliziert
ist, ist auch bei Tillichs beiden Entwürfen der Religionsphilosophie die Wahrheitsfrage immer schon durch den Wesensbegriff beantwortet.

Ein transzendentaler Argumentationsduktus lässt sich auch im zweiten Kai-
ros-Aufsatz, *Kairos und Logos. Eine Untersuchung zur Metaphysik der Erkenntnis*
aufweisen. Hier wird argumentiert, dass, insofern alles, was im Kontext der Erkenntnis steht, der Zweideutigkeit des Erkennens unterworfen ist, dieser Satz
selbst nicht dem Kontext der Erkenntnis entspringen kann und als „Relation des
Erkennens auf das Unbedingte" zu qualifizieren ist.[53] Obwohl es hier eher um eine
Art Letztbegründung im eigentlichen Sinn des Wortes geht statt um eine Beantwortung der Wahrheitsfrage durch den Wesensnachweis von Religion, handelt es
sich auch hier um eine transzendentale Argumentation. Kurzum, ein transzendentaler Argumentationsduktus lässt sich in der einen oder anderen Weise auch
in die Schriften der 20er Jahre hinein verfolgen.

3 Zur Unterscheidung zwischen subjektzentrierten und objektzentrierten Ansätzen in der Apologie

In der heutigen anglo-amerikanischen religionsphilosophischen Diskussion
werden Argumentationen wie die von Tillich oben vorgetragenen zumeist igno-
riert. Zu argumentieren, dass Religion funktonal-notwendig ist für das Bewusstsein, ist hier bestenfalls noch aus historischen Gründen interessant, etwa, wie
man auch Kants theoretische Überlegungen zur Funktion von Religion aus historischen Gründen diskutieren kann. Doch wird sich kaum ein Religionsphilosoph, der in Kategorien der anglo-amerikanischen Philosophie denkt, in einer
Diskussion um das Für und Wider von Religion ernsthaft auf eine derartige Argumentation einlassen.[54]

Im Folgenden soll es darum gehen, Argumentationen wie die Tillichs an die
anglo-amerikanische Diskussion zur Sache heranzuführen. Dabei geht es mir
nicht darum, sie als solche zu verteidigen. Ich will hier also etwa keine Emp-
fehlung dafür aussprechen, Religion eine ‚konstitutive Bedeutung für das Bewusstsein' zuzuschreiben. Sondern es geht mir darum, derartige Argumentatio-

---

53 Tillich, Kairos und Logos, MW I, 266–305, 294.
54 Dasselbe gilt auch für den niederländischen Kontext: Zwar sind Diskussionen um das Für und
Wider von Religion hier verbreitet. Doch dabei spielt das Argument, dass Religion eine notwendige Funktion für das Bewusstsein hat, ebenso wenig eine Rolle wie andere transzendentale
Argumentationen.

nen, die in der kontinentalen philosophischen Tradition verbreitet sind, auch im anglo-amerikanischen Kontext Ernst zu nehmen, wenn auch mit kritischem Gestus. Sie sollen als potentiell ernst zu nehmende Positionen in die Diskussion eingeführt werden, über deren Vor- und Nachteile dann in einem Folgeschritt entschieden werden kann. Dazu möchte ich im Folgenden einen Beitrag leisten, in dem ich Gründe aus dem Weg räume, von denen ich vermute, dass sie einer solchen ernsthaften Diskussion dieser Argumentationen im Weg stehen.

Bei der Analyse der Argumentationen, die sich um Tillichs These ranken, dass Religion eine notwendige Funktion des Geistes ist, ist grundsätzlich zu unterscheiden zwischen ihrer konkreten inhaltlichen Zuspitzung und der dabei implizierten Argumentationsstrategie. Zunächst zu ersterer.

a) In Hinsicht auf die inhaltliche Zuspitzung der kritischen Methode wird der anglo-amerikanische Religionsphilosoph – und sicherlich nicht nur er! – befremdet sein. Zwar kann man sich, auch wenn man selbst kein Vertreter transzendentalen Philosophierens ist, zumindest noch etwas vorstellen bei der genannten Argumentationskette Tillichs. Wie oben gezeigt, will er über den Begriff des Absoluten, vermittels einer transzendentalen Argumentation als funktional-notwendiger erwiesen, zur Religion als möglicher Bewusstseinsform gelangen, um von dort her dann Gott zu erfassen (vgl. EW XII, 385 und oben, Abschnitt 1). Auch wenn man aus theologischen oder philosophischen Überlegungen heraus dieser Argumentation nicht zustimmen kann,[55] ist sie doch jedenfalls noch diskutabel.

Das gilt jedoch nicht für ihre konkrete inhaltliche Ausgestaltung mittels einer Analyse des Begriffs des ‚Dinges an sich'. Tillichs Bezeichnung des Seins-Erlebnisses als dem Denken autonom gegenübertretendes und damit als „Erlebnis der unbedingten Realität", erregt ebenso Kopfschütteln wie seine Behauptung, dass dieses, beziehungsweise das Unbedingtheitserlebnis, eine „Doppelheit von Erschütterung und Beseligung" verursacht, die ein „emotionale[r] Ausdruck für das dialektische Verhältnis von Denken und Sein" sind. Zwar kann man sich wieder etwas vorstellen bei Tillichs Behauptung, dass etwas zur „Synthese des Bewußtseins"[56] unumgänglich ist, doch bleibt undeutlich, was dieses nun genau sein soll und was es zur Legitimation von Religion leisten soll. Kurzum, in Hin-

---

55 Aus philosophischer Perspektive stellt sich natürlich die Frage, ob das Absolute wirklich funktional-notwendig ist, beziehungsweise, ob es bei dem Aufweis als Funktional Notwendiges nicht zu einer Leerformel wird, die willkürlich aufgefüllt werden kann. Theologisch lässt sich daran die Frage anschließen, ob Religion als nur mögliche, aber nicht notwendige Bewusstseinsform hinreichend bestimmt ist und ob der von *dort* aus legitimierte Gottesbegriff mit dem, der in den einschlägigen Religionen impliziert ist, noch kompatibel ist.
56 Tillich, EW XII, 402; vgl. dazu auch oben, Abschnitt 1.

sicht auf die konkrete inhaltliche Zuspitzung von Tillichs apologetischer Argumentation von 1920 bleiben für den anglo-amerikanischen Religionsphilosophen viele Fragezeichen stehen.

b) Auch die Argumentations*strategie*, die Tillich verwendet, mag für diesen Religionsphilosophen zunächst einmal befremdlich wirken. Wie gezeigt, ist Tillichs grundlegende Strategie die, dass er Geltungsfragen im religiösen Bereich nicht über die dabei implizierten Erkenntnisgegenstände, sondern über das erkennende Subjekt beantworten will (siehe oben, Abschnitt 1). Doch denke ich, dass diese Strategie trotz aller Fremdheit anglo-amerikanischem Denken im Prinzip vermittelbar ist, jedenfalls, wenn es sich gegenüber anderen Denkweisen nicht prinzipiell abschließt.

Dazu ist zunächst einmal von den negativen Wertungen abzusehen, die Tillich 1920 mit dem Versuch assoziiert, die Legitimität von Religion über den Gottesbegriff und dessen Plausibilitätsnachweis sichern zu wollen. Wenn er argumentiert, dass es schwierig ist, nachzuweisen, dass die auf diese Weise legitimierten Begriffe „identisch sind mit dem, was die Religion in ihren Vorstellungen meint" (EW XII, 346 und oben, Abschnitt 1), erscheint das mehr eine Ablenkung von den Schwächen der eigenen Position zu sein als eine durchschlagende Kritik an der genannten Alternative! Denn was immer durch Tillichs Nachweis, dass Religion eine notwendige Bewusstseinsfunktion darstellt, generiert werden kann, dürfte sehr viel schwerer mit dem zu identifizieren sein, ‚was die Religion in ihren Vorstellungen meint', als der Versuch, die Geltung von Religion vermittels der dabei implizierten Erkenntnisgegenstände zu erweisen. Transzendentale Argumentationen haben prinzipiell Schwierigkeiten, das, was transzendental erwiesen ist, mit bestimmten Vorstellungsgehalten auf nichtwillkürliche Weise zu identifizieren.[57] Es ist also keineswegs ausgemacht, dass die Religion, die eine ‚konstitutive Bedeutung für das Bewusstsein' hat, mit dem identisch ist, ‚was die Religion in ihren Vorstellungen meint'. Konkret: Es ist keineswegs ausgemacht, dass das bei Tillich zum Erweis der Bewusstseinsnotwendigkeit vorausgesetzte Absolute mit traditionell-religiösen Gottesvorstellungen zu identifizieren ist.

Ebenso ist von Tillichs kritischer Bemerkung abzusehen, dass der Versuch, die Legitimität von Religion über den Gottesbegriff sichern zu wollen, ein „im tiefsten Grund unfrommer Gedanke" ist, da dabei „dem Zufall intellektueller Fähigkeiten die Entscheidung über das schlechthin Entscheidende im menschlichen Leben" (EW XII, 339, siehe oben Abschnitt 1) anheimgestellt wird. Ich vermute, dass bei Tillichs Abwertung dieses Versuchs vor allem seine Aversion ge-

---

57 Vgl. dazu Grube, Unbegründbarkeit Gottes?, 35.

genüber allen Formen von Kontingenz durchschlägt, statt dass hier genuin religiöse Fragen von Frommheit oder Unfrommheit auf dem Spiel stehen. Dass in gewisser Hinsicht bei Formen der apologetischen Religionsphilosophie, die ihre Legitimationsressourcen an Hand des dabei implizierten Erkenntnisobjekts gewinnen, stärker der ‚Zufall intellektueller Fähigkeiten' eine Rolle spielt als bei Formen, die diese Ressourcen an Hand des Subjekts gewinnen wollen, hat mit den dabei vorausgesetzten Denkweisen zu tun (siehe unten), nicht mit religiösen Voraussetzungen. Tillich identifiziert hier vorschnell bestimmte philosophische Traditionen mit religiösen Voraussetzungen. Er identifiziert philosophische Traditionen, die Kontingenz ausschließen wollen, wie etwa die griechische, unkritisch mit religiösen Traditionen. Das Ergebnis ist, dass alle philosophischen Traditionen, die Kontingenz nicht grundsätzlich ausschließen wollen, als a-religiös beziehungsweise ‚unfromm' angesehen werden, obwohl das zunächst einmal nichts mit Fragen von Frömmigkeit oder anderen religiösen Fragen zu tun hat, sondern einfach mit bestimmten philosophischen Entscheidungen, die man getroffen hat![58]

Statt Ansätze, die die Legitimation von Religion an Hand der dabei implizierten Erkenntnisgegenstände sichern, von vornherein abwerten zu wollen, gilt es, diese zunächst einmal wertfrei wahrzunehmen. Zunächst einmal sollten wir zu verstehen suchen, wie sie zustande gekommen sind und was ihre jeweiligen theoretischen Hintergründe sind! Meine These dazu ist, dass diese Ansätze in einer anderen Denkweise beheimatet sind als Ansätze, die ihren Ausgangspunkt beim Subjekt nehmen. Sie sind im anglo-amerikanischen Umfeld beheimatet und legen sich unter diesem ebenso nahe, wie sich im (traditionell-)kontinentalen Umfeld Ansätze nahelegen, die beim Subjekt ihren Ausgangspunkt nehmen. Diese These führe ich im Folgenden aus.

Das traditionelle kontinentale Denken[59] ist zutiefst beeinflusst von der Subjektphilosophie, bei der dem Subjekt die entscheidende Funktion bei der Gewinnung, Legitimation etc. von Wissen zukommt. In einem solchen Kontext legt es sich natürlich nahe, die entscheidenden Ressourcen zur Legitimation von Religion im Subjekt zu lokalisieren. In dieser Tradition steht Tillich im fraglichen

---

58 Vgl. dazu meine Bemerkungen in Introduction, in: Grube/P. Jonkers (Hrsg.), Religions Challenged by Contingency. Theological and Philosophical Approaches to the Problem of Contingency, in: J. W. Henten (Hrsg.), Studies in Theology and Religion 12, Leiden, 2008.
59 Damit meine ich das Denken auf dem Kontinent seit der Moderne, also seit Kant, eventuell auch Descartes (jedenfalls wenn man ihn der kontinentalen Tradition zurechnen will), bis hin zur Gegenwart. Gegenwärtige postmodernistische Ansätze, wie sie im kontinentalen, vor allem im französischsprachigen Bereich beheimatet sind, fallen nicht darunter.

Zeitraum und deshalb nimmt er ganz selbstverständlich an, dass diejenige Legitimation von Religion die beste ist, die ihren Ausgangspunkt im Subjekt hat.

Anders bei der anglo-amerikanischen Denkweise: Hier verläuft die Legitimation von Wissen nicht über das Subjekt, sondern über das Objekt. Zwar spielt die Unterscheidung von Subjekt und Objekt im Erkenntnisprozess weder dem Begriff noch der Sache nach im anglo-amerikanischen Bereich die Rolle, die ihr im kontinentalen Denken zukommt. Doch wenn man die anglo-amerikanische Denkweise in die Kategorien übersetzt, die dieser Unterscheidung zugrunde liegen, fällt sie zweifellos auf die Seite des Objekts: Legitimation von Wissen erfolgt primär über das Objekt. Exemplarisch ist das der Fall beim Positivismus, etwa beim Logischen Positivismus mit seiner Betonung von ‚Protokollsätzen‘ als dem sicheren Fundament allen Wissens.[60]

In *dieser* Tradition legt es sich natürlich nahe, die Legitimation von Religion an Hand der dabei implizierten Erkenntnisgegenstände vornehmen zu wollen. Die Frage, die sich unter den Denkbedingungen dieser Tradition nahelegt, ist, inwiefern die religiösen Erkenntnisgegenstände mit der dabei intendierten Wirklichkeit (nachprüfbar) übereinstimmen oder nicht übereinstimmen. Die Frage ist also, wie der Begriff ‚Gott‘ (oder vergleichbare religiöse Begriffe), beziehungsweise Sätze, in denen Begriffe wie ‚Gott‘ vorkommen, mit der dabei intendierten Wirklichkeit übereinstimmen und wie dieses überprüft werden kann. Die Frage der Plausibilität von Religion entscheidet sich also an der Frage der (Nachprüfbarkeit der) Referenz von Begriffen wie ‚Gott‘ oder der (nachprüfbaren) Wahrheit von Sätzen, in denen Begriffe wie ‚Gott‘ vorkommen – im Prinzip also genau so, wie sich die Plausibilität bestimmter physikalischer Aussagen an der Frage der (Nachprüfbarkeit der) Referenz von Begriffen wie ‚Atom‘ oder der (nachprüfbaren) Wahrheit von Sätzen, in denen Begriffe wie ‚Atom‘ vorkommen, entscheidet.

Kurzum, dass Versuche, die Legitimität von Religion im kontinentalen Umfeld beweisen (oder bestreiten) zu wollen, zumeist geneigt sind, ihren Ausgangspunkt beim Subjekt zu nehmen, kann nicht überraschen. Ebenso wenig kann es über-

---

60 Auch neuere, eher positivismus- beziehungsweise empirismuskritisch gesinnte Ansätze im anglo-amerikanischen Bereich, sind nicht dem Subjekt verpflichtet. So hört etwa W. v. O. Quines Kritik am Empirismus direkt *vor* dem Subjekt auf: Seine Überlegungen zur Übersetzbarkeitsproblematik und den daraus resultierenden, prinzipiellen Problemen für die Theoriebildung hören sozusagen ‚bei der Netzhaut‘ des Subjekts auf, werden nicht in dessen ‚Kopf selbst‘ hinein verfolgt. Quines Beispiel, dass, wenn der Eingeborene „gavagai“ sagt, ich niemals sicher wissen kann, was er meint, da selbst basale Handlungen, etwa deiktischer Art, einen bestimmten Theoriehintergrund voraussetzen, sind dafür ein Beispiel. Anders als in der kontinentalen Tradition werden diese Überlegungen nicht in den ‚Kopf‘ des Subjekts hinein verfolgt, wie es etwa bei Kant mit seiner Kategorienlehre der Fall ist, sondern hören bei der Wahrnehmung auf.

raschen, dass Versuche, die Legitimität von Religion im angloamerikanischen Umfeld beweisen (oder bestreiten) zu wollen, zumeist geneigt sind, ihren Ausgangspunkt beim Objekt zu nehmen. Statt an dieser Stelle von der einen oder anderen Perspektive aus kommend die gegenübergestellte Perspektive abzuwerten, wie Tillich es 1920 noch versucht, sollten wir versuchen, den Graben zwischen beiden so gut wie möglich zu überbrücken! Wir sollten versuchen, die jeweils andere Perspektive aus ihrem Kontext heraus zu verstehen und, so weit möglich, Verbindungslinien zwischen den verschiedenen Perspektiven zu suchen!

Bevor ich einen Versuch dazu mache, möchte ich aber noch eine terminologische Klarstellung vornehmen: Ansätze, die die Legitimität von Religion an Hand des Subjekts beweisen oder bestreiten wollen, bezeichne ich im Folgenden als ‚*subjektzentriertes Paradigma*' (der Religionsphilosophie oder der Apologie). Dagegen heißen Ansätze, die die Legitimität von Religion an Hand der dabei implizierten Erkenntnisgegenstände oder -objekte beweisen oder bestreiten wollen, ‚*objektzentriertes Paradigma*' (der Religionsphilosophie oder der Apologie).

Wie angedeutet, herrscht im anglo-amerikanischen Bereich das objektzentrierte Paradigma der Religionsphilosophie vor. Darunter fallen alle Ansätze, die Aussagen über Gott (oder verwandte Begriffe) als evident, beweisbar, wahrscheinlich oder zumindest kohärent aufweisen wollen. Sie gehen vom entsprechenden Erkenntnisobjekt aus, etwa dem Gottesbegriff, und versuchen etwa, dessen Existenz zu beweisen, diese wahrscheinlich zu machen oder zumindest als kohärent aufzuweisen.

Des näheren kann man innerhalb des objektzentrierten Paradigmas zwischen eher semantisch orientierten und eher syntaktisch orientierten Ansätzen unterscheiden: Semantische Ansätze versuchen, die Existenz Gottes als evident, beweisbar oder, etwa mit Hilfe probabilistischer Überlegungen, als wahrscheinlich nachzuweisen. Dazu zählen die klassischen Gottesbeweise, jedenfalls insofern sie die Existenz Gottes oder gar dessen notwendige Existenz beweisen wollen (etwa im kosmologischen Gottesbeweis). Dazu zählen auch neuere Versuche, die Annahme der Existenz Gottes als wahrscheinlicher nachzuweisen als die gegenteilige Auffassung (Teile von Richard Swinburnes Werk) oder etwa der Versuch, die historische Wahrscheinlichkeit der Auferstehung als größer nachzuweisen als die gegenteilige Auffassung (Swinburne, Wolfhart Pannenberg). Ebenso gehören zu den semantischen Ansätzen Versuche, die Existenz Gottes, die historische Wahrscheinlichkeit der Auferstehung oder ähnlicher Aussagen zu bestreiten.[61]

---

61 Anders als zumindest die klassischen Formen der Verteidigung von Religion, etwa die Gottesbeweise, haben diese religionskritischen Auffassungen nicht den Charakter strenger Beweise, sondern argumentieren evidentialistisch, insofern sie kritisieren, dass es für religiöse Äußerungen nicht genügend Evidenz gibt.

Davon zu unterscheiden sind die syntaktischen Ansätze, bei denen nicht der Aufweis der Beweisbarkeit oder Wahrscheinlichkeit bestimmter Theologumena im Mittelpunkt steht, sondern der Aufweis von deren interner Kohärenz. Dazu zählen etwa Arbeiten im Umkreis von Vincent Brümmer, wie natürlich auch entsprechende Bestreitungen der Kohärenz bestimmter Klassen von Glaubensüberzeugungen, etwa mit dem Hinweis auf das Theodizeeproblem. Sowohl die semantischen als auch die syntaktischen Ansätze fallen unter das objektzentrierte Paradigma, da Legitimationsfragen hier entschieden werden durch entsprechende Analysen der Glaubensgegenstände.

Ob die im anglo-amerikanischen Bereich verbreiteten Ansätze, die sich an Wittgensteins Spätphilosophie orientieren, auch zu diesem Paradigma zu zählen sind, hängt von der Frage ab, inwieweit sie normativ-epistemische Ansprüche vertreten, also die Frage nach der Wahrheit, Wahrscheinlichkeit, Plausibilität o. ä. von Religion stellen. Wenn mit dem, bei derartigen Ansätzen zumeist mit normativen Implikationen versehenen, Verweis auf die Umgangssprache auch Ansprüche über die tatsächliche Existenz religiöser Objekte mitschwingen, fallen sie in die objektzentrierte Gruppe. Wenn diese Frage nicht eindeutig zu beantworten ist, wie es in manchen Teilen von Dewi Z. Phillips Werk der Fall ist, dann fallen sie nicht eindeutig unter das objektzentrierte Paradigma. Andererseits sind sie aber auch nicht dem subjektzentrierten Paradigma zuzuordnen.[62]

Nun ist aber jedes der genannten Beispiele des objektzentrierten Paradigmas problematisch. In aller Kürze seien einige Argumente aufgezählt:
- Religionsphilosophische Ansätze, die auf Wittgensteins Spätphilosophie beruhen, sind entweder normativ-epistemisch irrelevant. Das heißt, sie leisten keinen Beitrag zur Beantwortung der Frage, ob religiöse Äußerungen wahr, wahrscheinlich, plausibel o. ä. sind. Oder sie *sind* normativ-epistemisch relevant, sind dann aber der Rückfrage ausgesetzt, woher sie die Ressourcen zur Lösung normativ-epistemischer Probleme nehmen. Der Rekurs auf die Umgangssprache, ob diese nun religiös aufgeladen ist oder nicht, kann das kaum leisten.
- Die normativ-epistemischen Ressourcen syntaktischer Ansätze sind in positiver Hinsicht prinzipiell begrenzt. Der Aufweis der Kohärenz bestimmter Glaubensüberzeugungen kann höchstens deren *Möglichkeit* aufzeigen, aber

---

62 Vgl. zu den gängigen Strömungen in der gegenwärtigen anglo-amerikanischen Religionsphilosophie etwa T. Koistinen, Philosophy of Religion or Religious Philosophy? (in: Schriften der Luther-Agricola-Gesellschaft, Bd. 49), Helsinki 2000, oder die einschlägigen Einführungen in die Religionsphilosophie, wie etwa Peterson/Hasker/Reichenbach/Basinger, Reason and Religious Belief. An Introduction to the Philosophy of Religion, 1998.

nicht deren Wahrheit oder Wahrscheinlichkeit.[63] In negativer Hinsicht sind syntaktische Ansätze zwar im Prinzip normativ-epistemisch reichhaltiger, da das, was inkohärent ist, nicht wahr sein kann. Doch zeigt die einschlägige Diskussionspraxis, dass etwa die Versuche, die Unwahrheit von Religion aufgrund des Theodizeeproblems aufzuweisen, zumeist scheitern, da sie überzogene Folgerungen aus der Feststellung von Inkohärenz ziehen.

– Semantische Ansätze sind zwar im Prinzip am besten dazu geeignet, in normativ epistemische Ansprüche übersetzt zu werden. Doch zeigt auch hier die einschlägige Diskussionspraxis, dass sie zumeist zum Scheitern verurteilt sind. Versuche, die Wahrscheinlichkeit der Auferstehung nachzuweisen, sind den bekannten historischen Schwierigkeiten ausgesetzt,[64] Swinburnes Wahrscheinlichkeitserweise bestimmter Theologumena nähren den Verdacht, die probabilistischen Werte willkürlich einzusetzen und die religionskritischen Versuche, den religiösen Erkenntnisgegenständen Existenz abzusprechen, da dafür nicht hinreichend Evidenz vorhanden ist, beruhen auf überzogenen methodischen Forderungen.

Wenn aber die Versuche des objektzentrierten Paradigmas diesen Schwierigkeiten ausgesetzt sind, bietet es sich an, nach einer Alternative, beziehungsweise – sofern das möglich ist – nach einer Ergänzung zu diesem zu suchen. So könnte es etwa sein, dass die intendierten Erkenntnisobjekte bei religiösen Erkenntnisakten von der Art sind, dass es intrinsisch schwierig ist, die Entscheidung über die Wahrheit, Wahrscheinlichkeit, Plausibilität o. ä. von Religion an Hand einer Analyse dieser Objekte zu fällen. Jedenfalls gibt es angesichts der genannten Schwierigkeiten keinen Grund, warum sich der anglo-amerikanische Religionsphilosoph möglichen Alternativen zum objektzentrierten Paradigma von vornherein entziehen sollte. Insofern das subjektzentrierte Paradigma die Alternative zum objektzentrierten Paradigma darstellt, sollte sich der angloamerikanische Religionsphilosoph also auch mit ersterem ernsthaft auseinandersetzen.

Schließlich sind subjektzentrierte Ansätze auch im anglo-amerikanischen Bereich nicht vollkommen unbekannt. Zwar sind sie aufgrund der oben skizzierten Denkbedingungen nicht zum religionsphilosophischen ‚mainstream‘ ge-

---

63 Da Kohärenz eine notwendige, aber keine hinreichende Bedingung für Wahrheit ist, können kohärente Glaubensüberzeugungen möglicherweise wahr sein. Jedoch kann das nicht durch deren Kohärenzaufweis allein entschieden werden.

64 Abgesehen von der konzeptionellen Schwierigkeit, dass ein positiver Befund bezüglich der Historizität der Auferstehung auch erst einmal in Existenzbehauptungen über transzendente Sachverhalte übersetzt werden müsste.

worden, sondern haben eine Minderheitsposition inne. Aber trotz ihrer Minderheitsposition werden sie in der Religionsphilosophie doch ernsthaft diskutiert.

Ich denke dabei vor allem an eine religionsphilosophische Strömung, die im anglo-amerikanischen Bereich in den letzten Jahrzehnten sehr populär geworden ist, nämlich die ‚Reformed Epistemology'-Bewegung. Konkret denke ich an Arbeiten im Umkreis dieser Bewegung, die eine *deontische Epistemologie* vertreten.[65] Bei diesen steht die Frage im Mittelpunkt, ob das Subjekt im religiösen Erkenntnisakt seine epistemischen Pflichten erfüllt hat. Es wird also nicht nach der Plausibilität des Erkenntnisobjekts gefragt. Sondern bei der Beantwortung der Frage, ob eine bestimmte religiöse Überzeugung legitim ist, stehen Überlegungen im Mittelpunkt wie etwa: Hat das Subjekt alle seine Sorgfaltspflichten im Erkenntnisakt erfüllt? Die Antwort auf diese Frage entscheidet zumindest mit über die Legitimität (beziehungsweise prima facie-Legitimität) der religiösen Überzeugungen.

Eine klassische subjektzentrierte religionsphilosophische Tradition, die auch im anglo-amerikanischen Bereich diskutiert wird, ist der Voluntarismus. Bei ihm kommen bestimmten Leistungen des Subjekts wichtige Funktionen zu bei der Entscheidung über die Legitimität von Religion. So kann etwa auf den Willen des Subjekts als epistemisch relevante Größe in Religionsfragen rekurriert werden (Pascal, James): Der Wille kann unter bestimmten Umständen legitimerweise herangezogen werden bei der Entscheidung für oder gegen Religion.[66]

Diese Ansätze sind insofern mit dem Tillichs vergleichbar, als die Entscheidung für oder gegen Religion nicht an Hand einer Analyse der religiösen Erkenntnisobjekte fällt, sondern dabei spielt das Subjekt eine wichtige Rolle: Bei der deontischen Epistemologie spielt die Frage, ob das Subjekt seine epistemischen Pflichten sorgfältig erfüllt hat, eine Rolle bei der Legitimation religiöser Er-

---

65 Dazu zählt weniger der wohl bekannteste Vertreter der „Reformed Epistemologists", Alvin Plantinga, sondern mehr Nicholas Wolterstorff, insbesondere dessen Ansichten zum Thema „Entitlement" (vgl. dazu N. Wolterstorff, Practices of Belief. Selected Essays, vol. 2, T. Cuneo (Hrsg.), Cambridge/New York/Melbourne etc., 2010, etwa 86 – 117, 313 – 333).

66 Allerdings vertritt James keinen rein subjektzentrierten Ansatz. Der Grund dafür ist, dass er nicht einfach behauptet, dass der Wille als Ersatz für Evidenz fungieren kann – das ist nur das landläufige Vorurteil gegen James (dem leider auch Tillich unterliegt). Sondern er argumentiert, dass der Wille dann, aber auch nur dann, eine legitime Rolle bei der Entscheidung für oder gegen Religion spielen kann, wenn die Evidenz dafür oder dagegen nicht eindeutig ist und zudem weitere Randbedingungen gegeben sind – zu denen etwa gehört, dass die Entscheidung für oder gegen Religion unumgänglich ist (siehe zu dieser James-Interpretation etwa Dirk-Martin Grube, William James and Apologetics. Why the „Will to Believe"-Argument succeeds in Defending Religion, in: NZSTh 46 [2004], 306 – 329). Insofern James auch die Frage der Evidenz mit einbezieht, geht er über einen rein subjektzentrierten Ansatz hinaus.

kenntnisakte, beim Voluntarismus die Frage, ob der Wille des Subjekts bei bestimmten Erkenntnisfragen legitimerweise herangezogen werden kann oder nicht. Und bei Tillich spielt die Frage, ob Religion als notwendig für das subjektive Bewusstsein aufgewiesen werden kann, die entscheidende Rolle bei der Legitimation religiöser Erkenntnisakte. *Strukturell* ist Tillichs Ansatz also vergleichbar mit den anderen subjektzentrierten Ansätzen, da die Legitimation von Religion oder von bestimmten religiösen Vorstellungen an Hand des Aufweises erfolgt, dass sie für das Subjekt, oder bestimmte kognitive Funktionen desselben, unumgänglich sind.[67]

Wenn der anglo-amerikanische Religionsphilosoph aber subjektzentrierte Ansätze wie die deontische Epistemologie oder den Voluntarismus ernsthaft diskutiert, gibt es keinen durchschlagenden Grund, warum er Überlegungen wie die Tillichs prinzipiell aus dem Kreis der potentiell diskutablen Positionen ausschließen sollte. Dieses ist eben ein Ansatz, der sich unter bestimmten Denkbedingungen, eben denen der kontinentalen Orientierung am Subjekt, nahelegen kann. Wie immer er im Einzelfall auch zu derartigen Überlegungen Stellung nehmen mag, so sollte er diese doch ernster nehmen, als es heutzutage zumeist der Fall ist. Das würde auch einen Beitrag zur Überbrückung der Distanz zwischen anglo-amerikanischer und kontinentaler Religionsphilosophie leisten!

---

[67] Damit soll nicht bestritten werden, dass es Unterschiede in der genauen Argumentation und dem Zielpunkt derselben gibt: Bei der deontischen Epistemologie dürfte der Zielpunkt der Argumentation in einer prima-facie-Legitimation bestimmter religiöser Überzeugungen bestehen, also nur dann gültig sein, wenn es keine übergeordneten, ‚overriding' Überlegungen gibt, die gegen diese Überzeugungen sprechen. Und der Voluntarismus, jedenfalls der von James, dürfte nicht so sehr in einer eigentlich *epistemischen* Legitimation resultieren, sondern in einer Art Entscheidungstheorie: Bei James geht es um die Legitimation von Entscheidungen unter epistemischer Unsicherheit (s. dazu Grube, a.a.O., 321 ff). Insofern wir epistemisch nicht deutlich gerechtfertigt sind, für Religion oder dagegen Stellung zu nehmen, können wir unter bestimmten Umständen gerechtfertigt sein, uns aus nicht eigentlich epistemischen Gründen für Religion zu *entscheiden*). Tillichs transzendentale Argumentationen sind dagegen wirklich epistemischer Art und resultieren in mehr als prima-facie-Legitimationen, da Religion, wenn sie als bewusstseinsnotwendig aufgewiesen ist, auch ‚on balance'-Gültigkeit beanspruchen kann.

II Offenbarung und Subjektivität. Bemerkungen zu Tillichs Offenbarungsbegriff

Einleitung: Zum Aufbau von Tillichs Behandlung des Offenbarungsbegriffs im ersten Band der „Systematischen Theologie"

Der Offenbarungsbegriff spielt bei Tillich eine kaum zu überschätzende Rolle. So wird dieser Begriff im Zusammenhang mit dem Vernunftbegriff gleich zu Beginn der Systematischen Theologie (ST) behandelt. Ein Drittel des Platzes der ST I, mehr als 100 Seiten, sind der Diskussion der Frage „Vernunft und Offenbarung" gewidmet. Davon sind fast zwei Drittel für die explizite Diskussion des Offenbarungsbegriffs reserviert. Schon diese allerersten quantitativen Beobachtungen zeigen die Relevanz des Offenbarungsbegriffs für Tillich.

Er behandelt diesen Begriff in vier Unterabschnitten (vgl. ST I, 1. Teil, II A – D):

A) Der Begriff der Offenbarung (S. 129 – 157)
B) Aktuelle Offenbarung (S. 158 – 174)
C) Die Vernunft in der letztgültigen Offenbarung (S. 175 – 184)
D) Der Ursprung der Offenbarung (S. 185 – 189).

Der erste Abschnitt, A, fungiert dabei als Grundlegung zur weiteren Behandlung des Offenbarungsbegriffs. In ihm wird dieser Begriff „allgemeiner" angegangen als in den folgenden Kapiteln, insofern die christliche Verkündigung dabei nur eine indirekte Rolle spielt. Hier werden die Wesensmerkmale des Offenbarungsbegriffs als solchem, also noch nicht spezifisch im Sinn des christlichen Dogmas, entwickelt[1].

Diese allgemeinere Behandlung des Offenbarungsbegriffs ist dabei in vier Unterabschnitte untergliedert:

1. Die Merkmale der Offenbarung (ST I, 129 – 142; wird unten ausführlicher behandelt).
2. Die Medien der Offenbarung (ST I, 142 – 151): Hier untersucht Tillich verschiedene Größen, die potentiell als Offenbarungsträger in Frage kommen, nämlich die Natur, Geschichte, Gruppen und Individuen und „Das Wort".
3. Die Dynamik der Offenbarung: Originale und abhängige Offenbarung (ST I, 151 – 154). Hier unterscheidet Tillich zwischen dem ersten, eben originalen,

---

1 Vgl. Tillich, ST I, 158.

https://doi.org/10.1515/9783110547337-005

Offenbarungsempfang und davon abgeleiteten, „abhängigen" Offenbarungen[2].

4. Die Offenbarungserkenntnis (ST I, 154 – 158): Tillich betont hier, dass Offenbarungserkenntnis keine Erkenntnis im gewöhnlichen Sinn ist. Sie liefert keine neuen Informationen über Natur oder Geschichte, kann also mit den Ergebnissen natur- oder geisteswissenschaftlicher Forschung nicht in einen echten Konflikt geraten.[3] Offenbarungserkenntnis ist eine Form der Erkenntnis, „die nur in einer Offenbarungssituation empfangen werden kann, durch Ekstase und Wunder"[4].

Von entscheidender Bedeutung ist dabei Tillichs Behandlung von Punkt 1, „Die Merkmale der Offenbarung". Dieser Punkt ist in vier Unterabschnitte untergliedert:

a) Methodische Vorbemerkungen (S. 129 – 131): Um den Offenbarungsbegriff als solchen, also noch nicht spezifisch christlich-dogmatisch zugespitzt, charakterisieren zu können, führt Tillich die Phänomenologie ein. Er modifiziert die Husserlsche Phänomenologie, in dem er sie um ein „existentiell-kritisches Element" erweitert. Diese kritische Phänomenologie soll, von spezifischen Beispielen ausgehend, den Normbegriff von Offenbarung liefern[5].

b) Offenbarung und Mysterium (S. 131 – 135),

c) Offenbarung und Ekstase (S. 135 – 139),

d) Offenbarung und Wunder (S. 139 – 142).

Im Folgenden konzentriere ich mich auf die Themen „Offenbarung und Ekstase" und „Offenbarung und Wunder". Es sei hier schon erwähnt, dass dahinter das Problem steckt, wie das Verhältnis der objektiven Seite zur subjektiven Seite im Offenbarungsgeschehen zu bestimmen ist. Konkret geht es dabei um die Frage, inwieweit das objektiv Vorgegebene im Offenbarungsgeschehen im Zuge seiner Aneignung im Subjekt als solches, also objektives, festgehalten werden kann. Hinter dieser erkenntnistheoretischen Fragestellung verbirgt sich ein theologisches Problem, nämlich inwieweit es möglich ist, das, was menschlicher Verfügung im Offenbarungsgeschehen entzogen ist, auch als solches erkennen und zur Sprache bringen zu können. Es geht also um die Frage, inwieweit das, was tra-

---

2 Vgl. zu dieser Unterscheidung Grube, Unbegründbarkeit Gottes? Tillich und Barths Erkenntnistheorien im Horizont der gegenwärtigen Philosophie, 58 ff.

3 S. dazu genauer Aufsatz Nr. V in diesem Sammelband.

4 Tillich, ST I, 154.

5 Vgl. zu Tillichs kritischer Phänomenologie Grube, A Critical Reconstruction of Paul Tillichs Epistemology, in: Religious Studies 33 (1997) 67 – 80, 71 – 74.

ditionellerweise Gott im Offenbarungsgeschehen zugeschrieben wird, also etwa seine Taten oder Handlungen, als solche, objektiv vorgegebene, erkannt und ausgesagt werden können, inwieweit er als solcher, also nicht schon menschlich-angeeigneter, erkennbar ist.

Ich gehe im weiteren folgendermaßen vor: Zunächst gehe ich auf die existentielle Komponente in Tillichs Offenbarungsbegriff ein (Abschnitt 1). Danach analysiere ich Tillichs Betonung der subjektiven Seite im Offenbarungsbegriff (Abschnitt 2). Aber huldigt Tillich mit dieser Betonung nicht einem zu starken Subjektivismus (Abschnitt 3)? Nachdem ich diese Frage in Hinsicht auf Tillichs Intentionen verneint habe, untersuche ich, ob er bei seiner faktischen Ausarbeitung des Offenbarungsbegriffs nicht doch contra intentionem das Subjektive auf Kosten des Objektiven betont (Abschnitt 4). Dann bringe ich Tillichs Behandlung des Offenbarungsbegriffs ins Gespräch mit der Behandlung dieses Begriffs in der gegenwärtigen anglo-amerikanischen Religionsphilosophie (Abschnitt 5). Abschließend vergleiche ich Tillichs Betonung der Subjektivität im Offenbarungsgeschehen mit Barths Abwehr alles Subjektiven im Offenbarungszusammenhang (Abschnitt 6).

1 Die existentielle Komponente in Tillichs Offenbarungsbegriff

„Offenbarung als Offenbarung des Mysteriums ist immer nur Offenbarung für jemanden in einer konkreten Situation unbedingten Betroffenseins... Es gibt keine ‚Offenbarung überhaupt'... Es gibt keine Offenbarung, wenn es niemanden gibt, der sie als etwas empfängt, das ihn unbedingt angeht"[6].

Dieses Zitat kann als programmatische Charakterisierung von Tillichs Konzeption des Offenbarungsbegriffs verstanden werden. In ihm werden zwei Züge deutlich, die miteinander zusammenhängen und Tillichs ganz spezifische Fassung dieses Begriffs charakterisieren und von konkurrierenden Offenbarungsbegriffen unterscheiden: Zum einen ist das die Betonung des existentiellen Charakters des Offenbarungsgeschehens, die hier durch Begriffe wie „unbedingtes Betroffensein" und „unbedingtes Angehen" als Voraussetzung für das Vorliegen von Offenbarung zum Ausdruck kommen. Zum anderen ist das die Betonung der subjektiven Komponente im Offenbarungsgeschehen, die hier in der Abweisung einer „Offenbarung überhaupt" zum Ausdruck kommt. Im weiteren Verlauf dieses Abschnitts gehe ich auf die existentielle Komponente in Tillichs

---

6 Tillich, ST I, 134.

Offenbarungsbegriff ein, in den folgenden Abschnitten auf die subjektive Komponente.

Die Betonung des existentiellen Charakters von Offenbarung ist ein Grundzug des Tillich'schen Denkens, die sich bei ihm schon in seiner Marburger Dogmatik von 1925 auffinden lässt. Dort betont er auch, dass Offenbarung uns „unbedingt angeht"[7]. Der Charakter dieser existentiellen Komponente ist aber noch nicht so deutlich wie in der ST I herausgearbeitet. Das zeigt sich etwa am ziemlich diversen Problembestand, der jetzt noch mit dieser Komponente verbunden werden kann. So wird sie in Verbindung gebracht mit der Tatsache, dass das Reden über das, was uns unbedingt angeht, nicht aus uns selbst kommen kann und notwendigerweise verborgen sein muss[8]. Hier schlägt Tillich auch noch einen Bogen zur Tradition und bezieht die Tatsache, dass Offenbarung niemals allgemein, sondern immer nur „für uns" geschehen kann, auf Luthers „pro me" zurück. In beiden Fällen handelt es sich „um Existentielles"[9]. Im Zusammenhang damit wird dann jede Auffassung abgewiesen, die die Offenbarung abstrakt allgemein auffassen will und, da Tillich das abstrakt Allgemeine mit einem Relativismus in Korrelation sieht, weist er auch den Relativismus ab[10].

Aber schon in der Marburger Dogmatik taucht ein Problembestand auf, der auch später zum festen Bestandteil der Bearbeitung der existentiellen Komponente im Offenbarungsbegriff gehören wird, nämlich ein Anti-Objektivismus. Zwar liegt im Offenbarungsbegriff ein Erkenntnismoment. Aber dieses darf nicht „intellektualistisch" missverstanden werden. Das wird es aber genau dann, wenn Offenbarung verstanden wird als Mitteilung über entweder Dinge, die der Vernunft nicht zugänglich sind – das supranaturalistische Missverständnis – oder über Dinge, die wir auch selbst hätten finden können – das rationalistische Missverständnis – oder gar dann, wenn die Schrift als solche mit der Offenbarung identifiziert wird – das orthodoxe Missverständnis. Dagegen betont Tillich, dass alle diese Positionen falsch sind, „weil nicht gewusst wird, dass das Unbedingte das uns unbedingt Angehende ist". Denn „das aber, was auch nur zeitweise Objekt werden kann, ist nicht das, was uns unbedingt angeht"[11].

In der ST behält der Offenbarungsbegriff seinen existentiellen Charakter, wobei dieser jetzt aber deutlicher ausgearbeitet und mit festen Problembeständen korreliert wird. So betont Tillich etwa in ST I: „Offenbarung ist die Manifestation

---

7 Tillich, Dogmatik, Marburger Vorlesung von 1925, W. Schüßler (Hrsg.), Düsseldorf 1986, 37 ff. u. ö.
8 Vgl. Tillich, Dogmatik, a.a.O., 37 f.
9 Tillich, Dogmatik, a.a.O., 38.
10 Vgl. Tillich, Dogmatik, a.a.O., 39.
11 Beide Zitate aus Tillich, Dogmatik, a.a.O., 49.

dessen, was uns unbedingt angeht. Das Mysterium, das offenbart wird, geht uns unbedingt an, weil es der Grund unseres Seins ist"[12]. Mit den Begriffen „was uns unbedingt angeht" und „Grund unseres Seins" wird auf die bekannten zwei Kriterien zurückverwiesen, die nach Tillich jeder Theologie zu Grund liegen: „Das, was uns unbedingt angeht" ist die Übersetzung des ersten Gebots und impliziert eine „anti-objektivistische" Spitze. Wir können, das, was uns unbedingt angeht, nicht in „unverbindlicher Objektivität"[13] erörtern, sondern es „gibt sich selbst nur dem Zustand unbedingten Betroffenseins"[14].

Das zweite Kriterium, das aus dem ersten folgt, hat mit der Frage nach Sein oder Nichtsein zu tun: „Das, was uns unbedingt angeht, ist das, was über unser Sein oder Nichtsein entscheidet"[15], wobei der Begriff „Sein" „das Ganze der menschlichen Wirklichkeit, die Struktur, den Sinn und das Ziel der Existenz"[16] bezeichnen. Zusammenfassend lässt sich festhalten, dass beide grundlegenden Kriterien theologischer Theoriebildung auf die Existenz zielen. Zitate wie das obige, in dem im Zusammenhang der Diskussion des Offenbarungsbegriffs beide Kriterien aufgenommen werden, machen deutlich, dass Tillich dem Offenbarungsbegriff auch in der ST I einen existentiellen Charakter zuschreibt.

2 Tillichs Betonung der subjektiven Seite des Offenbarungsbegriffs

In obigem Zitat, „[e]s gibt keine ‚Offenbarung überhaupt'... Es gibt keine Offenbarung, wenn es niemanden gibt, der sie als etwas empfängt, das ihn unbedingt angeht", wird neben der existentiellen Komponente auch eine zweite Komponente deutlich, die für Tillichs Behandlung des Offenbarungsbegriffs charakteristisch ist, nämlich die subjektive Komponente: Im Gefolge der Betonung der existentiellen Komponente im Offenbarungsbegriff betont Tillich auch die subjektive Komponente in diesem Begriff. Mit „subjektiver Komponente" oder „subjektiver Seite" meine ich in Folgenden das Problem des Of-

---

12 Tillich, ST I, 134.
13 Tillich, ST I, 19.
14 Ebd. – Ähnlich schon Tillich, Dogmatik, a.a.O., 49, wo Tillich dieses Offenbarungsverständnis gegenüber einer „intellektualistischen Missdeutung" absetzt und in einer Begrifflichkeit diskutiert, die schon die der ST I vorwegnimmt.
15 Tillich, ST I, 21.
16 Tillich, ST I, 22.

fenbarungsempfangs durch den Offenbarungsempfänger[17]. Diesem Problem wende ich mich jetzt zu.

In der ST I wird die subjektive Seite der Offenbarung unter dem Begriff der „Ekstase" zusammengefasst. Die Verwendung dieser Begrifflichkeit bedeutet eine gewisse Abwendung von der Begrifflichkeit der Marburger Dogmatik. Dort war im Anschluss an Richard Rothe noch der Begriff „Inspiration" zur Bezeichnung für die subjektive Seite des Offenbarungsgeschehens verwendet worden, während der Begriff der „Ekstase" in verschiedenen Zusammenhängen auftaucht, etwa bei der Diskussion des Erosbegriffs[18]. Aber auch schon dort kann der Begriff der Ekstase mit einem Vorgang, der „aus dem Zusammenhang heraustretende Qualitäten hat[19]", identifiziert werden – allerdings nicht spezifisch mit der subjektiven Seite des Offenbarungsgeschehens, sondern im Zusammenhang der Feststellung, dass der Offenbarungsbegriff im allgemeinen eine „Erschütterung und Umwendung der endlichen Formen"[20] impliziert.

In der ST I bezeichnet der Begriff der Ekstase dann ganz spezifisch die subjektive Seite des Offenbarungsgeschehens, während der Inspirationsbegriff jetzt nicht mehr die subjektive Seite des Offenbarungsgeschehens als solches bezeichnet, sondern einen Unterteil derselben, nämlich deren „kognitive Qualität"[21]. Hier ist damit ein Bewusstseinszustand gemeint, „in dem die Vernunft jenseits ihrer selbst ist"[22]. Der Begriff „jenseits der Vernunft sein" bedeutet aber nicht, außerhalb der Vernunft zu sein, sie zu verneinen. Würde die rationale Struktur des Bewusstseins zerstört werden, würde es sich um dämonische Besessenheit statt um Ekstase handeln[23].

Wie so oft bei Tillich, bedeutet der Begriff „jenseits" auch in „jenseits der Vernunft sein" etwas, ein Geschehen oder ähnliches, in bestimmter Weise zu transzendierenden. „Ekstase" bedeutet hier denn auch die „Grundbedingung der endlichen Rationalität, die Subjekt-Objekt-Struktur"[24] zu transzendieren. In der

---

17 Es sei hier auch an die „Einleitung" (s. oben) erinnert, in der deutlich geworden ist, dass hinter der erkenntnistheoretischen Fragestellung „subjektiv/objektiv" ein theologisches Problem steckt, nämlich inwieweit das objektiv (durch Gott) Vorgegebene im Zuge seiner Aneignung im Offenbarungsgeschehen durch das Subjekt als solches erkannt und ausgesagt werden kann.

18 Vgl. Tillich, Dogmatik, a.a.O., 280 f.

19 Tillich, Dogmatik, a.a.O., 45.

20 Tillich, Dogmatik, a.a.O., 45.

21 Tillich, ST I, 139. – Hier zeigt sich ein für Tillichs Vorgehen charakteristischer Grundzug, nämlich an einmal gewonnenen Begrifflichkeiten festzuhalten, ihnen aber eine neue Funktion zuzuschreiben, sobald sie in einem veränderten Kontext verwendet werden.

22 Tillich, ST I, 137.

23 Vgl. Tillich, ST I, 138.

24 Tillich, ST I, 135.

Ekstase wird der „ontologische Schock", die „Bedrohung durch das Nichtsein", die „Erfahrung des Abgrundes"[25], überwunden. Genauer gesagt: „Die Ekstase vereint die Erfahrung des Abgrundes, zu dem die Vernunft in all ihren Funktionen hingetrieben wird, mit der Erfahrung des Grundes, zu dem die Vernunft durch das Geheimnis ihrer eigenen Tiefe und der Tiefe des Seins hingetrieben wird"[26].

Diese so verstandene Ekstase kann, anders als religiöse Überreizung, denn auch nicht hinreichend mit Hilfe psychologischer Kategorien beschrieben werden. Sie ist „die Form, in der das, was uns unbedingt angeht, sich im ganzen unserer psychologischen Struktur manifestiert"[27].

3 Huldigt Tillich einem zu starken Subjektivismus?

Insofern Tillich nicht nur die existentielle Komponente des Offenbarungsbegriffs betont, sondern vor allem auch dessen subjektive Seite, stellt sich die Frage, ob Tillich nicht einem zu starken Subjektivismus in der Offenbarungstheorie huldigt. Diese Frage ist insofern relevant, als dahinter das theologische Problem steckt, ob Tillich durch eine zu starke Betonung der subjektiven Seite nicht die objektiv-vorgegebene Seite im Offenbarungsgeschehen vernachlässigt, also das, was von Gott vorgegeben wird und worauf der Mensch keinen Einfluss hat. Mit dieser Frage setze ich mich in diesem Abschnitt und dem folgenden auseinander. Zunächst gehe ich auf die Marburger Dogmatik ein, danach auf die ST I.

In der Marburger Dogmatik greift Tillich besagte Unterscheidung von Rothe auf, in dem er die subjektive Seite des Offenbarungsgeschehens als „Inspiration" bezeichnet, die objektive Seite als „Manifestation". Im direkten Anschluss daran diskutiert er drei mögliche Verhältnisbestimmungen zwischen Inspiration und Manifestation: erstens eine einseitige Betonung der Manifestation, zweitens eine einseitige Betonung der „inneren Erfahrung", also der Inspiration, und drittens das Nebeneinanderstellen beider mit gleichem Gewicht. Alle drei Verhältnisbestimmungen sind aber untauglich, weil „sie die Manifestationen zu einer objektiven, gegenständlichen Tatsache machen, die, abgesehen von dem Andringen auf uns, Offenbarung wäre"[28]. Ein derartiges Verständnis aber „widerspricht dem Wesen der Offenbarung als Durchbruch des Unbedingten. Ein solcher ist nie ein objektives oder subjektives Geschehen. Offenbarungsqualität bekommt eine

---

25 Alle Zitate, Tillich, ST I, 137.
26 Ebd.
27 Tillich, ST I, 137.
28 Tillich, Dogmatik, a.a.O., 50.

Wirklichkeit erst durch die religiöse Korrelation"[29]. Weder eine einseitige Betonung der subjektiven oder objektiven Seite, noch deren Nebeneinander wird dem Offenbarungsbegriff also gerecht, sondern nur deren Verhältnisbestimmung als „Korrelation", als in ganz bestimmter Weise zusammengehörig.

Bei der folgenden, positiven Bestimmung des Offenbarungsbegriffs geht Tillich zunächst auf die subjektive Seite ein. Er hält fest: Es gibt „keine Objektwerdung des Unbedingten"[30]. Letzteres kann sich als solches, also Unbedingtes, immer nur an einem Subjekt offenbaren. „Nur für das Ich gibt es Offenbarung als Durchbruch... Es gibt keine Manifestation, die nicht für ein Ich wäre"[31].

Zunächst sieht es also so aus, als ob Tillich die subjektive Seite einseitig betonen würde. Aber dieser Eindruck wird sofort korrigiert, wenn man weiter liest. Im nächsten Abschnitt betont Tillich nämlich das Umgekehrte, die Bedeutung der objektiven Seite im Offenbarungsgeschehen: „Das Unbedingte offenbart sich niemals für ein Ich als durch ein Nicht-Ich. Wäre es anders, hätte die Manifestation keine Realität außer dem Ich, so könnte sie nicht gegen das Ich andrängen. Das eigene Erschüttertsein ohne Realitäts-Korrelat ist nicht Offenbarung, sondern im Gegenteil Bleiben in sich selbst"[32]. Wenn die Argumentation an dieser Stelle auch noch einen nicht ganz ausgereiften Eindruck macht[33], so ist Tillichs Intention doch jedenfalls deutlich: Er will die Notwendigkeit eines objektiven, vorgegebenen Elementes als konstitutiv zum Offenbarungsbegriff dazugehörend festhalten. Er hält fest, dass es sich andernfalls nicht um Offenbarung handelt. Zu dieser gehört also ein von außen Kommendes, auf das Subjekt zugehendes Element notwendig hinzu. Kurzum, Tillichs Intention ist, beide Seiten, die subjektive wie die objektive, als conditio sine qua non für echte Offenbarung zu betonen.

Und dasselbe gilt auch für die ST I. Auch hier bemüht sich Tillich, subjektive und objektive Seite als konstitutiv zum Offenbarungsbegriff gehörend auszuzeichnen. Genau wie bei der Behandlung der subjektiven Seite geht Tillich auch auf die objektive Seite ausführlich ein: Unter „Erster Teil, II, A, 1, d)"[34] widmet er der Behandlung der objektiven Seite ungefähr vier Seiten. Und genau wie bei der

---

29 Ebd.
30 Ebd.
31 Ebd.
32 Ebd.
33 Zum einen scheint es so, als ob nur eine von außen, im „Nicht-Ich" liegende Realität die Möglichkeit haben könnte, gegen das Ich anzudrängen, das also ohne ein vorgegebenes, real existierendes Element gar keine Rede sein könnte von einer wirklichen Einwirkung auf das Ich. Zum anderen bemüht Tillich mehr deskriptive, auf die faktische Situation bezogene Argumente, etwa, wenn er darauf verweist, dass „...auch noch der radikalste Mystiker ... nie in seiner Subjektivität" (ebd.) bleibt.
34 Vgl. Tillich, ST I, 139 – 142.

Behandlung der subjektiven Seite führt er auch bei der Behandlung der objektiven Seite einen neuen Begriff ein beziehungsweise definiert einen bestehenden Begriff um. War die subjektive Seite als „Ekstase" bezeichnet worden, wird die objektive Seite in der ST als „Wunder" bezeichnet. Der Wunderbegriff ist aber nicht im traditionellen Sinn als „übernatürliche Durchbrechung der Naturprozesse"[35] zu verstehen, sondern ein echtes Wunder muss drei Kriterien erfüllen:

erstens erregt es Staunen und Erschüttern, widerspricht dabei aber nicht der rationalen Struktur der Wirklichkeit; zweitens weist es auf das Seinsgeheimnis hin, wodurch eine Beziehung des Menschen zum Seinsgrund offenbar wird; und drittens ist es ein Zeichen gebendes Ereignis, das in Ekstase erfahren wird[36].

Sind diese Bedingungen nicht alle erfüllt, handelt es sich um kein echtes Wunder, sondern um Zauberei, Bericht über ein geglaubtes Wunder oder ähnliches, aber kein Wunder selbst.

Es dürfte also deutlich geworden sein, dass Tillich sich bemüht, die subjektive Seite im Offenbarungsbegriff weder in der Marburger Dogmatik, noch in der ST einseitig zu betonen. Vielmehr versucht er, subjektive und objektive Seite als konstitutiv zum Offenbarungsgeschehen hinzugehörend auszuzeichnen.

4 Wird die objektive Seite nicht doch faktisch unterbelichtet bei der Ausarbeitung des Offenbarungsbegriffs?

Man kann an dieser Stelle kritisch nachfragen, ob der Versuch, beide Seiten im Offenbarungsbegriff zusammen zu denken, nicht durch eine zu stark subjektivistische Zuspitzung bei der Ausarbeitung der objektiven Seite unterlaufen wird. Betont Tillich nicht letztendlich doch die subjektive Seite auf Kosten der objektiven, wenn er etwa das Wunder als „zeichengebendes Ereignis" (s. oben, Abschnitt 3) definiert[37]?

An dieser Stelle sollte deutlich zwischen der Intention Tillichs und seiner faktischen Ausarbeitung des Offenbarungsbegriffs unterschieden werden. Was erstere angeht, dürfte deutlich geworden sein, dass Tillich sich zumindest bemüht, die subjektive Seite nicht einseitig auf Kosten der objektiven im Offenbarungsgeschehen zu betonen. Diese Intention zieht sich durch Tillichs Behandlung des Offenbarungsbegriffs wie ein roter Faden und kommt etwa in

---

35 Tillich, ST I, 141.

36 Vgl. Tillich, ST I, 141.

37 Ich danke den Kollegen Erdmann Sturm und Peter Haigis für ihre kritischen und weiterführenden diesbezüglichen Anmerkungen zu meinem Vortrag im Rahmen der Tagung der Deutschen Paul-Tillich-Gesellschaft im April 2005 in der Evangelischen Akademie Hofgeismar.

seinen bekannten Worten zum Ausdruck: „Die Offenbarung enthält stets ein subjektives und ein objektives Geschehen, die streng voneinander abhängen. Jemand ist von der Manifestation des Mysteriums ergriffen: das ist die subjektive Seite des Geschehens. Etwas geschieht, durch das das Mysterium der Offenbarung jemanden ergreift: das ist die objektive Seite. Diese beiden Seiten können nicht voneinander getrennt werden. Wenn nichts objektiv geschieht, so wird nichts offenbart. Wenn niemand das subjektiv empfängt, was objektiv geschieht, so verfehlt das Ereignis, etwas zu offenbaren. Das objektive Ereignis und die subjektive Aufnahme gehören beide zum Ganzen des Offenbarungsgeschehens"[38].

Dass Tillich sich zumindest ernsthaft bemüht, die subjektive Seite nicht einseitig auf Kosten der objektiven zu betonen, gilt es zunächst einmal festzuhalten. Dieses ist nicht nur wichtig in Hinsicht auf die einschlägige Diskussion in der Forschung[39], sondern auch im Gegenüber zur in der populären Tillich-Rezeption immer wieder auftauchenden Feststellung, Tillichs Theologie sei zu „subjektivistisch", oft mit dem Vorwurf verbunden, dadurch würde er dem Gottesbegriff zu wenig Raum geben. Gegen derartige Vorwürfe gilt es, die Aussagen Tillichs, in denen seine Intention zum Ausdruck kommt, die objektiv-vorgegebene Komponente im Offenbarungsbegriff nicht in dessen subjektiver Komponente aufgehen zu lassen, zu betonen.

Fragt man nun aber weiter nach der faktischen Ausarbeitung des Offenbarungsbegriffs bei Tillich, lässt sich in der Tat eine gewisse Tendenz zur Betonung des Subjektiven auf Kosten des Objektiven beobachten. Dieses hat zum einen theologische Gründe. Dazu gehört etwa die Frontstellung gegenüber Barth, in der sich Tillich befindet: In betontem Gegensatz zu Barth, der alle Subjektivität aus dem Offenbarungsbegriff ausblenden will (s. dazu u., Abschnitt 6), betont Tillich gerade die subjektive Komponente im Offenbarungsbegriff. Im Versuch, der Einseitigkeit des „Supranaturalismus" zu entgehen und im Bewusstsein von dessen dominanter Stellung, schießt Tillich bisweilen über das Ziel hinaus und betont die subjektive Komponente stärker, als es eigentlich in seinem Ansatz konzeptionell angelegt ist.

Zum anderen lassen sich auch nicht-theologische, philosophische Gründe dafür anführen, dass Tillich faktisch das Subjektive doch auf Kosten der objektiv-vorgegebenen Komponente betont. Das hängt damit zusammen, dass Tillich in

---

38 Tillich, ST I, 134.
39 Vgl. dazu Werner Schüßler, Der philosophische Gottesgedanke im Frühwerk Paul Tillichs (1910 – 1933). Darstellung und Interpretation seiner Gedanken und Quellen (in Epistemata, Reihe Philosophie, Bd. 22), Würzburg 1986, bes. 123, sowie Hannelore Jahr, Theologie als Gestaltmetaphysik. Die Vermittlung von Gott und Welt im Frühwerk Paul Tillichs (in TBT, Bd. 46) Berlin/New York 1989, bes. 267.

der Epistemologie von – wenn ich es einmal so nennen darf – „deutschen" philosophischen Voraussetzungen geprägt ist, die es schwierig machen, das Objektive als solches operationalisieren zu können. Mit „deutschen" philosophischen
Voraussetzungen meine ich hier einen epistemologischen Ansatz beim Subjekt
wie er in der rationalistischen Tradition der Philosophie[40] üblich ist und von
Descartes geprägt und dann vor allem von Kant weiterführend ausgearbeitet
worden ist. In diesem, seit der Aufklärung die Epistemologie beherrschenden
Ansatz, steht das Subjekt insofern zentral, als sich alle Erkenntnisansprüche in
der einen oder anderen Weise auf das Subjekt zurückführen lassen. Sie müssen
sich als durch das Subjekt legitimiert, unter Umständen sogar konstituiert, etc.
erweisen lassen, wollen sie denn legitim sein. Das Subjekt konstituiert also Erkenntnis, ist die Letztinstanz, vor der sich alle Erkenntnisansprüche legitimieren
müssen und erfüllt weitere, ähnlich grundlegende epistemologische Funktionen.
Kurzum, mit einem „deutschen" epistemologischen Ansatz meine ich hier das,
was in der Philosophie bisweilen als „subjektivistische Kehre" beziehungsweise
„turn to the subject" bezeichnet wird.

Mit dieser Zentralstellung des Subjekts ist aber a priori ausgemacht, dass, was
immer an Aussagen mit objektiven Realitätsansprüchen gemacht werden, nur als
durch das Subjekt vermittelt gedacht werden können. Alle Aussagen mit objektiven Realitätsansprüchen müssen also als durch das Subjekt legitimiert, konstituiert und ähnliches ausgewiesen werden. Damit ist aber von vornherein eine
„Tendenz zum Subjektiven" impliziert.

Diese Zentralstellung des Subjekts unterminiert sowohl bei Tillich wie auch
bei Kant die Möglichkeit einer robusten konzeptionellen Ausarbeitung des
Objektiven. Bei Tillich wiederholt sich im Grunde das bekannte Problem des
Kantischen Postulats des Dinges an sich. Contra intentionem verliert es in dem
Moment einen Großteil seiner anti-subjektivistischen Funktionen, in dem versucht wird, es zu operationalisieren[41], es kriteriologisch zu verwenden: Kant will
mit seinem Postulat des Dinges an sich einen Schutzschild gegen den in seinem

---

40 „Rationalistische Tradition der Philosophie" im Gegensatz zur „empiristischen Tradition", bei
der dem Subjekt zwar auch wichtige Funktionen im Erkenntnisakt zugeschrieben werden, die aber
doch nicht so weit gehen wie in der rationalistischen Tradition. Ich lasse hier der Kürze halber die
Frage, inwieweit Kant sich bemüht, sowohl der rationalistischen wie auch der empiristischen
(Humeschen) Tradition gerecht zu werden, außer Acht und rechne ihn einfach zur „rationalistischen Tradition".
41 Mit „operationalisieren" meine ich hier den Versuch, das Objektive nicht nur allgemein zu
behaupten, sondern ihm eine konkrete Funktion im Erkenntnisgeschehen zuzuschreiben, aus
ihm etwa Bewertungskriterien oder ähnliches zur Evaluation von Erkenntnisansprüchen ableiten
zu wollen.

Ansatz drohenden Subjektivismus aufbauen, kann dieses Postulat aber nicht wirklich operationalisieren, da das Ding an sich in dem Moment, in dem es operationalisert werden soll, aufhört, Ding an sich zu sein.

Ähnliches gilt für Tillich: In dem Moment, wo das objektiv-Vorgegebene, der objektiv-wunderhafte Charakter des Offenbarungsgeschehens, operationalisiert werden soll, büsst er einen Großteil seiner anti-subjektivistischen Funktionen ein. Das zeigt sich etwa daran, dass in dem Moment, in dem der Wunderbegriff, der eigentlich die objektive Seite repräsentiert, zugespitzt, operationalisiert wird, Tillich doch wieder auf subjektive Geschehnisse zu sprechen kommt: „Staunen und Erschüttern", ein „zeichengebendes Ereignis, das in Ekstase erfahren wird" (s. oben Abschnitt 3), gehen mehr auf die Wirkungen beim Erkenntnissubjekt ein als auf das, was diesem objektiv vorgegeben ist.

Diese Tendenz zum Subjektiven bei der Operationalisierung des Objektiven liegt eben daran, dass, was immer an Objektivem postuliert wird, in der „deutschen" Tradition der Epistemologie doch immer nur als über das Subjekt vermittelt, durch dieses letztgültig legitimiert, eventuell sogar konstituiert, gedacht werden muss. Wie im Kantianismus immer die Gefahr droht, dass das objektiv-Vorgegebene beim Versuch seiner Operationalisierung doch wieder durch das Subjektive überlagert wird, droht auch bei Tillich immer die Gefahr, dass das objektiv-Vorgegebene beim Versuch seiner Operationalisierung doch wieder durch das Subjektive überlagert wird. Diese Gefahr zeigt sich bei Tillich nicht nur beim Problem der Verhältnisbestimmung von subjektiver und objektiver Komponente im Offenbarungsgeschehen, sondern immer dort, wo er versucht, das objektiv Vorgegebene als solches zu operationalisieren. Letztendlich droht dabei immer die Gefahr einer zu starken Betonung des Subjektiven auf Kosten des objektiv Vorgegebenen[42].

Diese Überlegungen zeigen, dass die Tendenz zum Subjektivismus, die bei Tillich in bestimmter Hinsicht festzustellen ist (also nicht global behauptet werden kann!) nicht allein theologisch bedingt ist, sondern auch philosophische Gründe hat. Wenn er in bestimmter Hinsicht contra intentionem doch das Subjektive auf Kosten des objektiv Vorgegebenen betont, dann ist das nicht allein durch eine mangelnde Betonung oder einseitige Auffassung des Gottesbegriffs bedingt, sondern hat auch mit seinen „deutschen", also subjekt-zentrierten, philosophischen Voraussetzungen zu tun. Diese konterkarieren bisweilen seine Absicht, dem objektiv Vorgegebenen als solchem gerecht werden zu können.

---

42 Ein anderes Beispiel dafür ist etwa seine Betonung des „Aktes des Aufnehmens" bestimmter Offenbarungsinhalte (vgl. Tillich, ST I, 163 ff.).

Dieses Ergebnis ist etwa in Hinsicht auf eine mögliche kritische Weiterentwicklung von Tillichs Offenbarungsbegriff interessant. So kann gefragt werden, was es bedeuten würde, wenn dieser unter „nicht-deutschen", also nicht so stark auf das Subjekt zentrierten philosophischen Annahmen, weiter entwickelt würde. Hier wäre zum einen zu prüfen, ob sich dabei der Charakter des objektiv Vorgegebenen im Offenbarungsgeschehen und damit mit dem Gottesbegriff zusammenhängende Themenkomplexe, etwa der des Handelns Gottes, auf eine „robustere" Weise als es faktisch bei Tillich der Fall ist, zur Geltung gebracht werden könnte. Zum anderen wäre dabei zu prüfen, ob man damit nicht letztendlich auch Tillichs Eigenintention, die subjektive und die objektive Seite im Offenbarungsgeschehen berücksichtigen zu können, besser gerecht werden könnte[43].

5 Der Offenbarungsbegriff bei Tillich und in der anglo-amerikanischen Religionsphilosophie

In diesem Abschnitt möchte ich noch kurz einen Fingerzeig geben, wie Tillichs Offenbarungsbegriff konstruktiv weiterentwickelt und mit gegenwärtigen Diskussionslagen ins Gespräch gebracht werden könnte. Dazu bette ich die oben eruierten Ergebnisse der Analyse des Tillich'schen Offenbarungsbegriffs in die gegenwärtige anglo-amerikanische Diskussion ein. Konkret skizziere ich, wie Tillichs Festhalten an der Bedeutung der subjektiven Seite im Offenbarungsgeschehen der entsprechenden Diskussion in der anglo-amerikanischen Religionsphilosophie neue Impulse geben könnte.

In der gegenwärtigen anglo-amerikanischen Religionsphilosophie ist eine negative Haltung gegenüber dem Offenbarungsbegriff weit verbreitet. So wird er etwa in dem gegenwärtigen religionsphilosophischen Standardlehrbuch von Peterson und andern systematisch nur kurz am Ende behandelt.[44] Beim Lesen der einschlägigen Literatur hat man bisweilen das Gefühl, dass dieser Begriff nur aufgenommen wird, weil er nun einmal eine wichtige Rolle in den meisten religiösen Traditionen spielt und man sich deshalb als Religionsphilosoph mit ihm auseinandersetzen muss, dass man ihn aber ansonsten eher als äußerst problematischen Bestandteil der Tradition empfindet, den man am liebsten weglassen würde.

---

43 Ein derartiger Versuch würde allerdings den Rahmen dieses Beitrags sprengen, so dass ich ihn hier nicht unternehmen kann.

44 Vgl. Peterson/Hasker/Reichenbach/Basinger, Reason and Religious Belief. An Introduction to the Philosophy of Religion, 317–320.

Ich denke, dass diese negative Haltung unter anderem durch ein „supranaturalistisches" Missverständnis des Offenbarungsbegriffs bedingt ist. In der gegenwärtigen anglo-amerikanischen Religionsphilosophie wird explizit oder implizit vorausgesetzt, Offenbarung würde „senkrecht von oben"[45] auf das
Erkenntnissubjekt aufgepfropft werden. Bei einem derartigen Missverständnis
des Offenbarungsbegriffs wird dann die Frage menschlicher Aneignung und damit die Frage nach den menschlichen Aneignungsmöglichkeiten von Offenbarung
weitgehend ausgeblendet. Kurzum, in der anglo-amerikanischen Religionsphilosophie wird der Offenbarungsbegriff vielfach nur noch als „supranaturalistisches Schreckgespenst" wahrgenommen.

Tillichs Offenbarungsverständnis kann nun ein derartiges Missverständnis
von Offenbarung korrigieren helfen. Denn für ihn gehört, wie ausgeführt, die
subjektive Seite, die Aneignung durch den Offenbarungsempfänger, konstitutiv
zum Offenbarungsgeschehen hinzu. Die subjektive Aneignung ist nicht nur sozusagen „donum superadditum", etwas zu einem geglückten Offenbarungs-
vollzug Hinzukommendes, sondern ein integraler Unterteil der Offenbarung
selbst. Ohne sie kann von einem Glücken des Offenbarungsvollzugs keine Rede
sein.

Ein im Tillich'schen Sinn verstandener Offenbarungsbegriff verliert viel von
seinem Charakter als „supranaturalistisches Schreckgespenst". Nach Tillich fällt
Offenbarung nicht „senkrecht von oben" herab wie ein Stein. Statt alle Fragen
bezüglich des Offenbarungsempfangs systematisch auszublenden, ist die Frage
nach der subjektiven Seite des Offenbarungsgeschehens bei ihm durchaus relevant. Die Frage, ob sich das Erkenntnissubjekt überhaupt Offenbarung aneignen
kann und, wenn ja, wie das konkret geschieht, wird bei ihm thematisiert. Bei
Tillichs Offenbarungsbegriff werden die Fragen nach der epistemologischen Dimension des Offenbarungsgeschehens, also Fragen nach den Aneignungsmodi,
den Aneignungsmöglichkeiten beim Offenbarungsempfänger etc., also durchaus
als relevant betrachtet und diskutiert. Das aber sind Fragen, die zu den Kernthemen der Religionsphilosophie gehören und die eine derartige Philosophie,
wenn sie jedenfalls nicht a priori religionsfeindlich auftreten will und den Offenbarungsbegriff nicht a priori verdammen will, nicht ignorieren kann. Kurzum,
Tillichs Offenbarungsverständnis hilft, den Offenbarungsbegriff religionsphilo-

---

45 Die Charakterisierung des Offenbarungsgeschehens als „senkrecht von oben" kommend wird
üblicherweise mit dem Barthianismus verbunden. Unten, Abschnitt 6, wird sich aber zeigen, dass
das Barth nicht ganz gerecht wird. Für ihn wird nicht so sehr etwas „senkrecht von oben" auf das
Subjekt aufgepfropft, sondern dieses verändert sich durch eine trinitarisch gedachte Zuspitzung
des Erkenntnisgeschehens so, dass es zu „Glaube und Gehorsam" im epistemologischen Sinn
befähigt wird. „Supranaturalismus" ist hier also nicht mit „Barthianismus" gleichzusetzen.

sophisch „salonfähig" zu machen, so dass er auch in der anglo-amerikanischen Religionsphilosophie wieder den ihm zustehenden Platz einnehmen kann.

Die zunächst vielleicht merkwürdig klingende Behauptung, dass die subjektive Aneignung integraler Bestandteil eines Begriffs wie des Offenbarungsbegriffs ist, kann im anglo-amerikanischen Zusammenhang etwa mit Hilfe von Gilbert Ryles Diskussion über „success words" plausibel gemacht werden[46]: Manche Worte haben nur dann „Erfolg", wenn sie angeeignet werden. Ohne eine derartige Aneignung misslingen diese Worte beziehungsweise die entsprechenden Sprechakte, in denen sie vorkommen. Das Glücken oder Misslingen wäre dabei natürlich nicht als Zustimmung des Offenbarungsempfängers zum Offenbarungsinhalt aufzufassen, sondern als Empfangen-Haben dieses Inhalts. Kurzum, die Auffassung, dass subjektive Aneignung unter Umständen konstitutiv für das Gelingen von Sprechakten sein kann, muss also keineswegs irrational sein. Diese Auffassung, die Tillich im Rahmen seiner Offenbarungstheorie voraussetzt, kann unter gegenwärtigen anglo-amerikanischen Denkbedingungen durchaus plausibel gemacht werden.

Dabei wäre allerdings zu klären, ob Tillich noch über derartige Positionen hinausgeht, wenn er die subjektive Aneignung nicht nur als Indiz für das Glücken von Sprechakten ansieht, sondern sie als konstitutiv für den Begriff selbst ansieht. So kann er in seinem Aufsatz „The Problem of Theological Method" in Hinsicht auf Offenbarung festhalten: „...we can speak of it only if it has become revelation for us, if we have experienced it existentially"[47]. Ohne das „für uns", die existentielle Aneignung, ist keine Offenbarung. Die Aneignung scheint hier also konstitutiv für den Begriff selbst zu sein[48].

Es lassen sich also Verbindungen zwischen Tillichs Behandlung des Offenbarungsbegriffs und der gegenwärtigen anglo-amerikanischen Philosophie beziehungsweise Religionsphilosophie ziehen. Derartige Verbindungen sind wünschenswert und sollten nicht nur am Thema der Offenbarung aufgezeigt werden, sondern auch an anderen Themenkomplexen. Denn in der gegenwärtigen anglo-amerikanischen Religionsphilosophie droht Tillich in Vergessenheit zu geraten oder nur noch aus „nostalgischen" Gründen thematisiert zu werden, als

---

46 Vgl. dazu Christoph Schwöbels Bemerkung in God: Action and Revelation, in H.J. Adriaanse/V. Brümmer et al. (Hrsg.), Studies in Philosophical Theology 3, Kampen 1992, 92.

47 Tillich, The Problem of Theological Method, ursprünglich in The Journal of Religion XXVII, 1947/1, 16 – 26 erschienen (deutsche Übersetzung: Das Problem der theologischen Methode, EW IV, 19 – 35.

48 Hier müssten dann weitere theologische Fragen behandelt werden, etwa die, was es für die Theorie des Handelns Gottes heißt, wenn der Erfolg seiner Kommunikation im Offenbarungsgeschehen von deren Empfang zumindest *mit* abhängig gemacht wird.

historisch relevanter Denker, der aber zu den gegenwärtigen Diskussions-
zusammenhängen nichts Relevantes mehr beizutragen hat. Dieses ist umso bedauerlicher, wenn man sich vor Augen hält, dass die anglo-amerikanische Religionsphilosophie gegenwärtig eine weltweit führende Stellung einnimmt.

Dass Tillich in dieser Religionsphilosophie in Vergessenheit zu geraten droht,
zeigt etwa ein Blick in deren Standardlehrbücher: Wird Tillich in einem älteren
Lehrbuch wie dem von John Hick immerhin noch an verschiedenen Stellen erwähnt, etwa im Zusammenhang der Frage von „Faith as Ultimate Concern", der
Frage nach seiner Symboltheorie und auch bei anderen Gelegenheiten[49], so reduziert sich im genannten Standardlehrbuch von Peterson und anderen. die
systematische Behandlung von Tillich auf die Frage nach seiner Symboltheorie.[50]
In der gegenwärtigen anglo-amerikanischen Religionsphilosophie wird Tillich
also nur noch wenig zur Kenntnis genommen.

Dass Tillich aber in einem so wichtigen Zusammenhang wie der gegenwärtigen anglo-amerikanischen Religionsphilosophie kaum noch erwähnt wird, ist
sehr zum Schaden sowohl für diejenigen, die sich mit Tillich in religionsphilosophischer Absicht beschäftigen, wie auch für diese Religionsphilosophie selbst.
Denn Tillich ist sicherlich einer der kreativsten Geister auf dem Gebiet der Religionsphilosophie, dem man trotz aller Einzelkritik kaum die Innovativität seiner
Problemlösungen absprechen kann. Vor allem hat er wie kaum ein anderer Religionsphilosoph Verbindungen zwischen der Religionsphilosophie und benach-
barten Disziplinen gelegt, zu denen nicht nur die systematische Theologie gehören, sondern auch die (Tiefen-)Psychologie und ähnliches Disziplinen. Gerade
an dieser Stelle könnte die bei aller argumentativen Sauberkeit manchmal doch
etwas schablonenhafte und in der Gefahr der Isolierung stehende anglo-amerikanische Religionsphilosophie von Tillich wichtige Korrekturen empfangen. Angesichts dieser Situation ist es wichtiger denn je, Tillich'sche Problemlösungen in
anglo-amerikanische Denkkategorien zu übersetzen.

6 Barths Abwehr alles Subjektiven im Vergleich zu dessen Betonung bei Tillich

Die Abwehr aller Subjektivität in Barths Offenbarungsverständnis ist schon verschiedentlich angesprochen worden. Deshalb möchte ich abschließend noch

---

49 Vgl. John Hick, Philosophy of Religion, a.a.O., 7 f., 62 ff., 117 und 136.
50 Vgl. Peterson/Hasker/Reichenbach/Basinger, Reason & Religious Belief, 179 ff. Tillichs Aussage im Rahmen seiner Symboltheorie, dass das Symbol an der symbolisierten Wirklichkeit
teilhaben kann, wirkt im anglo-amerikanischen Denken überdies eher (europäisch-)skurril.

einmal explizit darauf eingehen. Dabei werde ich mich auf die Frage konzentrieren, welche Motive Barth zur Zurückweisung des Subjektiven antreiben
und damit, welchen Charakter diese Zurückweisung nun tatsächlich besitzt. Danach werde ich einen abschließenden Vergleich mit Tillich durchführen. Für
Barth ist es charakteristisch, dass er theologisch-inhaltliche Themenkomplexe
unmittelbar auf epistemologische Fragestellungen überträgt. Mit der Abwehr aller
Subjektivität in der Erkenntnistheorie meint er, dem reformatorischen Rechtfer-
tigungsgedanken Genüge tun zu müssen. Etwas plakativ aber bündig zusammengefasst: Wie das menschliche Subjekt sich Gott gegenüber nicht selbst
rechtfertigen kann, so kann das Erkenntnissubjekt seine eigenen (theologischen)
Erkenntnisleistungen auch nicht selbst rechtfertigen. Anders als bei Tillich wird
diese Übertragung reformatorischen Gedankengutes auf die Epistemologie bei
Barth frontal gegen die oben (Abschnitt 4) so genannte „deutsche" Epistemologie
mit ihrer „subjektivistischen Kehre" ausgespielt: Gegenüber Versuchen, aus-
nahmslos alle Erkenntnisansprüche in der einen oder anderen Weise auf das
Subjekt zurückzuführen, betont Barth, dass das im Fall theologischer Erkenntnisansprüche unmöglich ist: Alle Theologie, die ihren Ansatzpunkt beim Subjekt,
damit beim Menschen, nimmt, hat immer schon ihren „Gegenstand" verraten.

Barths Standardbeispiel ist Schleiermachers Versuch, als Grundlage für die
theologische Theoriebildung das „Gefühl schlechthinniger Abhängigkeit" zu
nehmen. Wenn Schleiermacher auch sozusagen Barths „Lieblingsfeind" ist[51], so
kann er im Prinzip dieselbe Kritik auch gegenüber allen anderen Theologen geltend machen, die sich auf Descartes und andere Vertreter der subjektivistischen
Kehre berufen[52]. Statt ihren grundlegenden Ausgangspunkt beim Subjekt zu
nehmen, sollte die Theologie ihren Ausgangspunkt lieber bei Gott selbst nehmen.

Wie das möglich sein soll, versucht Barth mit Hilfe (immanent-)trinitarischer
Überlegungen aufzuzeigen. Galt Gotteserkenntnis in der zweiten Auflage des
Römerbriefs noch als „unmögliche Möglichkeit", wird sie mit Barths Wende von
1925 zur „ermöglichten Möglichkeit": Sie ist grundsätzlich ermöglicht durch die
zweite Person der Trinität, die die Unmöglichkeit von Gotteserkenntnis dadurch
überwunden hat, dass Gott sich selbst zum Objekt macht[53]. Damit ist aber das seit
der zweiten Auflage des Römerbriefs alles beherrschende Problem gelöst: Inso-

---

51 Vgl. exemplarisch etwa Karl Barth, Die Kirchliche Dogmatik, Zweiter Band, Die Lehre von
Gott, 1. Halbband, Zürich 1958, 368 f.
52 Vgl. etwa Karl Barth, Unterricht in der christlichen Religion, Erster Band: Prolegomena 1924,
H. Reiffen (Hrsg.), Zürich 1985, 55 f.
53 „Gott wird Erkenntnis*objekt*, indem er Mensch wird, in Christus." (Karl Barth, Unterricht in der
christlichen Religion, Zweiter Band: Die Lehre von Gott/Die Lehre vom Menschen, 1924/1925,
Hinrich Stoevesandt (Hrsg.), Zürich 1990, 17).

fern die grundsätzliche Objektivierungstat stattgefunden hat, nämlich innertri-nitarisch, ist das Grundproblem der Unmöglichkeit von Gotteserkenntnis gelöst. Durch diese Tat wird sie ermöglicht.

Mit der Lösung dieses Grundproblems sind für Barth zugleich auch alle anderen Erkenntnisprobleme, etwa die, die das menschliche Subjekt und dessen Aneignungsmöglichkeiten betreffen, jedenfalls im Prinzip schon gelöst. Ihre Lö-sung ist sozusagen ein „Nebenprodukt" der grundsätzlichen Lösung. Für das menschliche Subjekt bleibt im Zusammenhang dieser trinitarischen Lösung nur „Glaube und Gehorsam"[54] als Erkenntnishaltung.

Zwar wird bei Barth dem menschlichen Subjekt die Erkenntnis durch die dritte Person der Trinität vermittelt. Doch im Zusammenhang der Ausführungen zu ihrem epistemologischen Problemlösungspotential bleiben Barths Ausfüh-rungen zur Trinität „einseitig": Er betont die zweite Person der Trinität einseitig auf Kosten der dritten[55]. Durch diese „Unterbelichtung" der dritten Person bleibt auch das menschliche Subjekt in gewissem Sinn „unterbelichtet", da die sub-jektive Aneignung von Offenbarungserkenntnis über den Geist vermittelt ist.

Dieses ist der konzeptionelle Hintergrund für Barths Abwehr alles Subjekti-ven in der Offenbarungstheorie. Hiermit ist auch die theoretische Erklärung ge-geben für seine Polemik gegenüber allen theologischen Ansätzen, bei denen das menschliche Subjekt irgendwie zentrale Funktionen erhält. Von hier aus ist etwa auch sein berühmt-berüchtigtes „Nein!" gegenüber Brunners Suche nach einem Anknüpfungspunkt zu erklären[56].

Vergleicht man Barths Position mit derjenigen Tillichs, tut sich an dieser Stelle in der Tat ein Gegensatz auf: Während Barth das (menschliche) Subjekt im Erkenntnisgeschehen bewusst marginalisiert, versucht Tillich gerade, diesem konzeptionellen Raum darin zu verschaffen. Zwar ist es, wie oben (Abschnitt 4) angedeutet, zumindest Tillichs Intention, das Subjekt nicht einseitig auf Kosten des Objekts zu betonen, sondern beide gleichermaßen zu berücksichtigen. In-sofern stellen Tillich und Barths Behandlung des Subjekts im Offenbarungs-geschehen auch keine reinen Gegenpole dar. Doch bleibt – zumindest in kon-zeptioneller Hinsicht (s. zu anderen Hinsichten unten) – eine Differenz zwischen beiden festzuhalten, insofern Tillich dem Subjekt innerhalb des Offen-barungsgeschehens eine weitaus größere Bedeutung zumisst als Barth[57].

---

54 Ebd.
55 Vgl. dazu meine Rekonstruktion der Bedeutung der dritten Person der Trinität in diesem Zusammenhang in: Unbegründbarkeit Gottes?, 135–143.
56 Karl Barth, Nein! Antwort an Emil Brunner, in: Theologische Existenz heute 14 (1934) 5–63.
57 Diese Formulierung betont schärfer den Gegensatz zwischen Barth und Tillich als diejenige, die ich bei meinem Vortrag im Rahmen der oben genannten Tagung zum Thema „Vernunft und

Allerdings ist diese Differenz auch wiederum nicht so gravierend, wie es aufgrund der expliziten Äußerungen beider scheinen mag. Wie o., Abschnitt 4, schon ausgeführt, gilt, dass das Subjektive bei Tillich bisweilen ungewollt die Oberhand gewinnt. Das liegt an den vorausgesetzten philosophischen Mitteln, der oben so genannten „deutschen" Epistemologie mit ihrer Betonung der subjektvistischen Kehre, unter deren Parametern das objektiv-Vorgegebene nicht immer als solches adäquat zur Geltung gebracht werden kann. Bisweilen führen Tillich seine philosophischen Voraussetzungen also zu einer Betonung des Subjekts, die über seine grundlegende theologische Intention hinausgeht.

Ebenso fällt auch bei Barth die Marginalisierung des Subjekts faktisch des öfteren schärfer aus, als es in seinem Ansatz konzeptionell angelegt ist. Dieses ist durch verschiedene, zum Teil kontingente, Faktoren bedingt. Zu diesen gehört etwa die Tatsache, dass er alle subjekt-orientierten Ansätze in der Theologie mit „natürlicher Theologie" identifiziert und dabei – jedenfalls zur Zeit seiner Debatte mit Brunner – „deutsches Christentum" assoziiert[58]. Zumindest die Schärfe und der provozierende Stil seines „Nein!" gegenüber Brunner sind dadurch mit bedingt. Für eine Relativierung der einschlägigen Äußerungen Barths spricht auch die spätere Zurücknahme seines schroffen „Nein!" gegenüber Brunner.

Zu den Faktoren, die zur Schärfe von Barths Abwehr alles Subjektiven im Offenbarungsgeschehen beitragen, gehört auch die Tatsache, dass er die zweite Person der Trinität auf Kosten der dritten betont. Da die zweite Person für die grundsätzliche Ermöglichung, die grundlegende Objektivierungstat, zuständig ist, die dritte für die Appropriation des grundsätzlich Ermöglichten beim menschlichen Subjekt, wird mit der Betonung des Christus auf Kosten des Geistes das Subjekt zusätzlich marginalisiert (s. auch oben). Auch diese Marginalisierung kann mit Hilfe von Barths späteren Auslassungen zur Sache relativiert werden: Bekanntermaßen hat er am Ende seiner Karriere die Möglichkeit einer „Theologie des 3. Artikels, beherrschend und entscheidend also des Heiligen Geistes"[59] erwogen. Würde dem Geist aber eine zentrale Funktion zukommen, würde auch das Subjekt wieder stärker in den Vordergrund treten, da dieser für die subjektive Appropriation des Offenbarungsgeschehens zuständig ist.

Offenbarung bei Paul Tillich" gewählt habe. Eine erneute Lektüre von Barths einschlägigen Aussagen zur Stellung des Subjekts im Offenbarungsgeschehen hat mich davon überzeugt, dass der Gegensatz zu Tillich nicht so einfach zu relativieren ist, wie ich seinerzeit gedacht habe. Der Ertrag dieser erneuten Barth-Lektüre kann in meinem Aufsatz God or the Subject? Karl Barth's Critique of the 'Turn to the Subject', a.a.O., 308–324, nachgelesen werden.

58 Vgl. Barth, Nein!, 8f. u.ö.

59 Karl Barth, Nachwort, in: Schleiermacher-Auswahl, Heinz Bolli (Hrsg.), München 1968, 311.

Zusammenfassend lässt sich also festhalten, dass Tillichs und Barths Antworten auf die Frage nach der Stellung des Subjekts im Offenbarungsgeschehen in der Tat differieren, dass diese Differenz aber nicht so gravierend ist, wie es auf den ersten Blick erscheinen mag: Diese Differenz wird vergrößert durch Faktoren, die nicht zu ihrer eigentlichen theologischen Grundintention gehören. Dazu gehört bei Tillich die Wahl seiner philosophischen Mittel, bei Barth politische Überlegungen und eine Überbetonung der zweiten Person der Trinität auf Kosten der dritten. Zieht man diese Faktoren ab, versucht man etwa, beide Ansätze kritisch zu rekonstruieren, bleibt sicherlich ein Gegensatz bestehen. Doch ist dieser nicht so unüberbrückbar, wie es bisweilen erscheint.

III A Critical Reconstruction of Paul Tillich's Epistemology

Opinions differ on the importance of epistemology for Tillich. While Dorothy Emmet suggests that epistemology is in the centre of Tillich's thinking, Henel believes that Tillich did not take any serious interest in epistemology proper.[1] Since Tillich tries to downplay the relevance of epistemological concerns,[2] it would seem that Henel's judgement is closer to the truth. Yet, as a consequence of his German philosophical education, Tillich employs a rather specific notion of 'epistemology' which relies heavily on (Marburg Neo-) Kantian usage. But if we utilize a notion of 'epistemology' that is not informed by this rather specific philosophical background, as I intend to do, we will come to classify several tenets of the Tillichian approach to be epistemological ones that he himself might not have labeled thus. Given *such* a notion of 'epistemology', epistemological concerns cannot be denied to play an important role in Tillich's approach.

I will proceed in three steps, each representing one section of the paper. First, I will begin with what I call Tillich's attempt to ground the transcendent on the transcendental in his German period.[3] Second, I will demonstrate in which way Tillich's epistemology undergoes changes after his emigration to the U.S., utilizing his 'critical phenomenology' as a paradigmatic case. Third, I will provide a critical evaluation of Tillich's epistemology and suggest ways of reconstructing it.

---

1 Cf. Emmet, 'Epistemology and the Idea of Revelation', *The Theology of Paul Tillich*, ed. Charles W. Kegley and Robert W. Bretall, The Library of Living Theology, vol. I (London: Macmillan, 1956), pp. 198–215, p. 199 and Henel, *Paul Tillich. Korrelationen, Ergänzungs- und Nachlassbände zu den Gesammelten Werken von Paul Tillich*, vol. IV (Stuttgart: Evangelisches Verlagswerk Stuttgart, 1975), pp. 7–18, p. 9.

2 In the first volume of the Systematic Theology (hereafter ST I), the first sentence following the Introduction reads 'Epistemology ... is a part of ontology ... for knowing is an event within the totality of events' (Paul Tillich, *Systematic Theology*, Three volumes in one, Chicago: University of Chicago Press, vol. I, p. 71); cf. also Tillich's numerous remarks in the ST I (also on p. 71 and elsewhere) that epistemology depends conceptually on ontology.

3 For the purposes of this paper, 'German period' includes Tillich's writings from the 1920s on, say, from the time of the first Kairos-article (1922) on, until 1933 when he had to leave then-Nazi Germany. Thus the writings from around the First World War which have a different focus insofar as they have a strong tendency towards German idealism are not included in 'German period'.

https://doi.org/10.1515/9783110547337-006

1 The Transcendent Grounded on the Transcendental in Tillich's German Period

In his Tillich-criticism, Falk Wagner mentions a strand that is characteristic of Tillich's approach in his writings from the German period, the (as Wagner has it) 'asymmetry of content and form', implying that the unconditional content can never be exhausted by any conditional form, that it is always 'ahead' of the form. And it is this inexhaustible character of the content that enables Tillich to regard the Unconditional as that which is 'ahead', i.e. presupposed, in every construction of meaning. Wagner states that Tillich does not provide reasonable grounds for postulating such an Unconditional. He just posits it.[4] What Wagner overlooks is a feature of Tillich's approach that some scholars from the Anglo-American side have noticed: in Tillich's German period, his epistemology harbors a transcendental strand.[5] And it is this transcendental strand that serves as the foundation for Tillich's claims to the Unconditional, to the transcendent. My thesis is that in Tillich's German period *the transcendent is* (to a good degree) *based upon the transcendental.* Transcendental arguments are supposed to justify claims to the transcendent insofar as Tillich goes through great pains in order to demonstrate that the Unconditional fulfils the function of a *Letztbegründung.* One of Tillich's arguments in that period is that certain epistemologically relevant processes, such as the act of doubting, presuppose postulating the Unconditional. As Tillich puts it: 'The question whether the Unconditional is presupposes the unconditional meaningfulness of the sphere of cognition, that which is unconditionally. The certainty of the Unconditional is the fundamental certainty, from which all doubting proceeds but which cannot itself be subjected to doubt. The object of religion is thus not only real but is the presupposition of all posits of reality.'[6]

---

4 Cf. Wagner, *Was ist Religion? Studien zu ihrem Begriff und Thema in Geschichte und Gegenwart* (Gütersloh: Gütersloher Verlagshaus Gerd Mohn, 1986), pp. 382 ff., as well as his earlier article, Wagner, 'Absolute Positivität. Das Grundthema der Theologie Paul Tillichs', *Neue Zeitschrift für Systematische Theologie,* xv (1973), pp. 172–91.

5 See e.g. Ian Thompson, *Being and Meaning* (Edinburgh UP, 1981). Thompson's notion of 'transcendental' differs probably somewhat from the one I utilize below insofar as he characterizes the transcendental approach as implying the question of the possibility of knowledge (cf. Thompson, *op. cit.* p. 112). I have a more specific notion of 'transcendental' in mind according to which the search for a *Letztbegründung,* an ultimate ground upon which all further reasoning rests, is crucial for this notion.

6 Tillich, *Religionsphilosophie* Paul Tillich, *Writings in the Philosophy of Religion,* ed. John Clayton (Berlin, New York: de Gruyter, 1987), pp. 116–70, p. 140 (this and the following translations are my own).

Furthermore, Wagner complains that for Tillich the question of the truth of religion is answered by the latter's *Wesensbestimmung* (characterization of essence). Tillich commits a *petitio principii* in synthesizing the questions of truth and of *Wesen* (essence) in that the only argument he provides for claiming religion's truth is just that it is. Again Wagner fails to notice the transcendental character of Tillich's arguments. Every good transcendentalist will reject the charge of committing a *petitio principii* by pointing out the privileged status possessed by that which is claimed to be a *Letztbegründung,* an ultimate ground. Though acknowledging that by normal standards he commits a *petitio principii* in that he presupposes the *Letztbegründung* without further argument, he will continue to say that the normal standards do not apply in this case since by its very definition a *Letztbegründung* cannot be legitimated by a more fundamental ground (the ultimate ground would not be truly the ultimate one if a 'more ultimate' one could be produced). Yet, this final foundation must be presupposed for other activities to proceed successfully. As Tillich has it in the above quoted argument, the activity of doubting depends upon a 'fundamental certainty' which is to be identified with the Unconditional. No matter whether or not Tillich's attempts to ground the transcendent upon the transcendental are considered to be successful or not (see below), the transcendental character of his arguments makes them immune to the charge that they are tautological. Tillich does not only argue 'the Unconditional is because it is', as Wagner has it,[7] but rather *'the Unconditional is because it is impossible to think that it is not'.*[8] For Tillich, the question of the truth of religion is indeed answered by determining the latter's essence via his metalogical method. The latter shows religion to exist not only as a matter of contingent fact but, rather, as a matter of necessity. Thus the question of its truth is utterly superfluous. Doubting its truth would be tan-

---

7 Wagner, *op. cit.* p. 384.

8 More precisely speaking, the argument runs as follows: the existence of the Unconditional must be postulated if certain epistemologically relevant activities, such as the activity of doubting, are to succeed (whereas believing that they do not succeed is not really a live option). Similar arguments are to be found in Tillich's considerations on the philosophy of history where, drawing on the potentially self-referential paradox of the assertion that all cognition is ambiguous, Tillich argues that there exists only one nonambiguous assertion, '*das Urteil schlechthin*' (which is precisely that all cognition is ambiguous; cf. Paul Tillich, *Kairos und Logos. Eine Untersuchung zur Metaphysik der Erkenntnis,* Paul Tillich, *Paul Tillich, Philosophical Writings,* ed. Gunther Wenz, Berlin/New York: De Gruyter, 1989 (= MW 1), pp. 266–305, p. 295. This assertion provides in a transcendental manner the *Letztbegründung* for further epistemologically relevant activities (such as the ability to make assertions) and the *metaphysische Sinn* inherent in it (its metaphysical meaning) provides the point where its transcendental character is translated into transcendent terms (cf. *ibid.*).

tamount to seriously entertaining the possibility that it might not exist. But that is for Tillich an impossible stance since it implies construing religion as a contingent rather than a necessary phenomenon: 'The question of the truth of religion is answered by the metalogical perception of religion's essence as a direction towards unconditional meaning. It is pointless to ask as to whether the unconditional also "is", as to whether the religious act is directed towards something real and, as such, is true or not'.[9]

Thus construed, Tillich's solution to the problem of truth in religious affairs via a metalogical characterization of its essence is conceptually equivalent to the way in which the *ontological argument* proceeds. In both cases, the question of truth, i.e. the question of whether the religious object exists or not, is answered by spelling out the conceptual implications this object harbors. According to the ontological argument, assuming the non-existence of God would be incompatible with the concept of God.[10] In Tillich's case, a metalogical characterization of the concept of religion (of its 'essence') implies viewing the Unconditional as a transcendental postulate. In both cases, understanding the implications of the concept in question implies affirming its existence.

2 The development of Tillich's Epistemology in His U.S.-American Period

After his emigration to the U.S., Tillich gives up the attempt to ground the transcendent on the transcendental almost entirely.[11] This is partly accounted for by

---

9 Tillich, *Religionsphilosophie*, p. 140.
10 That the concept of God implies God's necessary existence is clear from Anselm's second argument in his *Proslogion*, i.e. the one in c. 3 (cf. Anselm von Canterbury, *Proslogion*, ed. P. Franciscus Salesius Schmitt O.S.B. (Stuttgart, Bad Cannstatt: Friedrich Frommann Verlag, 1962), p. 86; see also *Classical and Contemporary Readings in the Philosophy of Religion*, ed. John Hick (Englewood Cliffs, NJ: Prentice Hall, 3rd ed., 1990), pp. 28–30 where chapters II–IV of the *Proslogion* are translated).
11 In a famous article published after his emigration, Tillich brings forward something like a transcendental argument for the transcendent when asserting that the religious Ultimate is 'presupposed in every philosophical question, including the question of God. God is the presupposition of the question of God' (Paul Tillich, 'The Two Types of Philosophy of Religion', *Main Works*, vol. IV, pp. 289–300, p. 290; the last sentence is emphasized in the original). Yet, at the time when this article is published, i.e. in 1946, Tillich is still under the spell of his original German philosophical background, so that this article cannot really count as a genuine publication from his U.S.–American period (it should rather be taken as marking the transition from Tillich's German period to the U.S.–American period).

the fact that transcendental arguments do not enjoy as much prominence in the Anglo-American philosophical or intellectual context as they do (or, at least, did) in the German context. The transcendentalist's attempt to provide a *Letztbegrün-dung* in order to hold contingency in check by demonstrating that the entire process of reasoning possesses a rational foundation is part and parcel of the German Enlightenment's ideal of an all embracing *Vernunft* and is quite uncharacteristic of Anglo-American philosophy with its much greater tolerance for the contingent (think of the difference between Kant and Hume in this respect).

After his emigration, i.e. in a philosophical environment in which transcendental resources are not available for legitimatory purposes any longer, Tillich needs to reconstruct his epistemology. The epistemological elements that now serve legitimatory purposes for his theological account are, among others, his 'critical phenomenology' (on which the following discussion will focus) and his image of the theological circle. Those elements are conceptually equivalent to the transcendental resources Tillich drew upon in his German period in that they function (under different conditions) as a means of legitimation. Let me explain this thesis. Transcendental claims harbor normative implications in that they provide the grounds for universal pretensions. If x can successfully be demonstrated to be a transcendental postulate, i.e. a *Letztbegründung,* x must be acknowledged to be such by every rational person. If somebody refuses to acknowledge x's universal character, this does not count against x but, rather, against that person (against his mental sanity or something of that sort). Yet, if transcendental postulates are no longer available, as is the case under the conditions of Anglo-American thinking, it is significantly more difficult to justify universal pretensions. After the grounds for making normative claims have broken away, there is, at least, *prima facie,* only a multiplicity of competing claims to universal validity left (e.g. in the different religions). Now the problem emerges as to how one particular religious claim to universal validity (e.g. the Christian one) can be legitimated as the truly universal one. One of the elements of Tillich's epistemology that is supposed to cope with normative problems of this sort is his critical phenomenology.

Critical phenomenology is discussed in Tillich's *Systematic Theology* in vol. I right at the beginning of the section in which Tillich takes up the issue of revelation in a systematic fashion,[12] thus indicating the tight conceptual linkage between Tillich's critical phenomenology and his theory of revelation. His phenomenology takes as its vantage point particular historical instances, as Tillich has

---

12 ST I, pp. 106–8, where the discussion of critical phenomenology is used to introduce Chapter II of Part I, 'The Reality of Revelation'.

it, particular 'revelatory events', such as Peter's confession that Jesus is the Christ. It functions as a quasi-inductive procedure which is supposed to generate 'the universal meaning of revelation', as the English version has it.[13] Tillich characterizes critical phenomenology as 'the method best fitted to supply a normative description of spiritual ... meanings' (ST I, 108). This phenomenology's function is thus to select one particular concept of revelation as the only source for normative claims, thus as revelation's master concept which provides the criteria for judging competing claims to revelation. As Tillich has it, '(e)ach example of revelation is judged in terms of this phenomenological concept [of revelation], and this concept can be employed as a criterion because it expresses the essential nature of every revelation' (ST I, 108).

Tillich construes his account of critical phenomenology analogously to classical, i.e. Husserlian, phenomenology.[14] When holding that the master concept of revelation expresses the latter's 'essential nature', Tillich seems to be drawing on the normative implications Husserlian phenomenology harbors. What I called above the master concept of revelation seems to be the conceptual equivalent of the Husserlian *eidos*, Husserl's peculiar notion of *Wesen* (essence). And in Husserlian phenomenology, this *eidos* possesses normative functions in that whatever phenomenon partakes in it, it must meet the conditions that are characteristic for this particular *eidos* (if it does not meet those conditions, it ceases to partake in this particular *eidos*, it becomes a thing of a different sort). In the same sense in which the *eidos* possesses normative functions for the appearances, Husserl's *Erscheinungen*, Tillich's master concept of revelation, expressing the latter's 'es-

---

13 ST I, p. 106 (the following page numbers in the text refer to the ST I as well); in the German translation of the ST I, a seemingly less pretentious claim is made in that critical phenomenology's function is regarded there as generating only a *Begriff der Offenbarung* (Paul Tillich, *Systematische Theologie*, Bd. I (Stuttgart: Evangelisches Verlagswerk, 2nd rev. ed., 1956), p. 130), without any universal pretensions. Yet, a closer scrutiny of this *Begriff der Offenbarung* would probably convey that it implies universal claims, so that the German version of this passage of the ST I turns out to be as ambitious as the English one.

14 See, for example, Edmund Husserl, *Die phänomenologische Methode*, ed. Klaus Held (Stuttgart: Reclam, 1985), esp. pp. 98 ff., 255 ff., etc. In the following, reference to 'Husserlian phenomenology' pertains to what has been designated as the second phase of Husserl's approach (ranging from 1901 to 1916 when Husserl taught at the university of Göttingen; for the distinction between three different phases of Husserl's philosophy, cf. Ludwig Landgrebe, 'Husserls Phänomenologischer Zugangsweg zu den Problemen der Religion, *Religion im Denken unserer Zeit*', ed. W. Härle and D. Lührmann, Marburger Theologische Studien, 21, gen. eds. W. Härle and E. Wölfel, pp. 35–72, pp. 36 f.) culminating in the *Ideen zu einer reinen Phänomenologie und phänomenologischen Philosophie*.

sential nature', seems to possess normative functions for particular 'revelatory events', historically manifested claims to revelation.

Yet, on closer scrutiny it turns out that Tillich's phenomenology functions differently from Husserl's so that the normative implications that Husserl's *eidos* carries with it cannot be transferred to Tillich's master concept (of revelation). The crucial difference is that in Husserlian phenomenology, the appearances play no constitutive role in the construction of the *eidos*. In Tillich's phenomenology, however, the master concept of revelation *is* constituted by the equivalent of Husserl's appearances, i.e. particular 'revelatory events'. Tillich complains that any phenomenological procedure which would abstract from those particular revelatory events would make the concept of revelation thus generated bloodless, its meaning would be reduced to an 'empty generality' (ST I, 107). Yet, being constituted by a particular claim to revelation, the master concept of revelation cannot function as a neutral judge between competing claims to revelation. Being much tighter welded to the historically given than Husserl's *eidos*, Tillich's notion of the master concept cannot arbitrate between competing instances of the historically given (i.e. between competing claims to revelation). That is to say, Tillich's critical phenomenology does not possess the normative resources that Husserlian phenomenology possesses.

There exists, however, a strand in Tillich's account of critical phenomenology that could be read as equipping this phenomenology with normative implications. Tillich explicitly introduces, as he calls it, an 'existential–critical element' into his phenomenology (thus the name '*critical* phenomenology'). This element is supposed to provide the criteria for the selection of the pertinent revelatory event from which revelation's master concept is then to be generated. As Tillich has it, the decision for a particular revelatory event 'is dependent on a revelation which has been received and which is considered final' (ST I, 107).

At this point in the argument, there exists either a conceptual lacuna, or else Tillich's case is particularly weak. Either Tillich means that the reference to the believer's psyche, to what he *considers* to be final, can be brought to bear upon normative questions, or else he sees this reference *per se* as providing normative grounds. Let me begin my discussion with the latter case. If Tillich argues that the 'existential–critical element' provides the normative grounds that he needs in order to get his phenomenological program off the ground (after all, the master concept of revelation is supposed to express the latter's 'essential nature' in terms of which all other examples of revelation are to be judged), his case is rather weak. Referring to the believer's psyche will not provide adequate grounds for making normative claims of the sort required (namely, that a proposition expresses revelation's 'essential nature'). Since every believer of a particular religion will tend to consider those examples of revelation to be final that are prominent in his religion, the simple fact that he *considers* a claim to revelation to be final does by itself not say anything about its true finality.

An alternative interpretation of Tillich's critical phenomenology is possible according to which he does not want to provide normative grounds but descriptive ones. In this interpretation, he does not want to provide reasons as to why the believer is *justified* in considering a particular claim to revelation to be final but just wants to describe *why* a believer considers a particular claim to revelation to be final. Assertions such as the one that the master concept of revelation expresses its essential nature and provides the criteria for judging all examples of revelation would then have to be read as being a description of what goes on in the believer's head when making universal claims. The grounds would thus be *shifted from epistemology to psychology.* In this case, the point of the argument would not be the question of the legitimacy of certain claims to revelation but a description of the origins of those claims.

But if Tillich is after nothing more than a psychological account at this point, there exists a conceptual lacuna in his argument. As the above story of the development of Tillich's epistemology suggests, what is conceptually required after the abandonment of the transcendental resources is the provision of grounds for making normative claims, i.e. grounds that allow for the possibility of legitimating one particular claim to revelation as being the latter's master concept in the light of which competing concepts can rightfully be judged. But there is no way from a descriptive, i.e. psychological, to a normative, i.e. epistemological, account. A psychological account tells us, at the most, why a believer *thinks* that a particular concept of revelation, R, is the latter's master concept, as to why he thinks that R provides the 'universal meaning' or 'essential nature' of revelation. But such a description of the believer's psyche does not tell us anything about whether or not the believer *rightfully* holds that R provides the 'universal meaning' of revelation. The question of whether R can be legitimated as providing the 'universal meaning' of revelation is not at all answered by a psychological account.[15]

---

15 The scrutiny of another element that characterizes the epistemology Tillich developed in his U.S. period, viz. of the above mentioned image of the theological circle, would probably convey that Tillich oscillates in a similar fashion between a descriptive and a normative account when explicating this image (in that he utilizes this image frequently as an intra-theological legitimatory device, yet, on other occasions, ascribes legitimatory potential to it that oversteps the intra-theological dimension of justification).

Let it be also said that this dilemma surfaces first of all in the context of Tillich's epistemology. In other contexts, however, Tillich is more straightforward in his attempt to provide normative resources, e.g. in the context of his theory of religions, when holding that the concept of the

In sum, then, Tillich's critical phenomenology can hardly be taken as fulfilling legitimating functions. It does not provide sufficient grounds for making normative claims. Taken as a basis for such claims, the argument as it stands is quite weak, taken as a psychological account from which normative conclusions shall be derived, it is based upon a conceptual lacuna (insofar as normative, i. e. epistemological, implications cannot be derived from descriptive, i. e. psychological, premises).

3 A Critical Reconstruction of Tillich's Epistemology

In the following, I will provide a critical assessment of Tillich's epistemology and the development it underwent. I will begin with the transcendental approach Tillich favored in his German period and then proceed to his critical phenomenology. The discussion of this phenomenology will then serve as a vantage point for my suggestions as to how a religious epistemology should be construed that meets current theological and philosophical requirements.

Given the philosophical and intellectual parameters that prevailed in Germany in the 1920s, Tillich's attempt to construe the transcendent as fulfilling the function of a *Letztbegründung*, an ultimate ground, might have served the apologetic interests he held at that point quite well. Yet, approximately seventy years later, our parameters are different. Currently, the fortunes of transcendentalism cannot be regarded as overly promising. The transcendentalist attempt to provide a *Letztbegründung* with the a-historicist implications it harbors is incompatible with the recent historicist tendencies in philosophy and neighboring disciplines. And even where transcendental approaches are still held in high regard, e. g. in the Frankfurt School, they are construed in such a fashion that the transcendental or quasi-transcendental claims (e. g. about the necessity of presupposing successful communication) do not lend themselves to serving as a warrant for legitimating the transcendent in a Tillichian fashion easily.

Second, a transcendental approach put into the service of theological purposes can at best achieve apologetic ends. To be sure, that was all that Tillich

---

cross provides an ultimate point of reference (i. e. insofar as it is vindicated by its own negation and thus proves the superiority of the Christian conceptualization of the transcendent; see particularly Robert P. Scharlemann's interpretation, *Reflection and Doubt in the Thought of Paul Tillich* (New Haven, London: UMI Books on Demand, 1969, pp. 170 ff.).

intended at that point in his career.[16] But if we wish to go beyond an apologetic account and develop a ramified account of theology, the attempt to utilize the transcendental as a warrant for the transcendent leads to a dilemma. If the transcendent is seriously meant to fulfil the function of a *Letztbegründung,* it will have to be construed in an entirely abstract manner, as something like a metaphysical principle. And construed in such terms it is hard to see what the transcendent has in common with traditional religious concepts, such as the Christian concept of God. There is a huge gap between whatever it is (if anything at all) that is presupposed in certain epistemologically relevant activities (such as that of doubting) and, say, the concept of a personal God. If, on the other hand, the transcendent is construed along the lines of a ramified account of theology, its function as a *Letztbegründung* becomes questionable. If, for example, the transcendent resembles the Christian concept of a personal God, it is hard to see in what sense this concept could be said to be a necessary postulate in the act of doubting. In sum, then, for the purposes of currently construing an account of religious or theological epistemology, it is not very promising to copy the attempt to ground the transcendent on the transcendental in the fashion Tillich envisaged in the 1920s. There exist both extra-theological reasons (the fortunes of transcendentalism are not overly promising) and intra-theological ones (attempting to put transcendentalism into the service of a ramified account of theology leads to the above described dilemma) for not pursuing theological epistemology along the transcendental lines Tillich suggested in his German period.

Abandoning transcendentalism in favor of epistemological elements such as critical phenomenology, as Tillich does in his U.S. period, provides a more adequate basis for the purposes of currently construing an account of theological epistemology since it is conceptually capable of integrating that which is historically given. The concept of revelation is generated here from a revelatory event, thus from a particular historical occurrence, rather than from general philosophical speculations, such as transcendental ones. And ascribing a constitutive role to the historically given in the process of theorizing is well in line with the above named historicist tendencies currently prominent in philosophy and Western intellectual culture at large. Furthermore, generating the concept of revelation from the historically given provides, at least, *prima facie,* the opportunity to construe the object of revelation, i.e. the notion of God, in terms that do justice to

---

16 Cf. the distinction between Tillich as a 'cultural theologian' in the early stages of his career and his later development to a 'church theologian' (cf. John P. Clayton, *The Concept of Correlation. Paul Tillich and the Possibility of a Mediating Theology,* ed. Kurt Aland *et al.* (Berlin/New York: Walter de Gruyter, Theologische Bibliothek Töpelmann, 1980, vol. 37, pp. 205 ff.).

the specifics of particular religions, such as the Christian religion (with its emphasis on a personal God).

A critic may retort that the resources that Tillich's phenomenology provide must not be overstated. She may point out that a particular revelatory event cannot function as an Archimedean point for the generation of a concept of revelation (she may even try to argue that Tillich seems to imply just that at times). The critic can make two critical comments here that are related to each other. First, she can point out that the revelatory event leaves the concept of revelation *underdetermined*. That is to say, a particular revelatory event, such as Peter's confession that Jesus is the Christ, leaves the concept of revelation generated from it underdetermined in the sense that a variety of different concepts can be derived from this event. For example, the concept that Christhood is exemplified in an individual can probably be generated from this particular revelatory event. The critic can continue that the fact that there does not exist a one-to-one match between revelatory events and concepts of revelation is a straightforward corollary of the Quinean point that theories are underdetermined by data. In the same sense in which a variety of (probably mutually inconsistent) theories is compatible with a given set of data, a variety of (probably mutually inconsistent) concepts of revelation is compatible with a given revelatory event or set of revelatory events.

The second argument that the critic can bring forward against critical phenomenology is that revelatory events are never simply 'given' but are constructions made under certain theoretical assumptions.[17] She can argue along the following lines. If it is true that perception is never a theory independent business, then the perception of a revelatory event cannot fail to be theory-infected as well. But if acknowledged to be theory-infected, the revelatory event cannot function as a neutral ground for legitimating a particular theory or concept of revelation. The critic can make a comparison at this point and argue that in the same sense in which a strong account of protocol-sentences is doomed to failure (those sentences cannot serve as a neutral ground for the legitimation of further theorizing since they are theory-infected themselves), Tillich's revelatory events cannot serve as a neutral ground for the legitimation of a particular concept or theory of revelation since they are construed under the same theoretical assumptions which they are supposed to legitimate. The critic can bring forward the charge of circularity if Tillich's phenomenology shall be utilized to legitimate a Christian

---

17 On the issue of the 'theory-loaded' character of observation, see e. g. Eberhard Herrmann, *Scientific Theory and Religious Belief. An Essay on the Rationality of Views of Life*, ed. H. J. Adriaanse and Vincent Brümmer (Kampen: Kok Pharos Publishing House, 1995, Studies in Philosophical Theology), vol. 16, e. g. p. 88.

concept or theory of revelation. She can point out that the revelatory event(s) from which the Christian concept of revelation is generated is (are) formed under the impression of the Christian theoretical apparatus in which the Christian theory of revelation plays a crucial function. To put the charge bluntly: according to critical phenomenology, Christian theory is legitimated by Christian theory.

In response to the critic's arguments it should be pointed out that she presupposes a *foundationalist* frame of reference. She takes critical phenomenology to provide a secure foundation in that she takes Tillichs's revelatory event to provide an Archimedean point for further theorizing on the concept of revelation. Construed in *such* a fashion, her case is entirely successful. Tillich's phenomenology fails for the reasons named above, i.e. that it leaves the concept of revelation underdetermined and is conceptually overburdened in that the revelatory event from which the concept of revelation is to be generated cannot function as a neutral ground for legitimating this concept (since it is formed under the parameters of the very concept which it is meant to legitimate). Yet, it should be retorted to the critic that her case does not provide a knock-down argument against critical phenomenology as such, i.e. as a method for generating a concept of revelation. If critical phenomenology is taken out of a foundationalist frame of reference and reconstructed under antifoundationalist parameters, the critic's objections break down.

In this paper I will not deal with the intricate arguments revolving around the issue of foundationalism. Rather, I take it for granted that a foundationalist position leads into a cul de sac and should be superseded by an *antifoundationalist* strategy.[18] Being brought to bear upon the current issue, this strategy can be summed up as implying something like a coherentist approach in questions of legitimation. According to this approach, the idea of an unshakeable foundation from which the rest of the reasoning process could take off is a chimaera. Rather, all reasoning is circular to a degree. In a certain sense, it is true that theory is never legitimated by data but by theory. Put more accurately, theory is legitimated by data *cum* theory, i.e. not by pure data but by data embedded in a theoretical framework.[19]

Given such an antifoundationalist strategy, the critic's charge of circularity loses much of its threat. The argument that critical phenomenology proceeds in a circular fashion insofar as the theory of revelation is legitimated with a rev-

---

18 For the full argument against foundationalism, see Grube, 'Religious Experience after the Demise of Foundationalism', *Religious Studies*, XXXI (1995), pp. 37–52.
19 See Grube, *op. cit.* pp. 47 ff. (particularly p. 51, where the concept of antifoundationalism is explicated in terms of the image of a mobile).

elatory event that in turn depends (to a good extent) on that very theory is thus not a knock-down argument against this phenomenology. All that this argument can really show is that Tillich's revelatory event cannot be used as an Archimedean point for generating or legitimating a theory of revelation. And even if our critic would be right in holding that this is just what Tillich intends, it is always open to the defender of critical phenomenology to argue that there exist alternative ways of reconstructing its function. If we presuppose an antifoundationalist rather than a foundationalist frame of reference, the kind of circularity that critical phenomenology implies is exactly the kind of (benign) circularity that is implied in all processes of legitimation. If we do not want to apply double-standards, i.e. standards that are stricter in the case of the attempt to generate a theory of revelation than, say, in the case of the attempt to generate a theory in physics, we must conclude that there do not exist any *a priori* reasons as to why critical phenomenology is worse off than other efforts at legitimation.

Furthermore, under antifoundationalist assumptions, the underdetermination-charge is not fatal for critical phenomenology. The fact that the theory of revelation is underdetermined by a particular revelatory event betrays exactly the same kind of underdetermination from which all theories suffer. Theories are underdetermined by data. That is to say, theories are never generated from pure data but from data embedded in a specific context. Consequently, it does not come as much of a surprise that theories of revelation are not generated by revelatory data alone, i.e. pure Tillichian revelatory events, but by those events embedded in a specific context. The context is in this case provided by a particular religious tradition, or, more specifically, the elements of that tradition that are relevant in this case. To come back to Tillich's above cited example, in the case of Peter's confession, it is those elements of the Christian tradition that are relevant in this case (e.g. certain Messianic concepts) that steer the way in which this particular revelatory event is utilized for the purpose of construing a theory (of revelation).

Let me list a few of the ways in which the context plays a crucial role in the process of generating a theory of revelation from this particular revelatory event. First, the context plays a role in selecting those features of the revelatory event that are relevant in this specific case. For example, out of the numerous features that Peter's confession that Jesus is the Christ contains, the context helps screening out those that are relevant here (e.g. that out of all disciples it is Peter who makes that confession – cf. Mark 8 : 29 with 8 : 32f. – whereas it is irrelevant e.g. in what tone of voice Peter made his confession). Second, the context is important insofar as it fixes the meaning and the reference of the terms employed, say, the meaning and reference of the Christ-concept (thus ruling out the idea that

Jesus is just an exemplification of Christhood).[20] Invoking the context is then the antidote to the underdetermination-charge. Embedded in the Christian context, the numerous theories of revelation that can be derived from Peter's confession are screened out. Given that context, a one-to-one match between a particular revelatory event (here Peter's confession) and a particular concept of revelation (here the Christian concept of revelation) is achieved.

It may be retorted that whatever victory can be gained along antifoundationalist lines, it will be a Pyrrhic one. If, for example, the circularity that consists in the fact that a theory (of revelation) is generated by a revelatory event that in turn depends upon that very theory is considered to be legitimate, the whole idea of legitimation breaks down. If circularities of that sort are conceded, pretty much anything can be legitimated with anything. Antifoundationalism then seems to take us on the route to an 'anything goes' in questions of legitimation, to a 'legitimatory anarchism'. But succumbing to such an anarchism would betray a genuine Tillichian motif, namely, his adamant resistance to the temptation of a full-fledged relativism.[21] Given an antifoundationalist strategy, we may thus indeed be able to show that the utilization of critical phenomenology for the purposes of generating a theory of revelation is not worse off than analogous maneuvers in, say, the sciences. Yet, Tillich would not have wanted to pay the price that is to be paid for such a stalemate between theology and the sciences, i.e. to adopt a position that implies a 'legitimatory anarchism'.

Let me point out here that I do not think that an antifoundationalist strategy necessarily leads to a 'legitimatory anarchism' and that worries that by utilizing it we may betray Tillichian motifs are premature. What is true is that, under antifoundationalist assumptions, we have to give up attempts at legitimating theological beliefs in the fashion Tillich envisages. Tillich is, so it seems, after proving the legitimacy of *individual* theological beliefs, e.g. when using his critical phenomenology for the purposes of demonstrating the legitimacy of theological concepts of revelation harboring universal pretensions. Yet, attempting to legiti-

---

20 It should be clear that I presuppose a notion of reference and meaning according to which both are not fixed once and for all but are, at least, to some extent, contingent upon the language game in which they appear. Thus the meaning and the reference of e.g. the Christ-concept cannot be fixed in abstraction from the Christian language game (in which case e.g. the 'Platonic' idea of an exemplary manifestation of Christhood could probably not be ruled out). Rather, only embedded into this language game can the notion of Christ be supplied with its proper meaning and reference.

21 See, e.g. his lecture-series 'My Search for Absolutes' (Absolute und relative Faktoren in der Begegnung des Menschen mit der Wirklichkeit, *Paul Tillich. Korrelationen, Ergänzungs- und Nachlassbände zu den Gesammelten Werken von Paul Tillich*, vol. IV, ed. Ingeborg Henel (Stuttgart: Evangelisches Verlagswerk, 1975), pp. 36–70).

mate individual theological beliefs is doomed to failure for the simple reasons that any attempt to legitimate individual beliefs is doomed to failure. As the philosophical approach that goes back to Duhem, Quine, and (in some sense) Davidson has taught us, beliefs are not tested in isolation but en bloc. They are not legitimated individually but taken collectively. That is to say, legitimation is a *holist* business.[22]

More precisely speaking, antifoundationalism implies an *internal* and an *external* process of legitimation. On the internal level, individual beliefs are legitimated within the web of beliefs of which they are a part. Thus the Christian concept of revelation is to be legitimated within the Christian web of beliefs, or, rather, those parts of the web that are relevant in this context. For example, the universal pretensions inherent in the Christian concept of revelation could be legitimated with the ontological implications the Christian faith harbors, in particular, those that are inherent in the Christian doctrine of creation.

External legitimation, on the other hand, is thoroughly holist. Here it is not individual beliefs that are to be considered but beliefs taken collectively, entire belief-systems. On the external level, it is not the universal pretensions inherent in the Christian concept of revelation taken in isolation that are to be legitimated. Rather, the entire Christian web of beliefs that is relevant in this context (say, the Christian doctrine of revelation as being embedded in the doctrine of creation and surrounding tenets) is at stake. On the external level, it is thus not beliefs isolated from their peers that are put to the test but the whole of Christian doctrine, or, at least, those parts of it that are relevant in this context.

According to the antifoundationalism recommended and its holist corollary, the legitimation of theological beliefs differs from shopping in a supermarket in that you do not just pick out those items you like and leave the rest there. The holism envisaged implies that you do not just pick out a single theological belief and then try to vindicate it. Rather, the individual belief is part and parcel of a

---

22 The conceptual linkage between antifoundationalism and holism (in processes of legitimation) is explicated in Ronald F. Thiemann, *Revelation and Theology. The Gospel as Narrated Promise* (Notre Dame: University of Notre Dame Press, 1985), pp. 74 ff. Recently, Herrmann has distinguished a 'structural theory of science' going back to Wolfgang Stegmüller's extension of Joseph Sneed's claims from the Duhem/Quine-holism (while both approaches have strong resemblances to each other, they differ in their use of models, cf. Herrmann, *op. cit.* pp. 69 ff., also 90 ff.). Herrmann attempts to 'de-formalize' the Sneed/Stegmüller approach in order to be able to utilize it in the context of dealing with the human sciences. The position emerging from such a reconstruction comes close to the holism envisaged here although the latter originates from the Duhem/Quine approach.

greater scheme and it is the latter that is put to the test (e.g. for its compatibility with the rest of our knowledge).

Admittedly, Tillich's above discussed procedure resembles the 'supermarket model' in that he picks out individual theological beliefs and attempts to legitimate them as such. He surely does not have an antifoundationalism with the tool of holism in his methodological tool box. Yet, using different tools from those Tillich himself uses may enable us to preserve under different circumstances what can be considered to be his most deeply seated intention, i.e. to hold fast to crucial theological insights while not compromising one's philosophical integrity. The above described approach can, I think, preserve this intention in that it is philosophically sound (antifoundationalism with its holist corollary is preferable to alternative philosophical options).[23] Yet, it also provides the potential to hold fast to theological beliefs in such a way as is required by the logic of the theological belief system. Rather than legitimating a belief before, say, the court of reason, leading all too often to overly strenuous reconstructions, this belief is legitimated within its 'peer group', i.e. within that segment of the theological belief system which is at stake, thus allowing for the possibility of doing justice to the requirements of the intra-theological 'grammar'.

---

23 For the defence of that claim, see Grube, *op. cit.* pp. 37–40.

Teil 2: **Offenbarungs- und mystische Erkenntnis**

IV Überwindung der Subjekt/Objekt-Spaltung? Zur Funktion der Mystik bei Paul Tillich

Im Folgenden möchte ich Paul Tillichs Überlegungen zum Problem der Mystik analysieren und in ihren philosophischen Kontext einbetten. Ich glaube, dass die ganz spezifische Fassung, die Tillich diesem Problem gibt, nicht nur für die allgemeine Diskussion um die Mystik interessant ist, sondern darüber hinaus auch für die theologische Theoriebildung in anderer Hinsicht neue und erwägenswerte Konsequenzen besitzt. Weiter unten werde ich dafür argumentieren, dass Tillichs einschlägige Überlegungen insofern einen befreienden Aspekt haben, als sie die Auffassung relativieren, alle legitime theologische Theoriebildung müsse an die Erfahrung anknüpfen.

Ich werde meine Überlegungen in fünf Schritten darlegen: Im ersten Abschnitt werde ich auf die philosophische Diskussion um die Mystik im allgemeinen eingehen, im zweiten auf Tillichs spezifische Auffassung der Mystik als Transzendierung der Subjekt/Objekt-Spaltung, im dritten auf die Konsequenzen dieser spezifischen Form der Mystik für die philosophische Mystikdiskussion, im vierten auf die allgemeineren Konsequenzen von Tillichs Mystik für die theologische Theoriebildung und im fünften auf die Konsequenzen der bisherigen Überlegungen für die Analyse von Tillichs Offenbarungsbegriff. Dabei gehe ich von meinen andernorts veröffentlichten Überlegungen zu Tillichs Postulat mystischer Unmittelbarkeit aus und möchte diese im Folgenden weiter- und überdenken.

1

Die Diskussion um die Mystik im Allgemeinen hat viele Gesichter. Ich möchte mich in der folgenden Analyse auf eines davon beschränken, auf ein philosophisches. Bei der philosophischen Mystikdiskussion, die ich meine, geht es um die Frage, ob mystische Erfahrungen möglich sind, die noch nicht versprachlicht beziehungsweise noch nicht konzeptioniert sind. Es geht also um die Möglichkeit von Erfahrungen, die noch nicht durch eine konzeptionelle, sprachliche, kulturelle, theoretische o. ä. „Brille" gefiltert sind. Diese Möglichkeit wird in der englischsprachigen Mystikdiskussion als „pure" oder „immediate experience", also als „unmittelbare Erfahrung" bezeichnet.

Bei mystikfreundlichen Positionen wird gewöhnlich davon ausgegangen, dass diese unmittelbaren Erfahrungen in den verschiedenen mystischen Traditionen identisch sind und erst im Prozess ihrer nachträglichen Versprachlichung

https://doi.org/10.1515/9783110547337-007

oder Konzeptionierung Unterschiede auftreten. Wenn der christliche Mystiker „Gott" und der hinduistische „Brahman" sagt, ist die mystische Erfahrung dahinter dieselbe. Erst im Prozess ihrer sprachlichen Konzeptionierung erfährt diese an sich identische Erfahrung eine unterschiedliche Ausarbeitung. Dieses Postulat der Identität der unmittelbaren Erfahrung entkräftet den mystikkritischen Einwand, dass kulturell und religiös verschieden sozialisierte Mystiker auch verschiedene mystische Erfahrungen machen. Dieses Identitätspostulat wird denn auch zur Legitimation der Mystik verwandt.

Kritiker der Mystik greifen die These der Möglichkeit unmittelbarer Erfahrung denn auch an. Einer der schärfsten Mystikkritiker, Steven Katz, spricht von einer einzigen epistemologischen Annahme, die sein Denken beherrscht hat, nämlich: „There are NO pure (i. e. unmediated) experiences"[1] (damit keinem Leser die Bedeutung dieser Worte entgeht, setzt Katz sie kursiv und schreibt das „NO" vorsichtshalber gleich mit Großbuchstaben). Alle, mithin also auch die mystische Erfahrung ist immer theoretisch oder konzeptionell vermittelt, niemals unmittelbar. Katz verwirft also die mystikfreundliche Vorstellung, ein bestimmter mystischer Gehalt würde erst *nachdem* er unmittelbar erfahren worden ist, sprachlich o. ä. konzeptioniert. Von hier aus führt dann ein direkter Weg zur Mystikkritik, da die Möglichkeiten mystischer Erfahrung nach Katz insofern eng begrenzt sind, als sie immer von den vorausgesetzten religiösen oder kulturellen Vorstellungen geprägt sind. Kurzum, mystische Erfahrungen können nicht als neutrale Grundlage religiöser Folgetheoriebildung verwendet werden.

Was bei dieser Diskussion auf dem Spiel steht, ist nicht weniger als die Frage, ob es eine Möglichkeit gibt, die Herrschaft der Subjektphilosophie zu umgehen. Es geht um die Frage, ob alle Erkenntnis grundsätzlich und unausweichlich durch das philosophische Subjekt und dessen Konzeptionsleistungen gefiltert ist, oder ob es nicht zumindest Ausnahmen von dieser Regel gibt, also die Möglichkeit von Erkenntnis, die nicht oder noch nicht durch die Konzeptionsleistungen des Subjekts präformiert ist. Die Freunde der Mystik vertreten diese Möglichkeit,[2] Mystikgegner wie Katz verneinen sie.

Wie ist die Herrschaft der Subjektphilosophie nun in philosophischer Hinsicht zu bewerten? Es gibt meines Erachtens eine ganze Reihe interessanter philosophischer Positionen, die die Rechtmäßigkeit der Herrschaft des Subjekts bezweifeln. Zu diesen zählt zum einen die Vernunftkritik des kontinentalen Postmodernismus, in deren Rahmen die Annahme eines rationalen Subjekts

---

1 Steven T. Katz, Mysticism and Philosophical Analysis (New York, Oxford 1978, 26).

2 Vgl. dazu die in Robert K.C. Forman (Hrsg.), The Problem of Pure Consciousness (New York, Oxford 1990) abgedruckten Beiträge.

überhaupt in Frage gestellt wird. Zum anderen zählt dazu die anglo-amerikanische Kritik am „turn to the subject" wie sie von den Vertretern einer epistemologischen „theory of immediacy" vertreten wird. Ich denke hier insbesondere an Donald Davidsons klassische Kritik an der Idee aller „tertia", an der Annahme von „Dritten" oder Vermittlungsinstanzen, die angeblich den Weg vom Erkenntnisobjekt zum -subjekt filtern sollen. Die Kritik an derartigen Vermittlungsinstanzen ist dabei eine Konsequenz seiner Kritik an der Vorstellung, ein unkonzeptionierter Rohgehalt könne durch verschiedene Erkenntnisschemata verschieden konzeptioniert werden. Da Davidson seine Kritik kürzlich auch explizit zu einer Verwerfung des „Mythos des Subjekts" ausgebaut hat, wird man in ihr eine Kritik am „turn to the subject" vermuten dürfen.[3]

Andererseits sind die Kritiken am „turn to the subject" zum jetzigen Zeitpunkt aber noch zu wenig ausgearbeitet, um als vollwertige Alternative zur Subjektphilosophie in Frage kommen zu können: Wie ist Davidsons „unmediated touch with reality"[4] abgesehen von seinen Kritikpotential nun in *konstruktiver* Hinsicht zu denken? Des weiteren müsste auch die Gefahr ausgeschlossen werden, dass eine Theorie der Unmittelbarkeit wieder zu einer Favorisierung empirischer Wahrnehmung über andere Arten der Wahrnehmung zurückkehrt, bevor einer solch grundsätzlichen Verabschiedung der Subjektphilosophie zugestimmt werden könnte. Kurzum, auch wenn es manchem schwerfällt (und da beziehe ich mich selbst ein), so ist zum jetzigen Zeitpunkt doch noch von einer Gültigkeit der Subjektphilosophie auszugehen. Und dieses gilt insbesondere für den deutschsprachigen Raum, in dem die Subjektphilosophie seit Kants „kopernikanischer Revolution" im Denken und der allgemeinen Kultur fest verwurzelt ist.

Der Punkt an der Diskussion um die Subjektphilosophie ist, dass es unter Voraussetzung subjektphilosophischer Parameter keine Mystik im oben genannten Sinn geben kann. Unter dieser Voraussetzung gehört zur Möglichkeit von Erfahrung immer ein konstruktiver „input" des Erkenntnissubjekts, der zwar nicht notwendig so ambitioniert wie Kants „Verstandeskategorien" konstruiert sein muss, aber doch ein „Drittes" in Davidsons Sinn darstellt (ein Konzeptionsschema, eine Sprache o. ä.). Erfahrung kann also niemals unmittelbar sein, wie es in der oben genannten Diskussion um die Möglichkeit mystischer Erfahrung unterstellt wird. Kurzum, unter subjektphilosophischen Parametern gilt Katz' großgeschriebenes „NO" zur Mystik auch weiterhin.

---

3 Donald Davidson, On the Very Idea of a Conceptual Scheme, in: Papers of the Anglo-American Philosophical Association 47 (1973–1974), 5–20 sowie ders., The Myth of the Subjective, in: Michael Krausz, (Hrsg.) Relativism. Interpretation and Confrontation, Notre Dame 1989, 159–172.
4 Davidson, Idea, 20.

Ich glaube nun, dass Tillichs einschlägige Überlegungen ein Mystikver-
ständnis ermöglichen, das mit dem genannten „turn to the subject" nicht wi-
derstreitig ist. Anders als Karl Barth, dessen Wende oder „methodische Revolution" auch als theologischer Frontalangriff auf die Subjektphilosophie
interpretiert werden kann,[5] bestreitet Tillich deren Gültigkeit jedenfalls nicht
prinzipiell. Doch trotz dieser grundsätzlichen Anerkennung subjektphilosophischer Parameter kann er eine Theorie der Unmittelbarkeit und damit zumindest
eine Art Mystik vertreten. Im zweiten Abschnitt möchte ich daher Tillichs Überlegungen im Umkreis des Mystikbegriffs analysieren.

2

Eine der klassischen Analysen von Tillichs Mystikkonzept ist die von Ian
Thompson, der bei Tillich einen „mystischen Realismus" konstatiert: Vor allem im
Zusammenhang seiner ganz spezifischen Konstruktion der Funktion des ontologischen Arguments lasse sich bei Tillich eine „ontology based on the principles of
mystical realism"[6] nachweisen. Das fundamentale Kennzeichen dieses mystischen Realismus ist die *Transzendierung der Subjekt/Objekt-Spaltung*. Thompson
zeigt auf, dass sich das Thema einer Transzendierung der Subjekt/Objekt-Spal-
tung schon sehr früh bei Tillich finden lässt. Und andernorts habe ich nachzuweisen versucht, dass Tillich ein Postulat mystischer Unmittelbarkeit in zentralen
Schriften wie etwa seinem Aufsatz *The Two Types of Philosophy of Religion* und der
ST voraussetzt.[7] Der Grundgedanke ist dabei immer, dass die Spaltung in Erkenntnissubjekt und -objekt aufzuheben oder zumindest einzuklammern ist. Das
Erkenntnisobjekt teilt sich dem Subjekt nicht nur mittelbar, sondern in gewisser
Hinsicht *unmittelbar* mit. Für Tillich hängt an der Möglichkeit einer derartigen
Unmittelbarkeit die Frage der Gewissheit im Erkenntnisgeschehen: Ohne Unmit-
telbarkeit, also ohne Transzendierung der Subjekt/Objekt-Spaltung, keine epis-
temologische Gewissheit.

Was meint Tillich nun genau, wenn er von einer Transzendierung der Subjekt/
Objekt-Spaltung spricht? Der Begriff dieser Spaltung wirkt für Tillich wie ein
Magnet, der, je länger, desto mehr Problemstellungen anzieht. Deshalb bedarf
dieser Begriff auch genauerer Analyse. Ohne darauf *en detail* einzugehen, möchte

---

5 Vgl. dazu Grube, Unbegründbarkeit Gottes? Tillichs und Barths Erkenntnistheorien im Horizont
der gegenwärtigen Philosophie, 123 – 135.
6 Ian E. Thompson, Being and Meaning, Paul Tillich's Theory of Meaning, Truth, and Logic,
Edinburgh 1981, 79.
7 Grube, Unbegründbarkeit Gottes?, 47 – 49.

ich hier zumindest zwei Problemstellungen oder Themenkreise unterscheiden, die Tillich unter das Thema einer Transzendierung der Subjekt- Objekt-Spaltung subsumiert, eine erkenntnistheoretische und eine gesellschaftspolitische Problemstellung.

Die erkenntnistheoretische Problemstellung kann dabei wiederum in zwei Teilprobleme aufgegliedert werden: Zum einen geht es Tillich dabei um klassisch *philosophische* Fragen wie die, inwiefern Erkenntnissubjekt und -objekt voneinander abhängig sind. Hier hält er fest, dass es unmöglich ist, das Objekt aus dem Subjekt abzuleiten – eine Erkenntnis, die er dem Idealismus gutschreibt.[8]

Von dieser philosophischen Problemstellung ist eine *psychologische* Problemstellung (psychologisch im weiten Sinn des Wortes) zu unterscheiden. Hier spricht Tillich von einer „ekstatischen Einung von Mensch und Gott".[9] Das Problem dahinter ist folgendes: Wie können wir Gott erkennen, wenn sich all unser Erkennen doch immer *innerhalb* der Subjekt/Objekt-Spaltung vollzieht, während Gott doch sozusagen per Definition außerhalb dieser Spaltung steht? Der Lösungsansatz besteht in besagter „Einung" von Subjekt und Objekt. Diese wird mit der erotischen Beziehung in Verbindung gebracht, die nach Tillich „auf einen Augenblick hinstrebt, in dem der Unterschied zwischen Liebendem und Geliebtem ausgelöscht ist".[10] In diesen Problembereich gehören dann auch etwa so wirkungsmächtig gewordene Themen wie das der Polarität von Abstand und Nähe, Partizipation und Einung im Erkenntnisgeschehen. Dieser Problembestand gewinnt besonders in Tillichs späteren Schriften an Bedeutung und wird dort regelmäßig mit dem Begriff „Mystik" in Verbindung gebracht.[11]

Von diesen beiden erkenntnistheoretischen Problembereichen ist ein gesellschaftspolitischer Problembereich zu unterscheiden, der auch mit dem Begriff der Subjekt/Objekt-Spaltung in Verbindung gebracht wird. Hierzu gehört Tillichs etwa in der ST geäußerte Gesellschaftskritik, in deren Rahmen er die „objektivierenden Tendenzen in der industriellen Gesellschaft"[12] anprangert. Dass dieser gesellschaftspolitische Problembestand mit dem erkenntnistheoretischen in Verbindung gebracht werden kann, hat unter anderem mit dessen Anknüpfung an die psychologische Problemstellung zu tun. Denn eine große Entfernung zwischen Subjekt und Objekt kann als „Verobjektvierung" angeprangert werden.

---

8 Vgl. Tillich, ST I, 205.
9 Tillich, ST I, 204.
10 Ebd.
11 Vgl. ebd. sowie etwa Paul Tillich, Participation and Knowledge. Problems of an Ontology of Cognition, MW 1, 381–389.
12 Tillich, ST I, 205.

Meine Erachtens sind diese verschiedenen Problemebenen aber deutlicher zu unterscheiden als es bei Tillich selbst und vor allem in der Sekundärliteratur der Fall ist. Wenn Verbindungen zwischen diesen verschiedenen Problemebenen gezogen werden, ist jedes Mal genau zu fragen, wie sie logisch aussehen. Könnte es etwa sein, dass zwischen dem erkenntnistheoretischen und dem gesellschaftspolitischen Problembestand keine eigentlich logischen sondern nur assoziative Verknüpfungen bestehen (vom neutralen Begriff „Objekt" in „Subjekt-Objekt-Spaltung" wird auf den Wertbegriff „Objektivierung" geschlossen)? In der folgenden Diskussion von Tillichs Versuchen zur Transzendierung der Subjekt/Objekt-Spaltung werde ich denn auch den gesellschaftspolitischen Problembestand ganz herauslassen und mich auf den erkenntnistheoretischen Problembestand konzentrieren. Es soll im Folgenden also um die erkenntnistheoretischen Aspekte von Tillichs Versuchen zur Transzendierung der Subjekt/Objekt-Spaltung und damit seiner Überlegungen im Umkreis des Mystikproblems gehen.

3

Wie oben angedeutet, besteht unter subjektphilosophischen Voraussetzungen keine Möglichkeit, das Postulat der Möglichkeit unmittelbarer Erfahrung plausibel zu machen. Doch meine These ist nun, dass sich das Postulat mystischer Unmittelbarkeit bei Tillich *nicht* auf die Erfahrung als solche bezieht oder doch zumindest als sozusagen „erfahrungstranszendierend" interpretiert werden kann.

Diese Interpretationsmöglichkeit nimmt ihren Ausgangspunkt bei der Relativierung von Erfahrung, wie sie exemplarisch in Tillichs Aufsatz *The Problem of Theological Method* erfolgt. Dort hält er fest, die religiöse Erfahrung sei „not a positive source and not a norm of systematic theology". Stattdessen betont er im Gegenüber zur Erfahrung „the divine acting"[13] beziehungsweise den Offenbarungsbegriff. In diesem Zusammenhang ist auch die Rede vom „ultimate itself, the *esse ipsum*, which *transcends the difference between subject and object...*"[14] Und das Thema einer „Transzendierung" der Subjekt/Objekt-Spaltung beziehungsweise die Rede von dem, das besagter Spaltung vorausgeht, durchzieht selbstverständlich auch die ST (s. unten).

Diese beiden Argumentationsstränge, die Rede von einer Transzendierung der Subjekt/Objekt-Spaltung sowie die genannte Relativierung der Erfahrung, weisen nun meines Erachtens darauf hin, dass es Tillich mit seinen einschlägigen

---

13 Beide Zitate aus Tillich, The Problem of Theological Method, a.a.O., 22.
14 Tillich, a.a.O., 23 (meine Betonung).

Bemerkungen im Umkreis des Mystikproblems *nicht primär um die Erfahrung als solche geht*. Denn das, was die Subjekt-Objekt-Spaltung transzendiert beziehungsweise dieser vorausgeht, transzendiert auch die Erfahrung beziehungsweise geht dieser ebenso voraus. Statt um die Erfahrung als solche geht es Tillich um das, *was der Erfahrung zu Grunde liegt*. Und in diesem erfahrungsgrundlegenden Bereich kommen sowohl dem Gottes- wie auch dem Offenbarungsbegriff zentrale Funktionen zu. So hält er etwa fest, dass die Idee der Heiligkeit Gottes es verbietet, den Gottesbegriff innerhalb der Subjekt/Objekt-Korrelation zu thematisieren: „Er ist selbst *Grund und Sinn* dieser Korrelation, nicht ein Element innerhalb derselben", wie er in der ST I betont.[15] Mit anderen Worten: Der Gottesbegriff und damit auch das diesem entsprechende Offenbarungsgeschehen beziehen sich also nicht auf die Erfahrung als solche, sondern auf die Grundlegung von Erfahrung.[16]

Damit ergibt sich folgende Möglichkeit, trotz einer grundsätzlichen Anerkennung subjektphilosophischer Voraussetzungen an einem Postulat der Unmittelbarkeit und damit einer Art Mystik festhalten zu können: Im gewöhnlichen Erfahrungsbereich bleibt sozusagen alles beim Alten. Innerhalb der Subjekt/Objekt-Spaltung bleibt Erkenntnis so mittelbar, wie wir Kinder der Subjektphilosophie gewohnt sind anzunehmen. Vom Bereich der Erfahrung als solchem ist aber der Bereich der Grundlegung der Erfahrung zu unterscheiden. Und hier ist das Reich der *Unmittelbarkeit*. Nicht die Erfahrung als solche ist also unmittelbar, sondern das, was hinter aller Erfahrung liegt. Der „turn to the subject" wird auf diese Weise nicht hintergangen und trotzdem ein Freiraum zur Reklamation der Möglichkeit unmittelbarer Erfahrung geschaffen. Katz' großgeschriebenes „NO" zur Möglichkeit unmittelbarer Erfahrung tangiert Tillichs Unmittelbarkeitspostulat und damit dessen Mystik insofern überhaupt nicht, als sich der Applikationsbereich dieses Postulats nicht auf die Erfahrung als solche bezieht, sondern auf deren Grund.

---

15 Tillich, ST I, 312 (vgl. aber a.a.O., 320).

16 Ist in: The Problem of Theological Method (a.a.O., 23), noch davon die Rede, dass die Gegenwart des „element of ‚ultimacy' in the structure of our existence ... the basis of religious experience" ist, fällt dann später, insbesondere in der ST III, auf, dass der Offenbarungsbegriff häufig mit dem Thema der Überwindung der Subjekt/Objekt-Spaltung in Verbindung gebracht wird.

4

Die eben vorgeschlagene Interpretation von Tillichs Äußerungen im Umkreis des Mystikproblems und die dabei implizierte Relativierung der Bedeutung von religiöser Erfahrung sind nicht nur für die Tillich-Analyse von Bedeutung, sondern auch darüber hinaus. In gewisser Hinsicht eröffnen sie neue Denkmöglichkeiten für die theologische Theoriebildung. Zu diesen gehört vor allem eine *Befreiung vom*, wie ich ihn bezeichnen möchte, *„Zwang zur Erfahrung"*: Legitime theologische Theoriebildung muss nicht mehr selbstverständlich in der einen oder anderen Weise auf Erfahrung aufbauen, sondern kann auch an den die Erfahrung grundlegenden Bereich angeschlossen werden.

Ich möchte diesen Punkt ausführlicher erläutern und dabei mit der genannten These bezüglich des „Zwangs zur Erfahrung" beginnen: Vor allem im englischsprachigen Bereich wird großenteils als selbstverständlich angenommen, dass legitime religiöse Theoriebildung in der einen oder anderen Weise einen engen Erfahrungsbezug besitzen muss. Und dieser „Zwang zur Erfahrung" ist nicht nur in den klassischen Diskussionen um die Frage, ob religiöse Äußerungen verifizierbar oder falsifizierbar sind, verbreitet, sondern auch noch in der gegenwärtigen religionsphilosophischen Literatur. Charakteristisch dafür sind etwa die Bemühungen aus dem Umkreis der „Reformed Epistemologists", die Ableitung religiöser Theoriebildung mit der Ableitung naturwissenschaftlicher Theorien möglichst eng zu parallelisieren. So versucht etwa William Alston aus apologetischen Interessen heraus nachzuweisen, dass religiöse Theorien in genau der gleichen Weise aus religiöser Erfahrung gewonnen werden, wie naturwissenschaftliche und andere erfahrungsgebundene Theorien aus empirischer Erfahrung gewonnen werden.[17]

Mein Kritikpunkt ist, dass Alston bei seinen theologisch-apologetischen Bemühungen besagten „Zwang zur Erfahrung" viel zu unkritisch voraussetzt. Er unterstellt viel zu selbstverständlich, dass alle legitime Theoriebildung auf die Erfahrung aufbauen muss. Der leitende Gedanke ist, dass die Legitimität religiöser Theoriebildung dadurch nachgewiesen werden kann, dass ein möglichst enger Erfahrungsbezug derselben nachgewiesen wird. Hier zeigt sich ein Cha-

---

[17] Vgl. William Alston, Religious Experience as a Ground of Religious Belief, in: J. Hick, (Hrsg.), Classical and Contemporary Readings in the Philosophy of Religion, Prentice Hall ³1990, 464 – 483, speziell 483.

rakteristikum des besagten „Zwangs zur Erfahrung": Der *Erfahrungsbezug von Theorien wird zum Gradmesser ihrer Legitimität.*[18]

Nun mag die Insistenz auf einem Bezug zur Erfahrung in bestimmten Wissenschaftsbereichen wie etwa den Naturwissenschaften durchaus angemessen sein. In anderen Wissenschaftsbereichen ist so eine Insistenz jedoch kontraproduktiv, eben „zwanghaft", insofern sie bestimmte Theorieoptionen von vornherein ausschließt. Im Fall der Philosophie etwa wird auf diese Weise sozusagen *a priori* die Möglichkeit jedweden *a prioris* ausgeschlossen. Damit meine ich das Folgende: Unter den Bedingungen dieses „Zwangs zur Erfahrung" werden Reflektionen auf die Grundlagen der Erfahrung, wie sie etwa in transzendentalen Überlegungen üblich sind, *a priori* ausgeschlossen. Denn insofern legitime Theoriebildung immer auf die Erfahrung aufgebaut ist, kommen Fragen, die die Erfahrung als solche transzendieren, nicht mehr in den Blick oder werden doch zumindest marginalisiert. Auf diese Weise werden Fragen wie die nach der Ordnung des Erfahrungsganzen oder gar die nach der Ermöglichung der Möglichkeit von Erfahrung *a priori* ausgeschlossen oder marginalisiert.

Und auch in Hinsicht auf den religiösen Bereich zeitigt der „Zwang zur Erfahrung" kontraproduktive Konsequenzen: Unter den Bedingungen besagten Zwangs wird die religiöse Theoriebildung in vielen Bereichen ungleich schwieriger. So ist es unter diesen Bedingungen etwa mühsam, eine zumindest halbwegs robuste Theorie der *Offenbarung* konzeptionell einholen zu können. Denn unter der Annahme, dass alle legitime Theoriebildung auf die Erfahrung aufgebaut sein muss, muss auch jede legitime Theorie der Offenbarung auf Erfahrung aufgebaut sein. Eine Theorie der Offenbarung kann dann also nur als sozusagen immer an die Erfahrung gekettete in den Blick kommen. Zusammenfassend gesagt: Unter dem „Zwang zur Erfahrung" ist Erfahrung immer primär, Offenbarung sekundär oder, wie vor allem in Teilen der englischsprachigen Religionsphilosophie üblich: Auf das Primäre folgt kein Sekundäres mehr und Offenbarung kommt überhaupt nicht mehr in den Blick beziehungsweise nur noch als illegitimes, weil prinzipiell irrationales Theoriegebilde.

---

[18] Andernorts habe ich nachgewiesen, dass die enge Verknüpfung von Legitimitätsfragen mit der Frage des Erfahrungsbezugs die Gefahr relativistischer Konsequenzen zeitigt (vgl. Grube, Religious Experience after the Demise of Foundationalism, a.a.O., 179–181.

5

Tillichs Überlegungen im Umkreis des Mystikproblems bieten nun die Möglichkeit zur Korrektur derartiger Einseitigkeiten im Umgang mit dem Offenbarungsbegriff: Wie oben ausgeführt, bezieht sich die These einer mystischen Unmittelbarkeit auf den Bereich, der die Subjekt/Objekt-Spaltung und damit die Erfahrung grundlegt. Insofern Tillich nun den Begriff der Offenbarung mit dieser die Subjekt/Objekt-Spaltung und damit die Erfahrung grundlegenden Mystik in Verbindung bringt, bezieht er auch diesen Begriff auf den Bereich, der die Erfahrung grundlegt. Der Offenbarungsbegriff bezieht sich bei Tillich also nicht zuerst auf die Erfahrung selbst, sondern auf den erfahrungsjenseitigen und erfahrungsgrundlegenden Bereich. Kurzum, Tillichs Überlegungen im Umkreis des Mystikproblems bieten strukturell die Möglichkeit einer Befreiung des Offenbarungsbegriffs von seiner Ankettung an die Erfahrung.

Stimmen die oben genannten Überlegungen, dann wäre unter den vielfältigen Funktionen, die der Offenbarungsbegriff bei Tillich erfüllt,[19] auch eine dezidiert epistemologische zu nennen: Offenbarung hat dann unter anderem die Funktion, den Grund für die Erfahrung zu legen. Bescheidener gesagt: Der Offenbarungsbegriff spielt zumindest eine Rolle im Rahmen des Grundlegungsgeschehens von Erfahrung. In dieser Weise interpretiert, weist Tillichs Offenbarungsbegriff Gemeinsamkeiten mit der etwa durch Christoph Schwöbel repräsentierten theologischen Tradition auf, bei der die Relation Offenbarung/Erfahrung so beschrieben wird, dass Offenbarung nicht mehr in der einen oder anderen Weise an Erfahrung anknüpft oder gar über dieser steht, sondern „the ground of its possibility and the condition for the possibility of its truth"[20] ist. Insofern der Offenbarungsbegriff hier unter dem Einfluss christologischer und trinitarischer Überlegungen als Grund der Möglichkeit und Bedingung der Möglichkeit der Wahrheit von Erfahrung angesehen wird, wird das Schema „Erfahrung ist primär, Offenbarung sekundär", offensichtlich durchbrochen. In bestimmter Hinsicht ist der Offenbarungsbegriff grundlegender als der Begriff der Erfahrung. Wird der Offenbarungsbegriff gar mit starken transzendentalen Ansprüchen versehen, wäre es sogar möglich, *Offenbarung als Grund der Möglichkeit von Erfahrung* zu deuten.

Es dürfte unmittelbar deutlich sein, dass auf diese Weise ein robusterer Offenbarungsbegriff denkbar wird als unter dem „Zwang zur Erfahrung", also dem

---

19 Vgl. zur genaueren Analyse der Funktion des Offenbarungsbegriffs bei Tillich etwa meine Diskussion in: Unbegründbarkeit Gottes, 63–71.
20 Christoph Schwöbel, God: Action and Revelation, a.a.O., 118.

Fall, dass Offenbarung als immer an Erfahrung anknüpfen müssend gedacht wird. Eine Interpretation von Tillichs Offenbarungsbegriff im Rahmen dieser Tradition macht es denn auch möglich, seine Betonung der Bedeutung des Offenbarungsbegriffs konzeptionell einzuholen. Denn wiederholt stellt er heraus, dass dem Offenbarungsbegriff bei der Transzendierung der Subjekt/Objekt-Spaltung zentrale Funktionen zukommen.[21] Diese drohen aber dadurch konzeptionell verloren zu gehen, dass er mit dem Begriff der Subjekt/Objekt-Spaltung die oben kritisierte Überfülle an Problembeständen verbindet. Könnten dagegen dem Gedanken der Transzendierung der Subjekt/Objekt-Spaltung und dem mit diesem verbundenen Offenbarungsbegriff eindeutige *epistemologische* Funktionen im obigen Sinn zugeschrieben werden, sähe es anders aus. Könnte etwa nachgewiesen werden, dass dem Offenbarungsbegriff eine zentrale Funktion bei der Grundlegung von Erfahrung oder gar der Ermöglichung von Erfahrung zukommt, wäre seine Bedeutung sofort deutlich: Dann wäre *Offenbarung ein wichtiger Baustein oder gar die conditio sine qua non in einer Theorie der Erfahrung.*

---

21 Vgl. exemplarisch Tillich, ST I, 205 sowie oben.

V Glaube und Wissen bei Tillich. Die Offenbarungserkenntnis als Erkenntnis über die Erkenntnis statt Erkenntnis über die Welt

Was ist Offenbarungserkenntnis? Genauer gefragt: Um was für eine Art des Wissens handelt es sich bei der Erkenntnis, die durch die Offenbarung gewonnen wird? Handelt es sich um eine Art der Erkenntnis, die unser Wissen über die Natur, die Geschichte, den Menschen oder ähnliches vermehrt? Ist die durch die Offenbarung gewonnene Erkenntnis also ein Wissen von Sachverhalten? Oder handelt es sich um eine ganz andere Art der Erkenntnis? Wenn ja, wie ist diese Art genau zu beschreiben und in welchem Verhältnis steht sie zur Kenntnis von Sachverhalten?

Es überrascht, wie selten diese Fragen explizit gestellt werden. Oftmals wird stattdessen einfach vorausgesetzt, dass es sich bei der Offenbarungserkenntnis um ein Wissen von Sachverhalten handelt, ohne weiter darüber zu reflektieren. Das ist zum Beispiel bei den berühmt-berüchtigten Diskussionen zwischen Kreationisten und religionskritischen Evolutionsbiologen der Fall. Beide Parteien gehen zumeist ohne weitere Reflexion davon aus, dass Offenbarungs- oder Glaubenserkenntnis[1] im Widerspruch zu evolutionsbiologischen Einsichten stehen kann (s. dazu genauer unten, Abschnitt 2). Doch wenn diese Diskussion den Anspruch erhebt, wissenschaftlich fundiert zu sein, ist zunächst zu prüfen, ob beide Formen der Erkenntnis auf derselben epistemischen Ebene zu lokalisieren sind, beide also Antworten auf dieselbe Art Fragen darstellen.

Im Folgenden wird untersucht, ob das der Fall ist. Dazu wird zunächst auf einen Beitrag zur Sache eingegangen, der eindeutig Stellung zu diesem Problem bezieht, Tillichs Thesen zur Offenbarungserkenntnis. Diese dienen als Ausgangspunkt für die folgenden Überlegungen, die Tillichs Ansatz aus christlich-biblischer Perspektive weiterdenken.[2] Aufgrund der Ergebnisse dieser Überlegungen wird eine Antwort auf die Frage gegeben, was Offenbarungserkenntnis ist. Diese Antwort dient als Grundlage zur (Neu-)Bestimmung des Verhältnisses zwischen Glaubenserkenntnis und evolutionstheoretischen Einsichten.

---

[1] Für die Zwecke dieser Abhandlung identifiziere ich Offenbarungs- und Glaubenserkenntnis.
[2] Wobei auch auf das Problem der Bedeutung der Historizität der Auferstehung eingegangen wird (s. unten, Abschnitt 8).

https://doi.org/10.1515/9783110547337-008

1 Die Diskussion um das Problem „Glaube und Wissen" beziehungsweise „Religion and Science"

Im englischsprachigen Bereich hat sich der Begriff „religion and science"[3] für das zu verhandelnde Problem eingebürgert. Im deutschsprachigen Bereich wird traditionellerweise dafür der Begriff „Glaube und Wissen" verwendet. Doch sind beide Probleme nicht identisch, da „Glaube" nicht dasselbe ist wie „religion" und „Wissen" nicht dasselbe wie „science". Im Folgenden wird „Glaube und Wissen" in unspezifischem Sinn zur Kennzeichnung des allgemeinen Problems verwandt, während „religion and science" die spezifische Diskussion im englischsprachigen Bereich meint, auf die unten (s. Abschnitt 2) gesondert eingegangen wird.

Das Problem „Glaube und Wissen" kann aus verschiedenen Blickwinkeln thematisiert werden. Es ist sinnvoll, den Blickwinkel, unter dem die Diskussion jeweils geführt wird, anzugeben, da die dabei implizierten Fragen und Erkenntnisinteressen verschieden sind. So kann zum Beispiel aus wissenschaftstheoretischem Blickwinkel untersucht werden, welche Anforderungen Glaubenserkenntnis erfüllen muss, um als wissenschaftlich gelten zu können. Aus (einer bestimmten) politisch-säkularen Perspektive ist die Frage von Interesse, inwiefern die Glaubenserkenntnisse verschiedener Religionen miteinander oder mit der säkularen Leitkultur (un)vereinbar sind. Aus theologischer Perspektive hängt die Beantwortung der Frage, was Offenbarungserkenntnis ist, von der Beantwortung der Frage ab, wie Gott sich offenbart.

Bei manchen Diskussionen um das Problem „Glaube und Wissen" wird die Frage nach dem Blickwinkel, aus dem das Problem thematisiert wird, vernachlässigt. Die Folge davon ist, dass das erkenntnisleitende Interesse nicht benannt und dadurch der Anschein erweckt wird, als sei der jeweils eingenommene Blickwinkel *die* „natürliche" Perspektive auf das Problem. Dadurch findet keine Relativierung der Bedeutung der eigenen Sichtweise statt, so dass es schwierig oder gar unmöglich ist, diese mit anderen Blickwinkeln in ein konstruktives Verhältnis zu setzen.

Tillichs Herangehensweise an das Problem zeichnet sich nun dadurch aus, dass er verschiedene Blickwinkel zusammenführt. Seine Diskussion darüber, was Offenbarungserkenntnis ist, beruht zunächst auf einer Reflexion darüber, was Offenbarung in theologischer Hinsicht ist. Diese Reflexion führt er dann auf konstruktive Weise zusammen mit der philosophisch-wissenschaftstheoretischen Diskussion darüber, wie sich Glaube und Wissen zueinander verhalten. Diese

---

3 Vgl. dazu exemplarisch Peterson/Hasker/Reichenbach/Basinger, Reason & Religious Belief. An Introduction to the Philosophy of Religion, 237–258.

Herangehensweise an das Problem ist beispielhaft und ich übernehme diese im Folgenden.

An dieser Stelle möchte ich noch eine Bemerkung zu meinen *eigenen Erkenntnisinteressen* anfügen: Als Religionsphilosoph beschäftigt mich das Problem „religion and science" selbstverständlich, da es eines der Standardthemen in der englischsprachigen Religionsphilosophie ist. Doch als Theologe finde ich die einschlägigen Diskussionen bisweilen unbefriedigend: Sie lassen ein Reflexionsdefizit in theologischer Hinsicht erkennen. Philosophen oder gar notorische Religionskritiker wie Dawkins, deren Beiträge vor allem durch einen eklatanten Mangel an theologischer Sachkenntnis auffallen, maßen sich an, zu bestimmen, was religiöse Erkenntnis ist. Deshalb ist es sinnvoll, zunächst noch einmal genau nachzufragen, was diese Erkenntnis in theologischer Hinsicht beinhaltet, bevor deren Verhältnis zu wissenschaftlichen Einsichten untersucht wird. Wie sich zeigen wird, erweist sich dadurch ein Großteil der populären Diskussion um das Problem „religion and science" als überflüssig.

Im Folgenden wird im Anschluss an Tillich der Begriff der Offenbarungserkenntnis verwendet. Die Frage, welcher Art die Erkenntnis ist, die durch die Offenbarung gewonnen wird, hängt offensichtlich davon ab, was unter dem Begriff der Offenbarung verstanden wird.[4] Jede theologische Bestimmung dieses Begriffs beruht aber auf bestimmten ontologischen und epistemologischen Voraussetzungen. Wie Offenbarung gedacht wird, hängt wesentlich davon ab, wie Gott – oder andere entsprechende transzendente Wesenheiten – und seine/ihre Kommunikation mit der Menschheit verstanden wird.

Die folgenden Überlegungen haben denn auch nicht zum Ziel, den einzig möglichen Offenbarungs- oder gar Wesensbegriff von Offenbarung zu bestimmen. Stattdessen geht es lediglich darum, einen möglichen Begriff kohärent auszuarbeiten. Allerdings wird dabei der Anspruch vertreten, dass dieser Begriff für das Christentum, jedenfalls in seiner protestantischen Gestalt, grundlegende Bedeutung hat. Dabei muss die Bedeutung dieses Begriffs keineswegs auf das (protestantische) Christentum beschränkt bleiben, sondern kann auch ein interessantes Gesprächsangebot für den interreligiösen oder ökumenischen Diskurs darstellen.

---

4 Vgl. zum Begriff der Offenbarung auch Johann Figl, Offenbarung, I (Religionswissenschaftlich), RGG⁴, Bd. 6, Sp. 462–463 und Christoph Schwöbel, Offenbarung, II (Religionsphilosophisch), RGG⁴, Bd. 6, Sp. 463–467, 463.

2 Ian Babours vier Modelle zur Beschreibung des Verhältnisses zwischen Religion und Wissenschaft und Tillichs Verortung darin

Die englischsprachige Diskussion zum Thema „religion and science" ist in den letzten Jahrzehnten sehr intensiv geführt worden. Hier hat sich eine Klassifikation eingebürgert, mit der das komplexe Problemfeld in übersichtlicher Weise systematisiert werden kann. Ich meine die von Ian Barbour ausgearbeiteten vier Modelle zur Bestimmung des Verhältnisses von Religion und Wissenschaft: Barbour unterscheidet zwischen Konflikt-, Unabhängigkeits-, Dialog- und Integrationsmodell.[5]

Während beim *Konfliktmodell* davon ausgegangen wird, dass „religion" und „science" einander jedenfalls in bestimmten Aspekten widersprechen, wird das beim *Unabhängigkeitsmodell* von vornherein ausgeschlossen. Dieses Modell zeichnet sich dadurch aus, dass Glaube und Wissenschaft als Antworten auf verschiedene Fragen angesehen werden. Als charakteristische Beispiele für letzteres werden etwa der Existentialismus oder die Sprachphilosophie des späten Wittgenstein[6] angeführt. Beim *Dialogmodell* werden üblicherweise entweder methodologische Parallelen zwischen Religion und Wissenschaft angeführt oder das Argument, dass Religion dort eine Funktion hat, wo die Wissenschaft an ihre Grenzen stößt. Beim *Integrationsmodell* werden religiöse und wissenschaftliche Kernthemen in ein umfassendes metaphysisches System integriert, wie das etwa Alfred North Whitehead versucht hat.

Am wirkungsmächtigsten ist gegenwärtig das Konfliktmodell. In großen Teilen des populärwissenschaftlichen Diskurses, aber auch im eigentlich wissenschaftlichen Diskurs zur Sache herrscht dieses Modell vor. Hierbei wird davon ausgegangen, dass bestimmte Aspekte des Glaubens und der Wissenschaft einander widersprechen. Vertreter dieses Modells sind sowohl biblische Literalisten, wie die schon oben angesprochenen Kreationisten, als auch Religionskritiker wie Dawkins. Beide Gruppen nehmen zwar unterschiedliche Standpunkte ein: Die einen meinen, den Glauben zu verteidigen, in dem sie den biblischen Schöpfungsbericht auf bestimmte Weise interpretieren, etwa behaupten, die Artenvielfalt sei durch den Schöpfer selbst geschaffen worden. Die anderen, Dawkins &

---

5 Vgl. Ian Barbour, Science and Religion: New Perspectives on the Dialogue, New York, 1968.
6 Vgl. dazu etwa Peterson/Hasker/Reichenbach/Basinger, a.a.O., 243 f. Derartige Charakterisierungen sind typisch für die religionsphilosophische Rezeption des Existentialismus und von Wittgenstein im anglo-amerikanischen Bereich. Ob diese damit tatsächlich zutreffend beschrieben sind, lasse ich hier offen.

Co., verwenden bestimmte Aspekte der Evolutionstheorie dazu, um den Glauben anzugreifen: Sie weisen mit deren Hilfe nicht nur den Kreationismus ab, sondern meinen darüber hinaus, gute Gründe zu haben, um den Glauben als solchen abzulehnen.[7]

Insofern sie übereinstimmend annehmen, dass Glaubens- und wissenschaftliche Erkenntnis einander widersprechen, vertreten beide Gruppen das Konfliktmodell. Sie setzen voraus, dass beide Arten der Erkenntnis einander widersprechen *können*. Das wiederum setzt aber voraus, dass beide Erkenntnisarten dieselbe Sache in derselben Hinsicht thematisieren. Denn nur wenn zwei Parteien über dieselbe Sache in derselben Hinsicht sprechen, können sie einander auf sinnvolle Weise widersprechen – ansonsten handelt es sich um Scheinwidersprüche.

Genau das aber behauptet Tillich. Er meint, dass die Ansicht, Offenbarungserkenntnis und gewöhnliche Erkenntnis könnten einander widersprechen, unsinnig sei: „Offenbarungserkenntnis kann nicht mit gewöhnlicher Erkenntnis in Widerspruch geraten, ebenso kann gewöhnliche Erkenntnis nicht mit Offenbarungserkenntnis in Widerspruch geraten."[8] Die Betonung, dass beide Arten der Erkenntnis nicht miteinander in einen Konflikt geraten können, zieht sich wie ein roter Faden durch Tillichs Äußerungen zur Sache. Gemäß Barbours obiger Unterscheidung zwischen vier Modellen erweist Tillich sich als Vertreter des Unabhängigkeitsmodells.[9]

Charakteristisch für Vertreter des Unabhängigkeitsmodells ist, dass ihre Argumentationen apriorischer Natur sind. Das gilt auch für Tillich. Er argumentiert nicht, dass es faktisch so ist, dass die Offenbarungserkenntnis und die gewöhnliche Erkenntnis einander nicht widersprechen, sondern dass sie nicht einmal die Möglichkeit dazu haben. Die Begründung dafür, dass das a priori feststeht, hat mit Tillichs Charakterisierung des Offenbarungsbegriffs zu tun. Diese ist im Folgenden zu untersuchen.

---

7 Vgl. dazu Richard Dawkins, The God Delusion, London/Toronto etc., 2006, 54 ff u. ö.

8 Tillich, ST I, 156.

9 So auch Werner Schüßler, Naturwissenschaft-Philosophie-Theologie. Paul Tillich zum Problem der sog. „Galilei Konflikte", a.a.O., 75 f (vgl. dazu aber unten, Abschnitt 12). S. dazu auch den – allerdings sehr weitgehenden – Versuch Richard Griggs (Religion, Science and Evolution: Paul Tillich's Fourth Way (in: Zygon, 38/4 (Dezember 2003), 942–955)) evolutionstheoretisches Denken mit „dem, was uns unbedingt angeht", zu versöhnen.

3 Die grundsätzliche Unabhängigkeit von Offenbarungs- und wissenschaftlicher Erkenntnis bei Tillich

Tillich hat sich Zeit seines Lebens mit dem Offenbarungsbegriff beschäftigt. Schon in seiner Schaffenszeit in Deutschland geht er wiederholt auf diesen ein. Dabei zeigen sich, wenn auch noch in ganz anderer Nomenklatur, schon Grundzüge seiner späteren Beschäftigung mit diesem Begriff. So hält er zum Beispiel in seiner Dogmatikvorlesung von 1925 fest: „Offenbarung ist Durchbruch des Unbedingten in das Bedingte. Sie ist weder Verwirklichung noch Zerstörung der bedingten Formen, sondern ihre Erschütterung und Umwendung".[10]

In seiner Schaffenszeit in den USA setzt sich diese Beschäftigung mit dem Offenbarungsbegriff fort, wird dabei aber vertieft. Offenbarung wird nun in verschiedenen Zusammenhängen und Problemhorizonten diskutiert, etwa in Hinsicht auf ihre Letztgültigkeit[11] oder ihre Beziehung zur Vernunft.[12] Ein Problemhorizont, der immer wieder auftaucht, ist die Frage nach dem Verhältnis von Offenbarungserkenntnis und wissenschaftlicher beziehungsweise profaner Erkenntnis: In der ST I widmet Tillich dieser Frage einen eigenen Unterabschnitt.[13]

Dass Tillich der Frage nach dem Verhältnis beider Arten der Erkenntnis zueinander derart viel Aufmerksamkeit widmet, ist durch die äußeren Umstände mitbedingt: In den USA gab es schon zu Tillichs Zeit Versuche, im Namen christlicher Offenbarungs- oder Wahrheitsansprüche wissenschaftliche Erkenntnisse bestreiten zu wollen. Am bekanntesten sind die Versuche, die Evolutionstheorie per Gerichtsbeschluss aus dem Schulunterricht verbannen zu wollen. Gegen derartige Versuche wendet Tillich sich explizit in seinen späteren Vorlesungen (s. dazu genauer unten, Abschnitt 11).

Doch dass Tillich die Frage nach dem Charakter der Offenbarungserkenntnis aufnimmt, hat nicht nur mit den äußeren Umständen zu tun, sondern auch mit seiner Bestimmung des Wesens von Offenbarung. Das grundlegende Kennzeichen der Offenbarung ist für ihn nämlich, dass diese existentiell relevant ist. Ein „unexistentiell[es]"[14] Verständnis der Offenbarungsquellen hat nichts mit wahrer Offenbarungserkenntnis zu tun. Offenbarungserkenntnis enthält keine „Infor-

---

10 Schüßler, Werner, Paul Tillich. Dogmatik, Marburger Vorlesung von 1925, Düsseldorf, 1986, 41 § 5.

11 Vgl. dazu Tillich, ST I, 158–164 und den Aufsatz Nr. IX in diesem Band.

12 Vgl. Tillich, ST I, 175–184.

13 Vgl. Tillich, a.a.O., 154–158.

14 Tillich, ST I, 156. Zum existentiellen Charakter von Tillichs Offenbarungsbegriff, s. auch Aufsatz Nr. II in diesem Band.

mation über die Natur der Dinge und ihre gegenseitige Beziehung",[15] sondern über „das, was uns unbedingt angeht".[16] Seinen Abschnitt über Offenbarungserkenntnis einleitend, betont Tillich denn auch, dass Offenbarung „die Manifestation des Mysteriums des Seins für die kognitive Funktion der menschlichen Vernunft"[17] ist. Deshalb kann sie auch nur in einer speziellen Situation, einer „Offenbarungssituation"[18] empfangen werden.

Daraus leitet Tillich eine wichtige Folgerung darüber ab, was Offenbarungserkenntnis *nicht* ist. Sie ist nicht einfach ein Zuwachs zur profanen Erkenntnis. Offenbarungserkenntnis kann nicht „in den Zusammenhang der gewöhnlichen Erkenntnis als etwas Zusätzliches aufgenommen werden"[19], sie „vermehrt nicht unsere Erkenntnis über die Strukturen der Natur, der Geschichte und des Menschen..."[20]

Diese Einsicht Tillichs ist von zentraler Bedeutung zur Abweisung des Missverständnisses, Offenbarungserkenntnis wäre eine Form von Faktenkenntnis. Es ist also nicht so, dass es profane Fakten s, t, u... und dazu noch geoffenbarte Fakten x, y, z... gibt. Ein derartiges Verständnis ist unvereinbar mit dem Offenbarungsbegriff, jedenfalls wenn dieser in einem biblisch-christlichen Sinn verstanden wird (s. dazu genauer unten, Abschnitt 5). Wie immer Offenbarung also positiv zu beschreiben sein mag: Festzuhalten ist jedenfalls, dass sie keine Mitteilung von Fakten beziehungsweise von Sachverhalten ist.

Deshalb betont Tillich auch, dass Offenbarungserkenntnis und (natur)wissenschaftliche Erkenntnis *grundsätzlich unabhängig* voneinander sind. Diese Unabhängigkeitsthese arbeitet er nach beiden Seiten hin aus: Zum einen insistiert er auf der Unabhängigkeit der wissenschaftlichen Erkenntnis gegenüber unberechtigten Offenbarungsansprüchen:

Keine Offenbarung hat das Recht, in die wissenschaftliche Erforschung unserer Welt einzugreifen. Nur eine in ihrem Wesen verzerrte Offenbarung könnte das Recht beanspruchen, kraft ihrer Autorität physikalische, psychologische oder geschichtliche[21] Kenntnisse zu unterdrücken...[22]

---

15 Tillich, a.a.O., 155.
16 Vgl. dazu a.a.O., 157 und Werner Schüßler, „Was uns unbedingt angeht". Aspekte des religionsphilosophischen Denkens Paul Tillichs, in: ders. (Hrsg.), „Was uns unbedingt angeht". Studien zur Theologie und Philosophie Paul Tillichs, Münster, 4. Aufl. 2015, 143–160.
17 Tillich, ST I, 154.
18 Tillich, a.a.O., 155.
19 Ebd.
20 Ebd.
21 Das Problem historischer Forschung könnte insofern für die christliche Theoriebildung einen Sonderfall darstellen, als diese bekanntlich in starkem Maß vom Historischen abhängt: Der „historische Jesus" ist auch der Christus, der für die christliche Theoriebildung konstitutiv ist (s.

Offenbarung, die die Autonomie wissenschaftlicher Erkenntnis untergräbt, missversteht ihr Wesen und ist darum „verzerrt". Dabei denkt Tillich an die bekannten Konflikte von Galilei bis Darwin.[23] Kurzum, Tillich betont hier das Recht wissenschaftlicher Erkenntnis auf Autonomie gegenüber „imperialistisch" missverstandenen Offenbarungsansprüchen.

Daneben betont Tillich auch die zweite Seite der Unabhängigkeitsthese: Das Recht der Offenbarung ist gegenüber überzogenen Erkenntnisansprüchen der Wissenschaften zu schützen. Die wissenschaftliche Erkenntnis überschreitet ihre Grenzen, wenn sie Offenbarungsansprüche kritisiert. Dann ist im Namen recht verstandener Offenbarung einzuschreiten: „Wenn unter dem Deckmantel der gewöhnlichen Erkenntnis Dinge, die uns unbedingt angehen, erörtert werden, dann muß die Theologie die Wahrheit der Offenbarung gegen die Angriffe von seiten entstellter Offenbarungen schützen..."[24] Dabei handelt es sich nicht um einen „Widerspruch zwischen Offenbarungserkenntnis und gewöhnlicher Erkenntnis",[25] sondern um einen „religiöse[n] Kampf in der Dimension der Offenbarungserkenntnis."[26]

In Hinsicht auf das Verhältnis zwischen den Naturwissenschaften und dem Glauben betont Tillich darum auch explizit deren Unabhängigkeit voneinander: „Naturwissenschaft hat kein Recht und keine Befugnis, sich in den Glauben einzumischen, und Glaube hat keine Befugnis, sich in die Naturwissenschaft einzumischen. Die eine Bedeutungsebene ist nicht in der Lage, sich in die andere Ebene einzumischen."[27]

Naturwissenschaft und Glaube sind also auf verschiedenen Bedeutungsebenen anzusiedeln. Deshalb steht a priori fest, dass sie gar nicht in einen Konflikt miteinander geraten können. Die in der Geschichte immer wieder auftauchenden Konflikte sind in Wahrheit denn auch keine Konflikte zwischen Glaube und Wissenschaft, sondern „zwischen einem Glauben und einer Wissenschaft, die vergessen haben, zu welcher Dimension sie gehören".[28]

---

dazu auch unten, Abschnitt 5). Aber auch hier macht Tillich geltend, dass die „Offenbarungserkenntnis zwar in erster Linie durch geschichtliche Ereignisse übermittelt wird", sie aber doch „keine faktischen Aussagen" enthält und darum „nicht der kritischen Analyse historischer Forschung ausgesetzt ist" (Tillich, ST I, 156).

22 Tillich, GW VIII, 65.
23 Vgl. Tillich, ST I, 156 und dazu Schüßler, Naturwissenschaft, 47–51.
24 Tillich, ST I, 157. Vgl. dazu auch Schüßler, Naturwissenschaft, 48 ff und unten, Abschnitte 10 und 11.
25 Tillich, ST I, 157.
26 Ebd.
27 Tillich, GW 8, 166.
28 Ebd.

4 Das NOMA-Prinzip und der Glaube

Eine andere Variante des Unabhängigkeitsmodells stellt das sogenannte *NOMA-Prinzip* dar. Dieses Prinzip ist von Stephen Jay Gould in die Diskussion eingeführt worden und beinhaltet, dass Glaubenserkenntnis und (natur)wissenschaftliche Erkenntnis *„nonoverlapping magisteria"* darstellen: „The net of science covers the empirical realm: What is the universe made of (fact) and why does it work this way (theory). The net of religion extends over questions of moral meaning and value. These two magisteria do not overlap..."[29]. Mit seinem NOMA-Prinzip betont Gould also die Eigenständigkeit des Glaubens und will diesen auf diese Weise gegenüber der (natur)wissenschaftlich motivierten Religionskritik verteidigen.[30] Dazu kritisiert er die Voraussetzung, auf der das Konfliktmodell beruht, dass Glaubens- und naturwissenschaftliche Erkenntnis einander widersprechen können.

Eine derartige Kritik ist angesichts der momentanen Diskussionslage sinnvoll. Die grundsätzliche Frage, ob Religion und (Natur-)Wissenschaft einander überhaupt widersprechen können, wird vielfach übergangen. Bisweilen entsteht gar der Eindruck, dass diese Frage ganz bewusst vermieden wird, weil sie zu einer Entschärfung der Konflikte beitragen könnte. Die Beantwortung dieser Frage könnte schließlich zeigen, dass die medial aufgebauschten Konflikte letztendlich nur Scheinkonflikte sind. Doch das wäre eine Antwort, die der Diskussion einen Großteil ihrer öffentlichen Aufmerksamkeit entziehen würde. Das ist aber nicht im Sinne vieler Vertreter des Konfliktmodells. Manche Religionskritiker wie auch -verteidiger sonnen sich gerne im Licht der öffentlichen Aufmerksamkeit und vermeiden deshalb diese Frage lieber von vornherein.

Insofern das NOMA-Prinzip diese Frage stellt und die Selbstverständlichkeit hinterfragt, mit der angenommen wird, dass Glaube und Wissenschaft einander widersprechen können, ist es zu begrüßen. Die Antwort, dass sie es nicht können, da sie verschiedenen „magisteria" angehören, trägt zu einer konstruktiven Grundlagenreflexion bei. Sie macht die implizit angenommenen Voraussetzungen der Diskussion explizit und trägt insofern zur Diskurshygiene bei.

Doch ist größere Skepsis angebracht, wenn das NOMA-Prinzip als Grundlage zur positiven Bestimmung des Verhältnisses von Glaube und (Natur-)Wissenschaft verwendet wird. Das Problem an diesem Prinzip ist, dass es den Glauben auf Moral reduziert. Eine derartige Reduktion ist aber aus verschiedenen Gründen bedenklich. Zum einen wird es der Logik religiöser Perspektiven nicht gerecht. So

---

29 Stephen J. Gould, Two Separate Domains, in: Michael Peterson/William Hasker/Bruce Reichenbach/David Basinger (Hrsg.), Philosophy of Religion. Selected Readings, New York/Oxford, 2007, 549–558, 552.
30 Was umso bemerkenswerter ist, als Gould selbst nicht religiös ist.

beinhaltet zum Beispiel die Logik der christlichen Perspektive, dass die Moral auf einer bestimmten Wahrnehmung der Wirklichkeit beruht. Unten (s. Abschnitt 9) wird sich etwa zeigen, dass das christliche Handeln durch ein eschatologisches Bewusstsein motiviert ist. Der Imperativ, also die christliche Moral, ist nicht ohne den christlichen Indikativ zu haben (vgl. dazu exemplarisch Gal. 5, 25). Wenn letzterer wegfällt, wie es bei Reduktionen des Glaubens auf moralische Inhalte der Fall ist, dann verliert die christliche Moral ihre Begründung.

Damit hängt auch ein weiterer Grund zusammen, warum eine Reduktion des Glaubens auf die Moral problematisch ist. Dieser Grund ist, dass bei einer derartigen Reduktion der Glaube nichts mehr mit Erkenntnisvorgängen zu tun hat. Er wird kognitiv irrelevant. Eine derartige Irrelevanz ist aber kaum mit den ontologischen Implikationen von Glaubensansprüchen wie den christlichen vereinbar. So ist die Annahme, der Glaube sei kognitiv vollkommen irrelevant, mit grundlegenden Annahmen über Gottes (trinitarisches) Sein, seinem Verhältnis zu den Menschen und seinem Handeln inkompatibel.

Kurzum, aus verschiedenen Gründen kann der (christliche) Glaube nicht als vollkommen erkenntnisirrelevant gedacht werden. Um der Logik des Glaubens wie auch den in ihm implizierten ontologischen Charakteristika gerecht zu werden, muss er kognitive Bedeutung haben. Insofern das NOMA-Prinzip ihn auf rein moralische Inhalte reduziert und ihm keinerlei kognitive Bedeutung zumisst, ist es problematisch.

Klassischerweise wird zwischen propositionellen und nicht propositionellen Offenbarungskonzepten unterschieden.[31] Mit Hilfe dieser Unterscheidung lassen sich die obigen Überlegungen in zwei Anforderungen zusammenfassen, die ein (christlicher) Offenbarungsbegriff erfüllen muss:

– -Offenbarung wird dann „verzerrt", wenn sie als Menge von Propositionen verstanden wird, die Behauptungen über Sachverhalte enthalten (Tillichs grundlegende Einsicht). Offenbarung ist also nicht propositionell zu denken.
– -Doch muss ein nicht propositionelles Verständnis der Offenbarung deren kognitive Relevanz wahren. Diese darf nicht als vollkommen erkenntnisirrelevant, etwa als lediglich moralisch relevant, angesehen werden.

Kurzum, die *Offenbarung ist nicht propositionell, dabei aber erkenntnisrelevant* zu konzipieren. Einen Offenbarungsbegriff, der beide Anforderungen erfüllt, skizziere ich im Folgenden.

---

31 Vgl. zu dieser Unterscheidung John Hick (Philosophy of Religion, Englewood Cliffs, ⁴1990,56–67).

5 Offenbarung als Wechsel der Leitperspektive

Ein Verständnis des Offenbarungsbegriffs, das den Anspruch erhebt, christlich zu sein, hat sich an dem, was das Christentum auszeichnet, zu orientieren. Dazu gehört die Art und Weise, wie das Christentum entstanden ist. Konkret denke ich dabei daran, dass das Christentum aus dem Judentum durch eine Art *Paradigmenwechsel* entstanden ist.[32] Zunächst führe ich den Begriff des Paradigmenwechsels aus und erläutere, inwiefern sich das Christentum einem derartigen Wechsel verdankt, bevor ich auf die Frage eingehe, was das für die Konzeption des Offenbarungsbegriffs bedeutet.

Paradigmenwechsel in dem Sinn, in dem Thomas Kuhn[33] diese ausgearbeitet hat, zeichnen sich dadurch aus, dass eine Anomalie, wie etwa die Entdeckung der Röntgenstrahlen, durch eine großflächige Re-konzeptionierung bearbeitet wird. Das neue Paradigma zeichnet sich nicht primär dadurch aus, dass neue Sachverhalte entdeckt werden, sondern dadurch, dass bestehende Sachverhalte neu konzeptioniert werden.[34] Die Verbindungslinien zwischen Sachverhalten werden anders gezogen als beim traditionellen Paradigma, neue Sachverhalte treten dadurch in den Vordergrund, die Interpretationen bestehender Sachverhalte und die relevanten Bewertungsmaßstäbe ändern sich. Das Resultat eines Paradigmenwechsels ist, dass die traditionellen Sachverhalte eine andere Gestalt erhalten[35] und die Intension zentraler Begriffe modifiziert wird.[36]

Das Christentum verdankt sich einem Paradigmenwechsel in genau diesem Sinn: Die Anomalie, dass der verstorbene Jesus erscheint, wird durch einen Paradigmenwechsel vom traditionellen jüdischen zum neuen christlichen Paradigma bearbeitet. Dieser Wechsel zeichnet sich nicht dadurch aus, dass neue Erkenntnis gewonnen wird, sondern dadurch, dass bestehende Erkenntnis neukonzeptioniert wird. Traditionen werden auf neue Weise miteinander verknüpft, wobei vor allem die Verknüpfung der Tradition des leidenden Gottesknechts mit der des Messias wichtig ist. Dadurch ändert sich die Intension der im Zusam-

---

32 Vgl. dazu Grube, Ostern als Paradigmenwechsel. Eine wissenschaftstheoretische Untersuchung zur Entstehung des Christentums und deren Konsequenzen für die Christologie, Neukirchen, 2012, 57 ff.

33 Vgl. dazu Thomas Kuhn, The Structure of Scientific Revolutions, Chicago, ²1970.

34 So wird etwa beim Übergang vom geo- zum heliozentrischen Weltbild nicht so sehr neue Erkenntnis generiert, sondern bestehende Erkenntnis anders geordnet und zentriert.

35 „Sauerstoff" ist im neuen chemischen Paradigma Lavoisiers etwas anderes als das, was „dephlogistizierte Luft" in Priestleys Paradigma war (s. dazu Kuhn, a.a.O., 55).

36 „Raum", „Zeit" und „Masse" haben in Einsteins Paradigma eine andere Referenz als in Newtons Paradigma und auch ihre Messmethoden differieren (vgl. Kuhn, a.a.O., S 102).

menhang zentralen Begrifflichkeit, des Messiasbegriffs: Der Messias wird als leidensfähig gedacht. Dadurch kann das Schicksal Jesu als das des Messias verstanden werden. Auf diese Weise kann die Anomalie, dass der verstorbene Jesus erschienen ist, sinnvoll bearbeitet werden: Er ist auferstanden in dem Sinn, in dem vom Messias ausgesagt wird, dass er leiden und am dritten Tage auferstehen muss.[37]

Von einem anderen theoretischen Hintergrund ausgehend, kommt Martin Leiner zu einer vergleichbaren Rekonstruktion der Entstehung des Christentums. Er fasst dessen Entstehung aus dem Judentum als „Neuzentrierung und Rekapitulation der Religion Israels"[38] zusammen. Beim Rekapitulationsmotiv wird „die gesamte Tradition noch einmal neu gedeutet und auf eine neue, nunmehr alles entscheidende Mitte bezogen."[39] Auch Leiner behauptet also, dass sich das Christentum einer Art Neu-Zentrierung (Rekapitulation) oder Neu-Konzeptionierung der Tradition verdankt.

Wenn aber

- -das Christentum sich einer derartigen Neu-Konzeptionierung (einer Rekapitulation oder einem Paradigmenwechsel) verdankt und
- -das Charakteristikum derartiger Neu-Konzeptionierungen darin besteht, dass bestehende Sachverhalte aus einer anderen Perspektive wahrgenommen werden (statt dass zu den bestehenden Sachverhalten neue hinzugefügt werden)

dann liegt es nahe, die Offenbarung als integralen Unterteil dieser Neu-Konzeptionierung zu verstehen. Die unten zu verifizierende These ist also, dass beim Offenbarungsgeschehen nicht neue Sachverhalte mitgeteilt werden, sondern bestehende Sachverhalte neu-geordnet, neu-verknüpft, neu-zentriert... werden.

Wichtig dabei ist, dass alle Modifikationen in ihrem Zusammenhang gesehen einen guten Sinn ergeben. Sie erschließen die Wirklichkeit neu. *Neu-Erschlie-*

---

37 Vgl. dazu genauer Grube, Ostern als Paradigmenwechsel, 57–92.

38 Leiner, Martin, Die Entstehung des Christentums als semiotische Revolution, in: C. Danz/M. Dumas/W. Schüßler/M. A. Stenger/E. Sturm (Hrsg.), Jesus of Nazareth and the New Being in History (C. Danz/M. Dumas/W. Schüßler/M. A. Stenger/E. Sturm (Hrsg.), International Yearbook for Tillich Research/Internationales Jahrbuch für die Tillich-Forschung/Annales internationales de recherches sur Tillich 6, Wien/Münster 2011, 163–185, 167.

39 Leiner, a.a.O., 169 (im Original zum Teil Kursivdruck). Allerdings behauptet Leiner im Gegensatz zur obigen These, dass nicht gefragt wird, „...ob Jesus dem alttestamentlichen Messiasbild entspricht, sondern ob das alttestamentliche Messiasbild Jesus entspricht" (Leiner, a.a.O., 169 f).

ßung[40] impliziert, dass die (im Kontext relevanten Aspekte der) Wirklichkeit aus einer neuen Perspektive wahrgenommen werden und dass diese „einleuchtet". *Der Vorgang des Einleuchtens ist das Offenbarungsgeschehen.* Bei einer Offenbarung „fällt der Groschen" und es wird deutlich, dass die Wirklichkeit aus der neuen Perspektive heraus wahrzunehmen ist. „Die Augen werden aufgetan" und auf einmal wird verstanden, wo vorher Unverständnis herrschte. „Verstehen" bedeutet dabei, dass „sperrige" Phänomene, die innerhalb des traditionellen Paradigmas Anomalien darstellten, nunmehr sinnvoll interpretiert werden können.

Offenbarung besteht also nicht darin, dass zu den bestehenden Sachverhalten s, t, u... nun noch zusätzlich die Sachverhalte x, y, z... bekannt gemacht werden. Stattdessen besteht Offenbarung darin, dass erstere als s^1, t^1, u^1... wahrgenommen werden, wobei diese im Zusammenhang die Wirklichkeit auf sinnvolle Weise neu-erschließen. Inhaltlich zeichnet sich eine Offenbarung also dadurch aus, dass etwas als etwas anderes erschlossen wird. Oder, für das christliche Offenbarungsgeschehen besonders relevant: Offenbarung zeichnet sich dadurch aus, dass jemand als jemand anderer erschlossen wird.

Das drücke ich im Folgenden dadurch aus, dass ich Offenbarung als Perspektivenwechsel bezeichne. Da dabei aber nicht eine beliebige Perspektive auf dem Spiel steht, sondern eine zentrale Perspektive zur Steuerung der Wirklichkeitswahrnehmung, bezeichne ich sie als Leitperspektive. *Offenbarung besteht also in einem Wechsel der Leitperspektiven.*

6 Der Wechsel von Leitperspektiven im Unterschied zum „Aspekt-Sehen"

Der hier gemeinte Wechsel von Leitperspektiven ist nun genauer zu spezifizieren und von anderen Arten von Perspektivenwechseln zu unterscheiden. Dazu vergleiche ich diesen mit dem aus der philosophischen Diskussion bekannten Phänomen des „seeing-as", beziehungsweise des „Aspekt-Sehens"[41].

---

40 Der Begriff der (neu-)Erschließung geht zurück auf Ian Ramseys (vgl. Religious Language, An Empirical Placing of Theological Phrases, London, 1957, 43 u. ö.) Begriff der „disclosure situations". Schon Eilert Herms (vgl. etwa Offenbarung und Wahrheit, in: Ders., Offenbarung und Glaube, Tübingen 1992, 273 – 298, 284 u. ö. sowie die anderen Aufsätze in diesem Sammelband) hat Ramseys Begriff mit dem Offenbarungsgeschehen in Verbindung gebracht (vgl. dazu auch Schwöbel, Offenbarung, 463).

41 Vgl. zu dessen Diskussion in der Tradition Wittgensteins etwa Hugh O. Jones, Die Logik theologischer Perspektiven: Eine sprachanalytische Untersuchung, Göttingen, 1985, 49 – 83; vgl.

Charakteristisch für das „Aspekt-Sehen" ist ebenfalls, dass etwas als etwas anderes wahrgenommen wird. So kann zum Beispiel eine Zeichnung zum einen als Hase, zum anderen als Ente wahrgenommen werden. Doch beinhaltet das Aspekt-Sehen sehr viel weniger weitgehende Veränderungen als der Wechsel von Leitperspektiven, der für Offenbarungen charakteristisch ist. Das sei in drei Hinsichten verdeutlicht:

Zum ersten beschränkt sich das „Aspekt-Sehen" auf visuelle Veränderungen, beinhaltet aber keine konzeptionellen Veränderungen. Der Hase wird als Ente wahrgenommen, doch die Konzepte von „Hase" und „Ente" bleiben jedenfalls im Prinzip unverändert.

Doch bei einem Wechsel der Leitperspektiven stehen auch konzeptionelle Veränderungen auf dem Spiel: Wie oben gezeigt, werden bei Paradigmenwechseln Konzepte wie das von „Sauerstoff" oder „Masse" verändert, ihre Funktion innerhalb des Paradigmas und die einschlägigen Begriffsintensionen werden modifiziert. Wie sich zeigen wird, ist eine derartige konzeptionelle Veränderung auch beim Wechsel von Jesus zu Jesus dem Christus impliziert: Das Messiaskonzept wird modifiziert und damit auch die Begriffsintension von „Messias".

Zum zweiten bleibt die Wahrnehmung von Wirklichkeit beim „Aspekt-Sehen" im Prinzip gleich. Die Wirklichkeit wird dadurch, dass ein Hase als Ente wahrgenommen wird, nicht im obigen Sinn des Wortes neu erschlossen. Dabei mögen sich zwar Veränderungen bei der Reflexion *über* das Wahrnehmungsvermögen ergeben: Wenn ich einmal die Erfahrung gemacht habe, dass ich dieselbe Zeichnung ebenso gut als Hase wie als Ente interpretieren kann, werde ich in Zukunft möglicherweise meinem Wahrnehmungsvermögen kritischer gegenüberstehen. Doch die Wirklichkeitswahrnehmung als solche bleibt im Prinzip gleich.

Dagegen ist bei einem Wechsel der Leitperspektiven auch eine Veränderung der Wirklichkeitswahrnehmung impliziert. Am Beispiel der christlichen Offenbarung erläutert: Mit der Offenbarung von Jesus als Messias verändert sich auch die Wirklichkeitswahrnehmung. Die (im Zusammenhang relevanten Aspekte der) Wirklichkeit werden nach dem Offenbarungsempfang als „eschatologische Wirklichkeit" (s. dazu unten, Abschnitt 9) wahrgenommen. Im Unterschied zum „Aspekt-Sehen" wird bei einem derartigen Wechsel der Leitperspektiven Wirklichkeit also im obigen Sinn neu-erschlossen.

---

auch O. Jones, a.a.O., 24–36 und 37–48, die Diskussionen von John Hicks „Erleben-als" und Ian Barbours „Interpretieren–als" (s. dazu auch Hick, Philosophy of Religion, 65–66).

Schließlich wird beim „Aspekt-Sehen" ein Wahrnehmungsaspekt durch einen anderen ersetzt: Die Wahrnehmung des Hasen ersetzt die Wahrnehmung einer Ente. Beide Wahrnehmungen schließen einander aber aus, weil sie auf derselben Ebene zu lokalisieren sind. Es wird *entweder* ein Hase *oder* eine Ente wahrgenommen. Aber es ergibt sich keine „übergeordnete" Ebene, bei der das Bild des Hasen in das einer Ente „aufgehoben" wird, wodurch neue Interpretationen (etwa vom Konzept „Hase") möglich werden.

Genau das ist aber der Fall beim Perspektivenwechsel von „Jesus" zu „Jesus dem Christus": Die „Jesus-Perspektive" wird nicht einfach durch die „Jesus der Christus"-Perspektive ersetzt, sondern in letztere „aufgehoben". Diese steht nicht in Konkurrenz zur „Jesus-Perspektive", sondern ist letzterer übergeordnet. Wenn diese Perspektive eingenommen wird, wird es möglich, retrospektiv auf die „Jesus-Perspektive" zurückzuschauen und diese aus einer umfassenderen Perspektive sinnvoll zu rekonstruieren.

Dies sind einige der Konsequenzen dessen, was hier mit „Wechsel der Leitperspektive" gemeint ist. Diese Konsequenzen gehen also weit über diejenigen hinaus, die beim „Aspekt-Sehen" oder vergleichbaren Wahrnehmungsveränderungen, die rein auf die kognitive Ebene beschränkt sind, impliziert sind.

7 Biblische Zeugnisse über Offenbarung: Die Emmausgeschichte in Lk 24, 13 – 49

Nun ist die Frage zu stellen, ob sich dieses Konzept von Offenbarung an der Schrift bewährt. Dabei ist zunächst zu beachten, dass es nicht *das* biblische Offenbarungskonzept gibt. Stattdessen ist der Versuch, die neutestamentliche „Sichtweise der göttlichen Offenbarung zu beschreiben, „im Grunde ein Anachronismus."[42] Im Neuen Testament ist „weder ein umfassender lexikalischer Begriff für die Kommunikation Gottes mit den Menschen noch irgendeine deutliche Darstellung des zugrundeliegenden Konzeptes vorhanden."[43] Der Begriff der Offenbarung wird also sozusagen von außen an das Neue Testament herangetragen.

Das bedeutet nun keineswegs, dass er illegitim wäre. Aber es bedeutet, dass das Kriterium für seine Legitimität nicht innerhalb der Schrift zu finden ist. Jedenfalls kann diese Legitimität nicht in der Weise gesichert werden, dass an Hand eines bestimmten biblischen Begriffs oder einer Klasse zusammenhängender Begriffe der Normbegriff von Offenbarung erhoben werden könnte. Stattdessen

---

42 Markus Bockmühl, Offenbarung, RGG⁴, Bd. 6, Sp. 470 – 473 (IV. Neues Testament), 470.
43 Ebd.

entscheidet sich die Legitimität eines Offenbarungsbegriffs aus christlicher Perspektive daran, inwiefern er dazu imstande ist, zentrale biblische Passagen einer sinnvollen (Re-)Konzeption zugänglich zu machen. Eine derartige (Re-)Konzeption muss konsistent sein mit anderen wichtigen biblischen Aussagen und damit auch mit der spezifischen Weise, in der Gott sich nach dem biblischen Zeugnis den Menschen mitteilt.

Diese Weise kommt exemplarisch in neutestamentlichen Perikopen wie etwa der Emmausgeschichte in Lk 24, 13–49 zum Ausdruck. In dieser Geschichte wird beschrieben, dass zwei Jünger, die auf dem Weg nach Emmaus sind, angesichts von Jesu Schicksal deprimiert sind. Sie begegnen einem Fremden – die Jünger merken nicht, dass es der Auferstandene ist -, der ihnen „die Schriften" auslegt. Durch diese Auslegung werden ihnen „die Augen aufgetan" (Lk 24, 31) und sie verstehen auf einmal, dass der Gekreuzigte leiden und am dritten Tage auferstehen musste. Dies „Auftun der Augen" ist eine metaphorische Beschreibung des Offenbarungsgeschehens.

Was beinhaltet dies „Auftun der Augen" nun genau? Es beinhaltet, dass die Jünger ihre „Unverständigkeit und Trägheit des Herzens" (vgl. Lk 24, 25) überwinden. Ihnen wird „der Verstand geöffnet", so dass sie nun alles begreifen, „was die Propheten geredet haben" (Lk 24, 25). „Der Groschen fällt" und sie verstehen nun, was sie vorher nicht verstanden haben, nämlich dass „der Christus leiden und am dritten Tage von den Toten auferstehen muß" (Lk 24, 46). Kurzum, sie lernen sich zu öffnen für eine Neu-Erschließung der Wirklichkeit.

Bei dieser Neu-Erschließung lernen die Jünger, die Leitperspektive, unter der sie die im Zusammenhang relevanten Aspekte der Wirklichkeit wahrnehmen, zu verändern. Dadurch ergeben die einzelnen Ereignisse, die vorher keinen Sinn machten, das leere Grab und die Erscheinungen, nun auf einmal ein sinnvolles Ganzes. Auf diese Weise können die Jünger die Anomalie, dass Jesus verstorben, aber doch erschienen ist, konstruktiv bearbeiten: Die Erscheinungen sind als Auferstehung des Messias zu verstehen. Weil er der Messias ist, musste er leiden, um in seine Herrlichkeit einzugehen.[44]

Insofern Begriffe wie „das Auftun der Augen" oder „das Öffnen des Verstandes" charakteristisch sind für den hier relevanten biblischen Offenbarungsbegriff, ist deutlich, wie dieser zu verstehen ist und wie nicht: Er ist keinesfalls propositionell zu verstehen. Den Emmausjüngern werden keine neuen Propositionen oder Sachverhalte mitgeteilt, auch nicht über Jesus und sein Schicksal. Dass er verstorben und einigen unter ihnen erschienen ist, ist ihnen bekannt. Der

---

44 Vgl. Lk 24, 26. Zur genaueren Argumentation, vgl. Grube, Ostern als Paradigmenwechsel, 77–82.

„Ausleger" teilt ihnen keine neuen Fakten über Jesus mit, sondern ordnet die bestehenden Fakten in eine neue Leitperspektive ein, aus der heraus betrachtet sie ein sinnvolles Ganzes ergeben.

Die Analyse dieser biblischen Periskope bestätigt also Tillichs oben disku-tierte Behauptung, dass Offenbarungserkenntnis nicht unsere Kenntnisse über die Natur oder die Geschichte vermehrt. Diese Erkenntnis beinhaltet keine In-formationen über Sachverhalte, mithin auch keine Informationen über suprana-turalistische Sachverhalte. Der Grund dafür liegt im Charakter des Offenba-rungsgeschehens: Dieses besteht nicht in Wissensvermittlung, sondern darin, die Wirklichkeit aus einer neuen Leitperspektive heraus wahrzunehmen. Offenba-rung beinhaltet also primär, ein bestimmtes Verhältnis zur Welt einzunehmen. Sich diese anzueignen, beinhaltet eine spezifische Weise des In-der-Welt-Seins.

8 Die Frage der Historizität der Auferstehung

Die Auferstehung ist naturgemäß ein außerordentlich kontrovers diskutiertes Thema.[45] Insbesondere die Frage der Historizität der Auferstehung ist immer wieder thematisiert worden.[46] Die obigen Überlegungen helfen nun zwar nicht, diese Frage zu beantworten. Aber sie helfen, die Reflexion über diese Frage zu re-konzeptionieren. Wie sich zeigen wird, wird dadurch die Relevanz dieser Frage relativiert.

Zunächst ist zu untersuchen, welche Funktion die Auferstehung im Rahmen des Offenbarungsgeschehens hat, wenn dieses als Wechsel der Leitperspektiven im obigen Sinn verstanden wird. Dabei wird sogleich deutlich, welche Funktion die Auferstehung im Rahmen dieses Geschehens *nicht* hat: Sie ist nicht als zu-sätzlicher Sachverhalt relevant. Es ist also nicht so, dass zu den bekannten Sachverhalten x, y, z... nun noch der neue Sachverhalt der Auferstehung hinzu-gefügt wird.

---

45 Vgl. dazu exemplarisch Ted Peters/Robert John Russell/Michael Welker (Hrsg.), Resurrection. Theological and Scientific Assessments, Grand Rapids, 2002.
46 Vgl. etwa Wolfhart Pannenberg, Grundzüge der Christologie, Gütersloh, 1964, 85–103 und Richard Swinburne, The Resurrection of God Incarnate, Oxford, 2003. An verschiedenen Stellen habe ich eine Überbewertung der Frage der Historizität der Auferstehung kritisiert und diese auf ein (abzulehnendes) Letztbegründungsdenken zurückgeführt (vgl. dazu exemplarisch Grube, The Resurrection of Jesus and the Foundationalism/Anti-foundationalism Controversy, in: T. Boer/H. Maat/A. Meesters/J. Muis (Hrsg.), Van God gesproken. Over religieuze taal en relationele Theo-logie, 144–155, 148–153).

Stattdessen fungiert die Auferstehung im Zusammenhang des Offenbarungsgeschehens als Interpretationsrahmen, der es möglich macht, x, y, z… in einen neuen Sinnzusammenhang einzuordnen: Dem Tod und den postmortalen Erscheinungen von Jesus können durch die Interpretation, dass er auferstanden ist, Sinn abgewonnen werden. Sie können nun als Tod und Erscheinungen desjenigen interpretiert werden, dem Gott die Treue gehalten hat, selbst durch den Tod hindurch. Die Anomalie, dass der verstorbene Jesus lebt, kann dadurch erklärt werden, dass Gott Jesus auferweckt und ihn damit als den Christus bestätigt hat.

Reine Sachverhalte sind prinzipiell multi-interpretabel. Auch der Sachverhalt der Erscheinungen des verstorbenen Jesus hätte auf ganz verschiedene Weise verstanden werden können. Zum Beispiel hätte er als Erscheinung eines „Totengeistes" (Lk 24, 37) interpretiert werden können. Dann wäre er aber nicht offenbarungsrelevant gewesen. Erscheinungen eines Totengeistes nötigen nicht zur Einnahme einer neuen Leitperspektive.

Oder die Erscheinungen hätten als *Wunder* verstanden werden können. Nun können Wunder zwar bestimmte Aspekte deutlich machen, die bisher verborgen waren. So können Wunder wie der Durchzug durch das Rote Meer etwa neue Aspekte an Gottes Handeln aufzeigen. Doch Wunder unterdeterminieren das Offenbarungsgeschehen in dem Sinn des Wortes, in dem es hier ausgearbeitet worden ist: Bei einem Wunder findet kein Wechsel der Leitperspektiven statt. Anders als beim Offenbarungsgeschehen fällt es bei einem Wunder nicht „wie Schuppen von den Augen", dass Jesus aus einer neuen Leitperspektive als der Christus zu rekonstruieren ist. Wunder leiten nicht dazu an, die Wirklichkeit neu zu erschließen. Sie führen nicht zur Entstehung neuer Religionen in dem Sinn, in dem die Offenbarung von Jesus als Christus zu einer neuen Religion geführt hat.

Offenbarungsrelevant sind die Erscheinungen lediglich dann, wenn sie als Anomalie im obigen Sinn – oder funktional äquivalent – verstanden werden. Sie müssen also so verstanden werden, dass sie zu einer bestimmten Rekonstruktion zentraler theoretischer Annahmen der Tradition führen, die in ihrem Zusammenhang einen kohärenten, neuen Interpretationsrahmen ergeben. Mit Hilfe dieses Rahmens können dann Anomalien wie die der Erscheinungen konstruktiv bearbeitet werden, in diesem Fall eben als Auferstehung des Messias.

Was für Konsequenzen haben diese Überlegungen nun für die Frage der Historizität der Auferstehung? Diese Frage wird damit zwar nicht irrelevant. Doch ist sie weniger relevant, als Pannenberg, Swinburne und andere annehmen. Wenn die Historizität der Auferstehung, beziehungsweise genauer der Erscheinungen, erwiesen werden könnte, wäre damit lediglich ein bloßes Faktum untermauert. Doch das Faktum, dass der verstorbene Jesus erschienen ist, unterdeterminiert das Offenbarungsgeschehen in demselben Sinn, in dem Fakten Theorien unterdeterminieren. Es kann nicht plausibel machen, warum die ersten „christlichen" Gemeinden eine neue Leitperspektive zur Interpretation der Wirklichkeit eingenommen haben und es kann auch nicht aufweisen, dass dieser Wechsel der Leitperspektiven legitim war.

Um das aufzuzeigen, bedarf es Argumentationen wie der obigen. Hier sie diese noch einmal schematisch zusammengefasst:

– -Die ersten „christlichen" Gemeinden haben die Erscheinungen als Anomalie (oder etwas Ähnliches) erfahren, das existentiell bedrängend ist und deshalb unbedingt der Erklärung bedarf.

– -Diese Erklärung ist durch eine bestimmte Modifikation der relevanten Hintergrundannahmen erfolgt, aufgrund derer die Anomalie als Auferstehung des Messias verstanden werden konnte.

– -Dadurch ist eine Neu-Erschließung der Wirklichkeit erfolgt, in deren Rahmen Jesus von Nazareth als Jesus der Christus rekonstruiert und die Zeit als Endzeit (s. dazu unten, Abschnitt 9) verstanden wurde.

– -Die neue Leitperspektive hat eingeleuchtet, weil die Verarbeitung der Anomalie und die Modifikationen der Hintergrundannahmen zusammen ein kohärentes Ganzes ergeben haben. „Die Augen wurden aufgetan" und alles hat auf einmal Sinn ergeben. Deshalb haben die ersten „christlichen" Gemeinden das epistemische Recht gehabt, die Wirklichkeit aus der neuen Leitperspektive zu erschließen.

Es reicht also nicht hin, auf der Historizität der Erscheinungen zu beharren, wenn erklärt werden soll, warum die ersten „christlichen" Gemeinden berechtigt waren, die neue Leitperspektive zu ergreifen. Dazu bedarf es eines wesentlich komplexeren Erklärungsapparates, der „das Auftun der Augen", „das Öffnen des Verstandes" und ähnliche offenbarungsrelevante Begriffe berücksichtigen muss.

9 Die Unterscheidung zwischen Erkenntnis über die Welt und Erkenntnis über die Erkenntnis

Nachdem das Offenbarungsgeschehen mit Hilfe biblischer Beispiele expliziert worden ist, ist die Ausgangsfrage nach der Offenbarung*erkenntnis* wieder aufzunehmen. Es ist also zu prüfen, inwieweit die Offenbarung der neuen Leitperspektive, dass Jesus der Christus ist, Folgen für das Erkennen hat.[47] Die Frage ist

---

[47] Vgl. dazu auch Christoph Schwöbels Aussage: „Der...Begriff der O(ffenbarung)...formuliert in der christl. Theol. die Selbsterschließung Gottes in Jesus Christus durch den Geist, die die Glau-

also, was die Erkenntnis, die durch die Offenbarung gewonnen wird, genau beinhaltet.

Eine wichtige Konsequenz der neuen Leitperspektive ist, dass die Wirklichkeit nunmehr als eschatologische wahrgenommen wird. Der Grund dafür ist, dass die Ankunft des Messias mit der Ankunft der Endzeit verbunden ist: Die messianische Zeit ist eschatologische Zeit und die Wirklichkeit wird aus eschatologischer Perspektive wahrgenommen.

Die Implikationen dieser eschatologischen Perspektive hat insbesondere Paulus ausgearbeitet. So betont er etwa in 1. Kor. 7, 29 – 31, dass die Zeit kurz ist, worauf eine Reihe von „als ob nicht"-Sätzen folgen: Die Kaufenden (sollen sich so verhalten), als behielten sie es nicht (vgl. 1. Kor. 7, 30) und die, die die [Dinge der] Welt benützen, (sollen sich so verhalten), als nützten sie sie nicht aus (vgl. 1. Kor., 7, 31) und ähnliches.

Diese „als ob nicht"-Sätze beinhalten offensichtlich kein Faktenwissen. Sie vermehren nicht unsere Erkenntnis über Sachverhalte in der Welt. Stattdessen rufen sie zu einer Art Bewusstseinsbildung auf: Angesichts der Kürze der Zeit soll das Handeln von einem eschatologischen Bewusstsein begleitet sein. Wie ist dieses eschatologische Bewusstsein nun in erkenntnistheoretischer Hinsicht zu spezifizieren?

Diese Frage kann mit Hilfe der *Unterscheidung zwischen „Erkenntnis über die Welt" und „Erkenntnis über die Erkenntnis"*[48] beantwortet werden. Dabei meint erstere ein Wissen von Sachverhalten, während letztere eine übergeordnete Perspektive auf dieses Wissen darstellt. Diese Metaperspektive ordnet, leitet, kurzum, *steuert* die Erkenntnis über die Welt. Beide Arten der Erkenntnis stellen also verschiedene epistemologische Ebenen dar: Die Erkenntnis über die Welt erklärt oder beschreibt die Wirklichkeit und stellt deshalb eine *Beschreibungsebene* dar. Die Erkenntnis über die Erkenntnis stellt eine darüber anzusiedelnde Metaebene dar. Diese steuert die Erkenntnis und wird im Folgenden als Ebene *erkenntnisleitender Metaperspektiven* bezeichnet.

Ein charakteristisches Beispiel einer erkenntnisleitenden Metaperspektive ist die Perspektive der „Geschöpflichkeit". Damit ist eine „Sicht der Welt als Schöpfung"[49] im Gegensatz zu einer „Sicht und Praxis des Lebens, die nur

---

bensgewißheit…des Offenbarungsempfängers als *Grundlage eines umfassenden Wirklichkeitsverständnisses* konstituiert" (Schwöbel, Offenbarung, 463, Hervorhebung von mir).

48 Diese Unterscheidung hat Anhalt an Joseph Margolis (Pragmatism without Foundations, Oxford, New York, 47 – 49 u. ö.) Unterscheidung zwischen „first order inquiry" und „second order inquiry".

49 Ingolf U. Dalferth, Ist Glauben menschlich?, in: Denkströme. Journal der Sächsischen Akademie der Wissenschaften, 8 (2012), 173 – 192, 189.

Weltliches kennt",[50] gemeint. Diese zeichnet sich nicht dadurch aus, dass dem bisherigen Leben ein zusätzlicher Aspekt hinzugefügt wird, sondern beinhaltet eine Neu-Ausrichtung menschlicher Existenz. „Wo man sich lebensorientierend auf Gott bezieht, versteht man nicht nur Gott anders (als seinen Schöpfer), sondern auch sich selbst (als Geschöpf) und seine Welt (als Gottes Schöpfung)."[51] Die Perspektive der Geschöpflichkeit beschreibt also nicht die Wirklichkeit, sondern eine bestimmte Weise, sich zur Welt, zu Gott und zu sich selbst zu verhalten.

Genauer gesagt hält diejenige, die diese Perspektive einnimmt, nicht andere Fakten für wahr als derjenige, der diese Perspektive nicht einnimmt. Stattdessen nimmt sie dieselben Fakten aus einer anderen Perspektive wahr und bewertet diese darum anders. Ihr Verhältnis zur Welt, etwa zur Natur, ist ein anderes. Sie nimmt die Natur als Teil der Schöpfung, also als mit einer bestimmten Intention geschaffene, wahr. Diese Wahrnehmung bestimmt auch ihr Handeln. So hat sie zum Beispiel gute Gründe, die Natur respektvoll zu behandeln. Kurzum, erkenntnisleitende Metaperspektiven wie die der Geschöpflichkeit steuern die Wahrnehmung und Bewertung der Wirklichkeit in bestimmter Hinsicht und beeinflussen auch das Handeln.

Dabei sei auch noch angefügt, dass die Erkenntnis über die Erkenntnis in dem hier gemeinten Sinn von philosophischer Reflexion zu unterscheiden ist. Erkenntnisleitende Metaperspektiven wie die der Geschöpflichkeit gleichen zwar insofern philosophischer Reflexion als beide Formen der Erkenntnis über der Wahrnehmungsebene anzusiedeln sind. Doch unterscheiden sie sich insofern voneinander, als die philosophische Reflexion *über* derartigen Metaperspektiven zu lokalisieren ist. Diese Art der Reflexion analysiert diese Metaperspektiven noch einmal unter wissenschaftstheoretischen, erkenntnistheoretischen, ethischen oder ähnlichen Gesichtspunkten. So kann sie zum Beispiel untersuchen, ob die Perspektive der Geschöpflichkeit in ethischer Hinsicht geboten oder in erkenntnistheoretischer Hinsicht haltbar ist.

Kurzum, es sind drei verschiedene Erkenntnisebenen zu unterscheiden:
1) Die Wahrnehmungsebene (=Erkenntnis über die Welt), die aus Faktenkenntnis oder ähnlichem[52] besteht,

---

50 Ebd.
51 Dalferth, a.a.O., 190.
52 Genauer gesagt, kann diese neben Faktenkenntnis auch in bestimmten induktiven Interpretationen von Fakten bestehen. Damit meine ich „inference to the best explanations" wie sie etwa in den Geschichtswissenschaften oder im Gerichtssaal verwendet werden. Diese zeichnet sich nicht dadurch aus, dass Sachverhalte wiedergegeben werden, sondern dadurch, dass sie sinnvoll erklärt werden. Ein Beispiel sind die Fußspuren im Haus, die der Richter als Evidenz dafür ansieht, dass der Angeklagte tatsächlich den Mord begangen hat. Darwinistische Selektionsme-

2) Die Ebene erkenntnisleitender Metaperspektiven (= Erkenntnis über die Erkenntnis), die 1) steuert und
3) Die Ebene philosophischer Reflexion, die über 2) reflektiert.

Im Folgenden wird 3), die philosophische Reflexion, weitgehend außer Acht gelassen[53] und die Unterscheidung zwischen 1) und 2) vor allem wichtig werden.

10 Die Offenbarungserkenntnis als Erkenntnis über die Erkenntnis

Die paulinischen „als ob nicht"-Sätze und vergleichbare Aussagen stellen eine Form der Erkenntnis über die Erkenntnis dar. Sie sind also zu unterscheiden von sowohl der Erkenntnis über die Welt wie auch der philosophischen Reflexion. In demselben Sinn ist auch die Offenbarung von Jesus als Christus auf der Ebene der Erkenntnis über die Erkenntnis zu lokalisieren (s. dazu auch oben, Abschnitt 5). Sie fügt der Beschreibung der Wirklichkeit keine neuen Sachverhalte hinzu, sondern steuert die Wahrnehmung und Bewertung bekannter Sachverhalte. Dem Leben oder Handeln von Jesus von Nazareth werden keine neuen Fakten hinzugefügt, sondern sein Leben und Schicksal wird als das des Messias wahrgenommen und bewertet. Es wird offenbart (im oben ausgearbeiteten Sinn des Wortes), dass Jesus als Jesus der Christus zu rekonstruieren ist. Diese Rekonstruktion beeinflusst schließlich auch das Handeln. Wie oben gezeigt, findet das Handeln im Bewusstsein des Anbruchs der Endzeit statt.

Diese Überlegungen zu zentralen Theologumena zeigen beispielhaft, worin die Offenbarungserkenntnis besteht und worin nicht: Sie beinhaltet *nicht Erkenntnis über die Welt, sondern Erkenntnis über die Erkenntnis.* Die Offenbarungserkenntnis beinhaltet keine Beschreibungen der Wirklichkeit, sondern erkenntnisleitende Metaperspektiven. Sie steuert die Wahrnehmung und Bewertung

---

chanismen bedienen sich auch dieser Art Erklärungen (weshalb ihre gängige Klassifizierung als „Naturwissenschaft" zu hinterfragen ist).

53 Ich erwähne diese hier, weil der Begriff der Erkenntnis über die Erkenntnis mit philosophischer Erkenntnis verwechselt werden kann. Tillich trägt in seine Bestimmung des Verhältnisses von Naturwissenschaft und Glaube als dritte Größe tatsächlich auch noch die Philosophie ein (vgl. dazu Werner Schüßler, Naturwissenschaft-Philosophie-Theologie. Paul Tillich zum Problem der sog. „Galilei Konflikte", a.a.O., 58 ff). Allerdings gehe ich hier auf diese Dreiecksbestimmung nicht weiter ein, weil für die Diskussion des hier zu verhandelnden Problems der Offenbarungserkenntnis der Gegensatz zwischen Erkenntnis über die Welt und Erkenntnis über die Erkenntnis entscheidend ist – die Offenbarungserkenntnis ist all zu oft mit Erkenntnis über die Welt verwechselt worden.

der im Zusammenhang relevanten Aspekte der Wirklichkeit und beeinflusst auch das Handeln.

Diese Charakterisierung erfüllt die beiden oben (s. Abschnitt 4) genannten Bedingungen für Offenbarungsbegriffe. Als erkenntnisleitende Metaperspektive verstanden ist die Offenbarungserkenntnis nicht propositionell, aber doch erkenntnisrelevant. Sie ist insofern nicht propositionell, als keine Propositionen über Sachverhalte in der Welt offenbart werden. Trotzdem ist sie nicht erkenntnisirrelevant, da sie die Wahrnehmung der Wirklichkeit steuert.

Insofern das Verständnis von Offenbarungserkenntnis als Erkenntnis über die Erkenntnis charakteristisch für das christliche Offenbarungsgeschehen ist, wird deutlich, dass aus der Perspektive dieses Geschehens alle propositionellen Offenbarungsbegriffe abzulehnen sind. Damit sind alle diejenigen Positionen gemeint, die die Offenbarungserkenntnis als Mitteilung von Sachverhalten verstehen. Diese verfehlen prinzipiell den Kern des Offenbarungsgeschehens. Dabei ist es irrelevant, ob sie religionsphilosophisch[54], theologisch oder atheistisch motiviert sind und ob sie Offenbarungsansprüche verteidigen oder angreifen. In jedem Fall situieren sie die Offenbarungserkenntnis auf der falschen epistemischen Ebene und sind deshalb zurückzuweisen.

Damit erweisen sich auch die Diskussionen um die Frage, ob durch das Offenbarungsgeschehen natürliche oder übernatürliche Sachverhalte mitgeteilt werden, als überflüssig. Bei diesem Geschehen werden überhaupt keine Sachverhalte mitgeteilt, also auch keine übernatürlichen Sachverhalte. Ohne auf die Geschichte des Verständnisses des Offenbarungsbegriffs hier näher eingehen zu können, sei aber doch noch en passant erwähnt, dass mit der Ablehnung eines propositionellen Verständnisses von Offenbarung ein großer Teil der klassischen Diskussion um diesen Begriff als verfehlt abgelehnt wird.

Dieses Verständnis von Offenbarung ist offensichtlich an Hand eines christlichen Hintergrundes konzipiert und seine Geltungsansprüche erstrecken sich zunächst einmal auch nur auf diesen. Doch ist die Frage sinnvoll, ob dieses Verständnis von Offenbarung nicht auch zur Erfassung wesentlicher Merkmale des Offenbarungsgeschehens in anderen Religionen oder Weltanschauungen sinnvoll sein kann. Erfasst es zum Beispiel wesentliche Aspekte dieses Geschehens im Buddhismus?[55] Hilft es auch im Fall anderer Religionen oder Weltan-

---

54 Vgl. dazu etwa Hick, Philosophy of Religion, 57–58.
55 Ich denke dabei etwa daran, dass die Lehre von den „Three Bodies" im Mahayana-Buddhismus möglicherweise eine neue Leitperspektive auf Gautama Buddha eröffnet (vgl. dazu die Diskussion in Grube, Ostern als Paradigmenwechsel, 138–139, bei der ich Hicks Beobachtung aufnehme, dass der Gedanke der Three Bodies ebenso eine Rekonstruktion darstellt wie die christliche Inkarnationslehre – dabei aber seine Kritik, dass das illegitim ist, abweise).

schauungen, das gängige – und kritikanfällige – Verständnis von Offenbarung als Mitteilung (übernatürlicher) Sachverhalte zu relativieren?

11 Zur Explikation von Tillichs Einsicht, dass Offenbarung und Evolutionstheorie nicht in einen Konflikt geraten können

Wie oben gezeigt, behauptet Tillich, dass (natur)wissenschaftliche Erkenntnis nicht mit Glaubenserkenntnis in einen Konflikt geraten kann. Die de facto immer wieder auftretenden Konflikte zwischen beiden erklärt er als mangelndes Bewusstsein der eigenen Grenzen: Nur „verzerrte" Offenbarung kann mit recht verstandenen (natur)wissenschaftlichen Erkenntnisansprüchen in einen Konflikt geraten und nur „entstellte" Offenbarung, womit er sich ihrer Grenzen nicht mehr bewusste (natur)wissenschaftliche Erkenntnisansprüche meint, können mit recht verstandenen Glaubensansprüchen in einen Konflikt geraten (s. oben, Abschnitt 3). Deshalb behauptet er:

> The famous struggle between the theory of evolution and the theology of some Christian groups was not a struggle between science and faith, but between a science whose faith deprived man of his humanity and a faith whose expression was distorted by Biblical Literalism. It is obvious that a theology which interprets the Biblical story of creation as a scientific description of an event which happened once upon a time interferes with the methodologically controlled scientific work; and that a theory of evolution which interprets man's descendance from older forms of life in a way that removes the infinite, qualitative difference between man and animal is faith and not science.[56]

Diese Aussagen Tillichs lassen sich durch die obige Unterscheidung zwischen Erkenntnis über die Welt und Erkenntnis über die Erkenntnis genauer ausarbeiten: Evolutionstheoretische Einsichten, etwa die Theorie Darwinistischer Selektionsmechanismen, beschreiben bestimmte Aspekte der Wirklichkeit. Dagegen zeichnet sich Offenbarungserkenntnis dadurch aus, dass sie die Wirklichkeit nicht beschreibt, sondern deren Beschreibungen steuert. Erstere sind also auf der Beschreibungsebene zu situieren, Offenbarungserkenntnis dagegen auf der Ebene erkenntnisleitender Metaperspektiven. Beide Erkenntnisarten sind also auf verschiedenen epistemologischen Ebenen zu situieren und können darum nicht miteinander in einen Konflikt geraten. Sie als unvereinbar miteinander zu bezeichnen, ist ebenso unsinnig, wie die erkenntnisleitende Metaperspektive der „Geschöpflichkeit" als inkompatibel mit bestimmten Berechnungen über das Alter des Universums anzusehen.

---

56 Paul Tillich, Dynamics of Faith, in: MW 5, 231–290, 269.

Der Grund[57], warum sowohl biblische Literalisten wie auch religionskritische Evolutionstheoretiker der Meinung sind, ihre Konflikte wären genuiner Art, ist, dass beiden Gruppen ein Bewusstsein um die Begrenzungen ihrer jeweiligen Erkenntnisansprüche abgeht. Die biblischen Literalisten missverstehen, was Offenbarungserkenntnis beinhaltet. Statt diese als erkenntnisleitende Metaperspektive zu verstehen, interpretieren sie diese fälschlich als Beschreibung der Wirklichkeit. Durch diese verkehrte Verortung der Offenbarungserkenntnis entsteht der Eindruck, sie könne mit bestimmten Beschreibungen der Wirklichkeit in einen Konflikt geraten.

Und religions- beziehungsweise christentumskritische Evolutionstheoretiker werden „übergriffig", wenn sie vorgeben, dass ihre Beschreibungen der Wirklichkeit eine erkenntnisleitende Metaperspektive darstellen. So steuert etwa eine Erklärung der Entstehung der Artenvielfalt mit Hilfe Darwinistischer Selektionsmechanismen keineswegs die Erkenntnis, sondern beschreibt lediglich bestimmte Aspekte derselben. Nicht die Evolutionstheorie stellt eine erkenntnisleitende Metaperspektive dar, sondern die Hintergrundannahmen, die diese erst plausibel macht. Zu diesen Hintergrundannahmen gehört zum Beispiel ein naturalistisches Weltbild.[58]

Dann aber ist es nicht die Evolutionstheorie als solche, die mit der Offenbarungserkenntnis beziehungsweise allgemeiner, mit religiöser Erkenntnis in einen Konflikt gerät. Stattdessen ist es das naturalistische Weltbild, das im Widerspruch zur religiösen Erkenntnis steht.

Das bedeutet, dass die gängige Konfliktkonzeptionierung Evolutionstheorie gegenüber religiöser Erkenntnis irreführend ist. Stattdessen ist diese durch die Konzeptionierung naturalistisches Weltbild gegenüber religiöser Erkenntnis zu ersetzen.

Diese Modifikation hat weitgehende argumentationstheoretische Konsequenzen. Der Grund ist, dass ein Naturalismus sehr viel schwieriger zu begründen ist als die Evolutionstheorie. Jedenfalls in seiner hier relevanten, ontologischen

---

57 Hier geht es lediglich um logische Gründe. Bei einer weitergehenden Analyse der sogenannten Konflikte zwischen biblischen Literalisten und religionskritischen Evolutionstheoretikern würde sich vermutlich herausstellen, dass auch ganz andere Gründe dabei eine Rolle spielen, etwa das Streben nach (politischem) Einfluss oder öffentlicher Aufmerksamkeit.
58 Vgl. dazu Alvin Plantinga, Where the Conflict Really Lies. Science, Religion & Naturalism, Oxford, New York et al., 2011 sowie Gijsbert van den Brink (Reformed Theology and Evolutionary Theory, Grand Rapids (erscheint demnächst).

Gestalt[59] macht er metaphysische Ansprüche, die wie alle derartigen Ansprüche gravierenden Begründungsschwierigkeiten ausgesetzt sind.

Charakteristisch für die Vorgehensweise von Evolutionstheoretikern wie Dawkins ist nun, dass sie diese Schwierigkeiten zu verschleiern versuchen. Dazu geben sie ihre evolutionstheoretischen Beschreibungseinsichten als erkenntnisleitende Metaperspektive aus. Auf diese Weise können sie in die Beschreibungen der Wirklichkeit ein naturalistisches Weltbild einschmuggeln.[60] Mit „einschmuggeln" ist hier gemeint, dass die positiven epistemischen Wertungen, die mit evolutionstheoretischen Einsichten verbunden sind – insbesondere das Wertprädikat der Wissenschaftlichkeit – auf das naturalistische Weltbild übertragen werden. Doch das ist offensichtlich ein illegitimer Transfer von Wertprädikaten von der Beschreibungsebene auf die erkenntnisleitende Metaebene. Dass evolutionstheoretische Beschreibungen bestimmter Aspekte der Wirklichkeit wissenschaftlich oder rational sind, bedeutet keineswegs, dass damit auch schon ein naturalistisches Weltbild als erkenntnisleitende Metaperspektive[61] wissenschaftlich oder rational ist. Auch wenn Darwinistische Selektionsprinzipien zur Erklärung der Entstehung der Artenvielfalt tauglich sein mögen, ist damit noch keineswegs ausgemacht, dass sie auch als erkenntnisleitende Metaperspektive nützlich sind. So ist es fraglich, ob diese Prinzipien auch zur Erklärung und Bewertung anderer Aspekte der Wirklichkeit oder gar zur Handlungsanleitung sinnvoll sind. Dawkins & Co. entziehen sich systematisch der wissenschaftstheoretischen Reflexion über die Begrenzungen ihrer evolutionstheoretischen Einsichten. Dass sie für diesen Mangel an Reflexionsvermögen auch noch das

---

59 Vgl. zur Unterscheidung zwischen einem methodischen Naturalismus, der metaphysisch neutral ist, und einem ontologischen Naturalismus, der eine bestimmte metaphysische Position einnimmt, Grube, Natur und Wissenschaft: Die Wissenschaftsauffassung im (kognitiven und ethischen) Naturalismus, in der anglo-amerikanischen Wissenschaftstheorie und in der gegenwärtigen Diskussion um die Evolutionstheorie (Dawkins), in: Was heißt Natur? Philosophischer Ort und Begründungsfunktion des Naturbegriffs, E. Gräb-Schmidt (Hrsg.), Leipzig: Evangelische Verlagsanstalt, 2015, 241–276, 242ff.

60 Vgl. dazu Tillichs Aussage, dass „Offenbarungselemente in den Behauptungen der gewöhnlichen Erkenntnis *versteckt* liegen" (ST I, 157, Hervorhebung von mir) und seine obige Kritik, dass naturwissenschaftliche Erkenntnisse „entstellt" werden, wenn sie zu weitgehende Ansprüche machen.

61 Dass Dawkins seinen Naturalismus als umfassende Erklärungs- und Handlungsanleitungstheorie versteht, die anthropologische, religiöse (beziehungsweise religionskritische), ökonomische und ethische Implikationen beinhaltet, wird in Grube, Natur und Wissenschaft, a.a.O., 248ff, gezeigt.

Wissenschaftsprädikat reklamieren, stellt einen Versuch dar, sich unverdiente Privilegien erschleichen zu wollen.[62]

12 Abschließende Würdigung

In diesem Abschnitt fasse ich zunächst die Ergebnisse der obigen Diskussion zusammen. Dazu formuliere ich drei Thesen. In der vierten These nehme ich noch einmal die Diskussion um das Unabhängigkeits- und das Konfliktmodell auf, in der fünften These problematisiere ich die Behauptung, dass Tillich ein Vertreter des Unabhängigkeitsmodells ist.

1. These:
Genuine Konflikte können nur zwischen zwei Erkenntnisansprüchen entstehen, die beide auf derselben epistemischen Ebene situiert sind. Das sind Ansprüche, die entweder beide auf der Ebene der Erkenntnis über die Welt, also auf der Beschreibungsebene, oder beide auf der Ebene der Erkenntnis über die Erkenntnis, also auf der Ebene erkenntnisleitender Metaperspektiven, situiert sind.

Zwischen Erkenntnisansprüchen, die auf verschiedenen Ebenen situiert sind, können keine genuinen Konflikte entstehen. Wenn Anspruch A auf der Ebene der Erkenntnis über die Welt und Anspruch B auf der Ebene der Erkenntnis über die Erkenntnis situiert ist, können sie einander nicht widersprechen.

2. These:
Viele der angeblichen Konflikte zwischen „Glauben und Wissen" sind denn auch nur Scheinkonflikte.
Insofern
– auch der Glaube Geltungsansprüche auf der Ebene erkenntnisleitender Metaperspektiven und nicht der Beschreibungsebene macht[63] und
– das Wissen Geltungsansprüche auf der Beschreibungsebene macht,

können keine Konflikte zwischen ihnen auftreten.

---

62 Der Ge- und Missbrauch des Wissenschaftsprädikats von atheistischer Seite wird in Dirk-Martin Grube, Unverdiente Privilegien? Zur Kritik atheistischer Überlegenheitsansprüche und deren Legitimierung durch den Evidentialismus, a.a.O., analysiert.
63 Oben habe ich nur für die Offenbarungserkenntnis erwiesen, dass sie erkenntnisleitende Metaperspektiven beinhaltet, aber nicht für die Glaubenserkenntnis. Deshalb verwende ich hier die konditionale Formulierung „*insofern* auch der Glaube Geltungsansprüche auf der Ebene erkenntnisleitender Metaperspektiven ...macht".

Da evolutionstheoretische Einsichten eine Form von Wissen in diesem Sinn sind, können auch keine Konflikte zwischen diesen Einsichten und dem Glauben entstehen.

3. These:

In einen genuinen Konflikt mit der Offenbarungserkenntnis kann nicht Erkenntnis über die Welt, sondern nur Erkenntnis über die Erkenntnis geraten. Beispiele von erkenntnisleitenden Perspektiven, die mit der Offenbarungserkenntnis inkompatibel sind, sind bestimmte Formen des Naturalismus oder Materialismus.

Damit steht von vornherein fest, dass es gar keinen Streit zwischen den *Natur*wissenschaften und der Offenbarungserkenntnis geben kann. Der Grund dafür ist, dass erstere keine erkenntnisleitenden Metaperspektiven beinhalten. Genauer gesagt geht jede Begründung derartiger Metaperspektiven über das hinaus, was die Naturwissenschaften leisten können. So kann zum Beispiel eine naturalistische oder materialistische Metaperspektive nicht auf rein naturwissenschaftlicher Grundlage begründet werden. Ihre Begründung impliziert immer ein Entscheidungsmoment, das prinzipiell über das hinausgeht, was mit rein naturwissenschaftlichen Mitteln gerechtfertigt werden kann. Da die Naturwissenschaften keine erkenntnisleitenden Metaperspektiven beinhalten, aber nur letztere mit Offenbarungserkenntnis in einen Konflikt geraten kann, können die Naturwissenschaften also nicht mit dieser Erkenntnis in einen Konflikt geraten.

4. These:

Von diesen Überlegungen ausgehend ist noch einmal auf Barbours verschiedene Modelle zur Beschreibung des Verhältnisses zwischen „religion and science" (s. oben, Abschnitt 2) zurückzukommen. Genauer gesagt sind das oben näher diskutierte *Unabhängigkeits- und das Konfliktmodell* zu thematisieren.

Die obigen Überlegungen zeigen, dass dem Unabhängigkeitsmodell der Vorzug zu geben ist. Allerdings sind dabei zwei terminologische Voraussetzungen zu machen: Zum einen muss die Erkenntnis, die bei „religion" impliziert ist, strukturell vergleichbar mit der Offenbarungserkenntnis sein, insofern auch sie erkenntnisleitende Metaperspektiven beinhaltet. Zum zweiten muss „science" als „Naturwissenschaft" verstanden werden, wie es klassisch auch der Fall ist im englischen Sprachbereich. Wie in These 3 gezeigt, können die Naturwissenschaften nicht mit erkenntnisleitenden Metaperspektiven in einen Konflikt geraten. Insofern „religion" letztere beinhaltet, können die Naturwissenschaften also nicht mit „religion" streitig sein. Da das Unabhängigkeitsmodell das behauptet und das Konfliktmodel das bestreitet, ist ersterem zuzustimmen und letzteres abzulehnen.

Wenn allerdings „science" in weiterem Sinn aufgefasst wird, sieht es anders aus. Zum Beispiel kann „science" als „Wissenschaft" in umfassendem Sinn verstanden werden. Dann kann das Prädikat der Wissenschaftlichkeit auch auf erkenntnisleitende Metaperspektiven bezogen werden. Zum Beispiel können diese Metaperspektiven etwa dann als „wissenschaftlich" ausgezeichnet werden, wenn sie gründlicher philosophischer und wissenschaftstheoretischer Reflexion unterzogen worden sind.

Wenn es möglich ist, dass auch erkenntnisleitende Metaperspektiven „wissenschaftlich" sind, dann können im Prinzip auch der Naturalismus oder der Materialismus „wissenschaftlich" sein.[64] Es ist also nicht undenkbar, dass es so etwas wie einen wissenschaftlichen, also hinreichend begründeten Naturalismus geben kann. Insofern dieser eine erkenntnisleitende Metaperspektive darstellt, kann ein genuiner Konflikt mit religiösen erkenntnisleitenden Metaperspektiven aufbrechen. Da das Unabhängigkeitsmodell dies kategorisch ausschließt und das Konfliktmodell dies behauptet, ist letzteres bei dieser Definition von „science" also vorzuziehen.

Dabei ist allerdings sogleich hinzuzufügen, dass das Konfliktmodell so zu verstehen ist, dass es lediglich die *Möglichkeit* eines derartigen Konflikts beinhaltet. Es wird übertrieben, wenn es in Dawkins Sinn verstanden wird, also dergestalt, dass „religion" immer mit „science" im Konflikt ist. Angesichts der obigen Überlegungen zu den verschiedenen Erkenntnisebenen sind derartige Behauptungen als Effekthascherei abzuweisen. Stattdessen ist das Konfliktmodell so zu (re)konstruieren, dass es im Gegensatz zum Unabhängigkeitsmodel behauptet, dass Konflikte zwischen „religion" und „science" (verstanden als „Wissenschaft") nicht auszuschließen sind.

5. These:

Oben war die Behauptung vertreten worden, dass Tillich als Vertreter des Unabhängigkeitsmodells zu klassifizieren ist. Dieses ist im Großen und Ganzen auch zutreffend. Doch möchte ich noch einen Beleg aus Tillichs Spätschriften anführen, aufgrund dessen diese Klassifizierung hinterfragt werden könnte. In der ST III hält Tillich fest:

> Ohne Zweifel kann die Theologie nicht auf einer naturwissenschaftlichen Theorie aufgebaut werden. Aber sie muß ihr Verständnis vom Menschen in Beziehung setzen zum Verstehen der

---

64 Dass diese sich faktisch oftmals durch einen Mangel an wissenschaftstheoretischer Metareflexion über die konzeptionelle Reichweite ihrer Theorien auszeichnen zeigt schließlich noch nicht, dass es unmöglich ist, diese auf wissenschaftlich verantwortungsbewusste Weise begründen zu können.

Natur überhaupt, denn der Mensch ist ein Teil der Natur, und in jeder Aussage über den Menschen sind Aussagen über die Natur im ganzen enthalten.[65]

Insofern Tillich hier einfordert, dass die Theologie ihr Menschenbild zum Verständnis der Natur in Beziehung setzt, ergeben sich zumindest Berührungspunkte zwischen Glaubens- und naturwissenschaftlicher Erkenntnis. Wenn aber Berührungspunkte zwischen beiden bestehen, sind sie jedenfalls nicht vollkommen unabhängig voneinander. Das bedeutet selbstverständlich nicht, dass Tillich nun auf einmal als Vertreter des Konfliktmodells anzusehen ist. Er ist und bleibt ein Vertreter des Unabhängigkeitsmodells.[66] Aber Bemerkungen wie diese leiten dazu an, letzteres Modell weiter zu denken (s. dazu unten).

In diesem Sinn verstehe ich auch die obigen Überlegungen zur verschiedenen Verortung von Offenbarungs- und (natur)wissenschaftlicher Erkenntnis: Auch diese stellen eine Grundlage dar, von der aus kritisch weiter zu denken ist. Zunächst ist grundsätzlich festzuhalten, dass Offenbarungserkenntnis auf einer anderen epistemischen Ebene anzusiedeln ist als Erkenntnis über die Welt. Dies ist mit Tillich und gegenüber den Verkürzungen von Dawkins & Co. und den biblischen Literalisten zu betonen.

Nachdem das aber deutlich ist, ist nachzufragen, ob nicht doch indirekte Verbindungen bestehen zwischen Erkenntnis über die Welt und Erkenntnis über die Erkenntnis. Setzt letztere nicht an manchen Punkten auch ein Wissen von Sachverhalten voraus? Dabei denke ich wie Tillich zuerst an die Anthropologie. Werden bei der Erkenntnis über die Erkenntnis nicht zum Beispiel bestimmte Voraussetzungen über die menschlichen Erkenntnisfähigkeiten gemacht?

Wenn in diese Richtung weitergedacht wird, ergeben sich komplexe Verhältnisbestimmungen zwischen den beiden Erkenntnisebenen: Die grundsätzliche Unabhängigkeit zwischen der Ebene der Beschreibungen und der Ebene erkenntnisleitender Metaperspektiven bleibt zwar bestehen. Aber es können sich doch Berührungspunkte zwischen ihnen ergeben. Diese Berührungspunkte können dann zum Beispiel zur gegenseitigen Kritik zwischen beiden Erkenntnisebenen verwendet werden.

Wenn derartige Berührungspunkte nachgewiesen werden könnten, dann würde auch die Verhältnisbestimmung zwischen Offenbarungs- und (natur)wissenschaftlicher Erkenntnis komplex werden. Dann kann nicht mehr von einer vollkommenen Unabhängigkeit zwischen beiden ausgegangen werden. Deswegen

---

65 Tillich, ST III, 15.
66 Ich danke dem Kollegen Schüßler dafür, dass er mich auf diesen Punkt noch einmal explizit hingewiesen hat und auch für sein feed back zu anderen Aspekten dieses Beitrags.

ist das Unabhängigkeitsmodell noch einmal kritisch zu analysieren. Dann ist es so zu (re-)konzipieren, dass neben einer grundsätzlichen Unabhängigkeit eine – allerdings logisch nachgeordnete – Möglichkeit besteht, dass Offenbarungserkenntnis als Erkenntnis über die Erkenntnis Berührungspunkte mit der Erkenntnis über die Welt besitzt.

Teil 3: **Offenbarung und die existentialistische und anglo-amerikanische Philosophie**

VI Kontextinvariante Wahrheit in geschichtlicher Vermittlung? Eine Analyse von Tillichs Methode der Korrelation

1 Zur Rekonstruktion von Tillichs Methode der Korrelation

Angesichts der großen Zahl von Veröffentlichungen zum Thema der Tillich'schen Korrelationsmethode auf dieser wie auch auf der gegenüberliegenden Seite des Atlantiks fühlt sich deren Interpret bisweilen wie in einem undurchdringlichen Dschungeldickicht. Nicht nur divergieren die Konstruktionen der Funktion dieser Methode, sondern, damit zusammenhängend, auch die Interpretationen des Inhaltes der beiden zu korrelierenden Pole. So sind diese mit so verschiedenen Größen wie Frage/Antwort, (ewige) Botschaft/(zeitbedingte) Situation, Philosophie/Theologie, form/content etc. identifiziert worden. Die Hauptaufgabe der folgenden Ausführungen soll denn auch zunächst darin bestehen, dieses Dickicht etwas lichten zu helfen. Es soll also vor allem um eine kohärente Interpretation der Korrelationsmethode gehen, die durch einen Vergleich der einschlägigen Textpassage in der ST I mit anderen diesbezüglichen Aussagen Tillichs hergestellt werden soll. Zum Abschluß sollen die Konsequenzen der vorgeschlagenen Rekonstruktion der Korrelationsmethode für die systematisch-theologische Theoriebildung wenigstens noch angedeutet werden.

2 Zur Genese der Korrelationsmethode

Wenn ganz allgemein von Tillichs Korrelationsmethode die Rede ist, denkt man üblicherweise an die Passage in der ST I, in der Tillich seine eigene Methode im Gegensatz zur supranaturalistischen, zur naturalistischen und zur dualistischen Methode als Frage-Antwort-Schema bestimmt.[1] Mit Hilfe dieses Schemas wird dann das Verhältnis von Philosophie und Theologie als arbeitsteiliges, oder, so in Folgenden, als *komplementäres* festgelegt, insofern die Philosophie auf die Frage-, die Theologie auf die Antwortseite gerechnet wird. Dabei wird ihre gegenseitige Unabhängigkeit betont: Die philosophische Frage ist „autonom" gegenüber der theologischen Antwort, insofern sie nicht aus dieser abgeleitet werden kann, und die theologische Antwort erfolgt „von jenseits", kann also ebenso

---

1 Vgl. Tillich, ST I, 73–80, speziell 79 f.

https://doi.org/10.1515/9783110547337-009

wenig aus der Frage abgeleitet werden.[2] Die in dieser Weise spezifizierte „Autonomie", also die These einer gegenseitigen Unabhängigkeit von Philosophie und Theologie, wird in Folgenden „Autarkiethese" genannt.

In der Standardkritik an der Tillich'schen Korrelationsmethode wird die Komplementaritätsthese zugunsten eines „Subordinationsvorwurfes" zurückgewiesen. Dieser Vorwurf tritt in zwei Varianten auf: Zum einen wird kritisiert, Tillich würde die theologische Redlichkeit der philosophischen unterordnen, zum anderen, daß er umgekehrt die philosophische Redlichkeit der theologischen unterordnen würde. Paradigmatisch für letztere Variante des Subordinationsvorwurfes sei hier Weischedel angeführt, der in verschiedenen Formulierungen immer wieder betont hat, daß Tillich die Philosophie unter die „Botmäßigkeit" der Theologie bringe.[3] Für die erste Variante des Vorwurfs sei hier paradigmatisch Thielicke angeführt, der kritisch anfragt, ob nicht die in den philosophischen Fragen implizierte Tillich'sche Existenzanalyse die theologischen Antworten schon in illegitimer Weise prädeterminiert.[4] Würden sich Tillichs Aussagen zum Thema in dieser Textpassage der ST I erschöpfen, könnte dem Subordinationsvorwurf in der einen oder anderen Form *prima facie* kaum seine Berechtigung abgesprochen werden, da es schwer einzusehen ist, wie *a priori* die Existenz einer Verbindung zwischen zwei autonomen Bereichen garantiert werden soll. Wären Philosophie und Theologie wirklich vollkommen unabhängig voneinander, wäre ihre In-Beziehung-Setzung also erst das Produkt einer entsprechenden Konstruktionsleistung, würde sich in der Tat der Verdacht nahelegen, daß diese

---

2 Zwar setzt der Theologe bei der Eruierung der Frageseite die Existenzanalyse mit den aus dem christlichen Glauben abgeleiteten theologischen Begriffen in Beziehung. Trotzdem gilt: „Dadurch wird aber die philosophische Arbeit des Theologen keineswegs heteronom. Als Theologe entscheidet er nicht, was ihm in seiner Erfahrung gegeben ist. Wenn er etwas sieht, erwartet er nicht, es im Lichte seiner theologischen Antwort zu sehen. Er hält an dem fest, was er gesehen hat, und formuliert seine theologische Antwort neu" (ST I, 78). Umgekehrt liegen die Antworten „in dem die Grundlage des Christentums bildenden Offenbarungsgeschehen. ... Ihr Inhalt kann nicht aus den Fragen abgeleitet werden ..." (ebd.; vgl. aber unten zur Äquivokation des Philosophie- und Theologiebegriffs in diesem Zusammenhang).

3 Vgl. Wilhelm Weischedel, Der Gott der Philosophen. Grundlegung einer Philosophischen Theologie im Zeitalter des Nihilismus, Bd. II: Abgrenzung und Grundlegung, Darmstadt, ²1972, 111, sowie ders., Philosophische Theologie im Schatten des Nihilismus, in: EvTh 22 (1962), 233–249, speziell 245, und ders., Paul Tillichs philosophische Theologie. Ein ehrerbietiger Widerspruch, in: Karl Hennig (Hrsg.), Der Spannungsbogen, Stuttgart 1961, 25–47, speziell 36 f.

4 Vgl. Helmut Thielicke, Der evangelische Glaube. Grundzüge der Dogmatik, I. Bd.: Prolegomena, Tübingen 1968, 40. Die Sekundärliteratur zur Sache wird von der Frage beherrscht, ob der Subordinationsvorwurf zu Recht besteht und, wenn ja, in welcher Variante. Im Folgenden soll die Korrelationsmethode dagegen in einer Weise rekonstruiert werden, die diese Frage weitgehend gegenstandslos macht.

künstlich hergestellte Beziehung durch eine entsprechende Uminterpretation der einen oder anderen erkauft worden ist. Alle akademischen Höflichkeiten einmal beiseite gelassen, könnte der Subordinationsvorwurf dann polemisch formuliert werden als: „Hier ist eine autarke philosophische Frage – nun müssen wir nur noch die theologische Antwort so zurechtbiegen, daß sie zu dieser Frage paßt" (der Vorwurf aus dem Thielicke-Lager); oder als: „Hier ist eine autarke theologische Antwort – nun müssen wir nur noch die passende philosophische Frage dazu finden" (der Vorwurf aus dem Weischedel-Lager).

Nun erschöpfen sich Tillichs Aussagen zum Thema aber gerade *nicht* in dieser Textpassage der ST I. Diese Passage hat zwar die meiste Aufmerksamkeit auf sich gezogen, da hier die Korrelationsmethode mit der explosiven Frage nach der Verhältnisbestimmung von Philosophie und Theologie verbunden wird. Zu einem fundierten Verständnis der Korrelationsmethode gehört jedoch auch eine Berücksichtigung derjenigen Aussagen zum Thema, die weniger Zündstoff enthalten. Dazu ist vor allem der 1946 gehaltene und ein Jahr später, also fast zeitgleich mit der 1951 endlich erschienenen ST I, veröffentlichte Aufsatz *The Problem of Theological Method* zu rechnen.[5] Obwohl, gerade auch was den Verlauf des Argumentationsganges angeht, zu den undurchsichtigsten Schriften Tillichs gehörend, sollte dieser Aufsatz doch einer eingehenden Analyse unterzogen werden, da Tillich hier systematisch seine Methodologie expliziert und in diesem Rahmen *die* Methode schlechthin, nämlich die Korrelationsmethode, in einer Weise diskutiert, die mit ihrer endgültigen Formulierung in der ST vergleichbar ist.

In diesem Aufsatz unterscheidet Tillich das positive Element in der Theologie, das ihr den Inhalt vorgibt, vom Element der Unmittelbarkeit, das das Medium der Theologie ausmacht. Nun gibt es aber einen Punkt, in dem Medium und Inhalt zusammenfallen, der in dem „Bewußtsein von dem Letztgültigen, Unbedingten-Selbst, dem *esse ipsum*, das den Unterschied zwischen Subjekt und Objekt transzendiert ...", zu finden ist. Dieser Punkt, der „die Gegenwart des Elementes des Unbedingten in der Struktur unseres Daseins, die Grundlage der religiösen Erfahrung"[6] ausmacht, ist zwar unbedingt gewiß, aber, wie Tillich sagen kann, reine Potentialität, also ohne jeden Inhalt. Inhaltlich geformt wird er erst in einer konkreten Situation. Diese inhaltliche Formung des in sich inhaltslosen Punktes ist dann Sache des rationalen Elementes.[7] Die Art der Verbindung zwischen po-

---

5 Paul Tillich, The Problem of Theological Method, a.a.O., 16–26).
6 Beide Zitate aus Tillich, Problem, 29.
7 Wobei Tillich darauf hinweisen kann, daß der Zusammenhang zwischen Inhalt und Form komplexer Natur ist, insofern man nicht *a priori* feststellen kann, wieviel Inhalt in der Form verborgen ist (ebd., vgl. 33).

sitivem und rationalem Element wird hier explizit als „Methode der Korrelation" bezeichnet.[8]

Insofern in diesem Aufsatz „das religiöse Symbol als angemessene Antwort auf eine Frage verstanden" wird, „die mit der menschlichen Existenz gegeben ist und in primitiven, vorphilosophischen, wie in philosophisch formulierten Begriffen gestellt werden kann",[9] wird das Frage-Antwort-Schema hier analog zur ST I verwendet. Auffälligerweise fehlt hier allerdings die in der ST I hervorstechende Betonung, daß die Frageseite mit der Philosophie und die Antwortseite mit der Theologie zu identifizieren ist. Statt die Funktion der Korrelationsmethode aufzuteilen in einen zur Philosophie und einen zur Theologie gehörigen Part, wird diese hier *als Ganze der Theologie zugeschlagen*, ja, sie soll nur für eine bestimmte Unterklasse des theologischen Unternehmens kennzeichnend sein, insofern sie die für die apologetische Theologie kennzeichnende Methode darstellt. Konsequenterweise fehlt hier denn auch, wie angedeutet, eine prononcierte Zuordnung der Philosophie zur Frageseite, wie etwa aus der unspezifischen Formulierung hervorgeht, daß die Frage in philosophischen, aber auch in *vorphilosophischen* Begriffen formuliert werden kann.[10] Das Problem der Verhältnisbestimmung von Philosophie und Theologie ist im Methodenaufsatz, wenn überhaupt, nur von marginaler Bedeutung. Die Funktion der Korrelationsmethode besteht stattdessen in der Lösung eines dezidiert *theologischen* Problems, nämlich darin, das positive und das rationale Element der Theologie, theologischen Inhalt und Form, einander in angemessener Weise zuzuordnen.

Kurze Zeit später trägt Tillich dann in der ST I in das Schema von Frage und Antwort die so viel diskutierte Verhältnisbestimmung von Philosophie und Theologie ein. Jetzt wird das Frage-Antwort-Schema mit der Komplementaritätsthese verbunden, nach der die autonome Philosophie die existentiellen Fragen ausarbeitet, auf die die theologischen Antworten bezogen werden sollen. In dieser, für die Korrelationsmethode charakteristischen, explizit komplementären Bestimmung von Philosophie und Theologie findet sich die Endgestalt der Tillich'schen Bemühungen einer Zuordnung von Philosophie und Theologie, die verschiedene Vorläufer hat: So beschreibt Tillich etwa in seinem Beitrag zum RGG-Artikel *Philosophie* von 1930 das Verhältnis von Philosophie und Religion als das von „... Fragen und In-der-Antwort-Stehen".[11] Allerdings dominiert in diesem Artikel noch der Gegensatz zwischen der Philosophie, dem „Nicht-Haben", und

---

8 Ebd., 32.
9 Ebd., 33.
10 Vgl. das oben genannte Zitat von Seite 33; ähnlich auch die Formulierung: „Die Form der Fragen, gleich ob in primitiver oder in philosophischer Sprache gestellt ..." (ebd.).
11 Tillich, Philosophie und Religion, 243, MW IV, 242–249.

Religion, dem „Haben", zu dessen Aufhebung zugunsten einer „letzten Identität von R(eligion) und Ph(ilosophie)"[12] eine komplexe Argumentation benötigt wird. Ähnlich geht Tillich in seinem Berufungsvortrag an Union vor, in dem er feststellen kann: „(P)hilosophy must provide the concepts and categories and the problems implied in them to which theology gives the answers drawn from the substance of the Christian message".[13] Obwohl die Theologie hier auf die Antwortseite gerechnet wird, ist die Zuordnung der Philosophie zur Frageseite noch nicht derart eindeutig auszumachen wie dann später in der ST I. In letzterer vollzieht sich also der entscheidende Durchbruch, bei dem eine konsequente Zuordnung der Philosophie zur Frage- und der Theologie zur Antwortseite im Sinne einer dezidiert arbeitsteiligen Verhältnisbestimmung vorgenommen wird, in der beide also nicht als konkurrierende sondern als komplementäre Größen beschrieben werden.

3 Zur Funktion der Korrelationsmethode

Worin besteht nun genau die Funktion der Korrelationsmethode? Zur Beantwortung dieser Frage legt sich folgende Verstehensalternative nahe: Entweder beinhaltet die Korrelationsmethode die These, daß faktisch schon eine Komplementarität zwischen Philosophie und Theologie besteht, oder daß eine solche erst hergestellt werden soll. Im ersten Fall ist die Funktion der Korrelationsmethode als *„deskriptive"* zu bezeichnen, insofern hier die Existenz eines Sachverhaltes beschrieben wird, der unabhängig von der Korrelationsmethode besteht und durch diese nur beschrieben wird. Im zweiten Fall ist die Funktion der Korrela-

---

12 Ebd., 245 (vgl. auch 243).

13 Vgl. Tillich, Philosophy and Theology, 286, MW IV, 279–288. Vgl. auch Tillichs vielfältige Explikationen der Aufgabe der Philosophischen Theologie in diesem Vortrag, aus denen sich schon so etwas wie ein frühes Frage-Antwort-Schema herauslesen läßt. So beschäftigt sich die Philosophische Theologie etwa mit dem „concept of being and the categories belonging to it and it leads to the existential problem implied in being, to which the answer is: God" (ebd.). Zu Bedeutung und Geschichte des Korrelationsbegriffes, vgl. John P. Clayton, The Concept of Correlation: Paul Tillich and the Possibility of a Mediating Theology, a.a.O., 177 u.ö., sowie schon ders., Dialektik und Apologetik in der theologischen Entwicklung Tillichs, in: ZThK 75 (1978), 213–232, vgl. 231 f. Für die Zwecke einer umfassenden Analyse der Genese des Korrelationsbegriffes wären allerdings noch die erst 1986 herausgegebenen Marburger Dogmatik Vorlesungen Tillichs mit ihrer vielfältigen Verwendung dieses Begriffes (etwa im Zusammenhang mit dem Offenbarungsbegriff, vgl. Tillich, Dogmatik, a.a.O., 50 f u.ö.) zu berücksichtigen, sowie ganz allgemein die „Hochkonjunktur" des Korrelationsbegriffes in der deutschsprachigen Philosophie (speziell bei Husserl, aber auch im Marburger Neukantianismus).

tionsmethode als „*normative*" zu bezeichnen, da hier nicht die Existenz eines unabhängig von der Korrelationsmethode bestehenden Sachverhaltes ausgesagt, sondern die Herstellung eines solchen gefordert wird. Die Korrelationsmethode impliziert nach diesem Verständnis, daß Philosophie und Theologie so konstruiert werden *sollen*, daß sie miteinander korreliert werden können. Jede der beiden Verständnisweisen wirft nun für sich genommen schwerwiegende Probleme auf, die im Folgenden kurz skizziert werden sollen.

Bei einer deskriptiven Funktionszuschreibung der Korrelationsmethode ergibt sich folgendes Problem: Wird festgestellt, daß Philosophie und Theologie sich faktisch komplementär zueinander verhalten, bewegt sich die Argumentation im Raum kontingenter Tatsachenfeststellungen, die jederzeit durch gegenteilige Feststellungen falsifiziert werden können. Die Plausibilität der Korrelationsmethode wäre somit abhängig von der Existenz einer bestimmten Wirklichkeitskonstellation, die sich jederzeit ändern kann. Auch wenn unter der gegenwärtigen Wirklichkeitskonstellation die Komplementaritätsthese plausibel gemacht werden kann, wäre dieses doch nur eine prinzipiell zeitbedingte Behauptung, die sich bei einer Veränderung besagter Konstellation als unrichtig herausstellen kann. Die Korrelationsmethode würde so zu einem prinzipiell zeitbedingten Instrument.

Wird dagegen ein normatives Verständnis der Funktion der Korrelationsmethode zugrundegelegt, wird der Bereich der Tatsachenfeststellungen zugunsten desjenigen der Werte und Normen verlassen, der nicht von der Existenz bestimmter Wirklichkeitskonstellationen abhängt. Hier wird unabhängig von der faktisch existierenden Ausgangslage, also davon, wie sich Philosophie und Theologie faktisch zueinander verhalten, *gefordert*, beide miteinander zu verbinden. Das Problem ist hier, daß ein unabhängig von jeder faktisch existierenden Wirklichkeitskonstellation gefordertes tête-à-tête zwischen Philosophie und Theologie den Subordinationsvorwurf in der einen oder anderen Version nährt. Ein Stelldichein, das unabhängig davon, ob die beiden Zusammengeführten nun auch wirklich zueinander passen, gefordert wird, erzeugt natürlich den Verdacht, auf Kosten des einen oder anderen (im schlechtesten Fall sogar beider) erkauft zu sein. Aus theologischer Perspektive kann etwa an der Tillich'schen Aussage Anstoß genommen werden, daß die Antwort „der Christus" dem jeweiligen Fragekontext angepaßt werden soll.[14] Dabei legt sich die Vermutung nahe, daß die

---

14 „Wenn aber die Theologie auf die in der menschlichen Entfremdung liegende Frage die Antwort gibt, die ‚der Christus' heißt, so tut sie das in ganz verschiedener Weise, je nachdem, ob sie auf die existentiellen Konflikte des jüdischen Legalismus antwortet oder auf die existentielle Verzweiflung des griechischen Skeptizismus oder auf die Drohung des Nihilismus ..." (Tillich, ST II, 22).

Integrität der theologischen Binnenperspektive außenperspektivischen (philosophischen o. ä.) Bedürfnissen subordiniert würde.[15]

Nun wäre Tillich aber nicht Tillich, wenn er sich einfach für die Skylla einer deskriptiven Funktionszuschreibung zur Korrelationsmethode oder die Charybdis einer normativen Funktionszuschreibung entscheiden würde. In einer für seine Vorgehensweise in derartigen Fällen charakteristischen Manier führt er hier eine zusätzliche Unterscheidung ein, nämlich die von Form und Material beziehungsweise Substanz.[16] Im Rahmen seiner Diskussion, inwiefern Frage und Antwort voneinander abhängig und inwiefern voneinander unabhängig sind, erklärt er, daß das Material der Frage „Ausdruck für die allgemein menschliche Situation ist", während die „Form der Frage durch das ganze theologische System und die darin gegebenen Antworten geprägt"[17] ist. Umgekehrt stellt er fest, daß

---

15 Dagegen könnte angeführt werden, daß nur die jeweilige *Interpretation* der Christus-Aussage kontextspezifisch erfolgt, ihr Kern aber durch alle Interpretationsvarianten hindurch invariant bleibt (vgl. zur Tillich'schen Reduktion der biblischen Überlieferung auf einen „Kern", Gunda Schneider-Flume, „Entsprechungsdenken" und Sündenerkenntnis. Die Auswirkung der Methode der Korrelation auf das Sündenverständnis in der Systematischen Theologie Paul Tillichs, in: ZThK 76, 1979, 489 – 513, 492 f u. ö.). Nur kann zum Beispiel ein Vertreter aus dem oben genannten Thielicke-Lager einwenden, daß es kaum möglich sein dürfte, bei Begriffen wie „der Christus", „Entfremdung", etc. einen kontextinvarianten Kern zu eruieren. Derartige Begriffe sind im Tillich'schen System nämlich so weit von ihren traditionellen Intensionsmerkmalen entleert, daß sie Leerformeln ähneln (zu „Leerformeln", also Ausdrücken, die so unspezifisch sind, daß sie kaum operationalisiert werden können, wie etwa „Die Würde des Menschen ist unantastbar", vgl. etwa Hans Hannappel/Hartmut Melenk, Alltagssprache. Semantische Grundbegriffe und Analysebeispiele, München ²1990, UTB 800, 293 – 295), die erst *ad hoc*, also im jeweiligen Kontext, intensional entsprechend gefüllt werden.

16 In der ST I greift Tillich an dieser Stelle auf die vor allem aus der Zeit vor seiner Emigration bekannte Unterscheidung von Form und Inhalt zurück (ST I, 78 f). Clayton schreibt dieser Unterscheidung einen solchen Stellenwert zu, daß er sie als eigene Interpretation der Korrelationsmethode neben dem Frage-Antwort-Schema aufführt (vgl. Clayton, The Concept of Correlation. Paul Tillich and the Possibility of a Mediating Theology, 191 ff).

17 Tillich, ST II, 22. Bayer rekonstruiert diese Textpassage folgendermaßen: „Es besteht Unabhängigkeit der Frage von der Antwort, was die *Form* der Frage betrifft, und Abhängigkeit der Frage von der Antwort, was den *Inhalt* der Antwort betrifft" (Oswald Bayer, Theologie, in: C. H. Ratschow (Hrsg.), Handbuch Systematischer Theologie, Bd. 1, Gütersloh 1994, 221, meine Betonung). Nun lassen sich zwar Textstellen auffinden, die diese Interpretation stützen, wie etwa „Die Wahl des Materials für die Formulierung der Frage ist Aufgabe des systematischen *Theologen*" (Tillich, ST II, 21, meine Betonung). Trotzdem dürfte es dem Gesamtduktus der Tillich'schen Argumentation an dieser Stelle, wie vor allem auch in der entsprechenden Passage der ST I (wo die substanzielle Unabhängigkeit von Frage und Antwort noch stärker betont wird; vgl. Tillich ST I, 76 ff), eher entsprechen, die Unabhängigkeit der Frage von der Antwort auf ihr Material beziehungsweise ihren Inhalt, statt auf ihre Form zu beziehen, während die Abhängigkeit für die Form der Frage gilt. Tillichs Aussage, daß es der systematische Theologe ist, der das Material auswählt, ist dann

die Substanz der theologischen Antworten zwar nicht durch die Frage erzeugt wird, diese aber auf den jeweiligen Fragehorizont zugeschnitten werden.[18]

Wir können diesen Sachverhalt in unserer obigen Nomenklatur folgendermaßen ausdrücken: In Hinsicht auf die Form erfüllt die Korrelationsmethode normative Funktionen, in Hinsicht auf das Material deskriptive. Während in formaler Hinsicht gefordert wird, beide Pole zu korrelieren, wird in materialer Hinsicht nicht die Herstellung einer Korrelation gefordert, sondern deren Existenz konstatiert. Zugespitzt formuliert: *Beide Pole sollen (formaliter) miteinander korreliert werden, weil sie (materialiter) immer schon in einer Korrelation stehen.* Diese zunächst paradox anmutende Formulierung kann mit Hilfe von Unterscheidungen wie „potentiell/aktuell", „implizit/explizit", „im Kern/nach außen hin" oder ähnlich des Näheren spezifiziert werden. Die Funktion der Korrelationsmethode besteht dann in einer Explikation der implizit vorhandenen Möglichkeit der Korrelation beider Pole. Die im Kern schon bestehende, wenn auch nach außen hin noch verdeckte Bezogenheit der existentiellen Frage auf die theologische Antwort soll nun auch auf den Begriff gebracht werden.

Diese Interpretation der Korrelationsmethode kann dem mit einer normativen Funktionszuschreibung zur Korrelationsmethode vermachten Subordinationsvorwurf insofern entgehen, als hier nicht einfach kategorisch gefordert wird, Frage und Antwort zu korrelieren, sondern diese Forderung mit bestimmten Annahmen über die Wirklichkeit begründet wird: Eine Korrelation soll zwischen beiden Polen hergestellt werden, weil sie in gewisser Weise immer schon besteht. Insofern hier das geforderte tête-à-tête nicht unabhängig von der Ausgangslage, also dem faktisch bestehenden Verhältnis zwischen beiden Polen, gefordert wird, wird dem Subordinationsvorwurf der Boden entzogen.

Was die andere Seite des Dilemmas angeht, nämlich das mit einer deskriptiven Funktionszuschreibung zur Korrelationsmethode vermachte Problem, daß die Plausibilität der Korrelationsmethode von der Existenz einer bestimmten Wirklichkeitskonstellation abhängt (eben einer, in der sich Philosophie und Theologie tatsächlich komplementär zueinander verhalten) und damit prinzipiell zeitbedingt wird, bietet die genannte Interpretation folgendes Lösungspotential: Die Korrelationsmethode ist insofern nicht einfach von der Existenz einer bestimmten Wirklichkeitskonstellation abhängig, als durch besagte Unterscheidung

---

unter der Prämisse zu verstehen, „... insofern er an dem Ganzen der menschlichen Erfahrungen teilhat" (Tillich sieht letzteren nämlich in eine Ellipse eingebunden, bei der existentielle Frage und theologische Antwort „im Raum derselben religiösen Grundhaltung" stehen, vgl. Tillich, ST II, ebd.).

18 Vgl. dazu die oben genannte Bemerkung, daß die Antwort „der Christus" auf den jeweiligen (jüdisch-legalistischen, griechisch-skeptizistischen etc.) Fragekontext zugeschnitten werden soll.

von „im Kern/nach außen hin" eine gewisse Resistenz gegenüber den Veränderungen der jeweiligen Wirklichkeitskonstellation erreicht wird. Tillich behauptet ja nicht, daß sich beide Pole in ihrer faktisch vorhandenen Gestalt immer schon komplementär zueinander verhalten und ist deshalb auch nicht gezwungen, die Komplementaritätsthese aufzugeben, wenn sich diese als inkompatibel mit den Bedingungen der faktisch existierenden Wirklichkeitskonstellation erweist. So vertritt er nicht einfach die These, daß die sich komplementär zu den Antworten verhaltenden existentiellen Fragen auch schon immer als solche gestellt werden,[19] sondern daß hinter allen faktisch gestellten Fragen noch eine Frage liegt,[20] sozusagen die „*Frage hinter allen Fragen*", die sich im Kern (materialiter) komplementär zu den christlichen Antworten verhält. Der Konstruktion der Frageseite liegen also bestimmte anthropologische Annahmen zugrunde, die, von existentialistischen Voraussetzungen geprägt, dieser in bestimmter Hinsicht kontrafaktischen Charakter verleihen. Aufgrund dieses Charakters wird eine gewisse Resistenz der deskriptiven Komponente in der Korrelationsmethode gegenüber den Veränderungen der faktisch existierenden Wirklichkeitskonstellationen erreicht.[21]

An diesem Punkt mag eingewandt werden, daß die Tillich'sche Konstruktion der Frageseite aber immer noch abhängig ist von kontingenten Faktoren, nämlich vom jeweils vorherrschenden Philosophieverständnis. Die Plausibilität besagter Konstruktion hängt von der Plausibilität des vorausgesetzten, existentialistisch konstruierten, Philosophieverständnisses ab.[22] Das Problem besteht hier aber nicht so sehr in der Konstruktion der Frageseite als solcher, sondern in deren zusätzlicher Identifikation mit „der" Philosophie, beziehungsweise einer be-

---

19 Weshalb Kritiken wie die Coxsche, daß die von Tillich vorausgesetzten menschlichen Grundfragen vom „modernen Menschen" kaum noch gestellt würden, ins Leere zielen (vgl. Harvey Cox, Stadt ohne Gott?, Originaltitel: The Secular City. Secularization and Urbanization in Theological Perspective, Übers.: Werner Simpfendörfer, Stuttgart, Berlin 1966, 94).

20 „Der Mensch *ist* die Frage nach sich selbst, noch ehe er irgendeine Frage gestellt hat" (Tillich, ST I, 76).

21 Von Kriegstein kritisiert gerade die Unabhängigkeit der Tillich'schen Anthropologie von allen vorfindlichen Wirklichkeitskonstellationen, ist dabei allerdings von den problematischen Annahmen des Kritischen Rationalismus geleitet (vgl. Matthias von Kriegstein, Paul Tillichs Methode der Korrelation und Symbolbegriff, in: Studia Irenica, XVII, W. Philipp/A. H. Swinne (Hrsg.), Hildesheim, 1975; zum Kritischen Rationalismus und der Entwicklung einer alternativen Methodik, vgl. etwa Grube, Religious Experience after the Demise of Foundationalism, a.a.O., 38f).

22 So weist Tillich selbst darauf hin, daß sich seine Verhältnisbestimmung von Philosophie und Theologie durch das Aufkommen der Existentialphilosophie in Deutschland verändert hat (vgl. Tillich, Auf der Grenze. Aus dem Lebenswerk Paul Tillichs, a.a.O., 55; zu den anthropologischen Konsequenzen dieses existentialistisch konstruierten Philosophiebegriffs, vgl. Bayer, Theologie, 222ff).

stimmten Unterart derselben (nämlich eines Existentialismus, der bestimmte anthropologische Annahmen impliziert). Im folgenden soll nun der Vorschlag entfaltet werden, diese zusätzliche Identifikation der Frageseite mit der Philosophie aufzugeben, um auf diese Weise zu einer konsistenten Rekonstruktion der Korrelationsmethode zu gelangen.

Für diesen Vorschlag spricht, daß der exegetische Befund *der* Zentralstelle, die eine Identifikation der Philosophie mit der Frageseite nahezulegen scheint, nämlich der entsprechenden Passage der ST I, keineswegs eindeutig ist. Zugegebenermaßen heißt es dort, daß die Analyse der Frageseite eine Aufgabe autonomen Philosophierens sei.[23] Doch war drei Seiten weiter oben davon die Rede gewesen, daß es die *Theologie,* also eben nicht die Philosophie, ist, die die in der menschlichen Situation beschlossenen Fragen analysiert.[24] Der Philosophie- und der Theologiebegriff werden hier im Verlauf der Argumentation äquivoziert,[25] wodurch divergierende Lesarten möglich werden, einmal diejenige, nach der die Philosophie die Fragen formuliert, zum anderen diejenige, nach der auch die Fragen, nicht nur die Antworten, von der Theologie formuliert werden. Letztere Lesart ist auch mit dem Methodenaufsatz kompatibel, in dem, wie oben ausgeführt, die Identifikation der Philosophie mit der Frageseite keine wesentliche Rolle spielt.

Wie immer man sich aber zu den exegetischen Problemen stellen mag, es dürfte jedenfalls deutlich sein, daß bei einem Verzicht auf die zusätzliche Iden-

---

23 Vgl. das oben genannte Zitat aus der ST I, 78.

24 „Beim Gebrauch der Methode der Korrelation schlägt die Systematische *Theologie* folgenden Weg ein: Sie gibt eine Analyse der menschlichen Situation, aus der die existentiellen Fragen hervorgehen ..." (Tillich, ST I, 76, meine Betonung).

25 Die Äquivokation beider Begriffe in dieser Textpassage ist in der Sekundärliteratur des Öfteren analysiert worden, etwa von Sturmius-M. Wittschier, (Paul Tillich. Seine Pneuma-Theologie. Ein Beitrag zum Problem Gott und Mensch, Nürnberg, 1975, vgl. 198), der eine weitere Begriffsverwendung von „Theologie" und von „Philosophie" von einer engeren Verwendung unterscheidet (vgl. auch die in eine ähnliche Richtung zielende Analyse bei Jochen Buchter, Die Kriterien der Theologie im Werke Paul Tillichs, maschinenschriftliche Dissertation, Bonn, 1975, 125 ff). Zur Vermeidung der Äquivokationsthese mag eine andere Lesart an dieser Stelle erwogen werden, nach der „Systematische Theologie" hier selbstreferentiell gemeint ist, also Tillichs eigenes Werk bezeichnet, das selbstverständlich auch philosophische Elemente enthält. Dann würde der obige Satz von Seite 76 doch nicht implizieren, daß die Fragen von der Theologie in Gestalt der Systematischen Theologie formuliert werden, sondern dann würde Tillich hier sein in der ST verwendetes Vorgehen beschreiben, wonach gemäß der Korrelationsmethode die existentiellen Fragen aus der menschlichen Situation herausgelesen werden. Allerdings bedarf diese Lesart einer problematischen Textemendation, insofern angenommen werden muß, daß hier Kursivschrift und große Anfangsbuchstaben (zur Kennzeichnung eines Werktitels) weggefallen sind, und zwar sowohl in der deutschen wie auch in der englischen Ausgabe.

tifikation der Frageseite mit der Philosophie die mit der Eintragung der Verhältnisbestimmung von Philosophie/Theologie in das Frage-Antwort-Schema vermachten Spannungen in der Korrelationsmethode vermieden werden: Wie oben angedeutet, ist die mit dieser Verhältnisbestimmung gleichzeitig implizierte Autarkiethese[26] inkonsistent mit dem deskriptiven Gehalt der Korrelationsmethode. Das Glücken von besagtem tête-à-tête zwischen Philosophie und Theologie kann, auch wenn es dabei nur um eine Komplementarität „im Kern" o. ä. geht, nicht *a priori* garantiert werden, wenn beide tatsächlich voneinander unabhängig sind. Schließlich läßt sich der Vorschlag eines Verzichtes auf die Identifikation der Philosophie mit der Frageseite auch mit der faktischen Vorgehensweise Tillichs kompatibel machen, da, trotz aller anderslautenden Beteuerungen,[27] die Fragen keineswegs immer aus der Perspektive einer von der Theologie unabhängigen Philosophie formuliert werden. Dieses läßt sich etwa am Beispiel der Tillich'schen Christologie verdeutlichen: So ist beobachtet worden, daß Tillich bei der existentialistischen Situationsanalyse in den Entfremdungsbegriff einen dezidiert *theologisch* konstruierten Sündenbegriff einfließen läßt, der als Unglaube, Hybris und Konkupiszenz spezifiziert wird.[28]

Wenn auf eine Eintragung des Problems der Verhältnisbestimmung von Philosophie und Theologie in die Korrelationsmethode verzichtet wird, wie sieht eine konsistente Rekonstruktion derselben dann aus? Zur Beantwortung dieser Frage sei auf den schon genannten Methodenaufsatz zurückgegriffen, in dem Tillich, wie oben gezeigt, auf eine prononcierte Identifikation von Frage und Antwort mit Philosophie und Theologie verzichtet. Tillich geht hier bei der Beschreibung der Aufgabe der apologetischen Theologie von einem gemeinsamen Nenner zwischen Frage und Antwort aus, wenn er feststellt: „Antworten können nur gegeben werden, wo der Fragende und der Antwortende eine gemeinsame Basis haben. Die apologetische Theologie setzt eine universale Offenbarung

---

26 Zum Vorschlag, den Philosophiebegriff ohne Autarkiethese in das Korrelationsschema aufzunehmen, s. unten.

27 Vgl. etwa ST I, 80 f, wo Tillich das Frage-Antwort-Schema mit offensichtlich implizierter Autarkiethese als „Rückgrat" seines Systemaufbaus bezeichnen kann.

28 Vgl. Schneider-Flume, Entsprechungsdenken" und Sündenerkenntnis, a.a.O., 507. Ähnlich beobachtet Fischer, daß das Thema „Schöpfung und Fall", das in der ST I noch auf der Antwortseite auftaucht, in der ST II zur Frageseite verschoben wird und merkt an: „Die Frage erfährt also ihre Verdeutlichung und Tiefenschärfe nicht oder nicht nur aus Problembeständen menschlicher Wirklichkeit, wie das systematische Programm es will, sondern erscheint schon in einem substantiell-theologischen Interpretationsrahmen" (Hermann Fischer, Die Christologie als Mitte des Systems, in: Paul Tillich. Studien zu einer Theologie der Moderne, H. Fischer (Hrsg.), 207–229, 225).

voraus, auf die sie hinweisen kann, weil sie von beiden Seiten anerkannt wird".[29] Frage und Antwort stellen hier also nicht zwei voneinander unabhängige Pole dar, wie bei ihrer Identifikation mit Philosophie und Theologie, sondern überlappen sich zumindest, insofern sie eine gemeinsame Basis in Gestalt einer universalen Offenbarung besitzen. Dementsprechend kann Tillich in diesem Aufsatz ausführen, daß „die Fragen in bezug auf das letztgültige Anliegen des Menschen den Inhalt der Antworten in sich tragen ..." (S. 33) und dabei die von ihm auch sonst herangezogene Logoslehre anführen: „Ohne eine gewisse Logoslehre, selbst wenn der Begriff *logos* nicht gebraucht wird, scheint mir keine Theologie, vor allem keine apologetische Theologie, möglich" (S. 34). Frage- und Antwortpol werden hier nicht als vollkommen separat voneinander existierend angesehen, sondern als sich zumindest an einer entscheidenden Stelle überschneidend, nämlich dort, wo sie gemeinsam eine „gewisse Logoslehre", beziehungsweise „universale Offenbarung", voraussetzen. Frage und Antwort sind also nicht im oben genannten Sinne autark konstruiert, sondern es herrscht sozusagen eine „prästabilierte Harmonie" zwischen ihnen vor, insofern beide im logischen Raum einer *übergreifenden Gesamtperspektive* formuliert werden.[30]

4 Zu den Implikationen der vorgeschlagenen Interpretationsalternative

Es sei gleich vorweg gesagt, daß die am Methodenaufsatz gewonnene Interpretationsalternative bescheidenere Ziele verfolgt als ein tête-à-tête zwischen (autonomer) Philosophie und Theologie herzustellen. Dementsprechend verändert sich auch die konzeptionelle Verortung der Korrelationsmethode: Statt im Zwi-

---

29 Tillich, Methode, 31 (die folgenden Seitenzahlen im Text beziehen sich auch auf diesen Aufsatz).

30 Auch in der entsprechenden Passage der ST I scheint so etwas wie die Annahme einer prästabilierten Harmonie von Frage- und Antwortpol durch, nämlich in Tillichs anthropologischen Überlegungen. So stellt er fest, daß die Offenbarung Fragen beantwortet, „die je und je gestellt worden sind, und immer wieder gestellt werden, da wir selbst diese Fragen *sind*" (ST I, 76). Hier kann Tillich sogar einen zwar in der Zeit nicht realisierten, nichtsdestotrotz zum essentiellen Sein des Menschen gehörigen Punkt postulieren, in dem Frage und Antwort nicht einmal mehr voneinander getrennt sind (ebd., vgl. 75), in dem also zwischen Frage und Antwort nicht einmal mehr eine Kluft, geschweige denn eine gegenseitige Unabhängigkeit, vorherrscht. Die Tatsache, daß besagte prästablierte Harmonie hier nicht mehr theologisch gefaßt wird als „Logoslehre", oder „universale Offenbarung", sondern anthropologisch, hängt damit zusammen, daß die Korrelationsmethode in der ST I nicht mehr als rein binnentheologisches Instrument aufgefaßt wird (s. unten).

schenbereich von Philosophie und Theologie ist sie in dieser Interpretation eindeutig auf theologischem Terrain beheimatet.[31] Es geht hier nicht um die Zusammenführung zweier voneinander unabhängiger Perspektiven, sondern um die Zusammenführung von zwei Perspektiven, die, wie abhängig oder unabhängig sie voneinander im Einzelfall auch sein mögen, jedenfalls noch einmal gemeinsam in eine Metaperspektive eingebettet sind, die theologische Züge trägt. Man mag dabei an der Identifikation des Fragepols mit „der" Philosophie festhalten, wird dabei aber auf alle Autonomiepostulate und damit auf die Autarkiethese verzichten und stattdessen von einer in theologischer Perspektive rekonstruierten Philosophie oder ähnlich sprechen.

Bei einer solchen Rekonstruktion erübrigt sich der in der Sekundärliteratur vorherrschende Hauptkritikpunkt an der Korrelationsmethode, nämlich der Subordinationsvorwurf: Durch das Postulat einer beide Pole noch einmal übergreifenden Gesamtperspektive kann eine Beeinflussung des einen Poles durch den anderen ohne Subordinationsbefürchtungen zugestanden werden. So kann der Theologe ruhigen Gewissens eine Beeinflussung der Antworten von den Fragen her zugestehen, insofern letztere nicht unter den Parametern einer theologieabstinenten philosophischen Perspektive formuliert sind, sondern diese noch einmal in eine theologische Metaperspektive eingebettet ist. Die theologischen Antworten mögen in der Tat durch die Fragen präformiert sein – nur stellt diese Tatsache nicht mehr notwendig eine „Einengung der theologischen Überlieferung" dar und blendet insofern auch nicht mehr automatisch bestimmte theologische Verstehenshorizonte aus.[32] Umgekehrt kann eine Beeinflussung der

---

31 Nicht nur läßt sich eine dezidiert binnentheologische Verortung der Korrelationsmethode vor der ST I nachweisen, nämlich in genanntem Methodenaufsatz, sondern auch später scheint eine solche zumindest noch durch (vgl. etwa die oben zitierte Bemerkung Tillichs, daß Frage und theologische Antwort „im Raum derselben religiösen Grundhaltung" stehen, ST II, 21). Obwohl sicherlich nicht die Hauptstoßrichtung der einschlägigen Sekundärliteratur ausmachend, wird eine Verortung der Korrelationsmethode in dezidiert theologischem Terrain dort jedenfalls bisweilen implizit vertreten. So hat der Tillich'sche Antwortbegriff für Ringleben eine doppelte Funktion, indem er einmal das der Frage korrelierende Moment bezeichnet, zum anderen das, was „Frage *und* Antwort bestimmt" (Joachim Ringleben, Paul Tillichs Theologie der Methode, in: NZSTh 17, 1975, 246–268, 262). Wenngleich die Konsequenzen dieser Doppelbestimmung des Tillich'schen Antwortbegriffs in Hinsicht auf die Verortung der Korrelationsmethode nicht in der obigen Weise thematisiert werden, ist doch deutlich, daß hier ein Äquivalent zu dem vorliegt, was als „Frage und Antwort noch einmal übergreifende theologische Gesamtperspektive" genannt worden ist, womit faktisch eine binnentheologische Verortung der Korrelationsmethode vorgenommen worden ist.

32 Vgl. zu diesen Kritikpunkten Schneider-Flume, Entsprechungsdenken" und Sündenerkenntnis, a.a.O., 499 und Bayer, Theologie, a.a.O., 224 ff.

Fragen von den gegebenen Antworten zugestanden werden, ohne daß damit sofort der Verdacht aufkommen müßte, hier würde die Philosophie unter die „Botmäßigkeit" der Theologie gebracht – es geht eben nicht um „die autonome Philosophie" sondern, wenn überhaupt um Philosophie, dann um eine im logischen Raum einer theologischen Gesamtperspektive rekonstruierte.

Des weiteren ist in dieser Interpretation die Konstruktion der Frageperspektive in gewisser Weise unabhängig von den jeweils vorherrschenden philosophischen Modeströmungen: Selbst wenn sich Tillichs existentialistisch motivierte Anthropologie mit den philosophischen Strömungen einer gegebenen Zeit als inkompatibel erweisen sollte, liefert diese Tatsache allein noch keine hinreichende Begründung für die Abrogation dieser Anthropologie. Insofern sich diese unter den Bedingungen besagter theologischer Metaperspektive als sinnvoll erweisen läßt, mag es durchaus legitim sein, sie weiterhin zur Konstruktion der Frageperspektive zu verwenden.

Schneider-Flume kritisiert, daß die Korrelationsmethode bei Tillich in die Nähe eines „geschlossenen Zirkels"[33] gerät, der die Gefahr birgt, die Plausibilität der christlichen Botschaft von dem jeweils vorausgesetzten Vorverständnis abhängig zu machen. In der hier vorgeschlagenen Interpretation ist zwar die Plausibilität der christlichen Botschaft immer noch vom jeweiligen Vorverständnis abhängig, insofern die Antworten in gewisser Weise von den Fragen abhängig sind. Nur stellt diese Art der Abhängigkeit keinen „geschlossenen Zirkel" im oben genannten Sinne dar, da die Fragen eben kein Produkt theologieabstinenten Philosophierens sind, sondern ihrerseits von den Antworten und damit dem Gesamt der christlichen Botschaft beeinflußt sind. Zur Abbildung des gegenseitigen Beeinflussungsverhältnisses von Frage und Antwort empfiehlt es sich, das Zirkelbild ganz aufzugeben und durch das einer Spirale zu ersetzen. Das Spiralbild soll dabei den dynamischen Charakter der Korrelationsmethode in der vorgeschlagenen Interpretation ausdrücken, der ein Korollar des Zugeständnisses der Legitimität gegenseitiger Beeinflussungsmöglichkeiten zwischen beiden Polen darstellt: Fragen und Antworten entstammen derselben Geschichte, d.h. die Fragen (beziehungsweise die Antworten) werden niemals von einem epistemologischen Nullpunkt aus formuliert, sondern sie setzen die Kenntnis vergangener Antworten (beziehungsweise Fragen) voraus. Es entsteht also eine spiralförmige, im Idealfall sich gegenseitig vorwärtstreibende Dynamik zwischen Frage und Antwort.[34]

---

33 Vgl. Schneider-Flume, Entsprechungsdenken" und Sündenerkenntnis, a.a.O., 210 u.ö.
34 Das Spiralbild kann das von Tillich in der ST II verwendete Bild einer Ellipse mit zwei Brennpunkten ersetzen, das aus einer Modifikation des Bildes vom Zirkel entstanden ist (und

Durch eine dynamische Konstruktion erledigt sich schließlich auch die kritische Anfrage, ob bei der Verwendung der Korrelationsmethode nicht der christliche Sündenbegriff reduziert wird, insofern Sünde und die Erkenntnis derselben auf der Frageseite des Korrelationsschemas lokalisiert und damit als Vermögen des „natürlichen Menschen" (nämlich des theologieabstinenten Philosophen) aufgefaßt wird.[35] Bei einer dynamischen Konstruktion wird die Formulierung der Frageperspektive eben nicht als „autonom philosophische" Leistung aufgefaßt, sondern als durch vorangegangenen Kontakt mit der theologisch geprägten Antwort ermöglichte. Die Frage nach der Sünde erscheint damit nicht mehr als „natürliches Vermögen", sondern ist immer schon sozusagen glaubensmäßig getränkt, insofern nämlich die Fragen im Raum *der* Geschichte formuliert sind, die durch die schon ergangenen (theologischen) Antworten mitformiert worden ist. Somit muß die Frageperspektive also keineswegs vollkommen desensibel gegenüber einer Konstruktion des Sündenbegriffes als selbstvergessener sein, womit es im Prinzip möglich wird, anzuerkennen, daß Sündenerkenntnis immer nur „im Glauben" möglich ist.

Wenn die vorgeschlagene Interpretationsalternative zugrunde gelegt wird, wie ist dann das Ausgangsproblem zu lösen? Mit welchen Größen sind also die beiden Pole zu identifizieren und worin besteht dann die Aufgabe der Korrelationsmethode? Die bisher mit den Chiffren „Frage" und „Antwort" versehenen Pole sollen hier mit „(sich im Laufe der Geschichte verändernder) Situationskontext" und „(Proprium der) christliche(n) Botschaft" identifiziert werden und die Aufgabe der Korrelationsmethode besteht in der Verbindung beider.[36] Wenn von der

---

dadurch entsprechend unpräzise ist; vgl. Tillich, ST II, 21). In Aussagen wie der, daß die Fragen unter dem Eindruck empfangener Antworten gestellt werden, impliziert auch Tillich so etwas wie eine Dynamik zwischen Frage und Antwort. Nur verbaut er sich den Weg zu einer konsequenten Einlösung derselben durch die Identifikation des Fragepols mit der Philosophie und die dadurch in die Korrelationsmethode hineingetragene Autarkiethese.

35 Schneider-Flume argumentiert, daß die Einholung der Sünde bei Tillich in das Korrelationsschema nur durch ihre Konzeptionalisierung als Entfremdung möglich wird und weist demgegenüber darauf hin, daß in der christlichen Überlieferung Sünde gerade als sich ihrer selbst *nicht* bewußte aufgefaßt wird, als selbstvergessene, die nur „im Glauben" erkannt werden kann (vgl. Schneider-Flume, Entsprechungsdenken" und Sündenerkenntnis, a.a.O., 505 ff).

36 Damit ist die Aufgabe analog zur Tillich'schen Bestimmung der Korrelationsmethode als Alternative zu supranaturalistischer, naturalistischer und (so jedenfalls in der ST I, vgl. 80, wenn auch nicht mehr in der ST II) dualistischer (wohinter sich eine Art katholischer Position verbergen dürfte) Methode gefaßt, ohne diese historisch weitgehend ungedeckten Begriffe aufnehmen zu müssen (so weist Bayer darauf hin, daß der Tillich'sche Supranturalismusbegriff „in vielen Zügen Karikaturen" bietet und die Theologie Barths nicht trifft, Bayer, a.a.O., 224, und Wenz stellt fest, daß dieser, jedenfalls in Tillichs späteren Schriften, „... aufhört, eine im eigentlichen Sinne theologiegeschichtliche Kategorie zu sein. Stattdessen wird er zum Verdikt einer gewissermaßen

Existenz einer umgreifenden theologischen Metaperspektive ausgegangen wird, stellt die Rekonstruktion des Situationskontextes aber nicht eine irgendwie „autonome", also vollkommen theologieabstinente Leistung dar, sondern ist in gewisser Hinsicht immer schon theologisch geprägt. So kann, um auf das oben genannte Beispiel zurückzukommen, Tillichs Forderung, die Antwort „der Christus" müsse kontextvariant formuliert werden, also auf den jeweiligen (jüdisch-legalistischen, griechisch-skeptizistischen etc.) Situationskontext zugeschnitten werden, zugestimmt werden unter der Prämisse, daß dieser Situationskontext ein in bestimmter Weise unter theologischen Parametern konstruierter ist.[37] Unter derartigen Bedingungen verliert die Befürchtung, daß eine kontextvariante Konstruktion der Botschaft zu einem gravierenden Substanzverlust derselben führt, viel von ihrem Schrecken. Werden die konzeptionellen Implikationen des oben genannten Spiralbildes ernstgenommen, ist bei der gesuchten Verbindung zwischen Botschaft und Kontext zudem eine Einbahnstraße im Anpassungsverhältnis jedenfalls im Prinzip ausgeschlossen zugunsten der Möglichkeit von Gegenverkehr. Ohne Bild gesagt: Gemäß oben genannter Spirale kann nicht *a priori* festgelegt werden, daß die Botschaft sich in jedem Fall dem Kontext anzupassen hätte, sondern die gesuchte Verbindung mag unter Umständen auch dadurch hergestellt werden, daß umgekehrt der Situationskontext der Botschaft angepaßt wird.[38]

An dieser Stelle mag schließlich eingewandt werden, daß es trotz des Postulates einer übergreifenden Metaperspektive immer noch Kriterien bedarf, um festzustellen, ob eine bestimmte kontextvariante Konstruktion der Botschaft, zum Beispiel eine bestimmte Version der Antwort „der Christus", zu einem gravierenden Substanzverlust derselben führt oder nicht, besser gesagt, ob das christliche Proprium hier noch in hinreichender Weise gewahrt ist.[39] Obwohl dieses

---

zeitlos falschen Denkungsart", Gunther Wenz, Tillichs Kritik des Supranaturalismus, in: God and Being/Gott und Sein, TBT 47, Gert Hummel (Hrsg.), Berlin 1989, 3–29, 23).

37 Wobei die Einschränkung „in bestimmter Weise" ausdrücken soll, daß hier kein Freibrief für Konstruktionen ausgestellt werden soll, die sich rein an den Bedürfnissen der theologischen Binnenperspektive orientieren. Obwohl also ein gewisses theologisches Moment in die Konstruktion des Situationskontexts einfließt, ist dieses selbstverständlich nicht allein ausschlaggebend.

38 Die traditionelle Terminologie, bei der in diesem Zusammenhang von der Suche nach einem „Anknüpfungspunkt" gesprochen wird, sollte hier vermieden werden, da sie, speziell durch ihre Prägung im Rahmen der Barth/Brunner-Kontroverse, eher an besagte Einbahnstraße denken läßt.

39 Der Term „Proprium" ist Begriffen wie „Substanz", „Wesen (des Christentums)" oder ähnlichem vorzuziehen, da er nicht durch essentialistische Assoziationen belastet ist. Denn das hinter all diesen Begriffen liegende Problem kann aufgrund des lebenspraktischen Bezuges des Christentums nicht einfach durch die Zurückweisung aller Essentialismen umgangen werden. Auch der

Problem über eine Rekonstruktion der Korrelationsmethode hinausgeht,[40] sei hier wenigstens noch kurz darauf eingegangen anhand des Claytonschen Vorschlages, essentialistische Kriterien zu vermeiden und das christliche Proprium stattdessen durch das Wittgensteinsche Konzept der „Familienähnlichkeiten" zu sichern. Anstelle der Suche nach einem kleinsten gemeinsamen Nenner zwischen allen christlichen Sprachspielen soll bei diesem Vorschlag das Kriterium „quorum factor" angewandt werden, wonach ein Sprachspiel als christliches gelten kann, wenn es nur genügend Gemeinsamkeiten mit einem anerkannt christlichen Sprachspiel besitzt (ohne daß dabei *a priori* festgelegt würde, um welche Gemeinsamkeiten es sich handeln muß). Es wird hier also darauf verzichtet, einen a historischen Kern des Christlichen zu postulieren, den jedes Sprachspiel teilen muß, um berechtigterweise Ansprüche auf Christlichkeit zu erheben, und mit dem „quorum factor" stattdessen ein dezidiert historisch konstruiertes Kriterium vorgeschlagen.[41]

Mit einer solchen Historisierung der Kriterien zur Festlegung des christlichen Propriums ist aber folgendes Problem vermacht: Wenn ein Sprachspiel B genügend Gemeinsamkeiten mit dem Sprachspiel A teilen muß, um das christliche Proprium zu wahren, Sprachspiel C dazu aber nur mit B genügend Gemeinsamkeiten haben muß, dann kann nicht garantiert werden, daß C noch irgendetwas mit A gemein hat. M.a.W.: Es kann nicht garantiert werden, daß ein sich heute christlich gerierendes Sprachspiel (N) mit dem urchristlichen Sprachspiel (A) überhaupt noch wesentliche Überlappungen besitzt. Wird diese Erkenntnis auf den formalen Bereich zugespitzt, nämlich auf das Referenzproblem,[42] ergibt sich folgende Situation: Insofern Referenzen als (zumindest weitgehend) sprachspiel*immanent* fixierte angesehen werden müssen,[43] folgt aus der Tatsache, daß

Anti-Essentialist muß etwa das Problem bewältigen, ob eine bestimmte Religion genügend Gemeinsamkeiten mit den als christlich anerkannten Denominationen besitzt, um berechtigterweise Anspruch auf Christlichkeit zu erheben (um z. B. in den ökumenischen Weltrat aufgenommen zu werden).

40 Insofern in der Korrelationsmethode an sich derartige Kriterien nicht impliziert sind, mag die Berechtigung des Terms „Methode" angezweifelt werden und stattdessen vorgeschlagen werden, hier von „Korrelations*programm*" o. ä. zu sprechen (etwa in Analogie zu Bultmanns „Entmythologisierungsprogramm").

41 Vgl. Clayton, The Concept of Correlation. Paul Tillich and the Possiblity of a Mediating Theology, a.a.O., 236 ff.

42 Das Referenzproblem stellt sicherlich nur ein Teilproblem der Frage nach dem christlichen Proprium dar, mag aber immerhin paradigmatischen Charakter haben für die Beantwortung besagter Frage.

43 Wie immer das Referenzproblem nach dem Plausibilitätsverlust „klassischer" Referenztheorien mit ihren realistischen Implikationen (etwa der Russellschen Denotationstheorie, vgl. Berdas heutige Sprachspiel N möglicherweise nichts mehr mit dem urchristlichen Sprachspiel A gemein hat, daß die Referenzen der in N verwendeten Begriffe möglicherweise nicht mehr mit denen der in A verwendeten Begriffe übereinstimmt. Wenn wir heute, als Teilnehmer an N, auch dieselben Begriffe wie im Urchristentum verwenden mögen, bezeichnen wir damit jedoch möglicherweise (es existiert ja keine Möglichkeit, dieses definitiv herauszufinden) einen vollkommen anderen Aspekt der Realität als ein Teilnehmer an A. Es dürfte deutlich sein, daß eine solche Situation dann unbefriedigend sein muß, wenn dem urchristlichen Sprachspiel A normative Bedeutung zukommen soll (wie es speziell im protestantischen Bereich der Fall ist).

Um angesichts dieser Situation dem Begriff des christlichen Propriums noch eine sinnvolle Funktion zuschreiben zu können, bedarf es offensichtlich der Einführung zusätzlicher Kriterien. Als ein solches möchte ich das Kriterium einer „ungebrochenen referentiellen Kontinuität" vorstellen: N kann nur dann Ansprüche auf Christlichkeit geltend machen, wenn sich die in ihm verwendeten Referenzen (kurz: „N-Referenzen") auf C-Referenzen zurückführen lassen, die sich ihrerseits wiederum auf B-Referenzen zurückführen lassen, die sich schließlich auf A-Referenzen zurückführen lassen. Nur wenn sich eine derart ungebrochene referentielle Kontinuitätslinie (zumindest der tragenden Begriffe von N) aufweisen läßt, etwa im Sinne einer ungebrochenen Kontinuität des biblischen Tradierungsprozesses, kann N Ansprüche auf genuine Christlichkeit erheben.

---

trand Russell, On Denoting, in: Mind, 1905, Vol. XIV, Neudruck 1964, 479 – 493) im Einzelnen zu lösen ist, dürfte doch jedenfalls unstrittig sein, daß Referenzialisierungsakte als weitgehend sprachspielimmanentes Geschehen zu rekonstruieren sind.

VII Tillich und die anglo-amerikanische Philosophie. Seine Auseinandersetzung mit dem Erfahrungsbegriff

1 Einleitung

Ich bin gebeten worden, einen Beitrag zu Tillichs Auseinandersetzung mit der anglo-amerikanischen Philosophie in seiner Spätzeit zu verfassen. Diese Themenstellung scheint mir interessant zu sein und gern gehe ich darauf ein. Doch möchte ich sie dabei in bestimmter Weise zuspitzen. Dazu möchte ich zunächst deutlich machen, welche Frage ich in diesem Zusammenhang nicht eingehend beantworten werde.

1.1 Positivimus, Pragmatismus und Tillich

Bei dieser Themenstellung liegt die Frage auf der Hand, inwieweit sich Tillich explizit mit „typisch anglo-amerikanischen" Philosophieströmungen wie dem Positivismus beziehungsweise Logischen Positivismus oder dem Pragmatismus auseinandergesetzt hat. Diese Frage scheint mir jedoch nicht sehr fruchtbar zu sein. Ich werde sie in Folgenden denn auch nur summarisch beantworten, um danach zu einer anderen Frage überzugehen, die mir interessantere Einblicke in Tillichs System zu erlauben scheint.

Die Antwort auf die Frage, inwieweit Positivismus und Pragmatismus einen wirklichen Einfluß auf Tillichs Theologie gehabt haben, muß lauten: Kaum! Natürlich werden sie etwa in der „Systematischen Theologie" des öfteren erwähnt, wie schon der Blick ins Register zeigt. Doch bleibt die Diskussion dieser Strömungen dort, wo Tillich explizit auf sie eingeht, zumeist oberflächlich und zeigt vor allem keine tiefgreifenden Folgewirkungen für die Konstruktion von Tillichs eigenem System.[1]

Dieser Befund kann damit erklärt werden, daß Tillich sich sehr wohl der Bedeutung dieser Strömungen in der anglo-amerikanischen Geisteswelt bewußt war und sich auch ein gewisses Maß an Kenntnis dieser Strömungen angeeignet hat. Doch beruht diese Kenntnis weniger auf einem gründlichen Studium von (Logischem) Positivimus, Pragmatismus etc. sondern mehr auf einer Zur-Kennt-

---

1 S. dazu etwa Hans Schwarz, The Americanization of Paul Tillich, in: Newsletter of the North American Paul Tillich Society, Vol. XXII, No. 3 (july 1996, 2–7).

https://doi.org/10.1515/9783110547337-010

nisname desjenigen, das im anglo-amerikanischen Geistesleben sozusagen „in der Luft gelegen hat", also eine zentrale Rolle in der fraglichen Zeit gespielt hat (und großenteils noch spielt, s. unten). Meine Vermutung ist, daß Tillich wenig über diese Strömungen gelesen haben dürfte[2] und mit ihnen eher durch das mündliche Gespräch vertraut geworden ist.[3] Hier ist vor allem an die Diskussionen im „Philosophy Club" zu denken, in dem Tillich sehr lange Mitglied war.[4]

Tillich ist in relativ hohem Alter in die USA emigriert und hatte nicht nur bleibende Sprachschwierigkeiten, sondern auch mit der Eingewöhnung in die U.S.-amerikanische Lebensweise wie auch in das dortige Geistesleben in den ersten Jahren nach seiner Emigration große Mühe. Das alles hat dazu beigetragen, daß er den philosophischen Hintergrund, vor dem er sein System formuliert hat, nicht noch einmal grundsätzlich in Frage gestellt hat. Stattdessen hat er diesen Hintergrund, den er sich während seiner Studien in Deutschland angeeignet hatte, sozusagen „fertig mitgebracht". Wie ich andernorts gezeigt habe, besteht dieser Hintergrund aus einer Mischung von unter anderem kantischem Transzendentalismus und Husserls Phänomenologie.[5] Seine Rezeption anglo-amerikanischer Strömungen führte nicht zu einer grundsätzlichen Anfrage an diesen philosophischen Hintergrund, sondern diese Strömungen werden, wo nötig und möglich, in besagten Hintergrund eingebaut, wobei aber immer deutlich ist, daß letzterer Priorität hat und der Fixpunkt ist, an dem sich alles andere zu orientieren hat.

Diesen Punkt abschließend möchte ich noch darauf hinweisen, daß sich mein obiges Urteil, Tillich habe sich im spezifizierten Sinn kaum ernsthaft mit Positivimus und Pragmatismus auseinandergesetzt, auf die faktische Situation be-

---

2 Tillich war in seinen späteren Jahren ein derart gefragter Redner, der so oft zu Vorträgen eingeladen wurde, daß seine Zeit zum gründlichen Studium sehr begrenzt gewesen sein dürfte. Obendrein hat er auch noch nicht-philosophische Strömungen studiert, wie etwa die (Tiefen-) Psychologie, so daß er zu einem eingehenden Studium ihm unbekannter philosophischer Strömungen wenig gekommen sein dürfte (s. dazu Grube, Unbegründbarkeit Gottes? Paul Tillichs und Karl Barths Erkenntnistheorien im Horizont der gegenwärtigen Philosophie, 34, F. 58).

3 Vgl. dazu John Dillenberger, Comments on Hans Schwarz's 'The Americanization of Paul Tillich', in: Newsletter of the North American Paul Tillich Society, Vol. XXII, No. 4 (october 1996, 3 – 5).

4 Vgl. dazu Renate Albrecht/Werner Schüßler, Paul Tillich. Sein Leben, Frankfurt (M.)/Berlin/ New York etc. 1993, 98 sowie Wilhelm und Marion Pauck, Paul Tillich. Sein Leben und Denken, Band I: Leben, Frankfurt (M.), 1976, 190 ff.

5 Vgl. dazu Grube, Unbegründbarkeit Gottes? (zur Ableitung von Transzendenz aus Transzendentalität) und 63 – 71 (zur Verwendung der Phänomenologie zur Ableitung eines gültigen Offenbarungsbegriffs). Selbstverständlich gehören zu dieser Mischung auch noch andere philosophische Strömungen, wie etwa Schelling, Heidegger beziehungsweise allgemeiner, der Existenzialismus, und, auch noch in der Spätzeit, Plato.

zieht. Damit meine ich jedoch nicht, daß es hier nicht interessante Möglichkeiten zum Dialog gäbe. Dazu müßte Tillichs System allerdings in bestimmter Weise rekonstruiert werden. Eine derartige Rekonstruktion würde den Rahmen dieser Untersuchung sprengen und darum sehe ich hier davon ab. Trotzdem möchte ich abschließend wenigstens noch einige kurze Hinweise geben, in welche Richtung geforscht werden könnte.

Der Positivimus mit seiner aggressiven Insistenz auf dem sinnlich Gegebenen als „foundation"[6] aller Theoriebildung ist sicherlich kein fruchtbarer Gesprächspartner für Tillich. Zwar schwächt der in den fünfziger und sechziger Jahren des abgelaufenen Jahrhunderts in der anglo-amerikanischen Philosophie und Geisteskultur noch weitverbreitete Logische Positivismus oder Neo-Positivismus diese aggressive Insistenz auf dem sinnlich Gegebenen als einzig möglicher Legitimationsinstanz ab, vertritt aber durch seine Insistenz auf dem „meaning as verification"-Kriterium doch eine aggressive anti-metaphysische und anti-theologische Haltung.[7]

Doch der Pragmatismus ist in der Tat ein fruchtbarer Gesprächspartner für Tillich. Hier ergeben sich weitreichende Anknüpfungspunkte, etwa in der Anthropologie[8], und interessante Möglichkeiten, Tillich mit der Philosophie der Gegenwart ins Gespräch zu bringen, da diese viel stärker pragmatistisch als existenzialistisch geprägt ist. Kurz gesagt, es wäre interessant zu prüfen, inwieweit es möglich ist, durch eine pragmatistische Rekonstruktion mancher existenzialistischer Elemente bei Tillich die Stärken des Existenzialismus beizubehalten ohne dessen Schwächen mit übernehmen zu müssen. Mit „Stärken" meine ich etwa die Anknüpfung theologischer Theoriebildung an menschliche Grenzsituationen, die etwa durch die pragmatistische Betonung der Praxis beziehungsweise des Handlungsaspekts[9] eingeholt werden könnten.

Mit „Schwächen" meine ich die Konsequenzen, die der Existenzialismus vor allem in der epistemologischen Theoriebildung zeitigt, etwa einen „Kult der Betroffenheit" und die damit verliehenen epistemologischen Privilegien. Konkret

---

6 Hier wie auch im Folgenden verwende ich den Begriff „foundation" im klassischen „foundationalist" Sinn, also als Versuch, eine Art Letztbegründungsinstanz oder, allgemeiner, Letztabsicherung, zur Theorierechtfertigung bereit zu stellen.

7 S. dazu etwa Grube, Hans Alberts Christentumskritik. Ein kritischer Vergleich zwischen Alberts Kritik und klassischen Religionskritiken, in: NZSTh. 44. Bd., 284–306, 287.

8 S. zur Anthroplogie des Pragmatismus und dessen theologischer Bedeutung etwa Ulf Zachariasson, Forces by which we live. Religion and Religious Experience from the Perspective of a Pragmatic Philosophical Anthropology, in: Studiae Philosophiae Religionis 21, C. Stenqvist/E. Herrmann (Hrsg.), Uppsala 2002.

9 S. dazu etwa meinen Artikel „Pragmatismus. IV. Ethisch", in: RGG[4,] Sp. 1551–1552.

denke ich bei Tillich etwa an seine Betonung „einenden Erkennens" gegenüber dem „beherrschenden Erkennen" und die damit (faktisch) implizierte apriorische Abwertung der Naturwissenschaften.[10] Derartig apriorische Abwertungen verraten nicht nur die Vorurteile eines „typisch deutschen Geisteswissenschaftlers" sondern machen es auch außerordentlich schwierig, Tillich im gegenwärtigen anglo-amerikanischen philosophischen und allgemeinen geistigen Klima, in dem wissenschaftstheoretische Gesichtspunkte eine konstitutive Rolle spielen, konstruktiv ins Gespräch zu bringen. Wer in dieser Situation Tillichs einschlägige Bemerkungen ernsthaft ins Spiel bringen wollte, würde sich damit sofort für den Diskurs disqualifizieren. Diese Situation führt leider dazu, daß die interessanten Ideen, die bei Tillichs Rekurs auf wissenschaftstheoretische Probleme im Hintergrund stehen,[11] in einem ernsthaften wissenschaftstheoretischen Diskurs in der anglo-amerikanischen Welt nicht angesprochen werden können.

Um es kurz zusammenzufassen: An dieser Stelle täte etwas weniger Existenzialismus und etwas mehr Pragmatismus bei Tillich gut.[12] Damit könnten nicht nur derartig apriorische Abwertungen der Naturwissenschaften vermieden werden, sondern es würden sich auch Möglichkeiten ergeben, Tillich mit der philosophischen Strömung ins Gespräch zu bringen, die in der gegenwärtigen anglo-amerikanischen Philosophie eine zentrale Rolle spielt- ich denke dabei an die Renaissance des klassischen Pragmatismus als solcher wie auch dessen Verwendung im sogenannten Neo-Pragmatismus, also dem anglo-amerikanischen Postmodernismus unter Richard Rortys Führung.

---

10 Mit „apriorischer Abwertung der Naturwissenschaften" meine ich den Versuch, die Naturwissenschaften schon aufgrund des gewählten philosophischen Ausgangspunkts abzuwerten- im Gegensatz zu Versuchen, in einer gründlichen Analyse naturwissenschaftlicher und vor allem wissenschaftstheoretischer Ansätze zu einer Relativierung der Vorherrschaft der Naturwissenschaften zu gelangen. Letztere Versuche, die seit Thomas Kuhn in der Wissenschaftstheorie verbreitet sind, sind selbstverständlich interessant und weiterführend für die theologische und geisteswissenschaftliche Theoriebildung überhaupt.

11 Ich denke hier etwa an Participation and Knowledge. Problems of an Ontology of Cognition, in: MW 1, 381–389 sowie schon Tillich, Das System der Wissenschaften nach Gegenständen und Methoden. Ein Entwurf, in: MW 1, 114–263.

12 Daß Tillich den Pragmatismus nicht mehr ernsthaft rezipiert hat, ist umso bedauerlicher, als ich von Robert Neville erfahren habe, daß Tillich noch mit John Dewey in geregeltem Gedankenaustausch gestanden hat.

1.2 Empirismus und Tillich

Wesentlich ergiebiger als die Frage, inwieweit Tillich faktisch den Positivismus und den Pragmatismus rezipiert hat, erscheint mir die Frage, inwieweit Tillich tatsächlich auf den Empirismus eingegangen ist. Dabei verstehe ich den Empirismus nicht als eigenständige philosophische Strömung, die neben Positivismus und Pragmatismus zu stehen kommt, sondern als „undercurrent", als Grundzug, der die meisten anglo-amerikanischen philosophischen Strömungen durchzieht. Der Empirismus ist also keine ausgearbeitete Schulphilosophie sondern eine Art zu denken, die von den meisten anglo-amerikanischen Philosophieströmungen-oftmals ohne problematisiert zu werden-, implizit oder explizit in Anspruch genommen wird. Er stellt einen Grundzug dar, die sowohl den Pragmatismus durchzieht- man denke hier etwa an William James Insistenz auf einem „radical empiricism"-, wie auch den Positivismus- man denke hier etwa an das ursprüngliche Programm des „Wiener Kreises".

Was ist nun genau mit „Empirismus" hier gemeint? Im folgenden verstehe ich darunter die explizit oder implizit in Anspruch genommene These, daß der Erfahrungsbegriff zentrale epistemologische Funktionen erfüllt. Genauer gesagt geht es darum, daß dieser Begriff bei der Legitimation oder Rechtfertigung von Theorien eine konstitutive Rolle spielt. Im empiristischen Denken besitzt alle legitime Theoriebildung einen Erfahrungsbezug, der eine konstitutive Funktion erfüllt bei der Beantwortung der Frage, ob diese Theoriebildung nun statthaft ist oder nicht. Die Frage, ob Theorien in der einen oder anderen Weise an Erfahrung anknüpfen, spielt für den Empiristen also eine entscheidende Rolle bei ihrer Bewertung. Kürzer gesagt besitzt die Frage nach dem Erfahrungbezug von Theorien (entscheidende) normative Relevanz bei der Theoriebewertung im Empirismus.

Daß der Erfahrungsbezug (entscheidende) normative Relevanz besitzt, äußert sich konkret in verschiedenen Formen, nämlich etwa:
- als Anschauung, daß alle legitime Theoriebildung Erfahrung als Ausgangspunkt nimmt, daß sie also bei möglichst basalen Erfahrungen ansetzt und dann, vermittels induktiver Vorgehensweisen, zur Theoriebildung gelangt
- als Anschauung, daß alle legitime Theoriebildung an Erfahrung überprüfbar ist, also an sinnlicher Erfahrung verifiziert werden kann- das logisch positivistische Konzept von „Protokollsätzen"- oder an (nicht notwendig sinnlicher) Erfahrung falsifiziert werden kann- das kritisch rationalistische Konzept von „Basissätzen"[13]

---

13 Vgl. dazu die einschlägigen Einleitungen in die Wissenschaftstheorie, etwa Wolfhart Pan-

- als Anschauung, daß alle legitime Theoriebildung Erfahrung als foundation
in einem foundationalist Sinn verwendet, also als Letztbegründungsinstanz
zur Theoriebildung, oder, wenn die Erfahrung nicht im eigentlichen Sinn
Letztbegründungsinstanz ist, dann muß sie doch jedenfalls an entscheidenden Stellen im Prozeß der Theoriebildung und –absicherung auftauchen.

Insofern der Erfahrungsbegriff in der empiristisch geprägten anglo-amerikanischen Philosophie in der genannten Weise zentrale Funktionen erfüllt, verspricht
eine Untersuchung von Tillichs Verwendung dieses Begriffs interessante Aufschlüsse über dessen Verhältnis zu dieser Philosophie. Zudem bietet eine derartige Untersuchung Aufschlüsse über die Verwendung des Erfahrungsbegriffs in
Tillichs System, wo er, wie sich zeigen wird, auch an wichtigen Punkten herangezogen wird.

2 Tillichs Auseinandersetzung mit dem Erfahrungsbegriff

Vor dem soeben skizzierten Hintergrund möchte ich in diesem Abschnitt Tillichs
Umgang mit dem Erfahrungsbegriff analysieren, um diesen Umgang im Folgenden Abschnitt zu bewerten. Dabei werde ich sowohl untersuchen, was Tillich
explizit über den Erfahrungsbegriff aussagt, wie auch die Weise, in der er faktisch
mit dem Erfahrungsbegriff umgeht.[14]
    Bei der folgenden Erhebung des Befundes werde ich mich vor allem auf die ST
konzentrieren, da hier die reifste Form der Gedanken Tillichs zur Sache zu finden
ist. Dabei möchte ich aber sogleich betonen, daß manche der Gedanken Tillichs
zum Erfahrungsbegriff schon in seinem Aufsatz „The Problem of Theological
Method" vorgeformt sind.[15]
    Schon der Blick in das Register der ST zeigt, daß Tillich den Erfahrungsbegriff
vielfach verwendet. Dabei ist seine Auseinandersetzung mit diesem Begriff wie
auch seine faktische Verwendung dieses Begriffs komplexer Art und entzieht sich
einfacher Beschreibung und Beurteilung. Die Hintergründe dieser Auseinandersetzung sind dabei sowohl in der Struktur und Anlage von Tillichs Theologie als

---

nenbergs Wissenschaftstheorie und Theologie, Frankfurt/M., 1977, 31 ff und 37 ff; vgl. zu Tillichs
spezifischer Umgehensweise mit dem Verifikationsproblem Tillich, ST I, 123 ff.
14 Zur Möglichkeit einer Differenz an dieser Stelle s. etwa John Clayton, The Concept of Correlation. Paul Tillich and the Possibility of a Mediating Theology, a.a.O., 77.
15 Tillich, The Problem of Theological Method, a.a.O., 16 – 26. Vgl. dazu auch meine Bemerkungen zur Verhältnisbestimmung von Erfahrung und Offenbarung in diesem Aufsatz in Grube,
Überwindung der Subjekt/Objekt-Spaltung? (Aufsatz Nr. IV in diesem Sammelband).

solcher wie auch in der Tatsache zu suchen, daß er nach seiner Emigration in den anglo-amerikanischen Kontext einem Denkhorizont ausgesetzt war, in dem diesem Begriff explizit oder implizit zentrale Bedeutung zugeschrieben wird (s. oben, 1.2). Ohne Anspruch auf Vollständigkeit möchte ich im Folgenden einige charakteristische Merkmale von Tillichs Auseinandersetzung mit dem Erfahrungsbegriff wiedergeben, die gleichzeitig ein bezeichnendes Licht darauf werfen, wie Tillich sich mit dem anglo-amerikanischen Kontext auseinandergesetzt hat.

2.1 Tillichs unspektakulär-positiver Rekurs auf den Erfahrungsbegriff

In der ST taucht der Erfahrungsbegriff vielfach an Stellen in der ST auf, wo es um die subjektive Aneignung religiöser Gehalte geht. Hier ist zum einen Tillichs Erörterung des Offenbarungsbegriffs zu nennen, a), zum anderen seine Erörterung der Funktion des Geistbegriffs, b).

 a) Am Beginn von Tillichs systematischer Erörterung des Offenbarungsbegriffs, nämlich in der ST I, Erster Teil, Unterteil II, „Die Wirklichkeit der Offenbarung", wird unter Punkt A, „Der Begriff der Offenbarung", unter 1c. der Erfahrungsbegriff (mit)verhandelt. Konkret geht es dabei um eine Erörterung des Verhältnisses von Offenbarung und Ekstase.[16] In einem Versuch, den Begriff der Ekstase den ekstatisch–religiösen Bewegungen zu entreißen und ihn für die systematisch-theologische Theoriebildung fruchtbar zu machen, betont Tillich, daß Ekstase keine Negation der Vernunft impliziert, sondern einen „Bewußtseinszustand, in dem die Vernunft jenseits ihrer selbst ist, d.h. jenseits ihrer Subjekt-Objekt-Struktur"[17]. Ekstatische Erfahrungen durchbrechen also nicht vernünftiges Denken und Handeln,[18] sondern überbieten dieses. Kennzeichen göttlicher Ekstase- im Gegensatz zu dämonischer Besessenheit- ist gerade, daß die Einheit des rationalen Bewußtseins nicht verletzt wird.[19]

 In Hinsicht auf den hier interessierenden Erfahrungsbegriff fällt auf, daß „Erfahrung" im Zusammenhang mit für Tillich zentral wichtigen Themen genannt wird. In der Erfahrung wird nämlich der „ontologische Schock", die Konfrontation mit der Möglichkeit des Nicht-Seins, „zugleich wiederholt und überwunden".[20] In ihr wird der „Abgrund(es), zu dem die Vernunft in all ihren Funktionen hingetrieben wird", ebenso deutlich wie der „Grund(es), zu dem die Vernunft

---

16 Vgl. Tillich, ST I, 135 ff.

17 Tillich, ST I, 135.

18 Zur Betonung des Handlungsaspekts in diesem Zusammenhang, vgl. Tillich, ST I, 138.

19 Vgl. a.a.O., 138.

20 Ebd.

durch das Geheimnis ihrer eigenen Tiefe und der Tiefe des Seins hingetrieben wird".[21]

Wie verhalten sich dann Erfahrung und Erkenntnis zueinander? Die Erfahrung kann sozusagen „erkenntnistranszendierende" Funktionen übernehmen, insofern sie ekstatische Erfahrung ist. Letztere, die auch mit dem Begriff der „Inspiration" benannt werden kann, ist nämlich „keine Erkenntnis von endlichen Gegenständen oder Beziehungen... Sie fügt dem Ganzen der Erkenntnis, das durch die Subjekt-Objekt-Struktur der Vernunft bestimmt ist, nichts hinzu. Die Inspiration [= ekstatische Erfahrung] eröffnet jedoch eine neue Dimension der Erkenntnis: Die Dimension des Verstehens in bezug auf das, was uns unbedingt angeht, nämlich auf das Mysterium des Seins".[22]

Die genannte „neue Dimension der Erkenntnis", also „das, was uns unbedingt angeht", der „Abgrund", der „Grund" und das „Sein" werden mithin im Modus von Erfahrung vermittelt. Hält man sich die zentrale Bedeutung der genannten Begriffe im Tillich'schen System vor Augen, fällt auf, daß er den Erfahrungsbegriff nicht eigens absichert sondern dessen Funktionieren ganz selbstverständlich voraussetzt. Er unterstellt, daß das Erkenntnissubjekt durch in bestimmter Weise spezifizierte Erfahrungen, etwa solchen ekstatischer Art, des Abgrunds der Vernunft, des Grunds des Seins, etc. gewahr werden kann.

b) In eine ähnliche Richtung weist auch Tillichs Diskussion der Mystik im Rahmen seiner Erörterung der Gegenwart des göttlichen Geistes. Hier kommt er bei der Diskussion des „Einzelne(n) in der Kirche und (der) Erfahrung des Neuen Seins"[23] auf das Verhältnis von Glaube und Mystik zu sprechen. Er hält dabei fest, daß beide nicht gegeneinander isoliert oder sogar ausgespielt werden dürfen sondern zusammengehören, da der Glaube als ekstatische Erfahrung mystisch ist und andererseits Glaube ein Element der Mystik darstellt.[24] Auch hier kommen dem Erfahrungsbegriff wiederum wichtige Funktionen zu: Erfahrung kann, insofern es um „ekstatische Erfahrung" geht, die „Gegenwart des Ewigen im Zeitlichen" vermitteln, ja selbst die „Gegenwart des göttlichen Geistes".[25]

Zusammenfassend läßt sich also sagen, daß Tillich dem Erfahrungsbegriff an den genannten Stellen wichtige Funktionen zuschreibt. Die ekstatische Erfahrung wird gewissermaßen zum subjektiven Korrelat des (objektiven) Offenbarungsgeschehens.[26] In ihr vollzieht sich die subjektive Appropriation der von außen an

---

21 Beide Zitate ebd.
22 Tillich, a.a.O., 139.
23 Tillich, ST III, 254 ff.
24 Vgl. Tillich, a.a.O., 278.
25 Beide Zitate ebd.
26 Vgl. Tillich, a.a.O., 137.

das Subjekt herantretenden Offenbarung. Zum erfolgreichen Vollzug des Offenbarungsgeschehens gehört denn auch beides, wie Tillich immer wieder betont,
nämlich ein „objektives" Offenbarungsereignis, das echte Offenbarung von religiöser „Überreizung"[27] unterscheidet, wie auch der Vollzug der subjektiven Aneignung im Modus der Erfahrung.

Dabei fällt auf, daß der Erfahrungsbegriff nicht weiter problematisiert wird.
An den genannten Stellen wird er nicht einmal eigens thematisiert sondern immer
nur „mitthematisiert". Tillich setzt als selbstverständlich voraus, daß es der
menschlichen Erfahrung jedenfalls nicht unmöglich ist, die genannten Funktionen zu erfüllen. Diese Möglichkeit braucht nicht eigens abgesichert zu werden. So
verzichtet Tillich hier etwa darauf, einen Modus des Erfahrens im Neuen Sein
gegenüber dem Erfahrungsmodus des „natürlichen Menschen" scharf abzugrenzen. Stattdessen liegt alle Betonung auf der Möglichkeit von Ekstase (im genannten Sinn), von Mystik, etc., während Tillich es als unproblematisch ansieht,
daß, sofern die Möglichkeit von Ekstase und Mystik einmal gesichert ist, diese
sich im Modus der Erfahrung vollziehen. Kurzum, der Erfahrungsbegriff wird hier
ganz unspektakulär verwendet.

2.2 Tillichs explizit-kritischer Rekurs auf den Erfahrungsbegriff

Demgegenüber fallen nun Textstellen in der ST auf, bei denen Tillich den Erfahrungsbegriff explizit erörtert und dabei in seine Schranken weist. Hier setzt er
nicht mehr ein unproblematisches Funktionieren des Erfahrungsbegriffs voraus,
sondern fühlt sich genötigt, diesen explizit zu thematisieren, wobei die Thematisierung in einer Kritik zu weit gehender Geltungsansprüche besteht. Im Folgenden analysiere ich zwei dieser Textbelege ausführlicher.

a) Zum einen ist in diesem Zusammenhang Tillichs Diskussion von Versuchen
interessant, theologische Theoriebildung „empirisch-induktiv" oder „metaphy-
sisch-deduktiv" zu vollziehen. Diese Diskussion findet sich gleich zu Beginn von
Tillichs „Systematischer Theologie", dort, wo er die Grundlagen für seine systematische Theoriebildung legt, nämlich in der ST I, S. 15 – 17.

Gegenüber beiden Versuchen, sowohl dem „empirisch-induktiven" oder
„naturalistischen" sowie dem „metaphysisch-deduktiven" oder „idealistischen",
betont Tillich den notwendig zirkulären Charakter theologischer Theoriebildung.
Weder der Ausgangspunkt bei empirischen Erfahrungen, wie im Naturalismus,
noch der bei „letzten Prinzipien", wie im Idealismus, kann den „objektiven"

---

27 Vgl. Tillich, a.a.O., 136.

Charakter- im Sinne eines subjekttranszendierenden oder gar intersubjektiven Anspruchs- theologischer Theoriebildung garantieren (wie deren Vertreter behaupten[28]). Es ist notwendigerweise ein subjektives Element in dieser Theoriebildung impliziert, der Theologe findet bei seinem empirisch induktiven oder metaphysisch-deduktiven Vorgehen immer nur die religiösen Gehalte vor, die ihm aus anderen Quellen sowieso schon bekannt sind.[29]

Für unsere Zwecke ist Tillichs Kritik am empirisch-induktiven Vorgehen am interessantesten, da es sich hierbei um eine Art „empirische Theologie" handelt, also den Anspruch, die theologische Theoriebildung aus der Erfahrung abzuleiten. Demgegenüber betont Tillich, daß auch bei diesem anscheinend so „objektiven" Vorgehen immer ein „apriorischer Erfahrungsbegriff"[30] zugrunde liegt. Heimlich wird ein „mystische(s) Apriori" vorausgesetzt, und, „wenn im Verlauf eines wissenschaftlichen Prozesses dieses Apriori entdeckt wird, ist seine Entdeckung nur darum möglich, weil es von Anfang an darin gegenwärtig war. Das ist der Zirkel, dem kein Religionsphilosoph entgehen kann. Und es ist keineswegs ein circulus vitiosus, denn jedes Verständnis geistiger Dinge ist zirkulär".[31]

Worin besteht nun genau das Problem, das Tillich hier aufgreift? Es geht hier um die Frage nach der Möglichkeit der Begründung theologischer Theoriebildung. Genauer gesagt geht es um die Frage, ob theologische Theoriebildung eine subjekttranszendierende Letztbegründung aufbieten kann und worin diese besteht. Gegenüber naturalistischen Erfahrungstheologen betont Tillich, daß die Erfahrung eine solche Begründung nicht leisten kann. Sie ist kein hinreichendes Fundament theologischer Theoriebildung. Wer das behauptet, übersieht, daß seine Theologie auf anderen Fundamenten beruht, nämlich auf dem „mystischen Apriori". Tillich beschränkt hier also explizit die Begründungsfunktionen des Erfahrungsbegriffs gegenüber zu weitgehenden Ansprüchen. Der Rekurs auf Erfahrung hat keine Letztbegründungsfunktion und kann als solche den subjekttranszendierenden Charakter theologischer Theoriebildung nicht sichern.

Dabei kritisiert Tillich Erfahrung mit Hilfe von – Erfahrung. Er begrenzt die Legitimationsansprüche des Erfahrungsbegriffs mit Hilfe der Begriffe „mystische Erfahrung" beziehungsweise „unmittelbare Erfahrung". Gegenüber den Naturalisten mit ihrem Rekurs auf die „Empirie" (wie auch gegenüber den Idealisten mit ihrem Rekurs auf die „Metaphysik") macht er geltend, daß „...das Apriori, das beide, die Empirie und die Metaphysik, bestimmt, in einer mystischen Erfahrung

---

28 S. zu diesen unten, 3. Abschnitt, die Bemerkungen zu „empirischen Theologien".
29 Vgl. Tillich, ST I, 16.
30 Ebd.
31 Ebd.

begründet ist".[32] Diese kann weiter unten als „unmittelbare(n) Erfahrung von einem letzten Sein und Sinn, deren man intuitiv gewahr werden kann,"[33] spezifiziert werden.

Tillichs Bemerkungen an dieser Stelle sind im Zusammenhang seiner Theorie zur epistemologischen Funktion des Mystikbegriffs zu sehen. Diese Funktion kann dahingehend zusammengefaßt werden, daß in der Erfahrung mystischer Unmittelbarkeit, im „mystischen Apriori"[34], ein Punkt gefunden ist, der die Kluft zwischen Subjekt und Objekt transzendiert. Hier ist also endlich der gesuchte, subjekttranszendierende Punkt. Trotz aller Schwierigkeiten, ihn zu operationalisieren – da er bei jedem Akt der Operationalisierung wieder in den Bereich diesseits der Subjekt-Objekt-Spaltung gezogen wird – kann er als Grundlage „objektiver" theologischer Theoriebildung dienen.[35] Das Postulat „mystischer Unmittelbarkeit"[36] und nicht die Erfahrung (ebensowenig wie die „Metaphysik") bietet also die gesuchte Letztbegründung dieser Theoriebildung.

Das „Postulat mystischer Unmittelbarkeit" bezieht sich bei Tillich nicht auf Erfahrung als solche, sondern übersteigt diese noch einmal. Konkret gesagt, Tillichs Äußerungen zum Erfahrungsbegriff im Umkreis des Mystikproblems beziehen sich nicht auf die Erfahrung unter den Bedingungen der Subjekt-Objekt-Spaltung sondern auf das, was der Erfahrung voraus geht und dieser zugrunde liegt, auf einen Bereich jenseits dieser Spaltung.[37]

Wenn Tillich hier die epistemologischen Geltungsansprüche von Erfahrung mit Hilfe des Erfahrungsbegriffs beschränken kann, dann setzt er hier (wie auch andernorts) zwei verschiedene Erfahrungsbegriffe voraus. Zum einen verwendet er „Erfahrung" im eigentlichen Sinn, also für das Erkennen und Gewahrwerden im alltäglichen Sinn, unter den Bedingungen der Subjekt-Objekt-Spaltung. Diese Verwendungsweise des Erfahrungsbegriffs entspricht der Umgangssprache und liegt auch den genannten Versuchen der „Naturalisten" zugrunde, theologische Theoriebildung durch einen Rekurs auf Erfahrung begründen zu wollen. Bei dieser eigentlichen Verwendung des Erfahrungsbegriffs insistiert Tillich darauf, daß diese Art der Erfahrung nicht als Letztbegründung zur theologischen Theoriebildung taugt (dabei wird eine andere, noch fundamentalere Begründung unterschlagen, nämlich das dabei immer vorausgesetzte „mystische Apriori").

---

32 Tillich, ST I, 16.
33 Ebd.
34 Tillich, ST I, 16.
35 S. dazu vor allem Tillich, The Two Types of Philosophy of Religion, in: MW, 289 – 300.
36 S. dazu Grube, Subjekt/Objekt-Spaltung?, Aufsatz IV in diesem Band.
37 Vgl. dazu Tillich, ST I, 26f.

Davon zu unterscheiden ist Tillichs Verwendungsweise des Erfahrungsbegriffs in Wendungen wie „unmittelbare Erfahrung" oder „mystische Erfahrung".
Hier geht es nicht eigentlich um Erfahrung, sondern um das, was Erfahrung zugrunde liegt, das, was Erfahrung erst möglich macht. Anders gesagt, es geht hier
nicht um Erfahrung innerhalb der Subjekt-Objekt-Spaltung, sondern um „Erfahrung" (insofern hier überhaupt noch legitimerweise von „Erfahrung" die Rede
sein kann), die jenseits besagter Spaltung anzusiedeln ist oder um uneigentliche
Erfahrung. „Mystische" oder „unmittelbare Erfahrung" bezeichnet also das, was
andernorts als „mystisches Apriori" bezeichnet wird. Diese „mystische Erfahrung" beziehungsweise das „mystische Apriori" ist bei Tillich in der Tat die gesuchte Letztbegründung für theologische Theoriebildung. Sie stellt das gesuchte
Fundament dar, von dem die theologische Theoriebildung legitimerweise ihren
Ausgangspunkt nehmen kann.

In Hinsicht auf die uns interessierende Ausgangsfragestellung läßt sich Tillichs Diskussion der Begründung theologischer Theoriebildung folgendermaßen
zusammenfassen: In einem Sinn kann Erfahrung die Legitimität theologischer
Theoriebildung sichern. Doch hierbei geht es um Erfahrung in uneigentlichem
Sinn, um eine Form der „Erkenntnis", die jenseits der Subjekt-Objekt-Spaltung
stattfindet. In eigentlichem Sinn verstanden kann Erfahrung jedoch keine Letztbegründungsfunktion für theologische Theoriebildung wahrnehmen. Daß eine
Theorie auf Erfahrung (in eigentlichem Sinn) aufbaut, kann diese noch nicht legitimieren.

b) In die Reihe der expliziten Erörterungen des Erfahrungsbegriffs gehört
natürlich auch Tillichs Diskussion von drei Verwendungsweisen des Erfahrungsbegriffs im Rahmen des Unterkapitels „Erfahrung und systematische
Theologie".[38] Dieser kann in ontologischem, wissenschaftlichem und mystischen
Sinn verwendet werden. Die erste, ontologische, Verwendung des Begriffs schreibt
Tillich dem „philosophischen Positivismus" zu. Hier wird Wirklichkeit mit Erfahrung identifiziert. Dabei kann aber letztlich „die Möglichkeit der Erkenntnis...
nicht erklärt werden und die Einheit des Lebens und seiner Prozesse bleibt ein
Geheimnis".[39] In ähnlicher Weise wie bei seiner Diskussion der „naturalistischen"
Theologie (s. oben, a) wirft Tillich auch hier den Theologen, die diesen „ontologischen" Begriff der Erfahrung verwenden, vor, daß sie uneingestandenermaßen
„ein unmittelbares Teilhaben an der religiösen Wirklichkeit"[40] voraussetzen. Nur

---

38 Tillich, ST I, 51–58; vgl. damit die wesentlich kürzere und auch noch etwas andere Einteilung
verschiedener Erfahrungsarten in Tillich, Method, 16.
39 Tillich, ST I, 54.
40 Ebd.

so kann eine religiöse Erfahrung im Erfahrungsganzen als solche erkannt werden.[41]

Der zweite Sinn von Erfahrung, den Tillich hier diskutiert, ist der „wissenschaftliche", also der, der etwa in den Naturwissenschaften Verwendung findet. Tillich wirft den Erfahrungstheologen, die diesen Erfahrungsbegriff verwenden, vor, daß sie scheitern. Das ist zum einen dadurch bedingt, daß „der Gegenstand der Theologie (nämlich das, was uns unbedingt angeht, und seine konkreten Ausdrucksformen)...kein Gegenstand im Gesamt der wissenschaftlichen Erfahrung"[42] ist. Zum anderen dadurch, daß dieser „Gegenstand" nur in „Akten der Hingabe und des Teilhabens" gefunden werden kann, keinesfalls aber durch „distanzierte Beobachtungen"[43], wie in den Naturwissenschaften üblich.

Bei der Diskussion der dritten Verwendungsweise des Erfahrungsbegriffs, der mystischen, oder, wie Tillich hier auch sagen kann, der „Erfahrung durch Partizipation"[44], schließt Tillich an seine obige Diskussion des Erfahrungsbegriffs im Rahmen einer Kritik des „empirisch induktiven" oder „naturalistischen" Vorgehens an. Gleich zu Beginn dieser Diskusison macht er seine prinzipiell positiven Wertungen des Erfahrungsbegriffs in diesem mystischen Sinn deutlich, wenn er feststellt, Erfahrung durch Partizipation „wird heimlich von dem ontologischen wie dem wissenschaftlichen Begriff der Erfahrung vorausgesetzt. Ohne Erfahrung durch Partizipation würde weder das Ganze der Erfahrung noch die einzelne Erfahrung irgendetwas über das Unbedingte offenbaren können".[45]

Trotz dieser prinzipiell positiven Wertung fällt auf, daß in der folgenden Diskussion des Erfahrungsbegriffs die kritischen Töne überwiegen. Tillich betont nämlich, daß Erfahrung als Medium für die theologische Theoriebildung zu fungieren hat. Darin ist eine Begrenzung der epistemologischen Funktionen des Erfahrungsbegriffs impliziert, die deutlich wird, wenn man die komprimierte Diskussion in der ST I im Kontext der Diskussion der Mediumfunktion des Erfahrungsbegriffs in Tillichs oben genannten Aufsatz „The Problem of Theological Method" (im Folgenden: „Method") liest. Ich wende mich daher zunächst dem genannten Aufsatz zu.

In diesem, wenige Jahre vor der ST I erschienenen Aufsatz diskutiert Tillich drei Elemente, die „die" (gemeint ist natürlich Tillichs eigene) theologische Methode kennzeichnen. Das sind das positive Element, in Gestalt des Stehens-in-einer-bestimmten-religiösen-Tradition (inklusive der Auseinandersetzung mit

---

41 Vgl. Tillich, ST I, 54.
42 Tillich, ST I, 55.
43 Alle Zitate ebd.
44 Tillich, ST I, 56.
45 Ebd.

Bibel und, in diesem Fall, christlicher Tradition[46]) als maßgeblich für den Inhalt der theologischen Theoriebildung, das Element der Unmittelbarkeit, das eben besagtes Medium der Theologie darstellt und unten ausgiebiger diskutiert wird, und das rationale Element, das maßgeblich ist für die Form, die die theologische Theoriebildung annimmt und das mit der Korrelationsmethode verbunden ist – die, im Gegensatz zu ihrer späteren Diskussion in der ST, hier noch an die „apologetische Theologie" im Gegenüber zur „kerygmatischen Theologie" gekoppelt wird.[47] Für unsere Zwecke ist das Element der Unmittelbarkeit am interessantesten und ich konzentriere mich im Folgenden darauf.

Gegenüber Versuchen, die theologische Theoriebildung aus Erfahrung abzuleiten, die hier noch nicht explizit als „empirisch-induktive" (s. oben, a) sondern noch unspezifischer als „so-called empirical method in theology"[48] bezeichnet werden – faktisch das, was in der ST I dann als „Naturalismus" bezeichnet wird –, betont Tillich, „the religious experience of the theologian is not a positive source and not a norm of systematic theology".[49] Religiöse Erfahrung ist stattdessen „the medium, the element in which theology lives".[50] Unsere Erfahrung ist veränderbar und fragmentarisch und als solche nicht Ursprung der Wahrheit sondern das Medium der existentiellen Aneignung derselben.[51]

Diese Diskussion liefert den Hintergrund, auf dem die einschlägigen Bemerkungen in der ST I zu verstehen sind. Auch hier betont Tillich, daß Erfahrung das Medium ist, „in dem die objektiven Quellen empfangen werden".[52] Allerdings ist die Diskussion in der ST I insofern komplizierter, als hier „medium" nicht direkt mit „source" und norm" kontrastiert wird, wie noch in „Method" (s. oben) sondern durch einen historischen Exkurs über die Würdigung von Erfahrung in der Theologiegeschichte seit den Reformatoren und die Möglichkeit der Integration nicht-christlicher religiöser Erfahrungen unterbrochen wird. Faktisch ist Tillichs Betonung, daß Erfahrung das Medium darstellt, aber immer noch im Gegensatz zur Auffassung zu sehen, daß diese Quelle oder Norm der Theoriebildung sei. Im Gegenüber zu letzterer Auffassung will Tillich die Funktionen des Erfahrungsbegriffs beschränken und ihn lediglich als Medium ansehen.

---

46 Vgl. Tillichs einschränkende Bemerkungen zur Funktion der Bibel und christlichen Tradition in Method, 20.

47 Tillich, Method, 24 ff, vgl. ST I, 73 ff.

48 Tillich, Method, 16.

49 Tillich, Method, 22.

50 Ebd.

51 Vgl. ebd.

52 Tillich, ST I, 57.

Die Auffassung, daß Erfahrung Medium, aber nicht Quelle oder Norm der theologischen Theoriebildung ist, wird in der ST weniger im Zusammenhang mit eigentlich epistemologischen Fragen diskutiert, sondern nun eher mit theologisch-dogmatischen. Tillich betont nämlich jetzt, daß Erfahrung empfängt, aber nicht neu schafft. Selbstverständlich wandelt sie dabei um- wie könnte es auch anders sein, bei einem Verstehen geistiger Dinge. Doch das Umwandeln ist nicht die eigentliche Intention.[53] „Der systematische Theologe ist an die christliche Botschaft gebunden, die er aus anderen Quellen als aus seiner Erfahrung herleiten muß und die er unter das Kriterium der Norm stellt...“[54]

Dabei werden in der ST zwei Theologoumena mit der Diskussion der Mediumfunktion von Erfahrung verbunden, die so in „Method“ noch nicht auftauchen: Zum einen die Betonung, daß das Ereignis „Jesus der Christus“ „der Erfahrung vorgegeben und nicht aus ihr abgeleitet“[55] ist. Zum anderen eine theologisch-anthropologische Begründung der Begrenztheit der Möglichkeiten des menschlichen Erfahrungsgebrauchs. Jetzt weist Tillich ausdrücklich darauf hin, daß selbst der Heilige ein Sünder ist, dessen menschliche Erfahrung nicht mit göttlicher Offenbarung gleichgesetzt werden kann. „Die Einsicht in die menschliche Situation hebt jede Theologie auf, die aus der Erfahrung eine selbständige Quelle macht statt ein abhängiges Medium der systematischen Theologie“.[56] Kurzum, die Betonung einer Medium- statt einer Normfunktion von Erfahrung dient bei Tillich später, nämlich in dem Moment, in dem sich seine Interessen zu stärker klassisch-dogmatischen Themen hin verlagern[57], als Möglichkeit, diese Themen zu bearbeiten.

Zusammenfassend läßt sich festhalten, daß der Befund bezüglich des Erfahrungsbegriffs in der ST mehrdeutig ist. Es lassen sich zwei gegenläufige Tendenzen beobachten: Zum einen kann Tillich dem Erfahrungsbegriff positive Wertungen zuschreiben beziehungsweise er enthält sich kritischer Bemerkungen bezüglich dieses Begriffs. Präziser gesagt, er setzt dessen Funktionieren einfach voraus und verwendet ihn ganz unspektakulär. Er schreibt ihm implizit wichtige

---

53 „Wenn Umwandlung beabsichtigt ist, wird die Entgegennahme Fälschung“ (Tillich, ST I, 57); ähnlich schon ders., Method, 22. Genauer gesagt besteht eine legitime Umwandlung in der Vermeidung zweier Extreme, nämlich einer puren Wiederholung statt einer Umwandlung und einer Neuschöpfung (vgl. Tillich, ST I, 58).

54 Tillich, ST I, 57.

55 Ebd.

56 Tillich, ST I, 58.

57 Zur Tatsache, daß Tillich in seiner späteren Zeit verstärkt klassisch-dogmatische Themen bearbeitet hat – durch eine Veränderung der Verhältnisbestimmung von (theologischer) Ontologie und Epistemologie mitbedingt -, s. Grube, Unbegründbarkeit Gottes?, 18 f u. ö.

Funktionen zu, insofern im Modus von Erfahrung sowohl der „Abgrund" wie auch
der „Grund" des Seins erkannt werden kann.

Die zweite Tendenz besteht in einer Beschränkung der Funktionen des Erfahrungsbegriffs: Gegenüber Tendenzen, diesem Letztbegründungsfunktionen
für die theologische Theoriebildung zuzuschreiben, betont Tillich, daß der Erfahrungsbegriff damit überfordert ist. Die Letztbegründung dieser Theoriebildung
kann nicht in subjektiver Erfahrung bestehen, auch nicht in der Erfahrung des
Gläubigen, sondern aller Erfahrung ist noch ein „mystisches apriori" vorgelagert.
Gegenüber den oben (s. 1.2) beschriebenen Tendenzen in der anglo-amerikanischen (Religions)philosophie und Theologie, den Erfahrungsbegriff in empiristischer Manier als foundation zu verwenden, betont Tillich hier dessen Begrenzungen.

Noch kürzer auf den Punkt gebracht, läßt sich der Befund bezüglich Tillichs
Umgangs mit dem Erfahrungsbegriff in den folgenden Sätzen wiedergeben: Tillich
verwendet den Erfahrungsbegriff unspektakulär – das heißt, wertet ihn implizit
positiv oder jedenfalls doch nicht negativ -, überall dort, wo es um die Vermitt-
lungsfunktion von Erfahrung bei der subjektiven Aneignung theologischer Gehalte geht, also etwa im Offenbarungsgeschehen. Dort aber, wo dem Erfahrungsbegriff konstitutive Funktionen im Erkenntnisprozeß zugeschrieben werden
sollen, etwa dort, wo Erfahrung als Letztbegründungsinstanz zur theologischen
Theoriebildung verwendet werden soll, kritisiert Tillich diese Verwendung des
Erfahrungsbegriffs und beschränkt dessen Funktionen.

2.3 Die Gründe für diese unterschiedlichen Wertungen des Erfahrungsbegriffs

Wie sind diese unterschiedlichen, ja gegenläufigen Tendenzen bei der Bewertung
des Erfahrungsbegriffs nun zu erklären? Meine These ist, daß dabei zwei Dinge
eine Rolle spielen, nämlich zum einen die Struktur und Anlage von Tillichs
Theologie, die ihn den Erfahrungsbegriff positiv rezipieren lassen (a), zum anderen die Tatsache, daß er nach seiner Emigration in die Vereinigten Staaten einem Kontext ausgesetzt war, in dem der Erfahrungsbegriff zentral ist. In dieser
Situation geht es Tillich darum, die Zentralität dieses Begriffs in gewisser Hinsicht
zu relativieren (b).

Die Analyse der Frage, inwieweit Tillichs Diskussionen des Erfahrungsbegriffs mit der Struktur und Anlage seiner Theologie verbunden sind, liefert nicht
nur eine Erklärung von Tillichs Verwendung dieses Begriffs, sondern trägt, wie
unten deutlich werden wird, gleichzeitig auch zur besseren Einsicht in diese
Theologie bei.

Tillich betont die existentielle Aneignung des Glaubens. Der Akt des Glaubens darf nicht zu einem bloßen Für-Wahr-Halten werden, sondern bedarf subjektiver Appropriation (und Annahme). Eine Implikation dieser Betonung der Wichtigkeit subjektiver Appropriation ist, daß der Modus beziehungsweise das „medium" (s. oben) dieser Appropriation mitgedacht werden müssen. Und an dieser Stelle kommt der Erfahrungsbegriff ins Spiel, da Erfahrung der Modus beziehungsweise das „medium" der Appropriation ist. Daß Tillich einerseits ein positives Verhältnis zum Erfahrungsbegriff voraussetzt ist also durch seine Betonung der Wichtigkeit der existentiellen Aneignung des Glaubens bedingt.

Die Gründe für diese Betonung der Bedeutung der subjektiven Appropriation des Glaubensgehalts sind vielfältig. Ein Grund ist sicherlich im Einfluß des Existenzialismus auf Tillichs Theologie zu suchen. Ähnlich wie Kierkegaard und andere existenzialistische Philosophen und Theologen betont auch Tillich die Bedeutung der existentiellen Aneignung des Glaubensgehalts. Anders als Kierkegaard arbeitet sich Tillich allerdings weniger am Hegelschen Systemgedanken ab, sondern mehr am von ihm so genannten „Supranaturalismus"[58]. Der Gegner, demgegenüber die Wichtigkeit der existentiellen Aneignung zu betonen ist, ist nicht so sehr der Hegelianer, der alle Gegensätze im System aufhebt und somit ihrer existentiellen Schärfe beraubt, sondern der „Barthianer" (Tillich'scher Provenienz), der die Offenbarung „senkrecht von oben", also ohne Vermittlung, auf das Erkenntnissubjekt fallen läßt.

Präziser gesagt, bringt Tillich die subjektive Seite des Offenbarungsgeschehens gegenüber der Barthschen Betonung des „objektiv"-unverfügbaren Charakters des Offenbarungsgeschehens zur Geltung. Sein Ziel ist dabei natürlich nicht, die „objektiv"-unverfügbare Seite des Offenbarungsgeschehens zu bestreiten, sondern die Einseitigkeiten des „Supranaturalismus" zu korrigieren: Theologische Inhalte dürfen dem Subjekt nicht einfach „senkrecht von oben", „wie ein Stein", zugeworfen werden, sondern bedürfen existentieller Aneignung. Die Herausforderung bei der Bearbeitung des Offenbarungsbegriffs liegt denn auch darin, objektive Vorgegebenheit der Offenbarung und von deren Inhalten mit menschlich -subjektiver Appropriation zusammen zu denken – in dieser Doppelheit liegt geradezu ein Charakteristikum von Tillichs späterer Offenbarungstheorie.[59]

---

58 Vgl. zu diesem Begriff die Bemerkungen in Aufsatz Nr. VI.

59 Diese Doppelheit ist ein Charakteristikum von Tillichs *späterer* Offenbarungstheorie, insofern er sich in seiner früheren Zeit, also vor seiner Emigration, vor allem mit den Konsequenzen des Offenbarungsempfangs für das Subjekt beschäftigt, weniger mit dem Offenbarungsinhalt und dessen Vorgegebenheit. In seiner späteren Zeit dagegen, also nach seiner Emigration in die USA und im Rahmen der Versuche, klassisch-dogmatische Inhalte konzeptionell stärker zu berück-

Es ist geradezu ein Kennzeichen des Gelingens von Offenbarung, daß beides vorliegt, die „objektive" Vorgegebenheit des Inhalts der Offenbarung, wie auch das Gelingen der subjektiven Aneignung im Modus der Erfahrung: „...we can speak of it [revelation] only if it has become revelation for us, if we have experienced it existentially".[60] Nur insoweit Offenbarung subjektiv angeeignet wird, kann auch die Rede sein von gelungener Offenbarung. Und an dieser Stelle kommt dem Erfahrungsbegriff natürlich entscheidende Bedeutung zu: Die subjektive Aneignung wird vermittelt durch die Erfahrung beziehungsweise findet in menschlicher Erfahrung statt.

Die Analyse von Tillichs Verwendung des Erfahrungsbegriffs, insbesondere seine Insistenz auf der Mediumsfunktion von Erfahrung, bestätigt denn auch die aus anderen Zusammenhängen bekannte Tatsache, daß die subjektive Appropriation von Offenbarung- im Rahmen besagten Zusammenhangs mit dem objektiv vorgegebenen Charakter von Offenbarung- eine wichtige Rolle in seiner Theologie spielt.

b) Warum bemüht sich Tillich aber in der ST und anderen späteren Schriften, wie etwa „Method", derart vehement um eine Begrenzung der epistemologischen Funktionszuschreibungen zum Erfahrungsbegriff, wenn andererseits diesem Begriff im Rahmen seiner Theologie doch wichtige Funktionen zukommen? Diese Tendenz läßt sich mit Tillichs Gegnerschaft zu den Privilegien begründen, die der Erfahrungsbegriff in der anglo-amerikanisch geprägten Epistemologie genießt. Diese These expliziere ich in Folgenden.

Wie in der Einleitung schon angedeutet, genießt der Erfahrungsbegriff in der anglo-amerikanisch geprägten Epistemologie weitreichende Privilegien. Das hat mit der empiristischen Grundausrichtung dieser Epistemologie zu tun. Beim Empirismus, wie er hier gemeint ist, fungiert Erfahrung als foundation in einem foundationalist Sinn, also als Letztbegründungsinstanz o. ä. zur Theoriebildung. Mit anderen Worten, das Abgeleitet-Sein von Theoriebildung aus Erfahrung, die Möglichkeit, diese an Erfahrung zu überprüfen (zu falsifizieren oder zu verifizieren), garantiert hier prima facie die Legitimität dieser Theoriebildung oder liefert zumindest doch einen entscheidenden Beitrag zu deren Legitimation.

---

sichtigen, wird auch der Inhalt des Offenbarungsgeschehens wichtig. Trotzdem setzt sich Tillich natürlich auch in dieser Zeit – in betontem Gegenüber zu „Barth" – mit der Bedeutung des Offenbarungsempfangs für das Subjekt auseinander (vgl. Aufsatz Nr. II in diesem Band).

60 Tillich, Method, 22 f. Vgl. dazu auch Tillich, ST I, 152: „Jesus ist der Christus, sowohl, weil er potentiell der Christus war, als auch, weil er als Christus aufgenommen wurde. Ohne diese beiden Seiten wäre er nicht der Christus geworden" (s. dazu auch meine Analyse in Unbegründbarkeit Gottes?, 59 f).

Kurzum, das Anknüpfen der Theoriebildung an Erfahrung dient hier zumindest als prima facie Legitimitätskriterium für die Theoriebildung.

Dagegen wendet Tillich sich nun explizit. Die Zuschreibung derartiger Privilegien beruht für ihn auf einer Überschätzung der epistemologischen Funktionen des Erfahrungsbegriffs. Die These, daß Erfahrung konstitutive Funktionen im Erkenntnisprozeß besitzt, ist seines Erachtens insofern falsch, als bei ihr übersehen wird, daß dabei immer noch etwas anderes, grundlegenderes, vorauszusetzen ist. Diese Argumentationsstruktur, daß Erfahrung nicht als foundation taugt, zieht sich bei Tillich durch und wird sowohl theologisch wie auch philosophisch begründet.

In theologischer Hinsicht argumentiert Tillich, daß Erfahrung insofern nicht als foundation taugt, als der Erfahrung immer ein „mystisches apriori" vorgeordnet ist (s. oben, 1.1). Der Erfahrungsbegriff kann also nicht zur Letztbegründung theologischer Theoriebildung herangezogen werden, weil dabei übersehen würde, daß der Erfahrung epistemologisch immer ein Punkt zugrunde liegt, in dem Subjekt und Objekt eins sind und in dem deren Spaltung überwunden ist.

In philosophischer Hinsicht insistiert Tillich auch auf dem, was der Erfahrung vorgeordnet ist. So kann er die a priori Begriffe betonen, „die in jeder aktuellen Erfahrung vorausgesetzt sind, da eben sie die Struktur der Erfahrung selbst konstituieren".[61] Diese a priori Begriffe können denn auch mit der Ontologie in Verbindung gebracht werden, nämlich im Rahmen des Versuchs, „die Gottesfrage als die Frage zu entwickeln, die im Sein eingeschlossen liegt".[62] Die Suche nach dem, was der Erfahrung zugrunde liegt, ist denn auch die eigentliche Aufgabe der Philosophie. Diese „sondert das vielfältige Material der Erfahrung von jenen Strukturen, die Erfahrung möglich machen...Die Frage nach dem Charakter der allgemeinen Strukturen, die Erfahrung erst möglich machen, ist immer dieselbe. Es ist die philosophische Frage".[63]

Tillich greift hier sozusagen die anglo-amerikanische Philosophie mit „deutschen Mitteln" an. Er kritisiert den empiristischen Grundzug dieser Philosophie mit Hilfe transzendentaler oder quasi-transzendentaler Mittel. Der Empirist, der die Erfahrung im oben genannten Sinn privilegiert, übersieht die epistemologische Bedeutung desjenigen, das der Erfahrung zugrunde liegt und diese erst ermöglicht. Hier, am Ermöglichungsgrund von Erfahrung, wo Erfahrung transzendental abgesichert wird, liegt der eigentliche Kernpunkt aller epistemologischen Bemühungen.

---

61 Tillich, ST I, 197.
62 Tillich, ST I, 196.
63 Tillich, ST I, 26.

Und nicht nur das: An diesem Punkt werden die epistemologischen Bemühungen in philosophischer und vor allem in theologischer Hinsicht erst eigentlich
interessant für Tillich. Hier ist das „mystische apriori" anzusiedeln, der Punkt, von
dem aus alle legitime theologische Theoriebildung ihren Ausgangspunkt nimmt.
Hier ist der Punkt, an dem Subjekt und Objekt identisch sind und deren Spaltung
überwunden ist – und der Punkt, an dem Tillichs Gotteslehre, insofern sie epistemologisch motiviert ist, ihren Ausgangspunkt nimmt.[64]

3 Zur Bewertung von Tillichs Umgang mit dem Erfahrungsbegriff

Zur Bewertung des Vorhergehenden möchte ich in diesem abschließenden Teil
noch drei Themen aufgreifen: Zum einen noch einmal grundsätzlich den Unterschied zwischen einer anglo-amerikanisch (empiristisch) geprägten Epistemologie und einer „deutsch"-transzendentalen, wie Tillich sie voraussetzt, herausar-
beiten. Dabei analysiere ich Ian Thompsons Kritik an Tillich. Zum zweiten
unterziehe ich die empiristische Insistenz auf dem Erfahrungsbegriff einer
grundsätzlichen Kritik und argumentiere dann, drittens, daß ein transzendenta-
listisches Vorgehen á la Tillich mit seiner Kritik an überzogenen Geltungsansprüchen des Erfahrungsbegriffs eine wertvolle Unterstützung bei der Kritik des
Empirismus ist.

3.1 Zur Zurückweisung von Thompsons Kritik an Tillich

Ian Thompson ist ein englischsprachiger Tillich-Interpret, der sich des „deutsch"-
transzendentalen Hintergrunds von Tillichs Theoriebildung bewußt ist. So kann
er zutreffend festhalten, Tillich „was less concerned with epistemology than with
the attempt to formulate the general metaphysical principles that are presupposed in and necessary to the formulation of any body of objective knowledge.... In
terms of a characteristically transcendental approach, he believes that the question of the possibility of knowledge in general has to be decided before we can
determine the truth of specific judgments."[65]

---

64 Vgl. dazu unten und Tillich, Method, 23 sowie natürlich Tillichs zentralen Aufsatz Two Types
(s. zu letzterem meine ausführlichere Analyse in Unbegründbarkeit Gottes?, 46–48).
65 Ian Thompson, Being and Meaning. Paul Tillich's theory of Meaning, Truth and Logic,
Edinburgh, 1981, 112.

Doch auch bei Thompson überwiegen die kritischen Töne bei der Bewertung von Tillichs Epistemologie. So kann er in Hinsicht auf Tillichs Differenzierung zwischen Sein-Selbst und bedingtem Sein monieren, daß Tillichs Ansatz „...being from the standpoint of being-itself rather than from an analysis of the structures and dynamics of finite being"[66] angeht.

Hier schlagen die empiristischen Vorurteile der anglo-amerikanischen Perspektive dann doch wieder durch. Gemäß dieser Perspektive hat jede legitime epistemologische Argumentation ihren Ausgangspunkt „unten", also bei der empirischen Erfahrung beziehungsweise, in diesem Fall, beim „finite being", zu nehmen.[67] Wenn eine epistemologische Argumentation nicht in dieser Weise „von unten" ausgeht, taugt sie nicht zur epistemologischen Theoriebildung.

In der „deutsch"-transzendentalen Epistemologie haben epistemologische Argumentationen ihren Ausgangspunkt aber nicht „unten", bei der Erfahrung selbst. Nun wäre es sicherlich nicht zutreffend, den Gegensatz zwischen „deutsch"-transzendentaler und anglo-amerikanischer Epistemologie mit dem Gegensatz von „unten" und „oben" auf den Begriff zu bringen. Denn die „deutsch"-transzendentale Epistemologie nimmt ihren Ausgangspunkt nicht eigentlich „oben", sondern bei dem, was dem „unten", also der Erfahrung, zugrunde liegt, diese also im transzendentalen Sinn des Wortes „ermöglicht". Natürlich geht es dabei letztendlich auch um die Legitimation von Erfahrung und diese wird in einem erfolgreichen transzendentalen Argumentationsgang denn auch wieder eingeholt. Doch taucht diese sozusagen „am Ende" der Argumentation auf, nach Abschluß des Durchgangs durch den Ermöglichungsgrund von Erfahrung.

Und dieser Unterschied im Ausgangspunkt der Argumentationen geht Hand in Hand mit einem Unterschied im Zielpunkt derselben: Insofern der Zielpunkt einer „deutsch"-transzendentalen Argumentation die Absicherung der Möglichkeit von Erfahrung ist, geht es um eine Rechtfertigung des Erfahrens als solchem. Im anglo-amerikanischen Kontext geht es dagegen darum, Kriterien zu entwickeln, mit deren Hilfe (epistemisch) vertrauenswürdige von nicht vertrauenswürdigen Erfahrungen unterschieden werden können. Es geht also nicht um das Erfahren als solches, sondern um eine Legitimation von bestimmten (Arten von) Einzelerfahrungen. Im „deutschen" Kontext ist dagegen was immer an Unterscheidungskriterien in einem transzendentalen Argumentationsgang zutage ge-

---

66 Thompson, a.a.O., 81.

67 Für die Zwecke dieser Argumentation können der empirische Erfahrungsbegriff und „finite being" identifiziert werden, da es in beiden Fällen um die Forderung nach einem Ausgangspunkt „von unten" geht.

fördert wird, sozusagen „Nebenprodukt" des Versuchs einer globalen Absicherung der Möglichkeit legitimen Erfahrens.

Die obige Analyse von Tillichs Verwendung des Erfahrungsbegriffs dürfte
hinreichend deutlich gemacht haben, daß er an dieser Stelle ganz deutlich in der
„deutsch"-transzendentalen Tradition steht. Er kritisiert explizit Versuche, die
Theoriebildung von der Erfahrung ausgehen zu lassen und auf diese Weise deren
Legitimität sichern zu wollen. Dabei wird eben das übersehen, was der Erfahrung
noch vorgeordnet ist und den eigentlichen Ermöglichungsgrund von Erfahrung
darstellt, also den Punkt, an dem Subjekt und Objekt identisch sind.

Thompsons Kritik an der epistemologischen Verwendungsweise der Unterscheidung zwischen Sein-Selbst und bedingtem Sein kann denn auch folgendermaßen zurückgewiesen werden: Tillich geht es überhaupt nicht darum, zum
Sein-Selbst im Durchgang durch das bedingte Sein beziehungsweise die Erfahrung durchzustoßen. Ebensowenig geht es ihm darum, zum Bereich jenseits der
Subjekt-Objekt-Spaltung durch eine Analyse der Gegebenheiten diesseits besagter
Spaltung durchzustoßen (was Thompson ebenfalls unterstellt). Tillichs epistemologische Überlegungen sind grundsätzlich andersherum gerichtet. Für ihn ist
das Sein-Selbst beziehungsweise der Bereich jenseits besagter Spaltung, das
„mystische apriori" (s. oben), der Ausgangspunkt seiner einschlägigen epistemologischen Überlegungen, insofern es den Ermöglichungsgrund des bedingten
Seins darstellt. Es geht Tillich bei seinen epistemologischen Überlegungen gar
nicht um eine Legitimation des Sein-Selbst beziehungsweise der jenseits der
Subjekt-Objekt-Spaltung anzusiedelnden Größen mit Hilfe des bedingten Seins
beziehungsweise diesseitiger Überlegungen. Erstere bedürfen nicht der Legitimation, sondern stellen die Grundlage von letzteren dar. Es geht Tillich nicht
einmal um den Aufweis eines Anschlusses des Jenseits- an den Diesseitsbereich.[68]
Sondern ihm geht es in typisch transzendentaler Manier um die Grundlegung des
bedingten Seins beziehungsweise des Diesseitsbereichs mit Hilfe des Sein-Selbst
beziehungsweise des Jenseitsbereichs. Der Ausgangspunkt seiner einschlägigen
epistemologischen Überlegungen muß deshalb, unter seinen „deutsch"-tran-

---

68 Mit dieser Bemerkung ist auch eine gewisse Selbstkritik verbunden, da ich seinerzeit an
Tillichs Unterscheidung zwischen einem Bereich jenseits der Subjekt-Objekt-Spaltung und einem
Diesseitsbereich moniert habe, daß eine derartige Unterscheidung an der Übersetzbarkeitsproblematik scheitert (vgl. Grube, Unbegründbarkeit Gottes?, 50 f). Wird der Jenseitsbereich allerdings als streng transzendental zum Diesseitsbereich aufgefaßt, stellt sich die Übersetzbarkeitsproblematik gar nicht erst beziehungsweise wird entschärft: Was immer für den
Jenseitsbereich postuliert wird, braucht nicht in den Diesseitsbereich übersetzt zu werden- es wird
stattdessen einfach *postuliert*.

szendentalen Voraussetzungen, immer der des Sein-Selbst beziehungsweise des Jenseitsbereichs sein.

3.2 Zur Kritik des Empirismus und seines „Zwangs zur Erfahrung"

Andernorts habe ich den empiristischen Gebrauch des Erfahrungsbegriffs einer eingehenden Kritik[69] unterzogen und fasse hier nur kurz die Ergebnisse dieser Kritik zusammen. Der Empirismus beinhaltet einen „Zwang zur Erfahrung", der sowohl (religions)philosophisch wie auch theologisch kontraproduktive Konsequenzen zeitig. Zu diesen gehören in philosophischer Hinsicht, daß die Möglichkeit einer robusten metaphysischen Theoriebildung[70], insofern sie erfahrungstranszendierend ist, a priori ausgeschlossen ist, also nicht nach genauer Abwägung der Vor- und Nachteile verworfen wird, sondern von vornherein.

In religionsphilosophischer Hinsicht zieht besagter empiristischer Zwang zur Erfahrung die unseligen Versuche des „religious empiricism" nach sich, eine strukturelle Gleichheit zwischen der Ableitung naturwissenschaftlicher Theorien aus naturwissenschaftlicher Erfahrung und der Ableitung religiöser Theorien aus religiöser Erfahrung aufzuzeigen, um so religiöse Theoriebildung legitimieren zu können.[71]

In theologischer Hinsicht schließlich dürften die Nachteile besagten Zwangs zur Erfahrung unmittelbar einsichtig sein (s. dazu auch oben, 2.1, Tillichs Kritik am „Naturalismus"). Diese spitzen sich überdies noch zu, wenn Erfahrung als „sinnliche Erfahrung" spezifiziert wird, wie zumeist üblich. Es ist natürlich außerordentlich schwer, sinnlicher Erfahrung bei der theologischen Theoriebildung eine konstitutive Rolle im oben genannten Sinn zuzuweisen. Die Schwierigkeiten, die an dieser Stelle für theologische Theoriebildung entstehen, kennzeichnen meines Erachtens die Situation, in der sich die anglo-amerikanische Religionsphilosophie und Theologie (insoweit letztere überhaupt noch Ansprüche auf Rationalität vertreten hat) zumeist im abgelaufenen Jahrhundert befunden hat.

---

69 S. Dirk-Martin Grube, Empirisme, Postmodernisme, en Godsdienstwijsbegeerte. De postmoderne kritiek op het empiristische denken en de consequenties voor de godsdienstwijsbegeerte, in: Nederlands Theologisch Tijdschrift 57 (2003), 321–337.

70 *Robuste* metaphysische Theoriebildung" im Gegensatz zu einer schwachen metaphysischen Theoriebildung, bei der die Möglichkeit von Metaphysik lediglich durch eine Analyse der (Begrenzungen von) Erfahrung in den Blick kommt – ein derartiger Begriff von Metaphysik ist natürlich auch noch mit besagtem Zwang zur Erfahrung vereinbar.

71 William Alstons notorisches Argument, s. Grube, Empirisme, 325 sowie ders., Religious Experience after the Demise of Foundationalism, a.a.O., 40 f.

An dieser Stelle ist denn auch der Grund dafür zu suchen, daß sich die anglo-amerikanische Religionsphilosophie und Theologie seit dem Aufkommen des Logischen Positivismus bis zur Durchbrechung des Monopols empiristischer Denkweisen in den siebziger Jahren des abgelaufenen Jahrhunderts unter permanentem Legitimationsdruck gestanden hat und sich weitgehend in einer Verteidigungsstellung befunden hat.

Konkret habe ich die Schwierigkeiten für die Theologie, die besagter Zwang zur Erfahrung nach sich zieht, am Problem aufgezeigt, ob Erfahrung oder Offenbarung primär ist – unter den Parametern besagten Zwangs kann Offenbarung immer nur als sekundäre Größe, als in der einen oder anderen Weise auf Erfahrung beruhend, in den Blick kommen. Die Möglichkeit, daß Offenbarung der Erfahrung (logisch) vorausgeht, ist hier a priori ausgeschlossen.[72]

Um Mißverständnisse insbesondere bei der Bewertung dieses Zwangs zur Erfahrung zu vermeiden, sei hier noch kurz darauf hingewiesen, daß mit der Kritik an diesem Zwang nicht jeder Erfahrungsbezug von Theoriebildungen kritisiert werden soll. Im faktischen Diskurszusammenhang kann es zum Beispiel guten Sinn machen, auf einem Erfahrungsbezug von Theorien gegenüber zu abstrakter Begriffsverwendung[73] zu insistieren. Und historisch gesehen hat zumindest die logisch positivistische Insistenz auf Erfahrung – im Gegenüber zur klassisch positivistischen Insistenz -, auch durchaus emanzipatorische Funktionen gehabt, nämlich gegenüber den Diktaten der spekulativen Metaphysik (Positivismus wird erst dort zum Problem, wo er sich mit Monopolansprüchen ausstattet!). Und keinesfalls soll mit einer Kritik an besagtem Zwang zur Erfahrung jeder positive Rekurs auf sozusagen „akkumulierte Erfahrung" in Gestalt von Weisheit oder Lebensweisheit verurteilt werden – im Gegenteil, meines Erachtens ist ein solcher Rekurs vor allem in der deutschsprachigen Ethiktheorie mit ihrer kantisch-deontologischen Ausrichtung bitter nötig.

Meine Kritik an diesem Zwang zur Erfahrung richtet sich denn auch nicht gegen eine Verwendung des Erfahrungsbegriffs als solchem, sondern gegen den spezifisch empiristischen Gebrauch von Erfahrung. Wie oben angedeutet, besteht dieser darin, Erfahrung eine konstitutive Rolle im Erkenntnisprozeß zuzuschreiben. Meine Kritik setzt dort ein, wo behauptet wird, nur Theorien, die Erfahrung als foundation besitzen oder an Erfahrung verifizierbar sind, können Ansprüche auf Legitimität besitzen. Kurzum, meine Kritik richtet sich gegen eine bestimmte,

---

72 Vgl. Grube, Empirisme, 327.
73 Etwa nach dem Motto: „Könntest Du das, was Du mit diesem Begriff jetzt meinst, an einem konkreten (lies: erfahrungsgesättigten) Beispiel aufzeigen!"

foundationalist oder ähnlich zu nennende, Verwendungsweise des Erfahrungsbegriffs in der Epistemologie.

In diesem spezifisch empiristischen Sinn ist der Erfahrungsbegriff nun allerdings in dem uns hier interessierenden Zeitraum, also von Tillichs Emigration
bis zu seinem Tod, in der anglo-amerikanischen Philosophie in der Tat maßgeblich gewesen. Dieses zeigt sich nicht nur in der Kraft, die der logische Positivismus in den fünfziger und sechziger Jahren des abgelaufenen Jahrhunderts in
der anglo-amerikanischen Philosophie noch hatte, sondern auch an der Durch-
dringung des englischsprachigen Geisteslebens überhaupt mit quasi-positivisti-
schen Anschauungen.[74]

Dieses ist denn auch der Zeitraum, in dem der Erfahrungsbegriff in der Religionsphilosophie und Theologie wichtig wird. In diesem Zeitraum erblühen, vor
allem unter pragmatistischem Einfluß, „empirische Theologien". Vergleichbar mit
dem gegenwärtigen „religious empiricism" (s. oben) geht es bei diesen darum,
nachzuweisen, daß theologische Theoriebildung direkt auf (nicht-sinnlicher) Erfahrung aufgebaut ist und als solche legitim ist. Tillichs Kritik an den „Naturalisten" oder „empirisch-Induktiven" (s. oben, 2.1) bezieht sich auf derartige Erfahrungstheologien, etwa diejenige Henry Wiemans.[75]

3.3 Zur Bewertung der Kritik von Tillichs Transzendentalismus am empiristischen Zwang zur Erfahrung

Es ist natürlich leicht, aus anglo-amerikanischer Perspektive kommend, allen
transzendentalen Erwägungen den Rücken zuzukehren. Die Argumente dazu sind
vielfältig. Ein populärer Einwand lautet: „Wieso sollen wir uns um einen ‚Ermöglichungsgrund von Erfahrung' kümmern? Wir machen doch sowieso schon

---

74 Etwa nach dem Motto: „Die ‚hard facts' findet man nur in den Naturwissenschaften, während
Religion, Ethik und Metaphysik so ‚soft' sind, daß sie als wissenschaftliche Theorien nicht ernst
genommen werden müssen und in den Privatbereich gehören!"
75 S. Henry N. Wieman, The Source of Human Good, Chicago 1946. Ich belasse es hier bei der
allgemeinen Feststellung, daß sich Tillichs Kritik gegen den epistemologischen Ansatz richtet, der
bei derartigen Erfahrungstheologien vorausgesetzt wird. Eine genauere Analyse, die ich hier nicht
leisten kann, müßte klären, inwieweit sich Tillichs Kritik auch auf den zuweilen bei Erfahrungstheologien implizierten Immanentismus richtet, also die Anschauung, daß die Grenze des
Erfahrbaren die Grenze des Aussagbaren ist und deshalb ein Gottesbild, das sich auf das außerhalb des Natürlichen oder Geschichtlichen Liegende richtet a priori ausgeschlossen ist, insofern es die Möglichkeit des Erfahrbaren übersteigt. Möglicherweise ist Tillichs Kritik am „Naturalismus" in diesem spezifischen Sinn zu verstehen und von einer allgemeineren, mehr
epistemologisch ausgerichteten Kritik am „empirisch-induktiven" Vorgehen zu unterscheiden.

immer Erfahrungen. Wieso sollen diese noch extra ermöglicht werden?" Und ein bekannter philosophischer Einwand lautet, daß das Transzendentale immer auch das a-Historische ist und mit dem gegenwärtigen Zug zur Historisierung in der Philosophie und verwandten Disziplinen unvereinbar ist.[76]

Der philosophische Einwand wiegt schwerer und wird unten aufgenommen werden. Der populäre Einwand ist dagegen leicht zu entkräften, da er deskriptive mit normativen Fragen verwechselt. Er übersieht den normativen Charakter transzendentaler Erwägungen. Hier geht es ja nicht um das faktische Erfahren, sondern um dessen Legitimation, also um die Frage, ob ein bestimmtes Erfahren epistemisch gerechtfertigt ist oder nicht.

Doch mein eigentlicher Punkt besteht hier nicht so sehr in einer philosophischen Entkräftung von anti-transzendentalistischen Argumenten, sondern mehr in einer Warnung: Wer transzendentale Argumente vorschnell verwirft, verbaut sich damit interessante Möglichkeiten.[77] Theologisch gehören zu diesen die Möglichkeit einer Offenbarungstheorie, die so umfassend gedacht wird, daß sie noch einmal als die (theologische) Erfahrung als solche grundlegend konzipiert wird. Vorsichtiger gesagt gehört dazu die Möglichkeit, den Offenbarungsbegriff in einem Bereich anzusiedeln, von dem aus Erfahrung geordnet, strukturiert etc. wird, also einem Bereich, der die Erfahrung noch einmal umgreift.[78] Philosophisch beziehungsweise religionsphilosophisch gehört zu den Möglichkeiten, die der Transzendentalismus eröffnet, eine prinzipielle Kritik am empiristischen Zwang zur Erfahrung und dessen kontraproduktiven Konsequenzen.

Zu diesen kontraproduktiven Konsequenzen gehört unter anderem, daß in der anglo-amerikanischen Literatur großenteils als selbstverständlich angenommen

---

[76] Ich belasse es hier bei derartig allgemeinen Argumenten gegen den Transzendentalismus. Bei einer genaueren anti-transzendentalistischen Argumentation müßte natürlich auf den präzisen Gehalt dessen, was als Transzendental postuliert wird, eingegangen werden. Ein derartig „aposteriorisches" Verfahren ist insofern notwendig, als ansonsten Aporien drohen. Denn jedes „a priori" Argument gegen den Transzendentalismus ist immer in der Gefahr, selbst wieder „quasi-transzendental" und damit inkonsistent zu werden (vgl. auch Rortys, halb spielerisch gemeintes „transcendental argument to end all transcendental arguments" (Richard Rorty, Transcendental Arguments, Self-Reference and Pragmatism, in: P. Bieri/L. Krüger/R.P. Horstmann (Hrsg.), Transcendental Arguments and Science. Essays in Epistemology, Dordrecht, 1979, 77–104, 78).

[77] Das ist auch gegen Unbegründbarkeit Gottes? einzubringen, in dem ich, in typisch anglo-amerikanischer Manier, die negativen Seiten am Transzendentalismus in den Vordergrund stelle. Hier geht es mir nun nicht so sehr darum, diese Kritik am Transzendentalismus zu revozieren, sondern – in „gut pragmatistischer Manier" -, darauf hinzuweisen, was der Transzendentalismus für interessante Theoriemöglichkeiten beinhaltet.

[78] S. dazu Grube, Überwindung der Subjekt/Objekt-Spaltung?, 120–122.

wird, daß legitime Theoriebildung in der einen oder anderen Weise an Erfahrung anknüpfen muß. Und auch theologische oder religionsphilosophische Literatur setzt zumeist unhinterfragt besagten Zwang zur Erfahrung voraus. Dieses Urteil gilt nicht nur für die Zeit Tillichs und die Beispiele, die er kritisiert hat (s. oben, 2.1) sondern auch noch für die heutige Zeit. Um ein mehr oder minder beliebiges Beispiel anzuführen: Die Autoren des Standardlehrbuches für Religionsphilosophie, „Reason and Religious Belief", widmen der Frage nach religiöser Erfahrung ein eigenes Kapitel. Wenn sie dort auf die Möglichkeit legitimer religiöser Theoriebildung eingehen, sprechen sie drei Möglichkeiten an: Diese kann 1.) an eine Interpretation von Erfahrung als Gefühl anschließen – eine Position, die Schleiermacher zugeschrieben wird; oder es wird, 2.), von einem Verständnis religiöser Erfahrung ausgegangen, bei dem diese Erfahrung als prinzipiell gleichartig und damit gleichwertig mit sinnlicher Erfahrung angesehen wird – die oben genannte Position von William Alston; 3.) die Frage, ob religiöse Erfahrung als „supernatural" gedeutet werden kann – nicht im spezifischen Sinn von Tillichs Begriff des Supranturalismus gemeint, sondern unspezifisch als Position, bei der die Erfahrungen als „übernatürliche" Gegebenheiten interpretiert werden.[79]

Mein Punkt ist hier nun nicht, die Stärken und Schwächen der einen oder anderen dieser drei Positionen aus inhaltlichen Gründen kritisieren zu wollen. Sondern mein Punkt ist, daß hier ganz selbstverständlich vorausgesetzt wird, der Erfahrungsbezug religiöser Theoriebildung hätte etwas mit dessen Legitimität zu tun. Hier schlägt eben besagter Zwang zur Erfahrung durch, der zumindest in der englischsprachigen Literatur zur Sache noch weitgehend unhinterfragt vorausgesetzt wird. Im Sinne Tillichs richtet sich meine Kritik also dagegen, daß im englischsprachigen Lager a priori davon ausgegangen wird, daß gute Theoriebildung in allen Wirklichkeitsbereichen, den Naturwissenschaften wie auch der Religionsphilosophie, so konstruiert sein muß, daß Erfahrung in ihr konstitutive Funktionen ausübt.

Insbesondere für die religiöse Theoriebildung zeitigt dieser Zwang zur Erfahrung negative Konsequenzen. Dazu gehören nicht nur die klassischen Probleme, die sich aus der logisch positivistischen Verifizierbarkeitsforderung ergeben, sondern dazu gehört vor allem auch ein Problem, das insbesondere für die binnentheologische Theoriebildung relevant ist, nämlich das Offenbarungsproblem. Denn unter der Annahme, daß alle legitime Theoriebildung von der Erfahrung ausgehen muß, muß auch jede legitime Theorie der Offenbarung

---

79 Vgl. Peterson/Hasker/Reichenbach/Basinger, Reason & Religious Belief. An Introduction to the Philosophy of Religion, 22 ff. S. auch Grube, „Empirisme", 325 f, in dem ich herausgearbeitet habe, inwiefern die „Reformed Epistemologists" auch noch einen derartigen Zwang zur Erfahrung voraussetzen und dieser kontraproduktiv ist für eine robuste theologische Theoriebildung.

selbstverständlich von der Erfahrung ausgehen. Eine Theorie der Offenbarung kann also nur als sozusagen immer an die Erfahrung gekettete in den Blick kommen. Zusammengefaßt ausgedrückt: Unter empiristischen Denkbedingungen ist Erfahrung immer das Erste, Offenbarung das Zweite – beziehungsweise, auf das Erste folgt überhaupt kein Zweites mehr, Offenbarung wird überhaupt nicht mehr in den Blick genommen, oder, wenn doch, nur noch als illegitimes, weil prinzipiell irrationales Theoriegebilde[80].

An dieser Stelle sind transzendentale Überlegungen wie diejenigen Tillichs jedenfalls prinzipiell hilfreich. Gleich, ob man nun allen Details seiner Konzeption zustimmt – dem „mystischen a priori" als Punkt, an dem die Subjekt-Objekt-Spaltung überwunden ist –, oder nicht; strukturell gesehen bieten derartige Überlegungen jedenfalls das Potential, besagten Zwang zur Erfahrung zu überbieten. Sie bieten die Möglichkeit, daß Theoriebildung legitim sein kann und trotzdem nicht im empiristischen Sinn als an die Erfahrung anschließend interpretiert werden muß. Kurzum, von Überlegungen wie denjenigen Tillichs aus wird es möglich, die theologische oder religiöse Theoriebildung als nicht mehr notwendig an den Bereich der Erfahrung gekettete zu betrachten, sondern als an einen Bereich anschließend, der sozusagen „außerhalb" von Erfahrung steht, ja, horribile dictu, „über" der Erfahrung steht, diese noch einmal umfassen kann.

Das heißt für die Theoriebildung bezüglich der Offenbarung, daß auch Offenbarungstheorien vom Zwang zur Erfahrung befreit werden. Auch sie müssen nicht mehr notwendig vom Erfahrungsbereich ausgehen, sondern können in dem Bereich lokalisiert werden, der die Erfahrung noch einmal umfaßt. Offenbarung kann dementsprechend als die Erfahrung umfassend angesehen werden. Das bietet etwa die Möglichkeit, den Offenbarungsbegriff als die Erfahrung strukturierend, ordnend etc. anzusehen.

Schließlich möchte ich auch noch darauf hinweisen, daß der Begriff des Transzendentalen nicht notwendigerweise a-historisch konstruiert werden muß, wie es in der anglo-amerikanischen Philosophie mit Verweis auf Kant zumeist der Fall ist.[81] Tillichs Bemerkungen bezüglich des a priori Status von ontologischen Begriffen, die „das Wesen der Erfahrung"[82] bestimmen, gilt selbstverständlich auch für das Transzendentale: A priori heißt nicht, „daß die ontologischen Begriffe eine statische und unveränderliche Struktur der Erfahrung konstituieren, die einmal entdeckt für immer gültig ist. Die Struktur der Erfahrung kann sich in

---

80 Bei aller Vorsicht, die man bei derartigen Globalurteilen natürlich immer an den Tag legen muß, scheint mir obige Charakterisierung die Behandlung des Offenbarungsbegriffs im anglo-amerikanischen Kontext doch einigermaßen zutreffend wiederzugeben.
81 Exemplarisch etwa bei Joseph Margolis, Pragmatism without Foundations, a.a.O., 49.
82 Tillich, ST I, 196.

der Vergangenheit geändert haben und kann sich in der Zukunft ändern..."[83] Wenn das Transzendentale auf diese Weise konstruiert wird, kann es in der Tat dem Vorwurf, prinzipiell a-historisch zu sein, entgehen. Es wäre dann sozusagen das, was unter bestimmten Erkenntnisbedingungen als der Erfahrung zugrundeliegend postuliert werden muß, wobei zugestanden wird, daß sich derartige Postulate verändern können – etwa unter veränderten Erkenntnisbedingungen. Ein derartiger Transzendentalismus wäre mit einem moderaten Historismus durchaus vereinbar.

Ein Transzendentalismus á la Tillich kann also so konstruiert werden, daß er
-   seinem Hauptkritikpunkt, prinzipiell a-historisch zu sein, entgehen kann,
-   den Vorteil hat, den Zwang zur Erfahrung zu durchbrechen und damit eine Kritik der in religionsphilosophischer und theologischer Hinsicht kontraproduktiven Konsequenzen des Empirismus zu ermöglichen,
-   robuste theologische Theoriebildung, die unter empiristischen Parametern unmöglich war, wieder zu ermöglichen (etwa eine robuste Offenbarungstheorie).

Angesichts all dieser Vorteile wäre es unsinnig, einen Transzendentalismus á la Tillich vorschnell zu verwerfen. Auch Religionsphilosophen und Theologen aus dem anglo-amerikanischen Lager täten gut daran, ganz pragmatisch und vorurteilslos die Vorteile dieser Art des Transzendentalismus zu überprüfen und diesen gegebenenfalls für ihre Theoriebildung zu verwenden. In dieser Hinsicht gibt es viel von Tillich zu lernen.

---

83 Tillich, ST I, 197.

Teil 4: **Offenbarung und der interreligiöse Dialog**

VIII Tillichs Beitrag zum interreligiösen Dialog: Seine Religionskritik im Vergleich mit Karl Barths Religionskritik und John Hicks Umgang mit Religion

1 Allgemeine Kennzeichnung und Würdigung von Tillichs Auseinandersetzung mit den nicht-christlichen Religionen

Überblickt man Tillichs Auseinandersetzung mit den nicht-christlichen Religionen sozusagen „aus der Vogelperspektive", sticht eine Intention hervor, die als kennzeichnend für Tillichs Schaffen überhaupt angesehen werden kann: Er will sowohl den Erfordernissen des christlichen Glaubens wie auch dem jeweils Anderen – was immer es im gegebenen Fall ist – gerecht werden. So ist er im theologisch-philosophischen Dialog bemüht, der Theologie wie auch der Philosophie gerecht zu werden – also dabei weder die Substanz des Glaubens zu opfern, noch die philosophische Redlichkeit aufzugeben. Ähnlich ist er in der Auseinandersetzung mit den nicht-christlichen Religionen darum bemüht, den Erfordernissen des christlichen Glaubens gerecht zu werden, ohne dabei die anderen Religionen illegitimerweise zu vereinnahmen: Tillichs grundlegende Intention ist, den nicht-christlichen Religionen und ihren Offenbarungsansprüchen gerecht zu werden, ohne dabei die berechtigten christlichen Ansprüche aufgeben zu müssen.

Der von ihm selbst zur Kennzeichnung seiner Entwicklung vorgeschlagene Begriff der „Grenze"[1] kann auch zur Charakterisierung seines Beitrags zum interreligiösen Dialog verwendet werden: Wie er auf der Grenze zwischen Theologie und Philosophie und anderen Grenzen operiert, so ist auch sein Umgang mit nicht-christlichen Religionen auf der Grenze anzusiedeln zwischen einem Ernst-Nehmen der christlichen Ansprüche und dem Ernst-Nehmen der nicht-christlichen Religionen und ihren berechtigten Ansprüchen.[2]

Hier ist auch der Grund dafür zu suchen, daß Tillichs Umgang mit den nicht-christlichen Religionen auch für den heutigen interreligiösen Dialog relevant ist: Insofern Tillich in besagtem Sinn „auf der Grenze" steht, kann sein Ansatz als

---

1 Vgl. dazu seine Autobiographie „Auf der Grenze. Aus dem Lebenwerk Paul Tillichs", a.a.O., wo er seine Entwicklung an Hand von zwölf Grenzen, auf denen er operiert, kennzeichnet.

2 Wie sich unten, in Abschnitt 2, zeigen wird, löst Tillich dieses Problem auf ganz spezifische Weise: Die christlichen Absolutheitsansprüche in Jesus dem Christus werden gerade als Relativierung der Absolutheitsansprüche der christlichen Religion verstanden.

https://doi.org/10.1515/9783110547337-011

Versuch angesehen werden, einen Weg zu finden jenseits der Extreme eines Exklusivismus, bei dem nur die Ansprüche der je eigenen Religion als wahr angesehen werden, und eines Pluralismus, bei dem von vornherein feststeht, daß die Ansprüche aller (oder jedenfalls vieler) Religionen wahr sind. Sein Ansatz kann als Versuch angesehen werden, die Einseitigkeiten beider Positionen zu vermeiden und ist darum relevant.

Bei der Würdigung von Tillichs Beitrag zum interreligiösen Dialog ist zu beachten, daß er in einem intellektuellen Kontext gelebt und gedacht hat, der von unserem heutigen mitteleuropäischen Kontext abweicht. Seine Beiträge sind vor nunmehr beinahe fünfzig Jahren entstanden, also zu einer Zeit, in der eine Akzeptanz der nicht-christlichen Religionen bei weitem noch nicht so verbreitet war, wie es heutzutage jedenfalls im westlich-(mitteleuropäischen) Christentum zumeist der Fall ist. In den 60er-Jahren des vergangenen Jahrhunderts, vor der Ära der Hicks, Knitters, Smiths, etc. waren Aussagen wie die, „daß das Christentum die ihm begegnenden Religionen nicht einfach ablehnen kann"[3], mehr als nur Allgemeinplätze.

Zu beachten ist außerdem, daß Tillich im US-amerikanischen Kontext gedacht hat. Dieser Kontext unterscheidet sich und unterschied sich vor allem im hier interessierenden Zeitraum von unserem heutigen mitteleuropäischen Kontext dadurch, daß nicht-christliche Religionen im öffentlichen Bewußtsein kaum präsent waren.[4] Dieses Bewußtsein war vor allem durch das Christentum, beziehungsweise die Kritik an diesem, bestimmt. Zwar ist die amerikanische Geschichte entscheidend mitgeprägt durch das Problem eines sinnvollen Umgangs mit religiöser Diversität.[5] Doch die religiöse Diversität bezog sich auf die verschiedenen christlichen Religionen, also die aus Europa in die USA emigrierenden religiösen Minderheiten. Der Umgang mit nicht-christlichen Religionen, die eben nicht das biblische Zeugnis als Grundlage anerkennen und eben nicht in Jesus den Messias, den Christus, sehen, war in der Mitte des vergangenen Jahrhunderts keineswegs üblich.

---

3 Tillich, „Das Christentum und die Begegnung der Weltreligionen", in: GW V, 51–98 (Stuttgart 1964), 76.
4 Mit Ausnahme des Judentums.
5 Eine der Fragen, die den Verlauf der US-amerikanischen Geschichte entscheidend mitbestimmt haben, ist die nach dem Umgang mit religiösen Minderheiten. Vor allem verfassungsrechtliche Fragen, aber auch die im US-amerikanischen Geistesleben allgegenwärtige Scheidung zwischen „public" und „private", sind von der Intention geleitet, sinnvoll mit religiöser Diversität umzugehen.

Dieser Hintergrund ist zu beachten bei Tillichs Auseinandersetzung mit dem Islam: Mögen manche Aussagen sehr allgemein klingen,[6] so ist dennoch Tillichs Intention zu würdigen, konstruktiv mit dem Islam umzugehen. Wenn er christliche Bekehrungsversuche nicht nur gegenüber dem Judentum, sondern explizit auch gegenüber dem Islam[7] ablehnt, so ist dabei auch dieser andere Hintergrund zu beachten: Vor diesem Hintergrund erscheinen Aussagen, die die meisten heutigen Mitteleuropäer vielleicht als Allgemeinplätze bezeichnen würden, als spezifische Positionen im interreligiösen Dialog, die als „Offenheit" zusammengefaßt werden können.

2 „Jesus der Christus" als religionskritische Instanz: Ein Vergleich zwischen Tillichs und Karl Barths Religionskritik

Nachdem oben die grundlegende Intention von Tillichs Umgang mit den nichtchristlichen Religionen als „auf-der-Grenze-stehen" analysiert worden ist, soll nun untersucht werden, wie sich diese Intention inhaltlich auswirkt. Dabei fällt sofort auf, daß Tillich Absolutheitsansprüche vertritt, die auf die eine oder andere Weise mit traditionell-christlichen topoi verbunden werden,[8] doch diese Ansprüche auf eine nicht-traditionelle Weise umgesetzt werden: Statt diese mit der Behauptung der Überlegenheit des Christentums zu verbinden, wie es traditionellerweise zumeist der Fall ist, verwendet er diese zur Kritik des Christentums – sowie aller anderen Religionen. Kurzum, die christlichen Absolutheitsansprüche werden bei Tillich gerade zur Relativierung aller religiösen und vergleichbaren Absolutheitsansprüche verwendet.

---

6 So hält Tillich nur ganz allgemein fest, daß das Christentum in zwei Hinsichten vom Islam lernen kann: Bei der Lösung des Rassenproblems und der Klugheit im Umgang mit primitiven Völkern (vgl. dazu Tillich, Das Christentum und die Begegnung der Weltreligionen, 93, auch 97 u. ö. (bei der Bewertung des für die meisten heutigen Ohren nicht sehr schmeichelhaften Vergleichs zwischen „der mohammedanischen Religion und der kommunistischen Quasi-Religion", a.a.O., 60, sind aber die Hinsichten zu beachten, mit deren Hilfe Tillich beide vergleicht (zum Beispiel, daß beide ihre Wurzeln im alttestamentlichen Prophetismus und im späten jüdischen Legalismus hatten", ebd.)).
7 Tillich, a.a.O., 97 f.
8 In Der Geist und die Religionen. Tillichs Religionstheologie vor dem Hintergrund seiner Pneumatologie" arbeitet Reinhold Bernhardt aus, inwiefern diese Absolutheitsansprüche „geistchristologisch" weiterentwickelt werden (in: C. Danz/W. Schüßler/E. Sturm (Hrsg.), Religionstheologie und interreligiöser Dialog, in: C. Danz/W. Schüßler/E. Sturm (Hrsg.), International Yearbook for Tillich Research/Internationales Jahrbuch für die Tillich-Forschung/Annales internationales de recherches sur Tillich, Vol. 5/2009, Wien/Münster 2010, 37–60).

Diese Relativierung religiöser Ansprüche ist konzeptionell verbunden mit Tillichs Religionskritik. Er betont, daß Religion fundamental zweideutig ist: Zwar weist sie auf das hin, „was alle Bereiche transzendiert"[9]. Doch wird sie dämonisch, wenn sie „als endliche Größe diesen Anspruch für sich als Religion und ihre endlichen Formen erhebt. Ihre Funktion ist es, auf das Heilige hinzuweisen, nicht sich selbst Heiligkeit zu verleihen".[10] Obwohl Religion immer den Protest gegen die Verabsolutierung des Endlichen in sich trägt und also vergleichbar ist mit dem „protestantischen Prinzip"[11], ist sie gleichzeitig immer in der Gefahr, „dämonisch" zu werden, insofern sie das Endliche in den Status des Absoluten erhebt. Religion hat also eine negative Seite und ist deshalb der Kritik zu unterziehen.

Unter diese Religionskritik fällt bei Tillich nun auch das Christentum: Insofern das Christentum „partikulare[n] Religion...anstatt ein Kristallisationspunkt für alle positiven religiösen Elemente"[12] geworden ist, ist es zu kritisieren. Kurzum, alle Religionen sind der Kritik zu unterziehen und unter diese Kritik fällt auch das Christentum – jedenfalls, insofern es partikulare Religion geworden ist.

Tillichs Religionskritik ist dabei von der Barths zu unterscheiden: Barth kritisiert bekanntlich auch Religion, da sie keinen Heilsweg darstellt, sondern den Versuch des Menschen, „den Vogel im Fluge abzubilden". Sie ist der unmögliche Versuch des Menschen, das, was prinzipiell jenseits seiner Erkenntnismöglichkeiten liegt, in menschlichen Kategorien zu fassen. Dieser Versuch ist denn auch abzulehnen, und, wie Barth vor allem in seinen späteren Schriften deutlich macht, durch die Offenbarung zu ersetzen. Diese verschafft sich der Mensch nicht selbst, sondern diese wird ihm zuteil – durch Jesus Christus.[13]

Tillich lehnt dagegen Barths „Verwerfung der Behauptung, daß sie [die nichtchristlichen Religionen] auf Offenbarung gegründet seien"[14], deutlich ab. Zwar kann auch Tillich, wie gleich zu zeigen ist, der Christologie bei der Frage des Umgangs mit Religion eine entscheidende Funktion zuschreiben. Doch verwendet er diese in ganz anderer Weise als Barth. Die Christologie dient bei ihm nicht zur

---

9 Tillich, ST III, 127.

10 Tillich, a.a.O., 127 f.

11 Vgl. zu diesem Prinzip W. Schüßler/E. Sturm, Paul Tillich. Leben-Werk-Wirkung, a.a.O., 128 – 150, besonders Sturms Anwendung dieses Prinzips auf den Religionsbegriff (149 f).

12 Tillich, Das Christentum und die Begegnung der Weltreligionen, 92.

13 Vgl. dazu zum Beispiel Grube, Unbegründbarkeit Gottes? Paul Tillichs und Karl Barths Erkenntnistheorien im Horizont der gegenwärtigen Philosophie, a.a.O., 123 ff.

14 Vgl. Tillich, Das Christentum und die Begegnung der Weltreligionen, 73. Ob Barth an dieser Stelle nuancierter zu interpretieren ist – vor allem angesichts seiner späteren Äußerungen in der Kirchlichen Dogmatik – bleibe hier dahingestellt.

Sicherung der Legitimität bestimmter Offenbarungsansprüche, sondern zum Nachweis des Ungenügens aller religiösen und quasi-religiösen Ansprüche, das Unbedingte in bedingten, endlichen Kategorien eingefangen zu haben. Davon stellen auch die christlichen Offenbarungsansprüche keine Ausnahme dar.

Anders als Barth löst Tillich also den Zusammenhang zwischen Jesus Christus und dem Christentum – jedenfalls insoweit letzteres eine partikulare Religion darstellt. Das, was im Symbol „Jesus der Christus" ausgedrückt wird, ist nicht mit christlichen Ansprüchen identisch, auch nicht mit christlichen Offenbarungsansprüchen. Jesus der Christus ist das Symbol, „in dem sich der Grund und das Ziel alles Seienden geschichtlich offenbart hat".[15] Deshalb sind in diesem Symbol „die Kriterien gegeben, nach denen das Christentum sich selbst richten muß und, indem es sich selbst richtet, auch alle anderen Religionen und Quasi-Religionen richtet."[16]

Dieses Symbol, oder, wie Tillich auch sagen kann, „das Bild, das sich den Jüngern einprägte" hat eine befreiende Funktion: Es befreit „von der Bindung an eine partikulare Religion – die Religion, der er angehörte, verwarf ihn – und an die religiöse Sphäre als solche."[17] Das Bild von Jesus dem Christus ist also das zentrale Kriterium, an dem sich alle partikularen Religionen messen lassen müssen, und steht als solches über der „religiösen Sphäre". Insofern das Christentum partikulare Religion geworden ist, wird es auch durch dieses Bild gerichtet.

Zusammenfassend ausgedrückt: Tillich führt an zentraler Stelle des interreligiösen Dialogs das Kriterium von „Jesus dem Christus" ein. Dieses steht bei ihm im Zeichen der Religionskritik und unter diese Kritik fallen – anders als bei Barth – auch christliche Offenbarungsansprüche. Jedenfalls insofern das Christentum „partikulare Religion" geworden ist, ist es zu kritisieren.[18]

3 Tillichs Beitrag zum interreligiösen Dialog im Vergleich mit Hicks Beitrag

Im Folgenden wird die Bedeutung von Tillichs Religionskritik für den interreligiösen Dialog weiter ausgearbeitet. Dabei ist ein Vergleich mit einem der bekanntesten Pluralismutheoretiker, Hick, hilfreich. Denn auch für Hick hat der

---

15 Tillich, a.a.O., 89.
16 Tillich, a.a.O. 90.
17 Beide Zitate ebd.
18 „In dem Maße, in dem das Christentum es versäumte, das Urteil des Kreuzes gegen sich selbst anzuwenden, entwickelte es sich zu einer partikularen Religion..." (Tillich, a.a.O, 92) und steht insofern berechtigterweise in der Kritik.

Religionsbegriff entscheidende Bedeutung für den Umgang der Religionen miteinander. Doch wird sich zeigen, daß es zwar Gemeinsamkeiten zwischen Tillichs und Hicks Auffassung darüber gibt, wie der interreligiöse Dialog zu führen ist, daß dabei aber letztendlich doch gravierende inhaltliche Unterschiede zu konstatieren sind.

Zunächst zu Hick: Er unterscheidet „the Real (an sich)" von einem „Real as humanly thought-and-experienced"[19]. Letzteres stellen die Religionen dar, die „great world faiths".[20] Diese „embody different perceptions and conceptions of, and correspondingly different responses to, the Real from within the major variant ways of being human."[21] Die großen Weltreligionen stellen also Versuche dar, „the Real", den transzendenten Erkenntnisgegenstand, unter den Bedingungen der menschlichen Existenz („from within the major variant ways of being human") auf den Begriff zu bringen.

Ähnlich wie Tillich mit seinem Bild von Jesus dem Christus, das über allen Religionen steht und diese richtet, postuliert auch Hick etwas über den Religionen Stehendes, „the Real". Wie Tillich will auch Hick damit die Differenz zwischen transzendentem Erkenntnisgegenstand und den Ansprüchen der empirischen Religionen bewußt machen. Deren Ansprüche, den transzendenten Erkenntnisgegenstand jedenfalls im Prinzip „exhaustieren"[22] zu können, wird durch das Postulat einer über ihnen stehenden Instanz von vornherein der Boden unter den Füßen entzogen.

Diese Distanz zwischen transzendentem Erkenntnisgegenstand und den Ansprüchen der empirischen Religionen wird also sowohl von Hick wie auch von Tillich eingeschärft (wobei Tillich von „partikularen" statt von „empirischen" Religionen spricht). Damit erweisen sich beide als Vertreter einer Form des interreligiösen Dialogs, bei dem die Dialogpartner keine Absolutheitsansprüche geltend machen können. Das Postulat einer über den empirischen, „partikularen" Religionen stehenden Instanz hat ja die Funktion, Absolutheitsansprüche der empirischen Religionen relativieren zu können. Damit soll von vornherein verhindert werden, daß einer (oder gar alle) der beteiligten Dialogpartner für seine

---

19 John Hick, An Interpretation of Religion. Human Responses to the Transcendent, Basingstoke/New York, 1989, 240 u. ö.

20 Genauer gesagt, geht es bei Hick um die „post-axial religions" (Hick, a.a.O., 28 ff), bei denen Fragen der Erlösung und Befreiung im Vordergrund stehen.

21 Ebd.

22 Mit dem Anspruch, den transzendenten Erkenntnisgegenstand „exhaustieren" zu können, meine ich hier den Anspruch, diesen Gegenstand (jedenfalls im Prinzip) zutreffend und auch in zureichender Weise, also in Hinsicht auf seine wesentlichen Charakteristika, erfaßt zu haben und deshalb (jedenfalls im Prinzip) adäquat wiedergeben zu können.

eigene religiöse Tradition beansprucht, „die Wahrheit (in Religionsfragen) gepachtet zu haben". Die Dialogpartner im interreligiösen Dialog sind also sowohl
bei Hick wie auch bei Tillich „nicht-Habende" (in Hinsicht auf die absolute
Wahrheit in Religionsfragen) – im Gegensatz zu anderen Formen des Dialogs, bei
denen es um ein Gespräch zwischen (zumindest partiell) „Habenden" geht.

Doch obwohl beide in dieser Hinsicht eine ähnliche Konzeption des interreligiösen Dialogs vertreten, zeigt die genauere Analyse doch auch deutliche Unterschiede. Diese werden deutlich, wenn man sich die verschiedenen Begründungen vor Augen hält, mit denen beide das über den empirischen Religionen
stehende Postulat und damit die Differenz zu den Eigenansprüchen dieser Religionen begründen: Bei Hick steht hier eine an Kant entlehnte Erkenntnistheorie
im Vordergrund, die Unterscheidung zwischen im Prinzip unerkennbarem „Ding
an sich" und seinen Erscheinungen, also den menschlich-begrenzten Versuchen,
dieses auf den Begriff zu bringen: Die empirischen („post-axial") Religionen
verhalten sich zu „the Real" wie sich die Erscheinungen zum „Ding an sich"
verhalten. Sie sind menschliche Versuche, das an sich Unerkennbare auf den
Begriff zu bringen.

Der Ertrag dieser kantianisch-philosophisch begründeten Unterscheidung ist,
daß Religion als menschlicher Versuch verstanden wird, „the Real" auf den Begriff zu bringen. Als solcher, also menschlicher Versuch, kann er zwar keine
Absolutheitsansprüche für die eigene Tradition geltend machen, ist aber keineswegs illegitim: Wie es keineswegs illegitim ist, das „Ding an sich" in Form von
Erscheinungen auf den Begriff zu bringen – eine andere Möglichkeit haben wir als
begrenzte Erkenntnissubjekte ja nicht -, so ist es keineswegs illegitim, „the Real"
in Form von Religion auf den Begriff zu bringen – eine andere Möglichkeit haben
wir als auch in religiösen Fragen begrenzte Erkenntnissubjekte eben auch hier
nicht. Kurzum, der Ertrag dieser bestimmten philosophischen Begründung ist
Hicks pluralistische Religionstheorie, nach der Religion der zwar prinzipiell das
Real nicht „exhaustierende", als solcher aber keineswegs illegitime Versuch des
Menschen ist, den transzendenten Erkenntnisgegenstand auf den Begriff zu
bringen. Religionen sind einfach alternative Wege zu einem gemeinsamen Ziel.[23]

Anders dagegen Tillich: Sein Postulat einer über allen partikularen Religionen stehenden Richtinstanz ist nicht philosophisch, sondern religiös begründet.
Er geht von einem bestimmten christlichen topos aus, der Christologie, insofern
das Bild von Jesus dem Christus die Funktion besagter Instanz über allen partikularen Religionen hat. In Jesus dem Christus ist ein bestimmtes „persönliches

---

23 Dieses Ziel ist soteriologischer Art und besteht in einer Transformation von „self-centered-
ness" zu „Reality- centeredness".

Leben" deutlich geworden, ein „Leben ohne Bruch in seiner Einheit mit Gott und ohne Absolutheitsansprüche für seine eigene Partikularität. Das Partikulare in ihm ist gültig, sofern er es dem Universalen opferte."[24] Aus bestimmten christologischen Einsichten heraus, der Selbstrelativierung partikularer Absolutheitsansprüche in der Person von Jesus dem Christus, entwickelt Tillich hier also ein Kriterium, das über das Christentum hinausgehende Geltungsansprüche anmelden kann.

Der Ertrag dieser spezifisch theologischen Begründung ist, daß Religion bei Tillich wesentlich kritischer in den Blick kommt als bei Hick.[25] Zumindest im Kontext des interreligiösen Dialogs ist Religion zu kritisieren: Als partikulare Religion[26] stellt sie den Gegenbegriff zu dem dar, was durch das Symbol von Jesus dem Christus ausgesagt wird. Als solche ist sie prinzipiell zu verurteilen.

Anders dagegen bei Hick: Religion ist nicht prinzipiell zu verurteilen, sondern, wie oben gezeigt, der menschliche Versuch, das „Real", also das Unbedingte, zu erfassen. Zwar gelingt das nicht – das ist eben der Grund, warum wir Pluralisten in Religionsfragen sein müssen. Doch ist der Versuch als solcher keineswegs illegitim, also nicht prinzipiell zu verurteilen.

Dadurch ergeben sich letztendlich doch unterschiedliche Ausgangspositionen für den interreligiösen Dialog. Wenn wir die obige Unterscheidung zwischen Haben und nicht-Haben im Religionsgespräch weiterführen, kommen wir zu folgender Unterscheidung: Bei Tillich geht es um ein prinzipielles nicht-Haben. Dieses stellt die Ausgangsposition für das Führen des Dialogs dar. Keine Religion kann für sich beanspruchen, die Wahrheit zu haben. Diese liegt prinzipiell jenseits von Religion, eben in dem, was das Symbol von Jesus dem Christus darstellt.[27] Der Dialog zwischen den religiösen Traditionen ist deshalb ein Dialog zwischen Bettlern, zwischen Traditionen, die mit leeren Händen dastehen. Es ist

---

24 Tillich, Das Christentum und die Begegnung der Weltreligionen, 90.

25 Zwar ist Religion bei Tillich ansich zweideutig, insofern sie die eigentliche Offenbarung und deren Verzerrung enthält (vgl. Tillich, ST III, 127). Doch im hier interessierenden Kontext, also der Verwendung des Religionsbegriffs im interreligiösen Dialog, betont Tillich vor allem den zweiten, negativen Aspekt an Religion, wenn er Religion *im Gegenüber* zu Jesus Christus determiniert (s. dazu oben, Abschnitt 2). Deshalb ist die Behauptung zutreffend, daß Tillich Religion in diesem Zusammenhang vor allem kritisch in den Blick nimmt.

26 Tillich kann bisweilen das Adjektiv „partikular" weglassen und nur von „Religion" sprechen, aber dasselbe meinen. Um diesen negativen Religionsbegriff vom neutralen Begriff „Religion" zu unterscheiden, verwendet er in diesen Fällen Anführungszeichen, oder spricht von „Religion (im engeren Sinn)" (zum Beispiel in Tillich, Das Christentum und die Begegnung der Weltreligionen, 94).

27 Deshalb ergibt sich aus religiöser Perspektive auch die Notwendigkeit, Kritik von Seiten anderer Religionen ernst zu nehmen und in Selbstkritik zu verwandeln (vgl. Tillich, ebd.).

ein Dialog zwischen Traditionen, die prinzipiell nichts besitzen, die prinzipiell nicht im Besitz der absoluten Wahrheit (in religiösen Fragen) sind.

Anders bei Hick: Zwar sind auch bei ihm die Dialogpartner in gewissem Sinn nicht-Habende – keine Religion kann für sich beanspruchen, die absolute Wahrheit gepachtet zu haben. Doch ist dieses nicht-Haben anders als bei Tillich kein prinzipielles. Die Dialogpartner im interreligiösen Dialog sind bei Hick keine Bettler. Obwohl sie nicht alles, also die ganze Wahrheit, besitzen, besitzen sie doch etwas. Sie stehen bei Hick also nicht mit leeren Händen da.[28]

4 Abschließende Bewertung von Tillichs Beitrag zum interreligiösen Dialog

Tillichs Beitrag zum interreligiösen Dialog erweist sich somit als Weg, der einerseits die Einseitigkeiten eines Exklusivismus vermeidet, ohne sich dabei aber andererseits mit den Problemen eines Pluralismus zu beladen. Er vermeidet also die Einseitigkeiten Barths (in Tillichs Weise interpretiert, also exklusivistisch), ohne sich damit in die Schwierigkeiten zu begeben, denen Hicks pluralistischer Ansatz ausgesetzt ist.

Dürften die Einseitigkeiten eines Exklusivismus für den interreligiösen Dialog unmittelbar deutlich sein, bedarf das Urteil, daß Hicks Pluralismus Schwierigkeiten aufweist, der Begründung. Da ich diese anderenorts ausführlich gegeben habe, begnüge ich mich hier mit einer Zusammenfassung: Kurz gesagt steht Hicks Ansatz vor unüberwindlichen erkenntnistheoretischen Problemen. Er trägt in den interreligiösen Dialog diejenigen Probleme ein, die aus der philosophischen Diskussion um die Unterscheidung von „Ding an sich" und Erscheinungen bekannt sind und diese Unterscheidung als hochproblematisch erscheinen lassen: Denn wenn das „Real" tatsächlich unerkennbar ist, kann nichts Sinnvolles darüber ausgesagt werden, zum Beispiel nicht, daß bestimmte (zum Beispiel „post axial") Religionen sich zu diesem verhalten wie die Erscheinungen zum „Ding an sich" – ebensogut könnten sie nichts mit dem „Real" zu tun haben. Ebensowenig kann ausgesagt werden, daß sich die persönliche und die unpersönliche Kon-

---

28 Vgl. dazu auch das von Hick immer wieder beanspruchte Gleichnis von den fünf Blinden, die einen Elefanten anrühren: Jeder behauptet von dem Stück des Elefanten, das er anrührt, das dieses den Elefanten darstelle, wie er ist. Obwohl ihre Behauptung, den Elefanten „exhaustierend" beschrieben zu haben, zurückzuweisen ist, ist doch jeder der fünf im Besitz von Teilwahrheiten über den Elefanten. Sie sind also nicht „Bettler" im obigen Sinn, sondern besitzen Teilwahrheiten. Übertragen auf Religion: Anders als bei Tillich besitzt der religiöse Mensch bei Hick also Teilwahrheiten über Religion, steht nicht prinzipiell mit leeren Händen dar.

zeption des „Real" komplementär zueinander verhalten und so zur Vervollstän-
digung des „Real" beitragen.[29] Daß sich Religionen komplementär zueinander
verhalten, kann Hick nur sinnvollerweise aussagen, weil er ein gewisses Maß an
Vorwissen vom „Real" voraussetzt. Dieses ist aber unmöglich, da das „Real"
aufgrund von Hicks Voraussetzungen prinzipiell unerkennbar ist.[30] Hicks Ansatz
sieht sich also unüberwindlichen Schwierigkeiten gegenüber.

Tillichs Ansatz kann derartige Probleme vermeiden, da er nicht von der Unterscheidung zwischen „Ding an sich" und Erscheinungen ausgeht. Stattdessen
geht er von einem bestimmten Verständnis der Christologie aus, von Jesus dem
Christus als demjenigen Symbol, in dem partikulare Absolutheitsansprüche relativiert werden. Diese Konzeption weitet er im Verlauf seiner Argumentation so
aus, daß sie die christlichen wie auch alle anderen partikularen religiösen Ansprüche übersteigt. Durch den christologischen Ausgangspunkt der Argumentation entfällt die Notwendigkeit, ein Vorwissen über den transzendenten Erkenntnisgegenstand postulieren zu müssen, der prinzipiell nicht vorhanden sein
kann, wenn dieser denn wirklich transzendent ist (Hicks Problem).

Zudem steht die Wahl von Tillichs Einsatz innerhalb einer bestimmten religiösen Tradition, eben der christlichen, im Zeichen einer Tendenz, die gegenwärtig sowohl in der Philosophie[31] wie auch der Theologie[32] zu beobachten ist:
Der Ausgangspunkt der Argumentation wird nicht mehr in (angeblich) traditi-
onsübergreifenden, universal-gültigen Postulaten gesucht, sondern innerhalb
einer bestimmten Tradition, von der aus dann versucht wird, sich zu traditions-
übergreifenden Ansprüchen vorzuarbeiten. Dieser Einsatz bei einer konkreten
Tradition ist meines Erachtens sowohl in theologischer wie auch philosophischer
Hinsicht erfolgversprechender als der Einsatz bei (angeblich) universalen Postulaten. Insofern Tillich diesen Einsatz teilt, Hick mit seinem Postulat eines über

---

29 Vgl. Hick, Religion, 245.

30 Vgl. dazu die ausführlichere Kritik in Grube (Die irreduzible Vielheit religiöser Ansprüche und
die Einheit der Wahrheit, in: C. Danz/F. Hermanni (Hrsg.), Wahrheitsansprüche der Weltreligionen, Neukirchen 2006, 41–66, 45 ff). Vgl. neuerdings auch die ganz ähnliche Kritik von Heleen
Maat, Religious Diversity, Intelligibility and Truth, Utrecht: Boekencentrum Academic, 2009
(Dissertation), 24 ff.

31 Ein philosophisches Beispiel dafür ist Hilary Putnams „internal realism" (vgl. dazu ders.,
Reason, Truth and History, Cambridge/New York/Port Chester et al., 1991, 49 ff), der innerhalb
eines bestimmten Theoriesystems einsetzt und von dort aus versucht, sich zu universalen Postulaten wie dem der Objektivität vorzuarbeiten.

32 Ein theologisches Beispiel dafür ist Christoph Schwöbels expliziter Einsatz in der christlichen
Tradition, von der aus der interreligiöse Dialog zu führen ist (vgl. dazu Schwöbel, Christlicher
Glaube im Pluralismus, Tübingen 2003, 133 ff, 179 ff, 217 ff u. ö.).

allen Traditionen anzusiedelnden „Real" aber gerade nicht, bietet Tillichs Ansatz auch in dieser Hinsicht Vorteile.

Allerdings zeigen sich genau an diesem Punkt aber auch offene Fragen bei Tillich: Der Übergang vom Symbol von Jesus dem Christus als aus einer bestimmten religiösen Tradition erwachsener zu einer über allen religiösen Traditionen stehenden Richtinstanz wird bei Tillich nur in sehr allgemeiner Form begründet.[33] Zwar hat bei Tillich das Symbol von Jesus dem Christus im interreligiösen Dialog durchaus konstruktive Funktionen, da es die Ansprüche der empirischen Religionen relativiert, das Unbedingte exhaustiert zu haben. Der interreligiöse Dialog erhält damit von vornherein eine andere Gestalt als bei Positionen, bei denen diese Ansprüche nicht relativiert werden.

Doch bei dieser spezifischen Funktionszuschreibung zu diesem Symbol stellen sich Erkenntnis- und Begründungsfragen ein, die genauerer Erörterung bedürfen. Dazu gehört zum Beispiel folgende Frage: Warum soll ausgerechnet dieses Symbol dazu geeignet sein, die Ansprüche der empirischen Religionen zu relativieren? Aus christlicher Perspektive mag das zwar naheliegen. Doch wenn das auch für nicht-christliche Perspektiven gültig sein soll – und nur wenn es das ist, kann es ja seine traditionsübergreifende Richtfunktion wirklich wahrnehmen – müßte das genauer begründet werden und müßte auch weniger stark auf Spezifika der christlichen Binnenperspektive rekurrieren.[34]

---

33 Wie oben gezeigt, als „Leben ohne Bruch in seiner Einheit mit Gott und ohne Absolutheitsansprüche für seine eigene Partikularität. Das Partikulare in ihm ist gültig, sofern er es dem Universalen opferte".
34 Vgl. dazu auch Aufsatz Nr. IX in diesem Band.

IX Die christologische Relativierung absoluter Geltungsansprüche. Zu Paul Tillichs Auseinandersetzung mit den nicht-christlichen Religionen und der Unterscheidung zwischen Exklusivismus, Inklusivismus und Pluralismus

Tillich hat sich mit der Frage nach den nicht-christlichen Religionen erst relativ spät in systematischer Weise beschäftigt. Das ist insofern verständlich, als sein Hauptaugenmerk der Auseinandersetzung mit der säkularen Kultur gilt. In den Schriften, die das Christentum in Auseinandersetzung mit der säkularen Kultur entfalten, finden sich zwar auch Hinweise, die es erlauben, Rückschlüsse auf Tillichs Stellung zu den nicht-christlichen Religionen zu ziehen. Dazu gehören zum Beispiel seine Äußerungen zur Letztgültigkeit der Offenbarung in Jesus dem Christus. Doch wird hier die Frage nach den nicht-christlichen Religionen nur indirekt thematisiert. Direkt hat sich Tillich mit den nicht-christlichen Religionen dagegen erst seit Ende der 50er Jahre des letzten Jahrhunderts beschäftigt, vor allem im Gefolge seiner Japan-Reise.[1]

Dieser Sachlage trage ich im Folgenden dadurch Rechnung, daß ich zunächst eine Schrift analysiere, in der Tillich sich direkt mit der Frage nach den nicht-christlichen Religionen beschäftigt, die Vorlesungsreihe „Das Christentum und die Begegnung der Weltreligionen"[2]. Da diese eine der ausführlichsten und systematisch reflektiertesten Auseinandersetzungen Tillichs zur Sache darstellt, analysiere ich diese relativ ausführlich in den Abschnitten 1 und 2. In Abschnitt 3 gehe ich dann auf einige Äußerungen Tillichs ein, die indirekt zur Frage des christlichen Umgangs mit den nicht-christlichen Religionen Stellung nehmen, eben seine Äußerungen zur Letztgültigkeit der Offenbarung in Jesus dem Christus in der ST I und der frühen Marburger Dogmatik. In Abschnitt 4 untersuche ich, wie sich die so eruierte Tillich-Interpretation einordnen läßt in das aus dem interreligiösen Diskurs bekannte Ordnungsschema Exklusivismus, Inklusvismus, Plu-

---

1 Diese Reise fand im Frühsommer 1960 statt und dabei hat er vor allem den Shintoismus und den Buddhismus kennengelernt. Allerdings hatte er sich schon vorher, in seinen Matchette Lectures, gehalten 1958 an der Wesleyan University in Middletown, mit der Begegnung der Weltreligionen im Zusammenhang der Entfaltung seines Protestantischen Prinzips auseinander gesetzt (vgl. dazu „The Protestant Principle and the Encounter of the World Religions", in: T. Thomas (Hrsg.), The Encounter of Religions and Quasi-Religions/Paul Tillich" (in: Toronto Studies in Theology, Bd. 37), Lewiston/Queenston/Lampeter, 1–56).

2 GW V, 51–98 (im Folgenden wird darauf im Text verwiesen als „Vorlesungsreihe").

https://doi.org/10.1515/9783110547337-012

ralismus. Dabei kritisiere ich dieses Schema und werde seine zumindest partielle Ersetzung durch ein anderes Schema vorschlagen. In Abschnitt 5 ordne ich Tillich in das auf diese Weise modifizierte Schema ein.

1

Die Vorlesungsreihe „Das Christentum und die Begegnung der Weltreligionen", eignet sich insofern als Grundlage zur Behandlung des fraglichen Sachverhalts, als sie ein Raster ergibt, in das auch andere Äußerungen Tillichs zur Sache in sinnvoller Weise eingezeichnet werden können. Auf diese Weise wird eine kohärente Gesamtinterpretation von Tillichs Stellungnahmen zur christlichen Interpretation nicht-christlicher Religionen möglich. Diese kann zwar in Folgenden nicht en detail vorgetragen werden, wird aber wenigstens angedeutet.

Die Vorlesungsreihe „Das Christentum und die Begegnung der Weltreligionen" wurde ursprünglich als „Bampton Lectures" an der Columbia University in New York gehalten. Sie datiert vom Herbst 1961, ist also nach Tillichs Japan–Reise verfaßt. Hier geht er explizit auf die Frage nach dem Dialog mit anderen Religionen, insbesondere dem Buddhismus, ein.

Gleich zu Beginn seiner Vorlesungsreihe hält Tillich fest, daß er das Thema „Begegnung der Weltreligionen" dezidiert vom Standpunkt des Christentums aus behandeln will.[3] Das Genre, mit dem wir hier zu tun haben, ist also nicht das aus dem interreligiösen Dialog bekannte Genre, wo aus einer über allen Religionen stehenden Perspektive diese ins Verhältnis zueinander gesetzt werden. Sondern hier wird aus einer bestimmten religiösen Perspektive, eben der christlichen, Stellung genommen zu anderen Religionen. Dieser Sachverhalt wird uns unten noch weiter beschäftigen.

Tillich hält dabei fest, daß es so etwas wie eine „natürliche Selbstbehauptung im Bereich der Erkenntnis" gibt: Jede Gruppe, die sich im Besitz der Wahrheit glaubt, verwirft andere Wahrheitsansprüche, die dazu im Widerspruch stehen. Selbst der Skeptiker widerspricht demjenigen, der an der Skepsis zweifelt. Daraus folgt aber, daß es nur natürlich ist, wenn der Christ seine Grundthese verteidigt, daß Jesus der Christus ist, und alles ablehnt, was dieser These widerspricht.[4] Hier wird also festgehalten, daß es prinzipiell legitim ist, als Christ die Grundthese des Christentums zu verteidigen und religiöse Lehren zu verwerfen, die diese These

---

3 Vgl. Tillich, a.a.O., 51, auch 64.
4 Vgl. Tillich, a.a.O., 64f.

verneinen. Seinen Ausgangspunkt in der christlichen Perspektive zu nehmen und von daher zu argumentieren, ist also keineswegs grundsätzlich unberechtigt.

Das eigentliche Problem ist also nicht die Frage nach der grundsätzlichen Berechtigung, entgegengestellte religiöse Lehren zu verneinen, sondern die Frage, wie das geschieht. Dabei ist zwischen drei verschiedenen Vorgehensweisen zu unterscheiden: Entweder kann die andere Religion ganz verworfen werden. Oder es können bestimmte Lehren, beziehungsweise allgemeiner, bestimmte Elemente der anderen Religion verworfen, andere Elemente dagegen akzeptiert werden. Die dritte Möglichkeit ist die einer „dialektische(n) Einheit von wechselseitiger Ablehnung und Anerkennung"[5]. Obwohl die zweite Vorgehensweise toleranter ist als die erste, verwirft Tillich doch alle beide. Zum Umgang mit anderen Religionen eigne sich keine der beiden Vorgehensweisen. Allein die dritte sei dafür geeignet.

Bei der Begründung der Ablehnung der ersten und zweiten Vorgehensweise macht Tillich einen aufschlußreichen Vergleich: Er hält fest, daß die erste und die zweite Vorgehensweise es unmöglich machen, Kunstwerke und philosophische Systeme zu beurteilen. In diesem Sinn seien sie auch ungeeignet, die „komplexe Realität einer Religion zu beurteilen"[6]. Dafür sei eben nur die dritte, dialektische Vorgehensweise geeignet. Diese impliziere eine „dialektische Einheit von Annahme und Ablehnung mit der Spannung, der Ungewißheit und den Schwankungen, die in einer solchen enthalten sind."[7]

Der hier verwendete Dialektikbegriff und auch der Vergleich zwischen einerseits, dem Umgang mit anderen Religionen und, andererseits, dem Umgang mit Kunstwerken und philosophischen Systemen wird von Tillich im weiteren Verlauf der Argumentation nicht weiter explizit behandelt. Implizit nimmt er den Ertrag dieses Vergleichs in seiner weiteren Argumentation in Anspruch, zum Beispiel bei seiner Konzeptionierung des christlich-buddhistischen Dialogs[8] und dort, wo er darauf insistiert, das Urteilen über andere Religionen auszustellen. Allerdings ist seine explizite Reflektion dieses Vergleichs hier relativ dürftig. Denn dieser enthält sicher mehr und in hermeneutischer Hinsicht interessantere Implikationen, als psychologische Kategorien wie „Spannung, Ungewißheit und Schwankungen".

Wenn ich hier kurz meine eigenen Erfahrungen im Umgang mit anderen philosophischen Systemen einbringen darf: Als sozusagen „auf der Grenze" zwischen anglo-amerikanischer und kontinentaler Philosophie stehend fällt mir

---

5 Tillich, a.a.O., 65.
6 Ebd.
7 Ebd.
8 Vgl. Tillich, a.a.O.,76 ff.

oftmals die Provinzialität[9] der Urteile auf, die aus der Perspektive des einen philosophischen Systems über das andere gefällt werden. Oft werden einfach die Voraussetzungen des eigenen Denksystems dem anderen Denksystem übergestülpt und von diesen Voraussetzungen aus wird dann geurteilt. Doch wird ein derartiges Vorgehen der Tatsache nicht gerecht, daß das andere philosophische System eben auf ganz anderen Grundvoraussetzungen beruht.

Aus dieser Beobachtung ergeben sich bestimmte hermeneutische Prinzipien, zum Beispiel, daß das Beurteilen von im jeweils anderen philosophischen System beheimateten Denkfiguren äußerst sensibel zu erfolgen hat und daß diese immer nur als in einen bestimmten Kontext eingebettete zu beurteilen sind, wenn die Urteile nicht hoffnungslos oberflächlich sein wollen. Außerdem wird dadurch das Bewußtsein dafür geschärft, daß auch das eigene Denken nicht voraussetzungslos ist, sondern in einen bestimmten Kontext eingebettet ist. Dieses geschärfte Bewußtsein erhöht wiederum die Bereitschaft zur Selbstkritik. Diese Selbstkritik beinhaltet dabei nicht notwendigerweise eine Ablehnung des eigenen philosophischen Standpunktes. Doch ist die durch das Feuer der Selbstkritik gegangene Akzeptanz des eigenen Standpunktes eine andere als eine, die unreflektiert erfolgt.

An dieser Stelle wäre noch viel mehr zu sagen. Ich breche jedoch diese Diskussion hier ab, um auf deren Anwendung auf die Theologie und damit auf Tillich zurückzukommen. Mein Punkt ist, daß im Gefolge von Tillichs obigem Vergleich zu überlegen ist, ob nicht auch der Dialog mit anderen Religionen in der eben beschriebenen Weise zu führen ist. Ist der interreligiöse Dialog nicht mit dem Dialog zwischen anglo-amerikanischer und kontinentaler Philosophie zu vergleichen und sollten deshalb nicht auch die angedeuteten hermeneutischen Prinzipien zur Anwendung kommen? Damit würde sich ein Abgrenzungskriterium zwischen dem interreligiösen Dialog, der auf die oben angedeutete Weise zu führen ist, und anderen Formen der Auseinandersetzung mit anderen Religionen ergeben.[10]

Der Punkt an meiner Tillich-Kritik ist dabei nicht, daß er das Gespräch mit den anderen Religionen nicht sensibel führen oder die anderen Prinzipien vernachlässigen würde. Bei seinem faktischen Umgang mit anderen Religionen be-

---

9 Der Begriff „Provinzialität" und dessen kritische Verwendung stammen von Tillich (vgl. Christian and Non-Christian Revelation, The Protestant Principle and the Encounter of the World Religions, a.a.O., 59 ff).

10 Ein solches Abgrenzungskriterium wäre zum Beispiel sehr hilfreich in der niederländischen Diskussion zur Sache. Auf diese Weise wäre es möglich, den wirklichen interreligiösen Dialog, bei dem Kriterien wie die oben angegebenen leitend sind, abzugrenzen von anderen, oftmals sehr polemischen Formen der Auseinandersetzung mit (anderen) Religion(en).

herzigt er diese Prinzipien weitgehend.[11] Doch ich kritisiere, daß er dieses faktische Vorgehen hier nicht weiter theroetisch reflektiert, obwohl sein Vergleich zwischen dem Umgang mit anderen Religionen und philosophischen Systemen beziehungsweise Kunstwerken sowie der dabei verwendete Dialektikbegriff dazu geradezu einladen.

2

Tillich hält bei seiner Beschreibung des Verhältnisses des Christentums zu den nicht-christlichen Religionen fest, daß Bekehrungsversuche im klassischen Sinn unmöglich sind. Dabei führt er zunächst das Judentum als Beispiel an: Hier ist Bekehrung unangebracht. Stattdessen geht es um einen Gedankenaustausch, in dem „beide Partner des Dialogs verwandelt"[12] werden. Danach führt er auch den Islam als möglichen Dialogpartner auf. Auch hier sind Bekehrungsversuche unangebracht. Stattdessen sollte versucht werden, Menschen islamischen Glaubens „in ihrer wachsenden Unsicherheit angesichts des Säkularismus entgegenzukommen; dann können wir ihnen vielleicht zu einer Selbstkritik verhelfen, die unserer eigenen, aus der gleichen Situation geborenen, analog wäre".[13]

Auch der Gedanke einer Verschmelzung der verschiedenen Religionen ist ebenso abzulehnen wie der einer Herrschaft einer bestimmten Religion oder des Endes der religiösen Ära überhaupt. Der Gedanke, daß das Christentum letztendlich mit den anderen Hochreligionen verschmelzen würde ist also ebenso abzulehnen wie der, daß es sich letztendlich als siegreich erweisen würde oder, daß es seinem Ende entgegen geht.[14]

Allerdings hält das Christentum beim Umgang mit anderen Religionen immer an einem Kriterium fest, dem, wie Tillich es hier nennt, „Bild" von Jesus als dem Christus. Dieses Bild stellt das definitive Kriterium dar, an dem sich alles Fremde messen lassen muß. In der hier zur Diskussion stehenden Vorlesungsreihe konkretisiert Tillich dieses Bild als „Symbol(s), in dem sich der Grund und das Ziel

---

11 Vgl. dazu exemplarisch seine Beschreibung eines Dialogs mit einem jüdischen Freund über den Messiasbegriff (vgl. Tillich, The Protestant Principle and the Encounter of the World Religions, 29).

12 Tillich, Das Christentum und die Begegnung der Weltreligionen, 97.

13 Ebd.

14 Solange das Christentum „die Kraft hat, seine Partikularität zu durchbrechen", wird es auch „Träger der religiösen Antwort bleiben", denn: „Das religiöse Prinzip kann nicht aufhören" (alle Zitate a.a.O., 98).

alles Seienden geschichtlich offenbart hat."[15] Als solches ist es also nicht identisch mit einem bestimmten christlichen Bild, sondern transzendiert das Christentum, jedenfalls in seiner empirischen Gestalt. Es fungiert als übergeordnetes
Kriterium, an dem sich auch das empirische Christentum messen lassen muß.[16]

Dieser alle konkreten Religionen transzendierende Charakter ist nun entscheidend für die weitere Verwendung dieses Bildes, da dadurch seine Funktion
als Bewertungskriterium empirischer Religion gesichert wird. In dieser Vorlesungsreihe begründet Tillich die auch aus anderen Zusammenhängen bekannte
Transzendierung des partikular Empirischen in diesem Bild von Jesus dem
Christus folgendermaßen: Es geht um

> ein persönliches Leben…, ein Leben ohne Bruch in seiner Einheit mit Gott und ohne Ab-
> solutheitsanspruch für seine eigene Partikularität. Das Partikulare in ihm ist gültig, sofern er
> es dem Universalen in ihm opferte. Das befreit sein Bild von der Bindung an eine partikulare
> Religion – die Religion, der er angehörte, verwarf ihn – und an die religiöse Sphäre als
> solche. Das Prinzip der Liebe in ihm umfaßt alles Seiende, den religiösen wie den säkularen
> Bereich. In diesem Bild, das zugleich partikular und frei von Partikularität, zugleich religiös
> und frei von Religion ist, sind die Kriterien gegeben, nach denen das Christentum sich selbst
> richten muß und, indem es sich selbst richtet, auch alle anderen Religionen und Quasi-
> Religionen richtet.[17]

Aus dem biblischen Bild von Jesus, der sich in enger Beziehung zu Gott stehend
sieht, wird hier also ein Prinzip entwickelt, das „Prinzip der Liebe in ihm". Dieses
Prinzip umfaßt alles Seiende, unter anderem auch die religiöse Sphäre. Es transzendiert also die Religion, auch die christliche. Der Argumentationsgang hat
mithin folgende Struktur: Aus einer bestimmten religiösen Perspektive heraus, der
biblisch-christlichen, wird ein Prinzip[18] entwickelt, das diese Perspektive übersteigt. Es übersteigt insofern alle perspektivisch generierten Ansprüche, als es
universale Gültigkeit besitzt.

In diesem Sinn als Prinzip verstanden, fungiert das Bild von Jesus als Christus
auch als kritische Instanz gegenüber dem Christentum selbst. Dieses ist insofern
zu kritisieren, als es versäumte, „das Urteil des Kreuzes gegen sich selbst anzuwenden". Dadurch „entwickelte es sich zu einer partikularen Religion, anstatt ein

---

15 Tillich, a.a.O., 89.
16 Vgl. ebd.
17 Tillich, a.a.O., 90.
18 Der Begriff des Prinzips ist in diesem Zusammenhang nicht mit Assoziationen zu versehen wie
der, etwas sei „nur" ein Prinzip, mithin unnötig abstrakt oder ähnliches. Sondern am Begriff des
Prinzips ist hier seine Funktion im Argumentationsgang entscheidend: Eine Einsicht ist zwar
binnenperspektivisch generiert, insofern sie aber ein Prinzip darstellt, legitimiert sie perspektivenübergreifende, also universale Ansprüche (s. dazu unten, Abschnitt 3).

Kristallisationspunkt für alle positiven religiösen Elemente zu bleiben und diese wie sich selbst den Kriterien des zentralen Ereignisses zu unterwerfen".[19] Die Leitdifferenz an dieser Argumentation ist die zwischen „partikularer Religion" und „Kristallisationspunkt": Das Christentum ist zu verurteilen, insofern es partikulare, empirische Religion geworden ist, statt alle empirischen Verwirklichungsformen von Religion übersteigender Kristallisationspunkt zu sein. Letzterer stellt das Prinzip dar, das alle bedingten, perspektivischen Ansprüche übersteigt und diese, also zum Beispiel die christlichen, beurteilen kann.

Das Christentum ist also zu kritisieren, insofern es Religion geworden ist. Im Rahmen der Betonung der Notwendigkeit des Zulassens von Selbstkritik hält Tillich denn auch fest: „Wenn das Christentum mehr sein will als eine Religion, dann muß es gegen alles in sich ankämpfen, wodurch es eine Religion wird".[20] Bei derartigen Aussagen ist ein Normbegriff des Christlichen vorausgesetzt, der sich vom Begriff „Christentum" im Sinne einer empirischen Religion unterscheidet: Dieser Normbegriff stellt das Ideal des Christlichen dar und ist als solcher nicht identisch mit dem vorfindlichen, empirischen Christentum. Um dieses Ideal zu erreichen, muß das vorfindliche Christentum alles abstreifen, wodurch es auf die Stufe der Religion zurückgeworfen wird. Will es mehr sein als lediglich eine Religion unter anderen, muß es den Normbegriff anstreben.

In derselben Weise fungiert hier auch Tillichs aus anderen Zusammenhängen bekannter Rekurs auf das mystische Element und die damit implizierte Kategorie der Unmittelbarkeit: Die unmittelbare Teilhabe am göttlichen Urgrund transzendiert alle religiösen Erscheinungsformen.[21] Religion als empirische Erscheinungsform wird also durch etwas transzendiert, was ihr zugrunde liegt, eben den „göttlichen Urgrund"[22]. Hier wird ein jenseits aller empirischen Religion anzusiedelnder Urgrund postuliert, der funktional dem obigen Normbegriff des Christlichen entspricht: Auch er übersteigt die empirischen Religionen, mithin also auch das vorfindliche Christentum, und ist als solcher in der Lage, diese zu kritisieren. Sowohl das Postulat besagten Urgrunds wie auch der besagte Normbegriff stellen für Tillich die Bedingung der Möglichkeit seiner Religionskritik dar.[23]

---

19 Tillich, a.a.O., 92.
20 Tillich, a.a.O., 94. Insofern ist die Bibel auch ein anti-religiöses Buch, da sie „für Gott gegen die Religion" (ebd.) kämpft.
21 Tillich, a.a.O., 95.
22 Ebd.
23 An dieser Stelle sei auch noch auf die Analogie zu Tillichs „Protestantischem Prinzip" hingewiesen: Dieses beruht darauf, etwas über den jeweils zur Diskussion stehenden Verwirklichungsformen (zum Beispiel den empirischen Protestantismus, eine bestimmte Offenbarung (s.

Der Ausgangspunkt von Tillichs Argumentation ist also die christliche Binnenperspektive. Er geht von einer bestimmten Interpretation Jesu aus, nach der dieser ein Leben ohne Bruch mit Gott geführt hat, was verbunden wird mit der Unterscheidung zwischen absolut und partikular: Das Partikulare in ihm wird dem Universalen geopfert. Dieses Universalitätspostulat ermöglicht es, die christliche Binnenperspektive zu übersteigen: Hier ergibt sich ein Prinzip, das perspektivenübergreifende, also universale Gültigkeit beanspruchen kann. Als solches, also perspektivenübergreifend, kann es zur Kritik binnenperspektivischer Ansprüche verwendet werden, also als Kriterium zur Beurteilung von Ansprüchen, wie sie in den empirischen Religionen gemacht werden.

Diese Argumentationsstruktur kann kurz so zusammengefaßt werden: Ein binnenperspektivisch generierter Anspruch, ein bestimmtes Verständnis von Jesus dem Christus, wird so ausgebaut, daß er als perspektivenübergreifender Maßstab verwendet werden kann, der zur kritischen Beurteilung perspektivisch generierter religiöser Ansprüche verwendet werden kann, wozu zum Beispiel die Ansprüche seiner eigenen christlichen Entstehungsperspektive zählen.

3

In das Raster, das die obige Analyse von Tillichs direkter Auseinandersetzung mit den nicht-christlichen Religionen in der analysierten Vorlesungsreihe ergeben hat, sollen nun seine indirekten Äußerungen zur Sache eingetragen werden. Dabei wird sich zeigen, daß letztere gut in das sich aus seinen direkten Äußerungen ergebende Raster passen, so daß sich eine kohärente Gesamtinterpretation abzeichnet. Beispielhaft für Tillichs indirekte Auseinandersetzung stehen in Folgenden seine Äußerungen zur Letztgültigkeit der christlichen Offenbarung, wie er sie in der Marburger Dogmatik und der ST I gemacht hat.

Schon in seiner Marburger Dogmatik von 1925 hatte Tillich mit dem Hinweis auf den Begriff der vollkommenen Offenbarung festgehalten, daß die Idee, es

---

dazu unten, Abschnitt 3), etc.) zu postulieren, was nicht mit diesen identisch ist und diese deshalb kritisch beurteilen kann. Wie Sturm herausgearbeitet hat, kann auch dieses Prinzip religionskritisch verwendet werden (vgl. dazu W. Schüßler/E. Sturm, Paul Tillich. Leben-Werk-Wirkung, a.a.O., 128–150, 149f).

Des weiteren kann hier auch noch auf den kurz vor Tillichs Tod verfaßten Konferenzbeitrag „Die Bedeutung der Religionsgeschichte für den Systematischen Theologen" verwiesen werden. Hier ist es der Begriff der „Religion des konkreten Geistes", der als telos der Religionsgeschichte das Kriterium abgibt, an dem sich die empirischen Erscheinungsformen von Religion messen lassen müssen (vgl. EW IV, 144–157, 150).

könnte zwei vollkommene Offenbarungen geben, selbstwidersprüchlich ist. Von der einen vollkommenen Offenbarung abweichende Offenbarungen sind notwendigerweise immer nur als Analoga zur vollkommenen Offenbarung zu verstehen.[24] Dabei wird in diesem Zusammenhang auf die Stärke der implizierten Symbole hingewiesen: „Das stärkste Symbol...ist dasjenige, in dem das Nein über sich selbst stärksten Ausdruck gefunden hat und demgemäß die größte sieghafte Kraft über die an sich selbst gebundene Religion hat".[25] Dieses muß das Christentum für sich beanspruchen, es ist „in seinem Heilsweg zur Menschheitsreligion bestimmt"[26].

Schon in der Dogmatik von 1925 findet sich also die Religionskritik, die wir bei der obigen Analyse von Tillichs sehr viel späterer Vorlesungsreihe herausgearbeitet haben: Die an sich selbst gebundene Religion wird in ihren Ansprüchen relativiert. Und schon hier erfolgt diese Relativierung von Religion nicht aus einem prinzipiellem Skeptizismus gegenüber allen transzendenten Ansprüchen oder ähnlichem, sondern im Namen des, wie Tillich es hier ausdrückt, „Symbols", das sich selbst verneint und sich gerade dadurch als sieghaft erweist. Insofern sich dieses im Christentum findet, ist letzteres zur Menschheitsreligion bestimmt.

In der ST I von 1951 wird diese Argumentationsstruktur dann weiter ausgearbeitet. Zunächst weist Tillich explizit darauf hin, daß „(v)om Standpunkt des theologischen Zirkels aus...die aktuelle Offenbarung notwendig letztgültige Offenbarung"[27] ist. Vom Standpunkt des christlichen Zirkels aus muß also notwendigerweise die Offenbarung in Jesus dem Christus die letztgültige Offenbarung sein. Wo „dieser Anspruch fehlt, hört das Christentum auf zu existieren"[28].

Doch die letztgültige Offenbarung in Jesus dem Christus wird im Sinn der obigen Verneinung expliziert. Die Letztgültigkeit von Offenbarung wird hier gebunden an die Macht, „sich selbst zu verneinen, ohne sich selbst zu verlieren."[29] Das Kriterium für die Letztgültigkeit von Offenbarungen ist also strukturell äquivalent zu dem, was in der Marburger Dogmatik als „Nein über sich selbst" angedeutet und in der obigen Vorlesungsreihe als „Prinzip der Liebe in ihm"

---

24 Vgl. Tillich. Dogmatik, a.a.O., 73 f.

25 Tillich, a.a.O., 74.

26 Ebd.

27 Tillich, ST I, 158. Dabei hatte er schon zuvor deutlich gemacht, daß das Verstehen „geistiger Dinge" immer zirkulär erfolgt (vgl. Tillich, ST I, 16 f). Zirkularität ist also nicht negativ zu bewerten, sondern ist in bestimmten Zusammenhängen schlichtweg unvermeidbar. Es sei noch kurz bemerkt, daß das eben auch die Legitimation dafür darstellt, daß Tillich sich ab hier, also ab Seite 158 der ST I, „direkt und dogmatisch" (ebd.) der christlichen Verkündigung zuwenden kann.

28 Tillich, ST I, 159.

29 Ebd.

bezeichnet worden war: Die Verneinung, besser, Relativierung aller empirischen Ansprüche auf Letztgültigkeit oder absolute Geltung, ohne sich dabei selbst zu verlieren.

Genau dieses geschieht in Jesus dem Christus. Er ist das „Medium der Offenbarung, das seine eigenen endlichen Bedingungen überwindet, indem es sie und sich selbst mit ihnen opfert".[30] Insofern erweist er sich als der „Träger der letztgültigen Offenbarung".[31] Jesus wurde der Christus, „weil er die dämonischen Mächte besiegte, die ihn selbst dämonisch machen wollten. Sie führten ihn in Versuchung, für sein endliches Sein Unbedingtheit zu beanspruchen".[32] Derjenige, der mit dem „Grunde des Seins und Sinns ohne Entfremdung und ohne Entstellung verbunden"[33] war, widerstand jedoch der Versuchung, für sein endliches Sein Unbedingtheit zu beanspruchen. Darum ist die Offenbarung in ihm die letztgültige. Und aus diesem Grund kann sie legitimerweise als die „entscheidende, erfüllende, unüberholbare Offenbarung", als „Kriterium aller anderen Offenbarungen"[34] bezeichnet werden.

Hier ergibt sich eine grundlegende Argumentationsstruktur, die sowohl Tillichs direkte wie auch seine indirekte Auseinandersetzung mit den nicht-christlichen Religionen kennzeichnet. Diese Struktur, die sich im Prinzip durchzieht von der Dogmatik von 1925 über den ersten Band der Systematischen Theologie von 1951 bis hin zur genannten Vorlesungsreihe von 1961 ist folgende: Zunächst hält Tillich fest, daß wir gar keine andere Wahl haben als die Ausgangspunkte für unsere Argumentationen aus unserem jeweiligen theologischen Zirkel, aus unserer jeweiligen theologischen Binnenperspektive heraus, zu formulieren. Damit soll die Illusion genommen werden, es gäbe einen zirkelfreien, also neutralen Boden. Diesen gibt es bei der Führung des Gesprächs mit anderen Religionen ebensowenig wie beim „Verständnis geistiger Dinge" (s. dazu oben) überhaupt. Der Ausgangspunkt zur Führung des interreligiösen Dialogs ist also immer in einer bestimmten religiösen Binnenperspektive zu suchen, niemals in einem neutralen Standpunkt, einer Perspektive jenseits aller religiösen Perspektiven. Der Christ hat eben seinen Ausgangspunkt in der christlichen Binnenperspektive,

---

30 Ebd.
31 Tillich, ST I, 159 f.
32 Tillich, ST I, 160. Im Folgenden werden als Beispiel für diese Mächte seine Jünger genannt, die ihn überreden wollten, dem Selbstopfer auszuweichen.
33 Ebd.
34 Tillich, ST I, 159.

was bedeutet, daß er die Offenbarung in Jesus dem Christus als letztgültig aner-
kennt.[35]

Doch bleibt es bei Tillich nicht bei dieser Beschränkung auf die christliche
Binnenperspektive. Diese Beschränkung wird überboten, daraufhin transparent
gemacht, daß sie perspektivenübergreifende Geltungsansprüche impliziert. Dazu
werden Kriterien aufgeboten, die jedenfalls im Prinzip perspektivenübergreifende
Ansprüche stellen können: Daß etwas oder jemand, das oder der legitimerweise
den Anspruch erheben können soll, letztgültige Offenbarung zu sein, seine eigenen endlichen Bedingungen überwinden muß, „indem es [oder er] sie und sich
selbst mit ihnen opfert" (s. oben), ist eine mehr oder weniger allgemeine Aussage.
Jedenfalls ist die Zustimmung zu dieser Aussage nicht notwendigerweise an die
christliche Binnenperspektive gebunden. Insofern Jesus der Christus dieses getan
hat und der Versuchung widerstanden hat, „für sein endliches Sein Unbedingtheit
zu beanspruchen" (s. oben), kommt allein er als Medium der letztgültigen Offenbarung in Frage. Die Zustimmung zu dieser Aussage mag von bestimmten
historischen Einsichten abhängig sein (über den „historischen Jesus"), ist als
solche jedoch nicht an die christliche Binnenperspektive gebunden.

An dieser Stelle geht Tillich also über die christliche Binnenperspektive
hinaus. Obwohl seine Argumentation ihren Ausgangspunkt innerhalb der
christlichen Binnenperspektive nimmt und er dieses mit dem Bild des theologischen Zirkels auch explizit betont, endet seine Argumentation jedoch nicht in der
christlichen Binnenperspektive. Bildhaft gesprochen: Tillich beginnt innerhalb
der Mauern der christlichen Binnenperspektive, arbeitet sich aber im Verlauf der
Argumentation über diese Mauern hinaus. Daß in Jesus dem Christus, im oben
explizierten Sinn verstanden, Geltungsansprüche impliziert sind, die über die
christliche Binnenperspektive hinausreichen, kann im Prinzip auch derjenige
einsehen, der nicht dem Christentum angehört. In gegenwärtiger epistemologischer Nomenklatur zusammengefaßt: Binnenperspektivisch generierte Geltungsansprüche werden bei Tillich so gestaltet, daß sie über ihre Entstehungsperspektive hinausreichende, also perspektivenübergreifende Geltung
beanspruchen können.

Als kurze abschließende Bewertung möchte ich noch bemerken, daß diese
Argumentationsstruktur nicht so fremdartig ist, wie sie auf den ersten Blick
vielleicht scheinen mag. Sie ist durchaus mit der Struktur mancher der gegenwärtigen philosophischen Argumentationen vergleichbar. Zum Beispiel weist
Hilary Putnams „internal realism" die gleiche Argumentationsstruktur auf. Auch

---

35 Wie oben gezeigt (s. oben, Abschnitt 1), betont Tillich in der genannten Vorlesungsreihe das
prinzipielle Recht, seine je eigene religiöse Grundthese zu verteidigen.

hier werden mit dem Hinweis darauf, daß wir nicht anders können, als unsere Ausgangspunkte in unserer je eigenen Perspektive zu suchen, Ansprüche generiert, die im Verlauf der Argumentation perspektivenübersteigende Geltung erhalten. Auf diese Weise wird ein „dritter Weg" geebnet, der die Extreme eines (philosophischen) Absolutismus und eines (philosophischen) Relativismus vermeidet, der also die Illusion eines von allen Perspektiven unabhängigen, „absoluten" Ausganspunktes vermeidet, ohne dabei in einen alles relativierenden Subjektivismus oder Perspektivismus zu verfallen.[36] Die Struktur von Tillichs Argumentation ist also mit der Struktur von derartigen (meiner Ansicht nach unter heutigen Denkbedindungen vielverspechenden) Argumentationen vergleichbar und insofern durchaus ernst zu nehmen.

4

Wie ist die eruierte Argumentationsstruktur, die grundlegend ist für Tillichs Auseinandersetzung mit den nicht-christlichen Religionen, nun in die heutige Diskussion um den interreligiösen Dialog einzuordnen? Das heutzutage zumeist verwendete Einteilungsschema ist die Unterscheidung zwischen Exklusivismus, Inklusivismus und Pluralismus. Wie paßt Tillich in dieses Schema?

Zur Beantwortung dieser Frage wende ich mich zunächst Schüßlers Tillich-Interpretation zu. Schüßler lehnt die bisweilen vertretene Bezeichnung von Tillich als Pluralist ab. Stattdessen ordnet er Tillich einer inklusivistischen Position zu, wobei dieser Inklusivismus aber nicht vereinnahmend ist.[37] Doch meldet Schüßler bei dieser Zuordnung Tillichs gleichzeitig Bedenken gegenüber der gängigen Dreiteilung Exklusivismus, Inklusivimus und Pluralismus an.

Ich teile diese Bedenken und möchte diese Unterscheidung hier grundsätzlich der Kritik unterziehen. Meine These ist, daß diese Unterscheidung nicht

---

36 Ich denke dabei zum Beispiel an Putnams Kontrast zwischen dem von ihm favorisierten „internal realism" und einem „metaphysical realism". Trotz der eingestandenen Beschränkungen des „internal realist" Ausgangspunktes hält Putnam an perspektivenübergreifenden Geltungsansprüchen fest, zum Beispiel dort, wo er eine bestimmte Form von Objektivität betont, eine „objectivity for us" (vgl. Hilary Putnam, Reason, Truth and History, a.a.O., 49 ff, speziell 55) .
37 Werner Schüßler, Paul Tillich, 150 – 162, 150 f. Ähnlich schon in ders., Das Kopernikanische Prinzip und die Theologie der Religionen, in: ders. (Hrsg.), Was uns unbedingt angeht. Studien zur Theologie und Philosophie Paul Tillichs (in: W. Schüßler/E. Sturm (Hrsg.), Tillich-Studien, Bd. 1, Münster ²2004, 87 – 106. Bei dieser Gelegenheit möchte ich dem Kollegen Schüßler auch noch für eine frühere Diskussion zur Sache danken.

universal verwendbar ist, daß es also bestimmte Verwendungskontexte gibt, in denen sie nicht besonders hilfreich ist.

Meine These ist also nicht, daß diese Unterscheidung prinzipiell sinnlos ist. So ist sie zum Beispiel oftmals als grobe Erstorientierung nützlich. Des weiteren gibt es auch bestimmte Verwendungs- oder Diskurskontexte, in denen sie nicht nur als Erstorientierung nützlich ist, sondern auch weitergehende Funktionen hat. Das sind unter anderem Kontexte, in denen die Frage zentral ist, welche Position ein Autor vertritt, unabhängig von der Frage, aus welchen Gründen er diese vertritt (also zum Beispiel Kontexte, in denen es um politische Fragen geht). Doch gibt es andere Kontexte, in denen sie nicht sehr hilfreich ist, wozu auch der Kontext der Tillich-Interpretation gehört. In diesen Kontexten ist das allerwichtigste nicht die Frage, zu welcher Position ein Autor im interreligiösen Dialog schließlich gelangt, sondern, wie er argumentiert, also welchen Ausgangspunkt er für seine Argumentation wählt – die Frage, zu welchem Zielpunkt er gelangt, wird dann erst danach relevant.

Diesen Gedanken möchte ich an Hand einer Unterscheidung von Bernhardt weiterführen. Dieser hält fest, daß es einen großen Unterschied macht, ob

> der Einsatz bei einer religionsphilosophischen Metatheorie der Religionsbeziehungen erfolgt oder bei den binnentheologischen Versuchen, die zentralen Offenbarungsquellen und Traditionen anderer Religionen im Lichte der eigenen Wahrheitsgewißheit zu deuten, ob also zunächst eine traditionsübergreifende Rahmentheorie entwickelt wird – als Matrix für die aus den jeweiligen Traditionen abgeleiteten Beziehungsbestimmungen – oder ob zuerst Brückenköpfe der je eigenen Tradition ausgewiesen werden, um von hier aus dann ggf. religionsphilosophische Metatheorien anzuvisieren. [38]

Was Bernhardt hier als „Einsatz bei einer religionsphilosophischen Metatheorie der Religionsbeziehungen" bezeichnet, möchte ich für unsere Zwecke der Einfachheit halber als „Ausgangspunkt in der religionsphilosophischen Außenperspektive" bezeichnen, womit eine Außenperspektive auf religiöse Ansprüche wie zum Beispiel die in der christlichen Theologie üblichen gemeint ist. Was Bernhardt als „Einsatz bei binnentheologischen Versuchen, die zentralen Offenbarungsquellen und Traditionen anderer Religionen im Lichte der eigenen Wahrheitsgewißheit zu deuten" bezeichnet, bezeichne ich in Folgenden als „Ausgangspunkt in der theologischen (oder der christlichen) Binnenperspektive".

---

38 Reinhold Bernhardt, Protestantische Religionstheologie auf trinitätstheologischem Grund, in: C. Danz/U. H. J. Körtner (Hrsg.), Theologie der Religionen. Positionen und Perspektiven evangelischer Theologie, Neukirchen 2005, 107–120, 113.

Eine derartige Unterscheidung zwischen Ausgangspunkt in der Binnen- und Außenperspektive ist insofern sinnvoll, als sie es erlaubt, die verschiedenen Argumente sinnvoll voneinander abzugrenzen. So fallen bei dieser Unterscheidung viele gegenwärtige pluralistische Religionstheorien auf die Seite der Außenperspektive, Tillich dagegen, wie gleich zu zeigen sein wird, auf die Seite der Binnenperspektive. Eine derartige Unterscheidung ist insofern sinnvoll, als pluralistische Religionstheoretiker andere Argumente als Tillich und vergleichbare Autoren verwenden.

In meiner Interpretation kommt Hick diesen Religionstheoretikern, die ihren Ausgangspunkt in einer religionsphilosophischen Außenperspektive nehmen, zumindest nahe. Für Hick ist es ein zentrales Anliegen, einen Heilsexklusivismus zu vermeiden, den er vor allem in der Inkarnationschristologie präsent sieht. Dieses Anliegen, das er als pluralistische Option vertritt, steuert großenteils seine Argumente. Dagegen haben die binnenchristologischen Argumente, zum Beispiel seine Betonung des historischen Jesus als normative Grundlage der christologischen Theoriebildung, nur untergeordnete Funktion.[39]

---

39 Vgl. dagegen aber zum Beispiel Danz, der bei Hick vor allem Motive wirksam sieht, die auf der theologischen Binnenperspektive anzusiedeln sind (vgl. Christian Danz, Einführung in die Theologie der Religionen (in: Lehr- und Studienbücher zur Theologie, Bd. 1), Wien 2005, 208). Hicks Reformulierung der Inkarnationschristologie als „Mythos" schreibt Danz konstruktive Funktionen zu, indem er sie in einer Art praktischer Wahrheit gipfeln sieht (Danz, a.a.O., 210).

Ich bin skeptischer gegenüber Hicks Verwendung des Mythosbegriffs an dieser Stelle. Wenn er dessen Funktion betont, eine bestimmte Einstellung hervorzurufen („invites a particular attitude in its hearers", John Hick, Jesus and the World Religions, in: J. Hick (Hrsg.), The Myth of God Incarnate, London [2]1993, 167–185, 178) und den expressiven Charakter des Inkarnationsgedankens gegenüber dessen indikativem Charakter ausspielt (seine Funktion sei „not to express a metaphysical fact but to express a valuation and evoke an attitude", ebd.), dann trivialisiert er gerade diesen Gedanken. Wie in der einschlägigen anglo-amerikanischen Diskussion um die Frage nach der Funktion ethischer, religiöser und ähnlicher Äußerungen diese weitgehend trivialisiert werden, indem ihre evokative gegenüber ihren deskriptiven Funktionen ausgespielt werden (die Betonung evokativer Funktionen ist in der klassischen anglo-amerikanischen Philosophie eine Art „Notlösung", mit deren Hilfe man diesen Äußerungen überhaupt noch eine Funktion zuschreiben kann, die von ihrem epistemischen Wert aber deutlich unterhalb deskriptiver Funktionszuschreibungen anzusiedeln ist), so trivialisiert auch Hick hier den Inkarnationsgedanken, indem er dessen evokative Funktionen gegenüber seinen kognitiven Funktionen ausspielt und ihn als „Mythos" bezeichnet. Deshalb messe ich Hicks Funktionszuschreibungen zum Inkarnationsgedanken nicht allzu viel Wert zu. Sie stellen eher eine Art „Notlösung" im obigen Sinn dar, eine euphemistische Umschreibung der Tatsache, daß dieser Gedanke eigentlich kaum noch irgendwelche Funktionen hat. Hick geht es eben nicht so sehr darum, Theolegoumena wie den Inkarnationsbegriff sinnvoll zu rekonstruieren, sondern vor allem darum, dessen in seinen Augen „schädliche" Konsequenzen zu neutralisieren. Deshalb

Doch ob Hick nun zu diesen außenperspektivischen Religionstheoretikern zu rechnen ist oder nicht: In jedem Fall werden bei Positionen, die ihren Ausgangspunkt in der Außenperspektive nehmen, die Argumente anders gewichtet als bei Positionen, die ihren Ausgangspunkt in der Binnenperspektive nehmen. So machen für außenperspektivische Positionen zum Beispiel christologische Argumente keinen großen Unterschied, da sie zu einer bestimmten Binnenperspektive gehören, die im Zweifelsfall durch außenperspektivische Argumente außer Kraft gesetzt werden kann. Eine christlich-binnenperspektivische Position schreibt christologischen oder vergleichbaren Argumenten dagegen entscheidende Relevanz zu.

Diesen Unterschieden in der Argumentation, also dem, was als gutes Argument zählt, trägt die obige Unterscheidung Rechnung, während die klassische Dreiteilung mit ihrem alleinigen Fokus auf dem Endpunkt der Argumentation das nicht kann. So macht es zum Beispiel in vielen Diskurszusammenhängen wenig Sinn, einen Autoren, der aus binnenchristlichen Überlegungen heraus einen Pluralismus vertritt, mit einem Autoren, der aus ordnungspolitischen oder anderen außenperspektivischen Gesichtspunkten heraus einen Pluralismus vertritt, in einen Topf zu werfen. Für letzteren stellt die Frage, ob das Christentum oder eine andere Religion pluralistische Ressourcen besitzt oder nicht, kein durchschlagendes Argument dar. Stattdessen argumentiert er, daß, auch wenn das Christentum keine pluralistischen Ressourcen besitzen sollte, wir trotzdem gezwungen sind, aus anderen Gesichtspunkten heraus einen Pluralismus einzufordern und diese anderen Gesichtspunkte „overrulen" die christlichen. Zu diesen können zum Beispiel die Notwendigkeit eines friedlichen Zusammenlebens zählen, die einen Pluralismus, beziehungsweise zumindest ein hinreichendes Maß an Toleranz zwischen den Religionen, erfordern.

Umgekehrt kann diejenige, die einen Pluralismus aus binnentheologischen, zum Beispiel christlichen Gesichtspunkten heraus vertritt, ordnungspolitischen oder anderen ethischen Gesichtspunkten immer nur untergeordnete Relevanz zusprechen. Würde sie also überzeugt werden, daß ihr Pluralismus auf Annahmen beruht, die mit der Logik des Christentums nicht kompatibel sind, wird sie jedenfalls prima facie dazu tendieren, ihren Pluralismus aufzugeben. Kurzum, diejenige, die ihren Ausgangspunkt in der Binnenperspektive nimmt, schreibt anderen Arten von Argumenten durchschlagende Geltung zu als derjenige, der

---

sehe ich Hick vor allem von im obigen Sinn des Wortes außenperspektivischen Anliegen getrieben.

seinen Ausgangspunkt in der Außenperspektive nimmt. Dem trägt die hier vor-geschlagene Unterscheidung Rechnung.

Zwei abschließende Bemerkungen noch zu dieser Unterscheidung: Zum einen soll damit nicht gesagt sein, daß die Frage, wie die Religionen letztendlich zu-einander ins Verhältnis gesetzt werden, irrelevant ist. Es ist selbstverständlich nicht irrelevant, ob man glaubt, in allen Religionen finde sich Wahrheit oder nur in der eigenen. Doch ist der Punkt an der hier vorgeschlagenen Unterscheidung, daß diese Frage nicht alle anderen Unterschiede, zum Beispiel den, ob aus binnen- oder außenperspektivischen Überlegungen heraus argumentiert wird, überlagern darf. Bei der hier vertretenen Unterscheidung wird zunächst einmal gefragt, ob der Autor seinen Ausgangspunkt in der theologischen Binnen- oder Außenperspektive nimmt, um danach zu fragen, wie er sich von seiner jeweiligen Ausgangsperspektive aus zu den anderen Religionen verhält. Nach dem also festgestellt ist, daß ein Autor seinen Ausgangspunkt zum Beispiel in der Bin-nenperspektive nimmt, sind innerhalb dieses Ausganspunktes weitere Unter-scheidungen zu machen – und dasselbe gilt für die Außenperspektive. Unten (s. Abschnitt 5) zeige ich an Hand der Tillich-Analyse, wie das bei der hier vorge-schlagenen Unterscheidung implizierte Verfahren beispielhaft aussieht.

Zum anderen möchte ich noch anmerken, daß mit dieser Unterscheidung zwischen Ausgangspunkt in der Außen- und in der Binnenperspektive keine Wertungen zu verbinden sind. Es ist also nicht so, daß die eine Perspektive grundsätzlich der anderen vorzuziehen ist. Stattdessen scheint es mir in unseren heutigen mitteleuropäischen Gesellschaften von zentraler Bedeutung zu sein, beide gleichzeitig im Auge zu behalten. So ist es zum Beispiel in den Niederlan-den, also einer Gesellschaft, die weitgehend säkularisiert ist, unerläßlich, auch die religionsphilosophische Außenperspektive zu berücksichtigen. So dürfte ich als Religionsphilosoph an einer staatlichen, also nicht-kirchlichen Universität, gar nicht die christliche Binnenperspektive einnehmen, wenn ich etwas über nicht-christliche Religionen sagen will. Gleichzeitig fühle ich mich als Christ aber natürlich dazu verpflichtet, die christliche Binnenperspektive einzunehmen und zum Beispiel anzunehmen, daß sich Gott auf unüberbietbare Weise in Jesus Christus offenbart hat. Das Problem ist also, daß ich als Christ etwas annehmen muß, was ich als staatlicher Religionsphilosoph nicht annehmen darf. Ver-gleichbare Erfahrungen machen heutzutage sicher viele von uns.

Um das Problem in Barthscher Terminologie auszudrücken: Dieses beides, das Müssen und doch nicht-Dürfen, gilt es Ernst zu nehmen und damit Gott die Ehre zu erweisen. Etwas sachlicher ausgedrückt: Die Zuordnung beider Per-spektiven, der binnenchristlichen und der religionsphilosophisch-außenper-spektivischen, ist eine zentrale Aufgabe der heutigen Zeit. Wir müssen eine Zu-ordnungslogik beider Perspektiven entwickeln, die es erlaubt, sowohl an unseren

theologischen Ansprüchen festhalten zu können, als auch, die dringenden ordnungspolitischen und ethischen Probleme, die uns gerade in Mitteleuropa ins
Haus stehen, zu lösen.

Im Rahmen dieser Erörterungen kann ich eine derartige Zuordnungslogik
nicht entwerfen. Ich möchte hier darum nur einen kleinen Hinweis geben, wie an
dieser Stelle weiter gedacht werden könnte. Dabei nehme ich eine Anregung von
Schüßler auf, der vorschlägt, zwischen theologischer und religionsphilosophischer Ebene zu unterscheiden: Auf der theologischen Ebene sei ein inklusivisti-
scher Absolutheitsanspruch gerechtfertigt, auf religionsphilosophischer Ebene
sei dieser im Sinne einer methodischen Epoché einzuklammern.[40]

In der Tat muß bei der Entwicklung einer derartigen Zuordnungslogik zwischen verschiedenen Diskurszusammenhängen oder Frageebenen unterschieden
werden. So mag es in bestimmten Diskurszusammenhängen durchaus gerechtfertigt sein, auf christlichen Absolutheitsansprüchen zu insistieren. Davon zu
unterscheiden sind aber Diskurszusammenhänge, in denen das nicht angebracht
ist. Das können zum Beispiel religionsphilosophische, aber auch bestimmte
ethische, gesellschaftspolitische und ähnliche Diskurse sein. Bei diesen Diskursen kann es sinnvoll sein, daß übergeordnete Gesichtspunkte religiöse Absolutheitsansprüche außer Kraft setzen.[41] Es muß also zunächst eine sinnvolle Unterscheidung und Klassifizierung der jeweiligen Diskurszusammenhänge
entwickelt werden.

Dabei ist noch zu beachten, daß ein Auseinanderfallen der Diskurszusammenhänge unbedingt zu vermeiden ist. Sie können nicht vollkommen voneinander isoliert bleiben, wenn wir denn nicht schizophren werden wollen. Denn es
bin ja immer noch ich als Christ, der die Religionen auf religonsphilosophisch-
neutrale Weise zuordnet. Und ich muß ja auf die eine oder andere Weise mein
Religionsphilosoph-Sein mit meinem Christ-Sein zusammenbringen. Es gilt also,
einerseits eine sinnvolle Unterscheidung der Diskurszusammenhänge zu entwickeln, die aber andererseits ein vollständiges Auseinanderfallen der verschiedenen Diskurse vermeidet.[42]

---

40 Vgl. Schüßler, Das Kopernikanische Prinzip, 104.
41 In den Niederlanden (aber nicht nur dort) entstehen regelmäßig Konflikte über Ansprüche vor
allem radikaler Moslimgruppierungen. Ohne jetzt auf Details der Diskussionen eingehen zu
können, sei hier nur allgemein festgehalten, daß es in einem Kontext wie dem niederländischen
durchaus sinnvoll sein kann, derartige Ansprüche, wie berechtigt sie aus einer bestimmten religiösen Binnenperspektive heraus auch sein mögen, durch übergeordnete Gesichtspunkte außer
Kraft zu setzen.
42 Diese Aufgabe ist analog zu der, der Tillich bei seiner Konzeptionierung der Korrelationsmethode gegenüberstand: Einerseits wollte er die Unabhängigkeit von philosophischer Frage und

5

Gemäß der obigen Unterscheidung zwischen theologischer Binnen- und religionsphilosophischer Außenperspektive kann kein Zweifel darüber bestehen, wo Tillich zu lokalisieren ist: Sein Ausgangspunkt ist die theologische, des näheren die christliche Binnenperspektive. Dieser Ausgangspunkt erlaubt es ihm, die oben genannten Letztgültigkeits- oder Unüberbietbarkeitsansprüche zu machen. Das ist der Grund, warum er die Einzigkeit der christlichen Offenbarung, deren Letztgültigkeit in Jesus Christus und ähnliches postulieren kann. Zuzustimmen ist also allen Tillich-Interpretationen, die diesen Sachverhalt dadurch auf den Begriff bringen, daß sie Tillich einen Inklusivismus zuschreiben. Tillichs Ausgangspunkt ist eindeutig christlich binnenperspektivisch und keinesfalls etwa pluralistisch-außenperspektivisch.

Doch oben war schon angedeutet worden, daß die Unterscheidung Binnen/Außenperspektive nur eine erste Unterscheidung ist, die weiter zu verfeinern ist. Es ist also zwischen verschiedenen Arten von binnenperspektivischen und verschiedenen Arten von außenperspektivischen Positionen zu unterscheiden. Das zeige ich in Folgenden exemplarisch an der Binnenperspektive.

So ist es zum Beispiel sinnvoll, zwischen Positionen zu unterscheiden, die auf der Binnenperspektive bleiben und solchen, die ihren binnenperspektivischen Ausgangspunkt noch einmal nach außen hin „öffnen". Damit verbunden ist die Frage nach der Reichweite der jeweils intendierten Geltungsansprüche. Die Geltungsansprüche von Positionen, die ihren Ausgangspunkt in einer bestimmten Binnenperspektive nehmen und innerhalb des binnenperspektivischen Ausgangspunktes bleiben, sind im Prinzip auf die je eigene religiöse Perspektive beschränkt. Die Argumente sind also im Prinzip nur innerhalb der jeweiligen christlichen, islamischen, buddhistischen oder ähnlichen Perspektive gültig, aber nicht außerhalb derselben. So sind zum Beispiel christologische Argumente im Normalfall nur innerhalb der christlichen Binnenperspektive zwingend, nicht aber für die islamische oder buddhistische Perspektive.

Davon zu unterscheiden sind Positionen, die zwar auch ihren Ausgangspunkt in einer religiösen Binnenperspektive nehmen, diese aber noch einmal für andere Perspektiven „öffnen". Diese Positionen sind wegen ihres dezidiert binnenperspektivischen Ausgangspunktes zu unterscheiden von pluralistischen Positionen wie der Hicks (in der hier vertretenen Interpretation, s. oben, Abschnitt 4): Ihr

---

theologischer Antwort sicherstellen, anderseits deren Auseinanderfallen verhindern (s. zu dieser Methode zum Beispiel Grube, Kontextinvariante Wahrheit in geschichtlicher Vermittlung = Aufsatz VI in diesem Band.).

Ausgangspunkt liegt nicht in einer Position jenseits aller religiösen Binnenperspektiven, also nicht in einer religionsphilosophisch-neutralen Außenperspektive, sondern in einer bestimmten religiösen Binnenperspektive. Doch bleiben ihre Geltungsansprüche nicht auf diese beschränkt, sondern sie versuchen, diese auch für andere Perspektiven plausibel zu machen. Bildhaft ausgedrückt: Sie sprechen eine „Einladung" an die Mitglieder anderer religiöser (und auch säkularer) Perspektiven aus, um bestimmte Elemente ihrer Perspektive zu übernehmen. Insofern sind sie von den oben genannten Positionen zu unterscheiden, die ihren Ausgangspunkt auch innerhalb einer bestimmten Binnenperspektive nehmen, deren Geltungsansprüche aber gerade nicht noch einmal nach außen hin öffnen. Diese sprechen eben keine „Einladung" an Außenstehende aus.

Innerhalb dieser Unterscheidung ist wiederum deutlich, wo Tillich zu positionieren ist: Obwohl sein Ausgangspunkt der christlichen Binnenperspektive entstammt, spricht er auch eine „Einladung" an Außenstehende aus. Wie oben gezeigt (s. Abschnitt 3), „öffnet" er die christliche Binnenperspektive noch einmal nach außen. Das ergibt sich aus der obigen Analyse seiner Verwendung der Christologie: Er konzipiert diese so, daß ihre Geltungsansprüche gerade nicht auf die christliche Binnenperspektive beschränkt bleiben. So ist zum Beispiel die Einsicht, daß die Macht, „sich selbst zu verneinen, ohne sich selbst zu verlieren" (s. oben), mit weiterreichenden Offenbarungsansprüchen zu verbinden ist als eine Macht (oder Institution), die dieses nicht tut, nicht notwendigerweise an die christliche Binnenperspektive gebunden. Das kann zum Beispiel auch für den Buddhisten einsichtig sein. Oder, daß etwas oder jemand, das oder der seine eigenen endlichen Bedingungen überwindet, „indem [es] er sie und sich selbst mit ihnen opfert",[43] zumindest potentiell einen höheren Grad an Allgemeinverbindlichkeit hat als jemand, der dieses nicht tut, kann jedenfalls im Prinzip auch derjenigen einleuchten, die keine Christin ist. Und daß in diesem, der genau das getan hat, eine besondere Offenbarung stattgefunden hat, ist ebensowenig notwendigerweise an die christliche Binnenperspektive gebunden.

An dieser Stelle müßte natürlich Tillichs Begriffsverwendung genauer untersucht werden. So müßten die in diesem Zusammenhang zentralen Begriffe wie „Absolutheit" und der Gegensatz von „Partikularität" und „Universalität" und deren Identifikation mit dem Bild von Jesus als dem Christus (s. dazu oben, Abschnitt 2) genauer analysiert werden. Gegebenenfalls müßten diese Begriffe eindeutiger definiert werden um auszuschließen, daß hier Scheingegensätze aufgebaut werden, die zu Scheinplausibilitäten führen.

---

43 Tillich, ST I,159.

Und in Hinsicht auf das Oberthema dieses Bandes sei noch angefügt, daß Tillichs Argumente nur sehr umsichtig in den faktisch geführten interreligiösen Dialog eingespeist werden sollten. Das liegt daran, daß sie bei allem Bemühen, die christliche Binnenperspektive noch einmal nach außen hin zu öffnen, doch an bestimmte philosophische und weltanschauliche Voraussetzungen gebunden bleiben, die nicht notwendigerweise geteilt werden müssen. Das gilt selbst für seine Forderung, daß empirische Größen wie die empirischen Religionen niemals Absolutheit für sich selbst beanspruchen sollten und daß die Frage, inwieweit sie diese Forderung beherzigen, zum Wertmaßstab von Religion dienen kann (vgl. dazu oben, seine Religionskritik in Abschnitt 2). So einleuchtend wie diese Forderung auch in unserem Kulturkreis sein mag, so sehr steht es doch dem Kritiker aus einem anderen Kulturkreis offen, zu behaupten, daß sie auf bestimmten philosophischen Voraussetzungen (einem Hegelianismus im weitesten Sinn des Wortes) beruhen, der für ihn zu spekulativ ist. Oder der Kritiker kann behaupten, daß sich die Betonung der Bedeutung der Verneinung absoluter Geltungsansprüche einem „typisch westlichen, aufklärerisch angekränkelten Relativismus in religiösen Fragen" verdankt.

Mit diesen Bemerkungen soll der Wert von Tillichs Äußerungen zum interreligiösen Dialog nicht in Frage gestellt werden. Seine Religionskritik, die Betonung der Verneinung absoluter Geltungsansprüche für empirische Größen, stellt einen Durchbruch in der Theologiegeschichte dar, der sich zur Weiterarbeit zweifellos hervorragend eignet. Nur soll mit diesen Bemerkungen zur Vorsicht gemahnt werden gegenüber einer nicht hinreichend reflektierten Übertragung von Tillichs Äußerungen in den heutigen interreligiösen Dialog.[44] Sein Beitrag

---

44 Dasselbe gilt meines Erachtens auch für andere gegenwärtige Diskurszusammenhänge: So besteht zum Beispiel Tillichs konstruktiver Beitrag zur Anthropologie nicht darin, daß er umstandslos in heutige Diskurse zur Sache übersetzt werden kann, sondern, daß er diesen sozusagen „einen Spiegel vorhält". So sehe ich die Bedeutung seiner Betonung einer existentialistischen Anthropologie, also daß der Mensch ein Wesen sei, das auf das Stellen bestimmter Grundfragen angelegt ist (wie er es bei der Ausarbeitung der Frageseite seiner Korrelationsmethode behauptet, vgl. Tillich, ST I, 73 ff), nicht darin, daß diese Anthropologie umstandslos in heutige, eher empirisch ausgerichtete anthropologische Diskurse eingespeist werden kann. Sondern die Bedeutung von Tillichs Anthropologie liegt darin, daß sie diesen empirischen Diskursen ihre Defizienz vor Augen führt, sie sehen läßt, daß sie höchstens bestimmte Teilaspekte des Mensch-Seins thematisieren, aber nicht den Menschen als Ganzen. In diesem indirekten Sinn, also als Defizienz-Indikator bestehender Diskurse, ist Tillichs Anthropologie auch heutzutage relevant (vgl. dazu auch meine Bemerkungen in: Paul Tillich: een theologische grensganger, in: J. Wissink (Hrsg.), Toptheologen. Hoofdfiguren uit de theologie van vandaag, Tielt 2006, 134–161, 150).

sollte umsichtig, gegebenenfalls nicht direkt, sondern indirekt, in diesen Diskurs eingespeist werden.

So könnte zum Beispiel gefragt werden, ob der spekulative Charakter von Tillichs Betonung der Verneinung absoluter Geltungsansprüche nicht dadurch minimiert werden kann, daß diese Betonung in heutige wissenschaftstheoretische Diskurszusammenhänge eingebettet wird. Hier könnte man an den verbreiteten topos einer Relativierung absoluter Geltungsansprüche bei gleichzeitiger Vermeidung eines Relativismus denken. Konkret würden sich dafür die Diskussionen um die Frage von Geltungsbeschränkungen bei gleichzeitiger Wahrung von Wahrheitsgewißheit anbieten.[45]

Auf diese Weise könnte man möglicherweise zu einem sozusagen wissenschaftstheoretisch-neutralen Kriterium zur Religionsbewertung kommen: Eine Religion, die die Ressourcen besitzt, um ihre Absolutheitsansprüche so zu beschränken, wie absolute Geltungsansprüche in Teilen der heutigen wissenschaftstheoretischen Diskussion beschränkt werden, ist prima facie höher zu bewerten als eine Religion, die diese Ressourcen nicht besitzt – jedenfalls, wenn erstere dabei ihre Wahrheitsgewißheit nicht aus dem Auge verliert.

Wie alle Argumente ist auch dieses Argument nicht vollkommen voraussetzungslos. Doch sind die Voraussetzungen hier weniger spekulativ als bei einem Rekurs auf Hegelsche oder ähnliche philosophische Voraussetzungen. Der Kritiker, der dieses Argument bestreiten will, muß nicht nur bestimmte philosophische Voraussetzungen ablehnen, sondern wissenschaftstheoretische Einsichten, wie sie heutzutage vertreten werden. Das ist zwar nicht unmöglich, doch der Preis dafür ist wesentlich höher als bei einer Ablehnung der genannten philosophischen Voraussetzungen.

Doch ist diese Diskussion hier abzubrechen, um die Gesamtargumentation abschließend zusammenzufassen: Zum einen hoffe ich gezeigt zu haben, daß Tillichs Beitrag zum interreligiösen Dialog weiterführend ist. Obwohl Präzisierungsbedarf besteht und sein Beitrag nur sehr umsichtig in diesen Dialog eingespeist werden sollte, stellt seine Religionskritik einen Meilenstein für diesen Dialog dar. Auch die Struktur von Tillichs Argumentation, daß er zwar seinen Ausgangspunkt in der christlichen Binnenperspektive nimmt, diese aber vermittels der Christologie noch einmal nach außen hin „öffnet", ist vielversprechend. Hier ergibt sich die Möglichkeit, über die Begrenzungen der eigenen Perspektive

---

45 So ist sich zwar der Vertreter des Wellen-Paradigmas gewiß, daß seine Beschreibung von Materie zutreffend ist. Doch ist er sich als weltoffener Mensch gleichzeitig der Geltungsbeschränkung seiner Ansprüche bewußt: Er weiß, daß es auch andere Beschreibungen gibt, zum Beispiel das Partikel-Paradigma, deren Geltung er mit den Mitteln seines Paradigmas nicht legitimerweise in Frage stellen kann.

hinausgehen zu können und darüber hinausgehende Geltungsansprüche stellen zu können (deren Reichweite allerdings genau reflektiert werden muß). Man kann auf diese Weise sogar möglicherweise zu einem „neutralen" Kriterium zur Religionsbewertung kommen: Eine Religion, die die Ressourcen besitzt, um ihre Absolutheitsansprüche bei gleichzeitiger Wahrung ihrer Wahrheitsgewißheit relativieren zu können, ist prima facie höher zu bewerten als eine Religion, die diese Ressourcen nicht besitzt.

Schließlich hoffe ich auch, mit der obigen Argumentation einen konstruktiven Beitrag zur Diskussion um das Schema von Exklusivismus, Inklusivismus und Pluralismus geleistet zu haben. Obwohl nicht generell abzulehnen, ist diese Unterscheidung doch nicht überall sinnvoll. Es gibt Diskurszusammenhänge (zum Beispiel die Tillich-Diskussion), in denen diese Unterscheidung besser durch die Unterscheidung zwischen einem Einsatz in der Binnen- und einem Einsatz in der Außenperspektive ersetzt werden sollte. Diese Unterscheidung ist aber weiter zu präzisieren, wie es oben exemplarisch an der Binnenperspektive vollzogen wurde. Hier ist zu unterscheiden zwischen Positionen, die auf der Binnenperspektive bleiben und solchen, die diese noch einmal nach außen hin „öffnen". Ähnliche Präzisierungen wären für die Außenperspektive anzubringen. Auf diese Weise kommt man zu Unterscheidungen, die, jedenfalls in bestimmten Diskurskontexten, hilfreicher sind als das Dreierschema.

Verzeichnis der ursprünglichen Veröffentlichungsorte

I   **Bemerkungen zu Tillichs apologetischen Bemühungen in der Religionsphilosophie von 1920. Subjektzentrierte versus objektzentrierte Ansätze in der Apologie**
in: C. Danz/W. Schüßler (Hrsg.), Religion – Kultur – Gesellschaft. Der frühe Tillich im Spiegel neuer Texte (1919–1920), in W. Schüßler/Erdmann Sturm (Hrsg.), Tillich-Studien, Bd. 20, Wien/Berlin, 2008, 279–300.

II   **Offenbarung und Subjektivität. Bemerkungen zu Tillichs Offenbarungsbegriff**
in: C. Danz/W. Schüßler/Erdmann Sturm (Hrsg.), Wie viel Vernunft braucht der Glaube?, in C. Danz/W. Schüßler/E. Sturm (Hrsg.), International Yearbook for Tillich Research/Internationales Jahrbuch für die Tillich-Forschung/Annales internationales de recherches sur Tillich, Vol. 1/2005), Münster/Berlin/Hamburg/London/Wien, 2005, 65–82.

IV   **Überwindung der Subjekt/Objekt Spaltung? Zur Funktion der Mystik bei Paul Tillich**
in: G. Hummel/D. Lax (Hrsg.), Mystisches Erbe in Tillichs philosophischer Theologie. Beiträge des VIII Internationalen Paul-Tillich-Symposiums Frankfurt/Main 2000, in W. Schüßler/Erdmann Sturm (Hrsg.), Tillich-Studien, Bd. 3, Münster, 2000, 111–122.

VII   **Tillich und die anglo-amerikanische Religionsphilosophie. Seine Auseinandersetzung mit dem Erfahrungsbegriff**
in: C. Danz (Hrsg.), Theologie als Religionsphilosophie. Studien zu den problemgeschichtlichen und systematischen Voraussetzungen der Theologie Paul Tillichs, in W. Schüßler/Erdmann Sturm (Hrsg.), Tillich-Studien 9, Wien 2004, 225–255.

IX   **Die christologische Relativierung absoluter Geltungsansprüche. Zu Paul Tillichs Auseinandersetzung mit den nicht-christlichen Religionen und der Unterscheidung zwischen Exklusivismus, Inklusivismus und Pluralismus**
in: C. Danz/W. Schüßler/E. Sturm (Hrsg.), Religionstheologie und interreligiöser Dialog, in: C. Danz/W. Schüßler/E. Sturm (Hrsg.), International Yearbook for Tillich Research/Internationales Jahrbuch für die Tillich-Forschung/Annales internationales de recherches sur Tillich, Vol. 5/2009, Wien/Münster 2010, 109–128.

Ich danke dem LIT Verlag für die freundliche Genehmigung zum Wiederabdruck dieser Aufsätze.

III   **A Critical Reconstruction of Paul Tillich's Epistemology**
in: Religious Studies, 33/1997, 67–80.

Ich danke Cambridge University Press für die freundliche Genehmigung zum Wiederabdruck.

https://doi.org/10.1515/9783110547337-013

VI **Kontextinvariante Wahrheit in geschichtlicher Vermittlung? Eine Analyse von Tillichs Methode der Korrelation**
in: Wahrheit und Geschichte – ein Dialog mit Paul Tillich. Beiträge des VI. Internationalen Paul-Tillich-Symposiums in Frankfurt/Main 1996, Berlin/New York, 1998, 49–68.

Ich danke dem Verlag de Gruyter für die freundliche Genehmigung zum Wiederabdruck.

VIII **Tillichs Beitrag zum interreligiösen Dialog. Seine Religionskritik im Vergleich mit Karl Barths Religionskritik und John Hicks Umgang mit Religion**
in: Informationes Theologiae Europae. Internationales ökumenisches Jahrbuch für Theologie, 15. Jg. (2006), 2010, 43–54.

Ich danke dem Verlag Peter Lang für die freundliche Genehmigung zum Wiederabdruck.

Literaturverzeichnis

Albrecht, Renate/Schüßler, Werner, Paul Tillich. Sein Leben, Frankfurt (M.)/Berlin/New York/ etc., 1993

Alston, William, Religious Experience as a Ground of Religious Belief, in: J. Hick, (Hrsg.), Classical and Contemporary Readings in the Philosophy of Religion, Prentice Hall, [3]1990, 464–483

Anselm von Canterbury, Proslogion, F. S. Schmitt (Hrsg.), Stuttgart/Bad Cannstatt, 1962

Anselm von Canterbury, The Ontological Argument for the Existence of God, in: J. Hick (Hrsg.), Classical and Contemporary Readings in the Philosophy of Religion (englische Übersetzung der Kapitel II – IV des Proslogion), Englewood Cliffs, [3]1990, 28–30

Barbour, Ian, Science and Religion: New Perspectives on the Dialogue, New York, 1968

Barth, Karl, Nein! Antwort an Emil Brunner, in: Theologische Existenz heute 14 (1934), 5–63

Barth, Karl, Unterricht in der christlichen Religion, Erster Band: Prolegomena 1924, H. Reiffen (Hrsg.), Zürich, 1985

Barth, Karl, Unterricht in der christlichen Religion, Zweiter Band: Die Lehre von Gott/Die Lehre vom Menschen, 1924/1925, H. Stoevesandt (Hrsg.), Zürich, 1990

Barth, Karl, Die Kirchliche Dogmatik, Zweiter Band, Die Lehre von Gott, 1. Halbband, Zürich, [4]1958

Barth, Karl, Nachwort, in: H. Bolli (Hrsg.), Schleiermacher-Auswahl, Gütersloh, [3]1983, 290–312

Barth, Ulrich, Die sinntheoretischen Grundlagen des Religionsbegriffs. Problemgeschichtliche Hintergründe zum frühen Tillich, in: Ders., Religion in der Moderne, Tübingen, 2003, 89–123

Barth, Ulrich, Protestantismus und Kultur. Systematische und werkbiographische Erwägungen zum Denken Paul Tillichs, in: C. Danz/W. Schüßler (Hrsg.), Paul Tillichs Theologie der Kultur. Aspekte – Probleme – Perspektiven (C. Danz/M. Dumas/W. Schüßler/M. A. Stenger/E. Sturm (Hrsg.), International Yearbook for Tillich Research/Internationales Jahrbuch für die Tillich-Forschung/Annales internationales de recherches sur Tillich, Bd. 1), Berlin/Boston, 2006, 13–37

Barth, Ulrich, Religion und Sinn, C. Danz/W. Schüßler (Hrsg.), Religion – Kultur – Gesellschaft. Der frühe Tillich im Spiegel neuer Texte (1919–1920), in: W. Schüßler/E. Sturm (Hrsg.), Tillich-Studien, Bd. 20, Wien/Berlin, 2008, 197–213

Bayer, Oswald, Paul Tillich, in: Ders., Theologie (C.H. Ratschow (Hrsg.), Handbuch Systematischer Theologie, Bd. I), Gütersloh, 1994

Bernhardt, Reinhold, Protestantische Religionstheologie auf trinitätstheologischem Grund, in: C. Danz/U. H. J. Körtner (Hrsg.), Theologie der Religionen. Positionen und Perspektiven evangelischer Theologie, Neukirchen, 2005

Bernhardt, Reinhold, Der Geist und die Religionen. Tillichs Religionstheologie im Kontext seiner Pneumatologie, in: C. Danz/W. Schüßler/E. Sturm (Hrsg.), Religionstheologie und interreligiöser Dialog (C. Danz/W. Schüßler/E. Sturm (Hrsg.), International Yearbook for Tillich Research/Internationales Jahrbuch für die Tillich-Forschung/Annales internationales de recherches sur Tillich, Bd. 5), Wien/Berlin, 2010, 37–59

Bockmühl, Markus, Offenbarung, IV (Neues Testament), RGG[4], Bd. 6, Sp. 470–473

Boss, Marc, Tillich in Dialogue with Japanese Buddhism: a Paradigmatic Illustration of his approach to inter-religious conversation, in: Russel Re Manning (Hrsg.), The Cambridge Companion to Paul Tillich, New York/Cambridge, 2009, 254–272

https://doi.org/10.1515/9783110547337-014

Brink, Gijsbert van den, Reformed Theology and Evolutionary Theory, Grand Rapids (erscheint demnächst)

Buchter, Jochen, Die Kriterien der Theologie im Werke Paul Tillichs (maschinenschriftliche Dissertation), Bonn, 1975

Clark, Peter B./Byrne, Peter, Religion. Defined and Explained, New York, 1993

Clayton, John P., Dialektik und Apologetik in der theologischen Entwicklung Tillichs, in: ZThK 75 (1978), 213–232

Clayton, John P., The Concept of Correlation. Paul Tillich and the Possibility of a Mediating Theology, K. Aland et al. (Hrsg.), TBT 37, Berlin/New York, 1980

Cornille, Catherine, The im-possibility of Interreligious Dialogue, New York, 2008

Cox, Harvey Stadt ohne Gott?, Originaltitel: The Secular City. Secularization and Urbanization in Theological Perspective (übersetzt von Werner Simpfendörfer), Stuttgart/ Berlin, 1966

Dalferth, Ingolf U., Die Wirklichkeit des Möglichen. Hermeneutische Religionsphilosophie, Tübingen, 2003

Dalferth, Ingolf U., Ist Glauben menschlich?, in: Denkströme. Journal der Sächsischen Akademie der Wissenschaften, 8 (2012), 173–192

Danz, Christian, Religion als Freiheitsbewußtsein. Eine Studie zur Theologie als Theorie der Konstitutionsbedingungen individueller Subjektivität bei Paul Tillich, Berlin/New York, 2000

Danz, Christian, Theologie der Religionen als Differenzhermeneutik. Ihre religionstheoretischen und systematischen Voraussetzungen, in: C. Danz/U.H.J. Körtner (Hrsg.), Theologie der Religionen. Positionen und Perspektiven evangelischer Theologie, Neukirchen, 2005, 77–103

Danz, Christian, Einführung in die Theologie der Religionen (in: Lehr- und Studienbücher zur Theologie, Bd. 1), Wien, 2005

Danz, Christian, Die Religion in der Kultur. Karl Barth und Paul Tillich über die Grundlagen einer Theologie der Kultur, in: C. Danz/W. Schüßler (Hrsg.), Paul Tillichs Theologie der Kultur. Aspekte – Probleme – Perspektiven (C. Danz/M. Dumas/W. Schüßler/M. A. Stenger/E. Sturm (Hrsg.), International Yearbook for Tillich Research/Internationales Jahrbuch für die Tillich-Forschung/Annales internationales de recherches sur Tillich, Bd. 1), Münster, 2005, 211–227

Danz, Christian, Erkundung des Eigenen im Licht des Fremden. Paul Tillichs Beitrag zur religionstheologischen Debatte der Gegenwart, in: C. Danz/W. Schüßler/E. Sturm (Hrsg.), Religionstheologie und interreligiöser Dialog (C. Danz/W. Schüßler/E. Sturm (Hrsg.), International Yearbook for Tillich Research/Internationales Jahrbuch für die Tillich-Forschung/Annales internationales de recherches sur Tillich, Bd. 5), Wien/Berlin, 2010, 75–91

Danz, Christian, Das Göttliche und das Dämonische, in: C. Danz/M. Dumas/W. Schüßler/M. A. Stenger/E. Sturm (Hrsg.), The Interpretation of History (C. Danz/M. Dumas/W. Schüßler/M. A. Stenger/E. Sturm (Hrsg.), International Yearbook for Tillich Research/Internationales Jahrbuch für die Tillich-Forschung/Annales internationales de recherches sur Tillich, Bd. 8), Berlin/Boston, 2013, 1–14

Davidson, Donald, On the Very Idea of a Conceptual Scheme, in: Papers of the Anglo-American Philosophical Association 47 (1973–1974), 5–20

Davidson, Donald, The Myth of the Subjective, in: Michael Krausz (Hrsg.,) Relativism. Interpretation and Confrontation, Notre Dame, 1989

Dawkins, Richard, The God Delusion, London/Toronto/etc., 2006

Dillenberger, John, Comments on Hans Schwarz's 'The Americanization of Paul Tillich', in: Newsletter of the North American Paul Tillich Society, Vol. XXII, No. 4 (October 1996), 3–5

Eickhoff, Jörg, Religiöse Identität im pluralistischen Religionsdiskurs der ‚Postmoderne'. Anmerkungen zur Religionstheologie Paul Tillichs, in: C. Danz (Hrsg.), Theologie als Religionsphilosophie. Studien zu den problemgeschichtlichen und systematischen Voraussetzungen der Theologie Paul Tillichs (W. Schüßler/E. Sturm (Hrsg.), Tillich Studien, Bd. 9), Wien, 2004, 257–279

Emmet, Dorothy, 'Epistemology and the Idea of Revelation', in: C. W. Kegley/R. W. Bretall, The Theology of Paul Tillich (The Library of Living Theology, vol. I), London, 1956, 198–215

Fischer, Hermann, Die Christologie als Mitte des Systems, in: Ders. (Hrsg.), Paul Tillich. Studien zu einer Theologie der Moderne, Frankfurt/M., 1989, 207–229

Figl, Johann, Offenbarung, I (Religionswissenschaftlich), RGG⁴, Bd. 6, Sp. 462–463

Forman, Robert K.C., (Hrsg.), The Problem of Pure Consciousness, New York/Oxford, 1990

Graf, Friedrich Wilhelm, Paul Tillich im Exil, in: C. Danz/W. Schüßler (Hrsg.): Paul Tillich im Exil, Berlin/Boston 2017, 11–77

Griggs, Richard, Religion, Science and Evolution: Paul Tillich's Fourth Way, in: Zygon, 38/4 (December 2003), 942–955

Gould, Stephen J., Two Separate Domains, in: M. Peterson/W. Hasker/B. Reichenbach/D. Basinger (Hrsg.), Philosophy of Religion. Selected Readings, New York/Oxford, 2007, 549–558

Grube, Dirk-Martin, Religious Experience after the Demise of Foundationalism, in: Religious Studies 31 (1995), 37–52

Grube, Dirk-Martin, Tillich's Epistemology as Key to his System, in: Robert F. Scharlemann (Hrsg.), Papers from the Annual Meeting of the North American Paul Tillich Society (November 1995), 15–26

Grube, Dirk-Martin, Unbegründbarkeit Gottes? Paul Tillichs und Karl Barths Erkenntnistheorien im Horizont der gegenwärtigen Philosophie (W. Härle/D. Lührmann (Hrsg.), Marburger Theologische Studien 51), Marburg, 1998

Grube, Dirk-Martin, Hans Alberts Christentumskritik. Ein kritischer Vergleich zwischen Alberts Kritik und klassischen Religionskritiken, in: NZSTh 44 (2002), 284–306

Grube, Dirk-Martin, Pragmatismus, IV (Ethisch), in: RGG⁴, Bd. 6, Sp. 1551–1552

Grube, Dirk-Martin, Empirisme, Postmodernisme, en Godsdienstwijsbegeerte. De postmoderne kritiek op het empiristische denken en de consequenties voor de godsdienstwijsbegeerte, in: Nederlands Theologisch Tijdschrift 57 (2003), 321–337

Grube, Dirk-Martin, William James and Apologetics.Why the „Will to Believe"-Argument succeeds in Defending Religion, in: NZSTh 46 (2004), 306–329

Grube, Dirk-Martin, Die irreduzible Vielheit religiöser Ansprüche und die Einheit der Wahrheit, in: C. Danz/F. Hermanni (Hrsg.), Wahrheitsansprüche der Weltreligionen, Neukirchen, 2006, 41–66

Grube, Dirk-Martin, Paul Tillich: een theologische grensganger, in: J. Wissink (Hrsg.), Toptheologen. Hoofdfiguren uit de theologie van vandaag, Tielt, 2006, 134–161

Grube, Dirk-Martin, God or the Subject? Karl Barth's Critique of the 'Turn to the Subject', in: NZSTh 50 (2007), 308–324

Grube, Dirk-Martin, Introduction: Contingency and Religion – a Philosophical Tour d'Horizon, in: Ders./Peter Jonkers (Hrsg.), Religions Challenged by Contingency. Theological and

Philosophical Approaches to the Problem of Contingency (J. W. Henten (Hrsg.), Studies in Theology and Religion 12), Leiden, 2008, 1–43

Grube, Dirk-Martin, Reconstructing the Dialectics in Karl Barth's 'Epistle to the Romans': The role of Transcendental Arguments in Theological Theorizing, in: Bijdragen. International Journal in Philosophy and Theology 69/2 (2008), 127–146

Grube, Dirk-Martin, The Resurrection of Jesus and the Foundationalism/Anti-foundationalism Controversy, in: T. Boer/H. Maat/A. Meesters/J. Muis (Hrsg.), Van God gesproken. Over religieuze taal en relationele Theologie, Zoetermeer, 2011, 144–155

Grube, Dirk-Martin, Ostern als Paradigmenwechsel. Eine wissenschaftstheoretische Untersuchung zur Entstehung des Christentums und deren Konsequenzen für die Christologie, Neukirchen, 2012

Grube, Dirk-Martin, Interpreting Kuhn's Incommensurability-Thesis: Its Different Meanings and Epistemological Consequences, Philosophy Study 3/5 (2013), 377–397

Grube, Dirk-Martin, Natur und Wissenschaft: Die Wissenschaftsauffassung im (kognitiven und ethischen) Naturalismus, in der anglo-amerikanischen Wissenschaftstheorie und in der gegenwärtigen Diskussion um die Evolutionstheorie (Dawkins), in: E. Gräb-Schmidt (Hrsg.), Was heißt Natur? Philosophischer Ort und Begründungsfunktion des Naturbegriffs, Leipzig, 2015, 241–276

Grube, Dirk-Martin, „Justified Religious Difference". A Constructive Approach to Religious Diversity, in: Ders. /W. van Herck (Hrsg.), Philosophical Perspectives on Religious Diversity. Bivalent Truth, Tolerance and Personhood, London/New York, 2018, 47–55

Grube, Dirk-Martin, Concluding Remarks – Reply to the respondents to „'Justified Religious Difference'. A Constructive Approach to Religious Diversity", in: Ders. /W. van Herck (Hrsg.), Philosophical Perspectives on Religious Diversity. Bivalent Truth, Tolerance and Personhood, London/New York, 2018, 86–114

Grube, Dirk-Martin, Wahlheimat USA. Paul Tillichs Abschied vom Letztbegründungsdenken und a priorischen Wahrheitsansprüchen, in: N. Coomann und M. Beck (Hrsg.), Deutschsprachige Philosophie im amerikanischen Exil 1933–1945. Historische Erfahrung und begriffliche Transformation (Emigration – Exil – Kontinuität. Schriften zur zeitgeschichtlichen Kultur- und Wissenschaftsforschung 16), Berlin/Münster/etc., 2018, 291–316

Grube, Dirk-Martin, Unverdiente Privilegien? Zur Kritik atheistischer Überlegenheitsansprüche und deren Legitimierung durch den Evidentialismus, in: NZSTh (erscheint demnächst)

Hannappel, Hans/Melenk, Hartmut, Alltagssprache. Semantische Grundbegriffe und Analysebeispiele, München, ²1990 (UTB 800)

Herms, Eilert, Offenbarung und Wahrheit, in: Ders., Offenbarung und Glaube, Tübingen, 1992, 273–298

Herrmann, Eberhard, Scientific Theory and Religious Belief. An Essay on the Rationality of Views of Life (H. J. Adriaanse/V. Brümmer (Hrsg.), Studies in Philosophical Theology 16), Kampen, 1995

Hick, John, Jesus and the World Religions, in: Ders. (Hrsg.), The Myth of God Incarnate, London, ²1993, 167–185

Hick, John, Philosophy of Religion, Englewood Cliffs, ⁴1990

Husserl, Edmund, Die phänomenologische Methode, K. Held (Hrsg.), Stuttgart, 1985

Jahr, Hannelore, Theologie als Gestaltmetaphysik. Die Vermittlung von Gott und Welt im Frühwerk Paul Tillichs (TBT 46), Berlin/New York, 1989

James, Robison B., Can we be Committed to One Faith, yet open to Others? Tillich's Solution to a Current Problem, in: C. Danz/W. Schüßler/E. Sturm (Hrsg.), Religionstheologie und interreligiöser Dialog (C. Danz/M. Dumas/W. Schüßler/M. A. Stenger/E. Sturm (Hrsg.), International Yearbook for Tillich Research/Internationales Jahrbuch für die Tillich-Forschung/Annales internationales de recherches sur Tillich, Bd. 5), Wien/Münster, 2010, 93–107

Jones, Hugh O., Die Logik theologischer Perspektiven: Eine sprachanalytische Untersuchung, Göttingen, 1985

Kant, Immanuel, Kritik der reinen Vernunft (unveränderter Nachdruck der von Raymund Schmidt 1924 überarbeiteten ehemaligen Kehrbachschen Ausgabe), Leipzig, 1979

Katz, Steven T., Mysticism and Philosophical Analysis, New York/Oxford, 1978

Kidd, Ian James, Inevitability, Contingency, and Epistemic Humility, in: Studies in History and Philosophy of Science, Part A, Volume 55 (February 2016), 12–19 (https://www.sciencedirect.com/science/article/pii/S0039368115000990)

Koistinen, Timo, Philosophy of Religion or Religious Philosophy?, in: Schriften der Luther-Agricola-Gesellschaft 49, Helsinki, 2000

Kriegstein, Matthias von, Paul Tillichs Methode der Korrelation und Symbolbegriff (W. Philipp/A. H. Swinne (Hrsg.), Studia Irenica XVII), Hildesheim, 1975

Kuhn, Thomas, The Structure of Scientific Revolutions, Chicago, [2]1970

Lai, Pan-Chiu, The Kingdom of God in Tillich and Pure Land in Mahayana Buddhism, in: C. Danz/W. Schüßler/E. Sturm (Hrsg.), Religionstheologie und interreligiöser Dialog (C. Danz/M. Dumas/W. Schüßler/M. A. Stenger/E. Sturm (Hrsg.), International Yearbook for Tillich Research/Internationales Jahrbuch für die Tillich-Forschung/Annales internationales de recherches sur Tillich, Bd. 5, Wien/Münster, 2010), 151–171

Landgrebe, Ludwig, Husserls Phänomenologischer Zugangsweg zu den Problemen der Religion, in: W. Härle/E.Wölfel (Hrsg.), Religion im Denken unserer Zeit (W. Härle/E.Wölfel (Hrsg.), Marburger Theologische Studien 21), Marburg, 1986, 35–72

Lauster, Jörg, Religion als Substanz der Kultur? Kulturtheologische Aspekte zu Tillichs Theologie der Religionen, in: C. Danz/W. Schüßler/E. Sturm (Hrsg.), Religionstheologie und interreligiöser Dialog (C. Danz/M. Dumas/W. Schüßler/M. A. Stenger/E. Sturm (Hrsg.), International Yearbook for Tillich Research/Internationales Jahrbuch für die Tillich-Forschung/Annales internationales de recherches sur Tillich, Bd. 5), Wien/Münster, 2010, 61–73

Leiner, Martin, Die Entstehung des Christentums als semiotische Revolution, in: C. Danz/M. Dumas/W. Schüßler/M. A. Stenger/E. Sturm (Hrsg.), Jesus of Nazareth and the New Being in History (C. Danz/M. Dumas/W. Schüßler/M. A. Stenger/E. Sturm (Hrsg.), International Yearbook for Tillich Research/Internationales Jahrbuch für die Tillich-Forschung/Annales internationales de recherches sur Tillich, Bd. 6), Wien/Münster 2011, 163–185

Maat, Heleen, Religious Diversity, Intelligibility and Truth, Utrecht, 2009

Margolis, Joseph, Pragmatism without Foundations, Oxford/New York, 1988

Moos, Thorsten, Paul Tillichs Interpretation der Naturwissenschaften im „System der Wissenschaften" von 1923, in: C. Danz/M. Dumas/W. Schüßler/M. A. Stenger/E. Sturm (Hrsg.), Theology and Natural Science (C. Danz/M. Dumas/W. Schüßler/M. A. Stenger/E. Sturm (Hrsg.), International Yearbook for Tillich Research/Internationales Jahrbuch für die Tillich-Forschung/Annales internationales de recherches sur Tillich, Bd. 7), Berlin/Boston, 2012, 1–31

Pannenberg, Wolfhart, Grundzüge der Christologie, Gütersloh, 1964

Pannenberg, Wolfhart, Wissenschaftstheorie und Theologie, Frankfurt/M., 1977

Pauck, Wilhelm und Marion, Paul Tillich. Sein Leben und Denken, Band I: Leben, Frankfurt/M., 1976

Peters, Ted/Robert John Russell/Michael Welker (Hrsg.), Resurrection. Theological and Scientific Assessments, Grand Rapids, 2002

Peterson, Michael/Hasker, William/Reichenbach, Bruce/Basinger, David, Reason and Religious Belief. An Introduction to the Philosophy of Religion, Oxford, ²1998

Plantinga, Alvin, Where the Conflict Really Lies. Science, Religion & Naturalism, Oxford/New York/ etc., 2011

Pratt, Douglas, Religion and Extremism. Rejecting Diversity, London/New Delhi/etc., 2017

Putnam, Hilary, Reason, Truth and History, Cambridge/New York/Port Chester/etc., 1991

Ramsey, Ian, Religious Language. An Empirical Placing of Theological Phrases, London, 1957

Ringleben, Joachim, Paul Tillichs Theologie der Methode, in: NZSTh 17, 1975, 246–268

Roberts, Robert C./Wood, W. Jay, Humility and Epistemic Goods, in: M. de Paul/L. Zagzebski (Hrsg.), Intellectual Virtue. Perspectives from Ethics and Epistemology, Oxford, 2003, 257–280

Rorty, Richard, Transcendental Arguments, Self-Reference and Pragmatism, in: P. Bieri/L. Krüger/R.P. Horstmann (Hrsg.), Transcendental Arguments and Science. Essays in Epistemology, Dordrecht, 1979, 77–104

Rorty, Richard, Solidarität oder Objektivität?, in: Ders., Solidarität oder Objektivität? Drei philosophische Essays, Stuttgart, 1988, 11–37

Russell, Bertrand, On Denoting, in: Mind XIV (ursprünglich 1905), Neudruck, 1964

Scharlemann, Robert P., Reflection and Doubt in the Thought of Paul Tillich, New Haven/London (UMI Books on Demand), 1969

Schneider-Flume, Gunda, „Entsprechungsdenken" und Sündenerkenntnis. Die Auswirkung der Methode der Korrelation auf das Sündenverständnis in der Systematischen Theologie Paul Tillichs, in: ZThK 76, 1979, 489–513

Schüßler, Werner, Paul Tillich. Dogmatik, Marburger Vorlesung von 1925, Düsseldorf, 1986

Schüßler, Werner, Die Berliner Jahre (1919–1924), in: R. Albrecht/Ders. (Hrsg.), Paul Tillich. Sein Werk, Düsseldorf, 1986, 38–54

Schüßler, Werner, Der philosophische Gottesgedanke im Frühwerk Paul Tillichs (1910–1933). Darstellung und Interpretation seiner Gedanken und Quellen (Epistemata, Reihe Philosophie 22), Würzburg, 1986

Schüßler, Werner, Der Begriff des Dämonischen. Anmerkungen zu einer zentralen Kategorie von Paul Tillichs religionsphilosophischem und theologischem Denken, in I. Nord/F.R.Volz (Hrsg.), An den Rändern, Theologische Lernprozesse mit Yorick Spiegel. FS zum 70. Geburtstag, Münster, 2005, 179–191

Schüßler, Werner, Abkehr von der Bewußtseinsphilosophie. Zur Kulturtheologie des späten Tillich, in: C. Danz/W. Schüßler (Hrsg.), Paul Tillichs Theologie der Kultur. Aspekte – Probleme – Perspektiven (C. Danz/M. Dumas/W. Schüßler/M. A. Stenger/E. Sturm (Hrsg.), International Yearbook for Tillich Research/Internationales Jahrbuch für die Tillich-Forschung/Annales internationales de recherches sur Tillich, Bd. 1), Münster, 2005, 152–168

Schüßler, Werner, Naturwissenschaft-Philosophie-Theologie. Paul Tillich zum Problem der sog. „Galilei Konflikte", in: C. Danz/M. Dumas/W. Schüßler/M. A. Stenger/E. Sturm (Hrsg.),

Theology and Natural Science (International Yearbook for Tillich Research/Internationales Jahrbuch für die Tillich-Forschung/Annales internationales de recherches sur Tillich, Bd. 7), Berlin/Boston, 2012, 45–78

Schüßler, Werner, Philosophischer und religiöser Glauben. Karl Jaspers im Gespräch mit Paul Tillich, ThZ 1.2/69 (2013), 24–52

Schüßler, Werner, „Meine katholischen Freunde verstehen mich besser als meine protestantischen." Wie katholisch ist Paul Tillich?, in: U. Barth/C. Danz/W. Gräb/F.W. Graf (Hrsg.), Aufgeklärte Religion und ihre Probleme. Schleiermacher – Troeltsch – Tillich (TBT 165), Berlin/New York, 2013, 311–327

Schüßler, Werner, Das Kopernikanische Prinzip und die Theologie der Religionen. Zu Paul Tillichs religionsphilosophischem Beitrag zum interreligiösen Dialog, in: Ders. (Hrsg.), „Was uns unbedingt angeht". Studien zur Theologie und Philosophie Paul Tillichs (W. Schüßler/E. Sturm (Hrsg.), Tillich-Studien, Bd. 1), Münster, [4]2015, 87–105

Schüßler, Werner, „Was uns unbedingt angeht". Aspekte des religionsphilosophischen Denkens Paul Tillichs, in: Ders. (Hrsg.), „Was uns unbedingt angeht". Studien zur Theologie und Philosophie Paul Tillichs (W. Schüßler/E. Sturm (Hrsg.), Tillich-Studien, Bd. 1), Münster, [4]2015, 143–160

Schüßler, Werner, Protestantisches Prinzip versus natürliche Theologie. Zu Paul Tillichs Problemen mit einer natürlichen Theologie, in: Ders., „Was uns unbedingt angeht". Studien zur Theologie und Philosophie Paul Tillichs (W. Schüßler/E. Sturm (Hrsg.), Tillich-Studien, Bd. 1), Münster, [4]2015, 161–172

Schüßler, Werner, Der Mensch und die Philosophie. Zur existenzphilosophischen und anthropologischen Wende Paul Tillichs in seiner Frankfurter Zeit, in: G. Schreiber/H. Schulz (Hrsg.), Kritische Theologie. Paul Tillich in Frankfurt, Berlin/New York, 2015, 215–249

Schüßler, Werner, „I am an American". Paul Tillich und die amerikanische Theologie und Philosophie, in: M. Enders/H. Zaborowski (Hrsg.), Jahrbuch für Religionsphilosophie/Philosophy of Religion Annual 16 (2017), Freiburg/München, 2018, 248–283

Schwarz, Hans, The Americanization of Paul Tillich, in: Newsletter of the North American Paul Tillich Society XXII, No. 3 (July 1996), 2–7

Schwöbel, Christoph, God: Action and Revelation (H. J. Adriaanse/V.Brümmer (Hrsg.), Studies in Philosophical Theology 5), Kampen, 1992

Schwöbel, Christoph, Offenbarung, II (Religionsphilosophisch), RGG[4], Bd. 6, Sp. 463–467

Schwöbel, Christoph, Christlicher Glaube im Pluralismus, Tübingen, 2003

Stoker, Wessel, De kunst-theologie van Gerardus van der Leeuw en van Paul Tillich, in: R. Henderson et al. (Hrsg.), Kunst, de werkelijkheid en wij. Kunst in christelijk perspectief, Amsterdam, 2018

Swinburne, Richard, The Resurrection of God Incarnate, Oxford, 2003

Thiemann, Ronald F., Revelation and Theology. The Gospel as Narrated Promise, Notre Dame, 1985

Thatanamil, John, Tillich and the Postmodern, in: R. Re Manning (Hrsg.), The Cambridge Companion to Paul Tillich, New York/Cambridge, 2009, 288–302

Thielicke, Helmut, Der evangelische Glaube. Grundzüge der Dogmatik, I. Bd.: Prolegomena, Tübingen, 1968

Thompson, Ian, Being and Meaning, Edinburgh, 1981

Tillich, Paul, The Problem of Theological Method, ursprünglich in The Journal of Religion XXVII, 1947/1, 16–26 erschienen (deutsche Übersetzung: EW IV, 19–35)

Tillich, Paul, Systematic Theology, Three volumes in one, vol. I, Chicago, 1975

Tillich, Paul, The Protestant Principle and the Encounter of the World Religions, in: T. Thomas (Hrsg.), The Encounter of Religions and Quasi-Religions/Paul Tillich (Toronto Studies in Theology 37), Lewiston/Queenston/Lampeter, 1990, 1–56

Wagner, Falk, Absolute Positivität. Das Grundthema der Theologie Paul Tillichs, NZSTh XV (1973), 172–191

Wagner, Falk, Was ist Religion? Studien zu ihrem Begriff und Thema in Geschichte und Gegenwart, Gütersloh, 1986

Weischedel, Wilhelm, Philosophische Theologie im Schatten des Nihilismus, in: EvTh 22 (1962), 233–249

Weischedel, Wilhelm, Paul Tillichs philosophische Theologie. Ein ehrerbietiger Widerspruch, in: Karl Hennig (Hrsg.), Der Spannungsbogen, Stuttgart, 1961, 25–47

Weischedel, Wilhelm, Der Gott der Philosophen. Grundlegung einer Philosophischen Theologie im Zeitalter des Nihilismus, Bd. II: Abgrenzung und Grundlegung, Darmstadt, [2]1972

Wenz, Gunther, Subjekt und Sein. Die Entwicklung der Theologie Paul Tillichs (MMHST 3), München, 1979

Wenz, Gunther, Tillichs Kritik des Supranaturalismus, in: G. Hummel (Hrsg.), God and Being, The Problem of Ontology in the Philosophical Theology of Paul Tillich, Berlin/New York, 1989

Wieman, Henry N., The Source of Human Good, Chicago, 1946

Wittschier, Sturm-M., Paul Tillich. Seine Pneuma-Theologie. Ein Beitrag zum Problem Gott und Mensch, Nürnberg, 1975

Wittekind, Folkert, Grund- und Heilsoffenbarung. Zur Ausformung der Christologie Tillichs in der Auseinandersetzung mit Karl Barth, in: C. Danz/M. Dumas/W. Schüßler/M. A. Stenger/E. Sturm (Hrsg.), Jesus of Nazareth and the New Being in History (C. Danz/M. Dumas/W. Schüßler/M. A. Stenger/E. Sturm (Hrsg.), International Yearbook for Tillich Research/Internationales Jahrbuch für die Tillich-Forschung/Annales internationales de recherches sur Tillich, Bd. 6), Berlin/Boston, 2011, 89–119

Wolterstorff, Nicholas, Practices of Belief. Selected Essays, vol. II (T. Cuneo, Hrsg.), Cambridge, 2010

Zachariasson, Ulf, Forces by which we live. Religion and Religious Experience from the Perspective of a Pragmatic Philosophical Anthropology (C. Stenqvist/E.Herrmann (Hrsg.), Studiae Philosophiae Religionis 21), Uppsala, 2002

Personenregister

https://doi.org/10.1515/9783110547337-015

Sachregister

Abhängigkeit (von Frage und Antwort) 29 f., 60, 91, 163, 170
absolut 6, 16, 19, 32, 35, 38, 40 – 47, 57, 66 f., 96, 108, 210, 213, 215, 218, 225, 227, 229, 237 f., 240
Absolutes 46, 108, 210, 213, 215
Absolutheit 32, 34, 38, 43 f., 236 f.
– Absolutheitsansprüche 3 f., 34 – 36, 38, 41, 46 f., 207, 209, 212 – 214, 216 f., 234, 238 f.
„als ob nicht" 143, 145
Alterität 39, 45
analogia entis 21
Analytische Philosophie 8, 26
Anknüpfungspunkt 64, 92, 172, 177
Anomalie 28, 134 – 136, 139, 141 f.
anthropologisch 10, 14 – 17, 42, 149, 165 f., 168, 189, 237
antifoundationalist 106 – 108
Apologie 17, 19, 51, 57, 64 f., 67 f., 70, 120, 160, 167 f., 188, 240
a posteriori 11, 17 f.
a priori 10 f., 17, 85, 88, 107, 121, 128, 131, 158 f., 167, 172 f., 193, 197 – 202
Aspekt-Sehen 136 – 138
Atheismus 39, 58 f.
– atheistisch 39, 41, 146, 150
Auferstehung 28, 70, 72, 124, 139 – 142
Außenperspektive (auf Religion) 37, 230 – 233, 235 f., 239
Aussagesätze 18
Autarkie (von Theologie und Philosophie) 158 f., 167 – 169 171

Begriffsverschiebungen (Funktionsverschiebungen) 9, 61
Begründung 17, 37 f., 41 f., 44 – 47, 51, 54 f., 60, 128, 133, 151, 170, 184 – 186, 189, 213 – 215, 220
Bescheidenheit (epistemische) 3, 32, 38 – 47
Beschreibungsebene 143, 147, 149 f.
Betroffenheit (unbedingte) 177

Bewusstsein 2, 9, 11 f., 15 f., 19, 44 f., 56 – 58, 64 – 67, 74, 80, 84, 133, 143, 145, 147 f., 159, 181, 208, 221
Bewusstseinsphilosophie 10, 16, 18
Bild (von Jesus Christus) 35 f., 38, 41, 211 – 214, 216 f., 222 f., 226, 228
Binnenperspektive 36 – 38, 223, 225, 228, 232, 235
Binnenperspektive (auf Religion) 32, 36, 38, 163, 172, 217, 225, 227 f., 230 – 239
Buddhismus 54, 146, 218 f.
– Buddha 146

Christologie 6 f., 34, 36, 41, 134, 140, 167, 210, 213, 216, 236, 238

dämonisch 34, 40, 80, 181, 210, 227
Darwin 131
Dawkinsianismus 39, 45 – 47
deduktiv 183 f.
deutsch 1, 5, 8, 11, 13, 15, 17 – 19, 22, 62, 83, 85 – 87, 89, 91, 93, 95 f., 98 f., 103 f., 161, 166, 178, 193 – 196
Dialogmodell 127
Ding an sich 35, 57, 66, 85 f., 213, 215 f.

eidetische Variation 22
eidos 100 f.
Ekstase 20, 76, 80 f., 83, 86, 181, 183
Emigration 8, 13 – 19, 21 f., 32, 95, 98 f., 163, 176, 181, 190 f., 199
Emmausgeschichte (Lk 24, 13 – 49) 27, 138 f.
Empirismus 30 f., 56, 62, 69, 179, 192, 194, 197, 203
empiristische Methode 53, 55 f., 59
englisch 1, 8, 11, 13 f., 18, 24 f., 28, 30 – 32, 51, 54, 58, 62, 65 – 74, 77, 87 – 90, 113, 115, 120 f., 125 – 127, 149, 151, 166, 175 – 181, 190, 192 – 195, 197 – 203, 220 f., 231, 240
entitlement (Wolterstorff) 13, 73
Entpolarisierung 5

https://doi.org/10.1515/9783110547337-016